Yvonne Hendrickx

Total Identity

TOTAL IDENTITY

BIS

Amsterdam 2003

© 2003 BIS Publishers & Total Identity, Amsterdam

ISBN 90-6369-049-5

Die Vervielfältigung und/oder Veröffentlichung des vorliegenden Werks ist, auch auszugsweise, ohne vorherige schriftliche Genehmigung des Herausgebers unzulässig.

Vorwort

Sie & Wir

Was ist Identität?
Gene + Erziehung + Kultur + Zeitgeist ... und Zufall. Menschen haben eine Identität. Die einfachste und vollständigste Form dieser Identität ist der Daumenabdruck. Haben Organisationen einen Daumenabdruck, den sie hinterlassen können? Eine Identität, eine Seele entsteht faktisch durch das Erzählen der eigenen Geschichte. Wie jeder Mensch, so haben auch Organisationen (aber auch Individuen, politische Parteien und ganze Länder) ihre eigene Geschichte. Die Story ist die persönliche Geschichte, die eigene Herkunft und die Summe der eigenen Erlebnisse, Erfolge und Niederlagen. Eine schöne Geschichte mit Ecken und Kanten. Schön vor allem dann, wenn sie echt ist. Echte Menschen – die nicht schwindeln und sich nicht schämen – die für etwas stehen, die kann man lieben. Und Lieben bedeutet Loyalität, Freundschaft, Lust auf Mehr. Mit einer solchen Identität braucht man sich nicht zu verstecken. Um Identität zu erkennen und wiederzuerkennen, muss man zu allererst genau hinhören.
Was ist das Wesentliche? Schönfärberei gehört dazu. Aber man muss wissen, wo die Grenzen liegen. Marketingtricks sind erlaubt, solange der Empfänger sie nicht durchschaut. Doch leider wird der Verbraucher immer cleverer. Er verlangt nach Vielschichtigkeit. Eine Marke ist nichts ohne Wurzeln, die zu einer Form von Glauben führen. Treue und Vertrauen kann man nicht kaufen, man muss sie verdienen. Darum geht es beim Verkaufen von Identität. Es sieht so aus, als hätten diejenigen, die ihre Identität „rüberzubringen" versuchen, dies früher begriffen als Profis, die angeheuert werden, um dem nicht Greifbaren Gestalt zu verleihen. Dies lässt sich wohl mit der Arroganz erklären, die sich viele (Werbe-)Agenturen in den letzten Jahrzehnten zugelegt haben. Einer Arroganz, die der rechtzeitigen Anpassung im Wege stand.
Neben kreativen Designern war auch ein neuartiger Ansatz gefragt. Gesucht wurde eine Kombination aus Marketing, Ökonomie, Philosophie, Soziologie und Poesie. Wie Großkonzerne neben Marketingspezialisten Historiker in ihre Geschäftsführung holten (Unilever), so hätten auch Kommunikationsbüros nach einer anderen Spezies von Leuten suchen müssen. Dies unterblieb vielerorts, sodass das „Fach" weiterhin hinter den Tatsachen herhinkte. Die ganze Branche machte sich langsam, aber sicher etwas lächerlich, merkte es jedoch kaum. Bis die Wirtschaft in die Krise kam. Bis wegen der für nötig befundenen Einsparungen jeder Kommunikations-Euro dreimal umgedreht wurde. Auftraggeber wollen jetzt Berater mit Weitblick, die Szenarien entwickeln, die Gesellschaft analysieren können, ihre tatsächlichen Sorgen und Erwartungen präzise bestimmen. Kreative Denker mit breitem Horizont, die nicht zu den erstbesten Mitteln greifen.
Wer kann die Brücke schlagen zwischen den Auftraggebern den strategischen Denken und der praktischen Ausführung. Ein Büro mit umfassendem, multidisziplinären Ansatz.

Das vor Ihnen liegende Buch ist die Visitenkarte einer Gruppe von Menschen, die sich etwas vorgenommen haben: Sie wollen sich Respekt verschaffen und nehmen dabei auch Risiken in Kauf.
Total Identity hat eindeutig genug von Mittelmäßigkeit. Es riskiert Kopf und Kragen, und wagt gar die Brüskierung, um letztendlich verstanden zu werden. Erneuern bedeutet auch Fehler zu machen. Das erfordert Mut und Selbstvertrauen. Die Zukunft gehört den Menschen, die diese Talente in sich haben. Womit wir wieder beim Thema Identität wären ...

Mark Blaisse
foodforthoughts

Inhalt

9 Einleitung

I Essays – Gedanken zur Identität

12 Identität und Reputation; Individualität und Autonomie
16 Vom Markenangebot zu Verbundenheit und Dialog
22 Am Anfang war das Wort …
27 Strategie entwirrt
32 Form Fabricates Function
38 Realisierung und Management von Symbolen
42 Identität des Raumes
46 Corporate Communications Management

II Cases – Ausdruck der Identität

54 Royal Van Zanten *Marktführer*
64 Niederländisches Außenministerium *2 in 1*
68 Provinz Noord-Brabant *Plural*
72 KLM CARGO *Fokus*
78 KLM Passage *Weitblick*
82 Stadt Utrecht *Meinung*
88 Bouwfonds *Evolution*
92 SchutGrosheide *Mut*
98 Niederländisches Verteidigungsministerium *Veränderung*
102 Niederländische Gewächshausgartenbau *Perspektive*
104 Koninklijke BAM-Groep *Wachsen*
112 Kerkinactie *Verbunden*
116 AMEV *Selbstsicher*
122 IN *Mittendrin*
128 Stichting Toezicht Effectenverkeer *Dynamik*
130 Leidschendam-Voorburg *Eins werden*
136 Thalys *Erlebnis*
140 Icare *Statement*
144 TBI *Unternehmen*
148 Westland/Utrecht Hypotheekbank N.V. *Selbstbewusst*
158 Stadt Zwolle *Dialog*
164 ROC *Wir*
168 Niederländische Finanzbehörde *Inspiration*
172 Total Identity *No-nonsense*
176 Sanquin *Vertrauen*
178 De Boer *Massarbeit*
182 Concern voor Werk *Zusammen*

III Medien – Träger der Identität

188 Korrespondenz
190 Formulare
192 Magazine und Dialog
196 Geschäftsberichten
204 Firmenbroschüren
206 Internetsites
212 Design Management Tool

IV Markenzeichen – Bausteine der Identität

220 Nomen est omen
222 Form
224 Farbe und Unterschied
226 Die Bedeutung der Schrift
228 Wappen als Grundlage
230 Katalysator der Identität

236 Kolophon

Einleitung

Corporate Identity hat sich in den letzten Jahren zu einem strategischen Managementthema entwickelt. Authentizität, Persönlichkeit, Kohärenz, Rolle und Verantwortung in der Gesellschaft sind Begriffe, die in eine Identität umgesetzt werden müssen. Davon handelt dieses Buch.
Ein Buch über Corporate Identity zu schreiben, ist von vornherein eine Herausforderung, nicht zuletzt, weil viele Disziplinen Corporate Identity für sich beanspruchen. Von Consultingbüros bis zu Werbeagenturen und Designbüros. Und das auch noch zurecht. Denn Corporate Identity hat so viele Facetten, dass man sich dem Thema, will man alle Aspekte abdecken, kaum anders als multidisziplinär nähern kann. Durch das gesellschaftliche Funktionieren einer Organisation entsteht schließlich für ihre Umgebung eine lebendige Realität. Mit der Identitätsstrategie werden Sinn und Zweck einer Organisation formuliert und umgesetzt. Genau wie beim Menschen bildet sich dabei auch bei einer Organisation eine wiedererkennbare Persönlichkeit mit eigenem Bewusstsein. Selbstbewusstsein, Bewusstsein der eigenen Rolle und des eigenen Platzes. So können Organisationen sich selbst betrachten, sich selbst beurteilen und eine fundierte Erscheinung als Grundlage für Kontinuität entwickeln. Im Idealfall stimmen Identität (gewünschtes Bild) und Reputation (Wahrgenommenes Bild) weitestgehend überein. In der Praxis wirkt eine stetige und komplexe Dynamik, die in all ihren Facetten gemanagt werden muss. Daher der Titel: Total Identity.

Die Kenntnisse und Erfahrungen mit der Identität von Organisationen, die wir in den letzten vierzig Jahren erworben haben, möchten wir gerne teilen. Denn für eine professionelle Entwicklung ist ein intensiver fachlicher Wissens- und Gedankenaustausch sinnvoll. Unsere Herkunft können wir dabei nicht verleugnen, sie ist auch in diesem Buch deutlich zu erkennen. Total Design, das Unternehmen, dem wir entstammen, kann zurückblicken auf eine ereignisreiche Geschichte im Bereich Design – der visuellen Komponente von Identität. Dass dabei schon immer großes Interesse für alles, was mit Identität zu tun hat, vorhanden war, ist nicht verwunderlich, denn wir beschäftigen uns schon seit langem mit der Funktionalität von Design. Design hat eine kommunikative Aufgabe. Im Lauf der Jahre hat sich unser Denken über die anderen Aspekte der Identität stark weiterentwickelt. So stark, dass wir dies auch in unserem Namen deutlich zum Ausdruck gebracht haben: Total Identity.

Dieses Buch besteht aus vier Teilen, die miteinander zusammenhängen.
Der erste Teil *Essays – Gedanken zur Identität* beinhaltet eine Reihe persönlich gefärbter Abhandlungen über einzelne Aspekte von Identität. Sie sind zum Teil polemisierend, andere eher beschaulich. Auf jeden Fall spiegeln sie unser Denken in der Praxis gut wider.
Im zweiten Teil *Cases – Ausdruck der Identität* finden die Leserinnen und Leser eine Vielzahl praktischer Fälle. Es sind keine Cases im Sinne von Mini-Lektionen, die ausführlich auf jede Analyse und Entscheidung eingehen. Sie zeigen vor allem, wie Identität in der Praxis aussehen kann.
In Teil Drei *Medien – Träger der Identität* geht es um die Entwicklung einer Reihe spezieller Mittel und Tools, mit denen die Organisationen ihre Identität zum Ausdruck bringen und managen. Der Kontext, in dem dies geschieht, verändert sich fortwährend, was sich natürlich auch auf die Dynamik der Identität auswirkt.
Teil Vier *Markenzeichen – Bausteine der Identität* befasst sich mit der kürzesten visuellen Zusammenfassung von Identität, dem Markenzeichen und dessen Bausteine: Name, Form, Farbe und Schrift. Dieses Kapitel ist besonders praxisnah.

Ein Buch zum Thema Identität ist eine große Herausforderung. Es kann niemals vollständig sein, das zeigt sich auch in diesem Buch. Dennoch bietet es zweifelsohne in vielen Punkten Inspirationen. Und genau das soll es auch.

Hans P Brandt

Amsterdam, 2003

TOTAL IDENTITY

I ESSAYS
Gedanken zur Identität

Dieser Teil enthält Essays zum Thema Identität. Keine wissenschaftlich untermauerten Betrachtungen, sondern persönlich gefärbte Auffassungen von Leuten aus der Praxis. Sie sind aus unterschiedlichen Blickpunkte geschrieben. Manche fordern zur Diskussion auf, andere beschreiben eher den Stand der Dinge eines bestimmten Aspekts. Es sind Momentaufnahmen, Gedanken, die immer wieder ergänzt und erneuert werden. Die Auswahl der Themen zeigt, worüber die Branche diskutiert.

IDENTITÄT UND REPUTATION; INDIVIDUALITÄT UND AUTONOMIE

Jan Steinhauser

Die Reputation, das Bild, das sich die Öffentlichkeit von einer Organisation macht, wird immer wichtiger. Die Reputation ist das Ergebnis aller beabsichtigten und unbeabsichtigten Eindrücke, die eine Organisation hinterlässt, von der Website bis hin zur Bonusregelung für Vorstände. Bei den beabsichtigten Eindrücken ist der Ruf das Ergebnis der Art und Weise, in der die Identität einer Organisation nach außen vertreten wird. Welche Reaktion folgt auf Ereignisse auf dem Markt und in der Gesellschaft? Und was lernt die Organisation aus dem Feedback ihrer Umgebung?

Für ein erfolgreiches Reputations-Management muss die Organisation eine verlässliche „Persönlichkeit" haben. Die Persönlichkeit bestimmt, wie sich die Organisation verhält, was sie sagt und mit welchen Symbolen sie sich ausdrückt. Organisationen mit hervorragendem Ruf sind sich fast immer ihrer selbst und der Kongruenz aller identitätsbildenden Elemente bewusst. Es ist im Prinzip wie beim Mensch: Auch beim Individuum geht es um Identität und Persönlichkeit, kombiniert mit einem gut entwickelten Bewusstsein des Verhältnisses von „Identität" und dem, was man in der Psychologie das „Ich" nennt, den Kern der Persönlichkeit.

Im gesellschaftlichen Empfinden wird die Organisation für ihre Umgebung zur lebenden Realität. Mit der Identitätspolitik wird der Sinn und Zweck der Organisation formuliert und zum Ausdruck gebracht. Wie das Individuum entwickelt auch die Organisation eine unverwechselbare Persönlichkeit und ein Bewusstsein. Das Bewusstsein ermöglicht es der Organisation, sich selbst wahrzunehmen, eine Meinung von sich selbst zu haben und auf dieser Grundlage ein stimmiges Erscheinungsbild abzugeben.

Zugang zur Identität
Bei Identitätsfragen geht es häufig darum, inwiefern die Identität (das gewünschte Image) vom Ruf (der wahrgenommenen Identität) abweicht. Im Idealfall stimmen beide weitgehend überein, aber dies suggeriert fälschlicherweise, dass Gleichgewichte sich statisch verhalten. Tatsächlich wirken immer dynamische Kräfte, die ein adäquates Management des Spannungsfelds erforderlich machen. Um da ansetzen zu können, ist ein Zugang zur eigenen Identität nötig. In der täglichen Praxis stoßen wir hier auf latente und strukturelle Identitätsprobleme.

Unbewusst fähig
Es gibt Organisationen, die von Anfang an eine klare und überzeugende Identität besitzen. Die Kunden wissen, was sie erwarten können und sind zufrieden. Persönlichkeit und Verhalten verstärken sich gegenseitig. Jeder weiß, woran er mit dem Unternehmen ist. Problematisch wird es erst bei neuen Geschäftsfeldern und am Arbeitsmarkt. Hier zeigt sich, dass das Problem höchst wahrscheinlich darin besteht, welchen Ruf das Unternehmen außerhalb der primären Zielgruppen genießt. Dem Unternehmen gelingt es offensichtlich nicht, mit den verfügbaren Kommunikationskanälen und -mitteln „lebende" Realität zu werden.

Bewusst unfähig
Formulierung und Festlegung der Identität sind Gegenstand eines zähen Ringens. Es gibt eine ungefähre Vorstellung der Identität. Es fehlt ihr jedoch Schärfe und Kohärenz. Interessant ist, dass Image-Studien diese interne Suche häufig klar widerspiegeln: Das Image scheint diffus. Der Prozess, in dem Klarheit und Kohärenz geschaffen werden soll, ist oft gleichzeitig Kommunikationsinstrument: In seiner Analyse und Synthese liefert er einen Beitrag zur Akzeptanz des vorgeschlagenen Lösungsansatzes. Identitätsprogramme laufen deshalb nie nach gleichem schema, sondern sind interessante Prozesse, die ein tragfähiges Ergebnis bringen und deshalb – wenn sie gut ausgeführt werden – im Sinne von Effizienz immer Erfolg zeigen.

Unbewusst unfähig
Manche Probleme sind etwas heikler, weil schwieriger zu diagnostizieren. Wir stoßen hier auf viele Identitätsstörungen, die bei oberflächlicher Betrachtung verborgen bleiben. Nach zahlreichen Gesprächen entsteht zum Beispiel noch immer kein klares Identitätsbild. Jede Wahrheit scheint gleich wahr zu sein. Unausgesprochene interne Konflikte, beispielsweise über den einzuschlagenden Kurs, können der Grund dafür sein. Auch nach einer Fusion kommt es manchmal zu dieser Schizophrenie. Die Schilder sind ausgewechselt, wir kehren zurück zur Tagesordnung.
Ein anderes Beispiel: Eine Organisation kann autistische Züge haben. In seiner unschuldigsten Form finden wir dies in der Überzeugung, ein gutes Produkt verkaufe sich von selbst. Im Extremfall hat die Organisation kein Auge für ihre Umgebung und ist völlig in sich gekehrt. Solche Organisationen führen häufig strukturelle Maßnahmen zur Verbesserung der Marktorientierung durch.

Autonomie als Voraussetzung
Wie Menschen können auch Organisationen in unterscheiden zwischen Wesentlichem, den Eigenheiten der Organisation, und Nebensächliche. Nebensächlichkeiten sind Eigenschaften, über die die Organisation verfügt. Weil diese jedoch nicht einzigartig sind und auch zu anderen Organisationen gehören, gelten sie als irrelevant. Die differenzierende Wirkung ist zu gering, um die eigene Position zu bestimmen.

Die Wahl zwischen wesentlichen und „sonstigen" Eigenschaften ist das Ergebnis einer permanenten Interaktion mit der Umgebung. Die Qualität dieses (Identitäts-)Prozesses hängt davon ab, wie selbständig und autonom die Organisation die Interaktion mit der Umgebung gestaltet und auslebt. Fehlen autonome und bewusste Entscheidungen über das Verhältnis zur Umgebung, entsteht das betriebliche Pendant zu einem Neurotiker.

Die erforderliche Autonomie einer Organisation nimmt Schaden, weil wesentliche Elemente der Identität als unwesentlich zur Seite gefegt werden. Oder weil wesentliche Elemente der Identität mit unwesentlichen Elementen ergänzt oder durch solche ersetzt werden. Mit einem Wort: Das Unternehmen hat Probleme mit wesensfremden Eigenschaften. Dieses Problem wird oft in der ersten Phase von Kommunikationsschwierigkeiten klar; irgendetwas stimmt beim Verhältnis von Identität zu Reputation nicht. Das Identitätsmanagement kann scheitern, wenn eine falsche Auswahl zwischen wesentlichen und sonstigen Eigenschaften einer Organisation getroffen wird.

Narzisstische Identifikation
Ein besonderes Identitätsproblem liegt vor, wenn wesensfremde Eigenschaften „entlehnt" wurden. Organisationen sehen andere Organisationen um sich herum operieren, die in der Öffentlichkeit mehr Erfolg und einen besseren Ruf haben. Sie machen häufiger Schlagzeilen, verkörpern gerade eine Erfolgsstory, sind Marktführer, feiern Siege und gewinnen Preise. Ein solches Vorbild kann zu einem Idealbild stilisiert werden, in dem man sich mit aller Gewalt widerspiegeln möchte. Die Folge ist, dass alles, was nicht zum Idealbild gehört, als unwichtig und unwesentlich beiseite

geschoben wird. In der Psychologie nennt man dieses Phänomen bei Menschen „narzisstische Identifikation", die Autoritätshörige Verehrung eines Anderen.

Eine solche Identifikation führt dazu, dass sich eine Organisation vom Bedeutungsvollen entfremdet. Man sucht fälschlicherweise nach einer höheren, leider aber organisationsfremden Existenzberechtigung. Die Gefahr einer Störung ist dann groß, denn es gilt eine vermeintliche Rationalität, eine dominante Logik, die jeder Grundlage entbehrt. Kennzeichnend für dieses Problem ist eine übermäßige Verbundenheit derartiger Organisationen. Die nach innen gerichtete Aufmerksamkeit schlägt sich im Verhalten und in der Kommunikation der Organisation nieder. Die Folgen sind katastrophal! Man ruft immerzu, wie gut und großartig man ist, und muss dies auch fortwährend tun, um selbst daran zu glauben. Warum aber sollte eine Organisation dies tun? Wer wirklich gut ist, befasst sich nicht mit der Frage, ob er wirklich gut ist, und bestätigt sich nicht dauernd, dass er gut ist.

Realistische Identität
Es gibt einen anderen weg, auch wenn eine Organisation ehrgeizige Ziele verfolgt und über sich selbst hinauswachsen will, egal, ob sie darin von anderen inspiriert wurde oder nicht. Es gibt Organisationen, denen es gelingt, sich selbst in diesem Bemühen treu zu bleiben. Das Eigene der Organisation ist dann solide verankert und ihre Persönlichkeit ausreichend autonom. Wie Menschen sind auch Organisationen fähig zu „Selbsttranszendenz" anstelle von Verbundenheit. Begründet ist dies darin, dass die Organisation im Verhältnis zu ihrer Umgebung aufrecht verbunden bleibt und so vor Autismus und „Nabelschau"-Gebaren bewahrt wird. Verfügt die Organisation über Autonomie, können sehr gut sinnvolle Beziehungen zur Umgebung entstehen.

Man kann sich beispielsweise vornehmen, einer der größten Telekom-Anbieter der Welt zu werden, weil in der Organisation die entsprechenden Kapazitäten und historisch gewachsenen Eigenschaften vorhanden sind. Schlägt ein Unternehmen diesen Weg ein, ist es wichtig, dass alle Entscheidungen ausgehend von der Autonomie der Organisation unter Berücksichtigung ihrer wesentlichen Eigenschaften und mit offenem Blick auf die tatsächlichen Chancen getroffen werden. Das Gegenteil ist häufig der Fall. Die Begründung, die man bisweilen zu wichtigen Entscheidungen hört – Übernahme, Börsengang – ist oft undeutlich.

Es gibt noch eine andere Möglichkeit für starke Persönlichkeiten, um nicht in die narzisstische Falle zu tappen. Man kann bei einer anderen Organisation, die als Inspiration dient, nach Eigenschaften suchen, die man selbst nicht hat. Dabei wird man sich klar, welche Eigenschaften man selbst nicht besitzt, dass man sich diese jedoch zu Eigen machen muss, um sein ehrgeiziges Ziel zu erreichen und dem Idealbild möglichst nahe zu kommen. Das passiert häufig bei schon lange bestehenden Organisationen, in denen Innovation angestrebt wird und Innovationspotenzial vorhanden ist. Die Identität wird modernisiert, weil die Organisation mit den heutigen Zielen, einem neuen, angepassten Profil und einer aktuelleren Strategie einen grundlegend anderen Weg beschreitet. Oft haben solche Organisationen einen tief greifenden Wandel vollzogen.

Elementare Grundlage aller Identitätsprogramme ist, dass sie auf einer realistischen Unternehmensstrategie und einer realistischen Betrachtung der formulierten Identität basieren müssen. Ist das nicht der Fall und lässt man sich trotzdem zu einer Kommunikationskampagne verleiten, ist ein Scheitern der Kommunikationspolitik unausweichlich.

Identität ist also ein Richtpunkt, der fortwährend so zu managen ist, dass Zweckmäßigkeit und Konsistenz mit der Entwicklung der Organisation und ihrer Umgebung erreicht wird. Diese Reflexion muss bewusst bei der Strategieentwicklung der Organisation einfließen. Dass Unternehmen in gewissem Maße auf sich selbst blicken, ist normal. Ohne jegliche Verbundenheit wird die

Organisation unmenschlich. Nimmt diese jedoch überhand, was bei Unternehmen mit einer marktbeherrschenden Position oder einer wenig herausfordernden Umgebung – wie bei Institutionen der öffentlichen Hand – vorkommen kann, entsteht der Nährboden für Identitätskrisen.

Eine selbstbewusste Organisation hat im Prinzip alle Möglichkeiten zum Aufbau einer starken Reputation. Selbstbewusstsein kann nur aus einer gesunden Autonomie, kombiniert mit Aufgeschlossenheit für die eigene Rolle in der Gesellschaft, entstehen. Organisationen, die die Fähigkeit besitzen, bei dieser Interaktion mit ihrer Umgebung ständig dazuzulernen, sind am ehesten in der Lage, sich selbst immer wieder neu zu erfinden. Diese Kraft zur Selbsterneuerung ist – auch langfristig – die Grundlage einer positiven Reputation.

VOM MARKENANGEBOT ZU VERBUNDENHEIT UND DIALOG

Hans P Brandt | Jurjen Bügel

Jahr für Jahr geben Organisationen hunderte Millionen Euro für Kommunikation aus; teure Kampagnen in TV, Funk und Print, Broschüren, Internetauftritte etc. Auftraggeber und Kommunikationsexperten arbeiten auf der Grundlage vertrauter Konventionen, Reflexe und Methoden: Man fragt, was angeboten wird, und das Angebot der Fachleute beschränkt sich darauf, diese Frage zu beantworten. Mit anderen Worten: bekannte Produkte zu bekannten Preisen entsprechend dem vorab formulierten Resultat – und anscheinend sind alle zufrieden. Doch unterschwellig macht sich Unbehagen breit. Immer häufiger wird die Effektivitätsfrage gestellt. Dabei geht es um die Reputation und das Image der Organisation. Dieses Thema kam in der Designbranche jahrelang eigentlich kaum auf den Tisch, denn was in vielen Ländern gemacht wurde, war per se gut und damit effektiv.

Die Niederlande – ein interessanter Nährboden
Die Niederlande boten in den letzten drei Jahrzehnten ideale Voraussetzungen für die Entwicklung einer anspruchsvollen Designkultur. Möglich wurde dies durch die speziellen Rahmenbedingungen, die in den Niederlanden herrschten:

– eine relativ schwache nationale Identität, die auf einem starken individuellen Bewusstsein basiert;
– eine heterogene Gesellschaft, die sich um Konsens zwischen sehr unterschiedlichen sozialen und religiösen Kräftefeldern bemüht;
– liberale Marktstrukturen, flankiert von einem starken Sozialstaat;
– eine unkritische und oft ideologisch geprägte Sicht auf öffentliche Einrichtungen und Unternehmen;
– eine komplexe Verflechtung von Land und Stadt, wodurch auf kleinem Raum viele ökonomische und raumplanerische Gegensätze überwunden werden müssen;
– eine pragmatische und stark konsensorientierte Führungskultur, in der Extreme vermieden werden und auf Subtilität gesetzt wird;
– eine abstrakte und ziemlich traditionelle, geradlinige Auffassung von Ästhetik;
– eine große Wertschätzung handwerklicher Professionalität, häufig mit antiautoritären Zügen.

Dank dieser soziokulturellen Mischung konnten sich die Niederlande in den 60er, 70er und 80er Jahren zu einem idealen Versuchslabor für Designer, Architekten, Modedesigner, Grafiker und Kommunikationsstrategen entwickeln.
Doch scheint jedoch diese Vorreiterstellung nach längerer Blütezeit nun in mentalen Rückstand umgeschlagen zu sein.

Die Marke als Produkt
Anstelle der individuellen künstlerischen Umsetzung der Botschaft, die in den Niederlanden propagiert wurde, kam aus England und den Vereinigten Staaten das Markendenken. Die Marke als Held. Die Marke als Bindeglied zwischen Produkt und Konsument. Die Marke als Produkt. Und schon griff Panik um sich, vor allem, als Design, Markenäußerungen und Massenkommunikation unter dem Einfluss des Markendenkens zugleich attraktiv und erfolgreich sein mussten.

Die (Kommunikations-)Branche stürzte sich auf das neue Phänomen – und geriet in eine Krise, weil durch dieses kurzfristige Denken die Besinnung auf das Wesentliche der dahinter stehenden Kommunikationsproblematik in den Hintergrund gedrängt wurde. Eine Marke konnte man schließlich konstruieren und ausstatten. Eine Marke erschuf ihre eigene Welt. Eine Marke war autonom und eigenständig. Eine „corporate brand" hingegen? Gewiss nicht!

Durch fundamentale Veränderungen unserer Kultur, der Sozioökonomie und der damit verbundenen Kommunikationsmuster wandelten sich die Bedingungen für Corporate Communication und Design grundlegend. Wir beschränken uns hier auf einige wenige, bereits skizzierte Folgen dieser Veränderungen:
– Globalisierung der Märkte;
– Verwischung von Branchen und Produktmerkmalen;
– Synthese von Waren und Dienstleistungen;
– Zunahme intermediärer Unternehmen im Vertrieb;
– Bildung von Communities;
– zunehmende Regionalisierung von Konsumverhalten und Meinungen.

Demaskierung der Unternehmensmarke
Durch die genannten Veränderungen verlieren zahlreiche Instrumente, mit denen professionelle Dienstleister aus Werbung, Design und Corporate Communication die Positionierung von Firmen unterstützen, ihre einstige Effektivität. Sie haben an Biss verloren und lassen die gewünschte Wirkung vermissen. Wenn sie überhaupt Wirkung zeigen, dann nur kurzfristig. Die herkömmlichen Methoden und Techniken – so perfekt und raffiniert sie auch von den einzelnen Disziplinen entwickelt wurden – erbringen nicht mehr das angestrebte Resultat. Der Held stürzt offenkundig von seinem Sockel. Demaskierung der Markenwelt?

Es ist sinnvoll, unsere Ansätze und Vorgehensweisen einer kritischen Analyse zu unterziehen. Am besten, bevor sich die Auftraggeber fragen, ob sie für ihr Geld auch etwas bekommen. Denn es gibt Grund genug für Skepsis, vor allem bezüglich der Art und Weise, in der große Marken präsentiert und gepflegt werden.

Neben den genannten wirtschaftlichen Veränderungen vollziehen sich auch kulturelle Entwicklungen, die sich darauf auswirken, wie Informationen aufgenommen, gewertet und verarbeitet werden. Jeder Kunde ist sein eigener König, Warenprüfer, Scharfrichter und Opfer zugleich. Objektivität als Messlatte für den Wahrheitsgehalt hat ausgedient. Qualität und Tauglichkeit wurden vollständig zu leeren Behauptungen subjektiviert. Diese Eigenschaften können nur durch die Erfahrung individueller Beobachter bestätigt werden. Wo früher die Transparenz des Marktes gepredigt wurde, dominiert nun die individuelle Wahrnehmung von Kunden und Geschäftspartnern. Die Summe ihrer Urteile bezeichnen wir – mangels Alternative – als Corporate Image. Der Sockel bröckelt, das Selbstbildnis wankt. Frei nach Descartes lautet das heutige Motto: Ich werde wahrgenommen, also bin ich. Aber „bin ich", wenn meine Kommunikationsäußerungen nicht bemerkt werden oder nicht überzeugend genug sind? Sie können es sich denken: Das ist das Ende des Seins. Es entstehen diffuse Bilder, die den Verbraucher ins Zweifeln bringen.

Emotion beim Empfänger
Mit dieser These verschiebt sich der Schwerpunkt von Corporate Identity zur Wahrnehmung des Beobachters. Nicht die Marke, das Design oder die Botschaft bestimmt die Effektivität der Kommunikation. Ausschlaggebend für die Effektivität der Botschaft ist die allerindividuellste Emotion des Empfängers – der Kunden und Geschäftspartner, eigenen Mitarbeiter und Anleger. Einstellung, Verbundenheit und Wiedererkennung sind die neuen Schlüsselbegriffe für die Wertschätzung und Akzeptanz von Unternehmen und öffentlichen Institutionen. Und wer nicht wiedererkannt wird, besteht nicht. Dies wird aus dem Identitätsszenario des Schaubilds auf der folgenden Seite deutlich.

Markenszenario	Identitätsszenario
– will sich unterscheiden	– will Verbindung knüpfen
– will präsent sein	– will transparent sein
– *Sympathie* durch *Wagemut*	– durch *Interesse für Inhalt* zu *Sympathie*
– ideologisches Programm	– beurteilbares Programm
– strebt nach Wertschätzung	– strebt nach Relevanz

↑ Stärke der Marke
↑ Erneuerung
↑ Profilierung

Relevanz →

Phase 3: Gestaltung des Kommunikationsprogramms

Autorisation   Konsistenz

Einfluß

Phase 2: Kommunikation über das Markenangebot

Prägnanz

Dialog

Phase 3: gesellschaftlich relevant handeln

Akzeptanz

Beziehung

Unterscheidung →

Sympathie

Respekt

Phase 1: Aufbau von Unterscheidungsmerkmalen

Präsenz

Phase 2: Kommunikationspositionierung: Kultur/Eigenständigkeit zeigen

Themen   Haltung

Phase 1: Transparenz herstellen

Wissen →   Wertschätzung →

|– Positionierung →
|– Verbesserung →
|– Stellung der Organisation in der Gesellschaft →

Um die weiteren Auswirkungen dieses Paradigmenwechsels richtig begreifen zu können, müssen wir zwischen Methoden und ihrer Wirkung, zwischen den verwendeten Instrumenten und dem mit ihnen angestrebten Effekt klar unterscheiden. Mit unserem handwerklichen Instrumente und unseren ausgeklügelten Werkzeugen Konzentrieren wir uns im Allgemeinen stark auf Methoden und Techniken. Darin liegt unsere Stärke und daran messen wir den Impact unserer Statements, Kampagnen und Produkte. Mit anderen Worten: Wenn der Trick funktioniert, stimmt auch das Resultat.

Mit diesem eingeschränkten Ansatz entsteht die Begriffsverwirrung. Wir verwechseln physische Präsenz mit Aufmerksamkeit, verbuchen schon das Ankommen der Nachricht beim Empfänger als Impact, sprechen von Respons, wenn wir Unruhe meinen, und von Akzeptanz, wenn Widerspruch ausbleibt. Und so halten wir uns selbst zum Narren. Als Sektor und Berufsgruppe wahren wir den Anschein von Corporate Communication, obwohl eigentlich kaum mehr passiert als die klangvolle Zusammenstellung zahlreicher Monologe.

Identitätsszenario als Perspektive
Doch es naht der Augenblick, an dem sich Unternehmen häufiger und gründlicher mit den Erträgen ihrer Millioneninvestitionen beschaftigen. Und vor allem auf die langfristige Wirkung ihrer Ausgaben für Corporate Kampagnen und Markenstatements. Es kann nicht anders sein: Der Blickpunkt tonangebender Auftraggeber wird sich – infolge einer solchen Neuorientierung – beträchtlich verschieben. Zwei bedeutsame Tendenzen sind unvermeidlich: Die traditionelle Selbstprofilierung (das Markenszenario) weicht der Identifikation (dem Identitätsszenario) und an die Stelle der Verbreitung von Informationen tritt Einfühlungsvermögen. Ein Unternehmen hebt sich schon lange nicht mehr durch die Bereitstellung von Informationen über seine Produkte und Dienstleistungen hervor, denn das Senden von Äußerungen erzeugt nicht automatisch Eindrücke beim Empfänger. Wissen und Information sind selbstverständlichkeiten. Sie ändern wenig daran, wie die Beziehung zwischen Lieferant und Konsument erlebt wird, zwischen dem Besitzer einer Marke und dem, der die Marke wahrnimmt.

Jede Kaufentscheidung ist das Ergebnis einer Identifikation. Für echte Kommunikation braucht es daher viel mehr als nur ein Medium oder einen Kanal. Voraussetzung für Kommunikation, die im Gedächtnis haften bleibt, ist eine Beziehung zwischen Sender und Empfänger. Erforderlich ist eine Form der Verbundenheit, ja gar ein gewisses Maß an Identifikation. Wer gesehen werden will, muss spürbar sein. Wer gehört werden will, muss zunächst überzeugen können. Darin liegt ein Paradox: Es erfordert ein gehöriges Maß an Vertrauen, bevor der Aufbau einer Beziehung zwischen Lieferanten und Konsumenten, zwischen Sender und Empfänger beginnen kann. Der Sender muss schon angekommen sein, bevor er sich auf den Weg macht, und seine Nachricht muss bereits verstanden worden sein, bevor sie erklärt wird. Diese Neubewertung professioneller Axiome ist nur verständlich, wenn wir uns über die großen Veränderungen in Kultur, Wirtschaft und kollektivem Bewusstsein klar werden.

Ausschlaggebend sind gemeinsame Werte
Bei dem neuen Ansatz steht nicht der Sender im Mittelpunkt, sondern die Werte, die mit den Konsumenten und Geschäftspartnern geteilt werden. Beispiele solcher Werte sind:
– Wertschätzung langlebiger Produkte und Prozesse;
– Identifikation mit der Erlebniswelt der Abnehmer und ihrer Wertekultur;
– Respekt der Eigenheiten von Individuen und Minderheiten;
– Sinn für menschliche Aspekte sowohl im Prozess als auch im Vertrieb.

Bei einer thematischen, erlebnisorientierten Positionierung verschieben sich nicht nur die Akzente in der Kommunikation, es geht um grundlegend andere Parameter. Der Wertewandel lässt sich mit folgenden Schlagworten wiedergeben:

von Information	zu Emotion
von Bildern	zu Erleben
von Attraktivität	zu Affektivität
von Imponieren	zu Identifizieren
von Impulsmomenten	zum Beziehungsaufbau
von Profilierung	zu Commitment
von einer dienstleistungsorientierten	zu einer interaktiven Beziehung
von Vollständigkeit	zu Glaubwürdigkeit
von Überzeugung	zu Transparenz

Dieser grundlegend andere Ansatz der Kommunikation zwischen Unternehmen und ihren Kunden bzw. Geschäftspartnern hat weitreichende Konsequenzen. Er verlangt eine andere Geisteshaltung vom Absender, der Organisation, die kommunizieren will. Diese muss nämlich die Fähigkeit haben, auf allen Ebenen zuzuhören, sich in die Lage ihrer Partner hineinzuversetzen, Signale zu empfangen und diese jederzeit in ein angepasstes Verhalten und Produkt umzusetzen. Dies ist eine empathische Einstellung, die der paternalistischen belehrenden Pose, die wir von großen Organisationen gewöhnt sind, gegenübersteht. Ein der heutigen Zeit angemessener Umgang mit Verbrauchern und Aktionären bedeutet viel mehr als nur eine Anpassung der Kommunikationsstrategie; er erfordert auch intern eine völlig neue Herangehensweise an Menschen und Prozesse. Hier geht es um eine Änderung der Einstellung, die sich auch in der Personalpolitik, der Kundenbetreuung, der Produktentwicklung und dem Wissensmanagement niederschlagen muss. Das ganze Unternehmen bekommt sozusagen neue Sinnesorgane und muss neue Reflexe erlernen. Ohne eine solche Änderung der Unternehmenskultur ist (Marketing-)Kommunikation gemäß dem Identitätsszenario eine rein kosmetische Anpassung, welche die Unglaubwürdigkeit nur noch steigert.

Markenidentität outside in	**Identität inside out**
basiert auf Produktimage	*basiert auf eigener Stärke*
relative Position	*absolute Position*
Wahrnehmungsmanagement	*Identitätsmanagement*
Marketingkommunikation	*Organisationskommunikation*

Respekt und Identifikation sind entscheidend

Die Kommunikation zwischen Sendern und Empfängern ist nicht länger Mittel zum Zweck, sondern rückt selbst in den Mittelpunkt. Sie wird zur wesentlichen Voraussetzung für Produkterneuerung und Wachstum der Organisation. Der Markt ist nicht länger das Absatzgebiet am Ende der Pipeline, sondern dient als Labor für Neuentwicklungen. Die absoluten Begriffe, die für und im Zusammenhang mit Marken verwendet werden – wie Bekanntheit, Marktpenetration und Konsumententreue – werden irrelevant. An ihre Stelle tritt das Identitätsszenario mit Begriffen wie Aufmerksamkeit, Relevanz, Wertschätzung und Commitment. Nur Unternehmen, die sich im Bewusstsein der Abnehmer zu positionieren wissen, können ihre Stellung langfristig sichern. Dies äußert sich in Begriffen wie Respekt und Identifikation. Fast wie von selbst folgen Produktwiedererkennung und Gewinnmarge. Diese vertiefte Beziehung zwischen Sender und Empfänger ist von Ebenbürtigkeit und Akzeptanz geprägt. Es besteht ein ständiger Dialog, die Äußerungen sind ehrlich und aufgrund gemeinsamer Werte nachvollziehbar. Die Einführung neuer Produkte und Dienstleistungen verläuft in einem solchen Klima natürlich einfacher als beim herkömmlichen Ansatz, bei dem den Verbrauchern die Überlegenheit des Produkts mit massiven Kampagnen und doktrinären Methoden quasi eingebläut wird.

Beispiel

Parallele zur städtebaulichen Entwicklung
Zur Veranschaulichung der weit reichenden Bedeutung dieses Paradigmenwandels hier ein Vergleich mit der derzeitigen städtebaulichen Entwicklung und Architektur. Bis vor kurzem bestimmten noch Raumplaner, Projektentwickler und Wohnungsbaugesellschaften, welche Art von Wohnungen sich am besten zum Leben eignen und wie Städte und Stadtviertel strukturiert werden sollen. Diese monolithische Herangehensweise an den Markt führte in vielen Ländern – und auf jeden Fall in den Niederlanden – zu einer starken Diskrepanz zwischen Nachfrage und Angebot an Neubauwohnungen. Mit einem Angebot, das auf Durchschnittseinkommen, die durchschnittliche Familiengröße und die durchschnittlichen Bedürfnisse nach Grün und Einkaufsmöglichkeiten zugeschnitten war, entstanden in der Vergangenheit Geisterstädte, in denen sich niemand so richtig zu Hause fühlte. Der ideale Wohnungstyp – marginal variiert innerhalb der gesetzlichen Mindestvorschriften von Sicherheit, Lichteinfall und Wärmedämmung – wurde dem Markt von oben diktiert. Glücklicherweise zeigen jüngste Beispiele in städtischen Neubaugebieten, dass es auch ganz anders geht: modulare Einteilung von Wohngebäuden und Stadtvierteln, flexible Mischung der Nutzungsfunktionen, Grundstücke für individuelle Baukonzepte (das „Wilde Wohnen" von Architekt Weeber) und Wohneinheiten für andere Formen des Zusammenlebens als die klassische Vater-Mutter-Kind-Familie.

AM ANFANG WAR DAS WORT ...

Edsco de Heus

Geschichten gehören zu Organisationen, erwecken sie zum Leben. In letzter Zeit ist die Corporate Story in aller Munde. Unternehmensberater, Personalmanager, Kommunikationsberater, Management Consultants – alle stürzen sich begierig auf „die Geschichte einer Organisation". Ein Mode-Gag, den die Kommunikationsbranche dankbar zur Erschließung neuer Geldquellen aufgreift? Mit Sicherheit nicht! Die Unternehmensgeschichte ist wesentlich für die Identitätsbildung von Organisationen. Das erklärt auch das Interesse unterschiedlicher Bereiche: Jede Disziplin, die sich mit der Entwicklung von Organisationen befasst, findet hier etwas Brauchbares.

Geschichten werden benutzt, um eine Wirklichkeit zu schaffen, mit der sich der „Zuhörer" identifizieren kann. Das entspricht der Erzähltradition, mit der wir groß geworden sind. Schon in frühester Kindheit, wenn sich Märchen und Realität noch vermischen, helfen uns Geschichten beim Begreifen der uns umgebenden Welt, der konkreten, fassbaren Wirklichkeit und der Normen und Werte: Gut und Böse. Wie gehen wir miteinander, wie mit Tieren um? Wer ist ein Held, wer feige? Bücher, Fernsehen, Theaterstücke, Anekdoten – unsere Welt ist voll davon.

Da wir an Geschichten so sehr hängen, verwundert es kaum, dass oft auf diese Technik zurückgegriffen wird. Genau das ist jedoch das Problem: Jeder benutzt die Corporate Story, wie es ihm gefällt, und dadurch droht sie tatsächlich zum modischen Jargon zu verkommen. Das ist schade, denn die Geschichte eines Unternehmens eignet sich hervorragend zur Initiierung und Steuerung des Identitätsprozesses. Das gelingt allerdings nur mit einer kommunikativen Corporate Story – was leider allzu häufig vergessen wird: Die Story ist keine tote Erzählung. Sie lebt und bewegt sich, sie inspiriert den Geschichtenerzähler genauso wie die Zuhörer. Die Wahl von Motiv und Thema und die Erzähltechnik bestimmen das Identifikationspotenzial.

Geschichten als Träger der Identität

Die Corporate Story ist die Geschichte einer Organisation. Sie vereint Vergangenheit, Gegenwart und Zukunft. Sie verbindet Vision und Mission mit der konkreten, greifbaren Geschäftsstrategie. Sie zeigt, wie die Organisation an ihren Zielen arbeitet und welche Märkte und vor allem welche Werte ihr dabei am Herzen liegen.
In der Fachliteratur werden immer die gleichen Elemente genannt, aus denen eine Story besteht. Deshalb entsteht der Irrglaube, es handle sich lediglich um eine Formsache. Das ist es aber gerade nicht, und zwar aus zwei Gründen.

Die Corporate Story handelt von Verführung und Emotion, nicht von objektiver Wirklichkeit. Sie ist kein journalistischer Artikel und kein Bericht. Sie ist ein Produkt der Phantasie, bei dem Glaubwürdigkeit wichtiger ist als Wahrheit. Eine Organisation (erschafft) ihre eigene Wirklichkeit neu. Fast alle Organisationsexperten sprechen von der Bedeutung der Erzählung und des Erzähltons, Metaphern und Bildsprache, damit verlassen wir jedoch den Bereich der Vernunft und reisen ins

Land des Unbewussten. Wir suchen Halt bei Talenten, denen die Musen hold sind. Nicht umsonst sahen die alten Griechen es als die Aufgabe der Kunst an, Ordnung und Harmonie zu stiften.

Der Grund für die Formulierung einer Corporate Story bestimmt weitgehend Form und Erzählverlauf. Zwei Beispiele aus der Praxis machen deutlich, wie verschiedene Ausgangspunkte zu verschiedenen Geschichten führen: Kluwer und Royal Van Zanten.

Story und Lebenszyklus
Der Verlag Kluwer befand sich in einer Phase der Umstrukturierung mit dem Ziel der Standardisierung des Produktionsprozesses und der Wiederbesinnung auf seine Kernkompetenzen. Dies war die Antwort des renommierten Verlagshauses auf die aktuellen Herausforderungen der neuen Informations- und Kommunikationstechnologie. Die Geschichte musste deshalb relativ ausführlich werden und glich einer Gradwanderung: Eine Umstrukturierung konnte einschneidende Folgen für die Beschäftigten haben. Bei Kluwer lag der Schwerpunkt deshalb auf den Maßnahmen, die nötig waren, um in einem sich rasch wandelndem Umfeld erfolgreich zu bleiben. Die Geschichte war verwoben mit dem Fortgang der Umstrukturierung. Sie war gleichzeitig die Geschichte von über hundert Jahren erfolgreicher Verlagsarbeit. Das dazu erforderliche Heldentum musste wieder zum Leben erweckt werden. Neue Helden mussten geschaffen werden, und für die alten Helden gab es Anteilnahme... Denn auch das war Kluwer.

Royal Van Zanten ist wahrscheinlich weniger bekannt. Das Unternehmen ist der weltweit größte Lieferant von Blumenzwiebeln und Stecklingen. Der Betrieb wuchs aus eigener Kraft und durch eine Reihe von Übernahmen zu seiner heutigen Größe. Die faktische Marktführerschaft weltweit bewirkte jedoch keine mentale Marktführerhaltung, keine Trendsetterrolle, von der eine größere Anziehungskraft für das Unternehmen ausgehen könnte. Anlass der Unternehmensgeschichte war hier also keine Umstrukturierung, sondern die Identitätsfrage vor dem Hintergrund der Branding- und Profilierungsproblematik.

Die Unternehmensgeschichte konnte sich deshalb mehr auf das Wesentliche konzentrieren, zum Beispiel den Wunsch des Managements, Transparenz in den gewünschten Kurs zu bringen, um diese Strategie mit möglichst vielen Menschen zu teilen. Die Geschichte ist eher die Story des bescheidenen Prinzen, der zu Aller Entzücken nach der Hand der begehrenswerten Prinzessin greift. Und ... sie bekommt.
Diese kurzen Fallbeispiele zeigen auf jeden Fall, welche Funktion eine Corporate Story erfüllen kann:
– Sinngebung: die Organisation hat eine nützliche (gesellschaftliche) Aufgabe.
– Relevanz: Es lohnt sich, einen Beitrag zu dieser Aufgabe zu leisten.
– Logik: Die Geschichte der Organisation stimmt.
– Verbundenheit: Die Aufgabe kann nur miteinander gemeistert werden.
– Kongruenz: Jeder erzählt dieselbe Geschichte.
– Identifikation: Man weiß, wo man hingehört.
– Auslöser: Die Unternehmensgeschichte setzt den Identitätsprozess in Gang.

Existenzberechtigung der Geschichte
Warum ist die Corporate Story so wichtig für das Identitätsbewusstsein einer Organisation?
Wir leben in turbulenten Zeiten, in denen sich die Organisationen fortwährend anpassen müssen: Sie befinden sich in einem permanenten Zustand der Umstrukturierung. In diesen stürmischen Zeiten bietet die Unternehmensgeschichte einen Anhaltspunkt, nach dem man sich richten kann. Sie ist der rote Faden der Organisation und damit ein wichtiges Prozessinstrument.
Eine zweite Signalwirkung hängt mit der Reaktion auf die Individualisierung zusammen. Die Gesellschaft wird immer individueller, die öffentlichen Institutionen treten als Normen und Werte schaffende Instanz in den Hintergrund, Kinder werden weniger in den Familien und mehr in Kindergärten und Schulen erzogen, Kirche und Politik sind keine mächtigen Einrichtungen mehr.

Die großen Ideologien wirken wie Fossile längst vergangener Zeiten. Die Menschen sind auf der Suche nach neuen Werten, neuen Sicherheiten, suchen wieder Gemeinschaft. Unternehmen mit einer lebendigen Unternehmensgeschichte verfügen über eine starke Identität und bieten deshalb eine echte, gelebte und damit einzigartige Gemeinschaft.

Voraussetzungen

Trotz der Vielzahl möglicher Formen und Gestalten einer Corporate Story hängt ihr Erfolg immer von einigen Punkten ab.

1 **Die Story ist eine Geschichte der Organisation.**
Das klingt auf den ersten Blick vielleicht banal, aber es gibt Storys, die sich anhören wie wissenschaftliche Berichte. Sie sind das Ergebnis einer reinen Einsetzübung. Ohne Publikum keine Kreativität, ohne Kreativität kein Reiz, sondern trockene Managementberichte. Wertlos? Nein, wertvolle Berichte, aber nur als Zwischenprodukt, um auf rationaler Ebene mit dem Management zu klären, ob die richtigen inhaltlichen Elemente identifiziert wurden. Erst danach entsteht die Geschichte. Haben Organisation und Geschichte einander gefunden, dürfen sie auch Außenstehende hören. Intern und extern sind gleich rangig. Denn auch der alte Spruch „intern geht vor extern" hat seine Gültigkeit verloren. Natürlich muss man seine Sachen ordentlich regeln, damit man nach außen überzeugend auftreten kann. Wenn man die Unternehmensgeschichte in einem frühen Stadium mit den Kunden teilt, kann dies jedoch den positiven Nebeneffekt haben, dass alle sich noch mehr engagieren, um das immer leicht schöngefärbte Bild Wirklichkeit werden zu lassen.

2 **Wort und Bild gehen Hand in Hand.**
Das Zustandekommen von Perzeptionen und die Schaffung von Wirklichkeit sind komplexe Prozesse, bei denen Inhalt und Emotion uns in undurchsichtiger Weise beeinflussen. Erzählform, Wort- und Satzrhythmus, die Klangfarbe der Worte, Wortwahl und Metaphern sind literarische Techniken, die das Unbewusste ansprechen, ebenso wie Bilder, Farben und Formen. Darin steckt der emotionale Gehalt einer Geschichte, und Gefühle sind viel stärker als die Vernunft; sie sprechen unsere Urtriebe an.

3 **Die Story überzeugt und erstaunt.**
Vielleicht handelt es sich hier um eine Folge der Professionalität, mit der die ersten beiden Schritte ausgeführt werden, um eine generelle Voraussetzung für das Gelingen von Kommunikation. Überzeugen beinhaltet etwas anderes als die auf objektiven, historischen Argumenten basierende Feststellung. In der Praxis ist die Empörung oft groß, wenn strategische Entscheidungen des Unternehmens in der Story miteinander verknüpft werden, die in Wirklichkeit unabhängig voneinander gefällt wurden. De facto ist diese Diskussion uninteressant. Es geht ganz gewiss nicht darum, jemandem ein X für ein U vorzumachen: Nein, es geht um die grobe Entwicklung und darum, Akzeptanz für sie zu schaffen. Dabei werden tatsächlich bisweilen bestimmte Entscheidungen im Nachhinein logisch untermauert, was spricht dagegen? Staunen ist etwas anderes als Effekthascherei. Eine Corporate Story ist kein künstlerisches Zufallsprodukt. Das Staunen muss aus dem Wiedererkennen heraus entstehen. Soll nur der Status Quo festgehalten werden? Natürlich nicht. Die Story behandelt auch Visionen und Ambitionen und in dieser Hinsicht auch viel mehr die Wunschidentität. Die Story ist der Wirklichkeit um einen Schritt voraus. Das muss sie auch, denn sonst weist die Geschichte in keine Richtung.

Auslöser des Identitätsprozesses

In ihrer Funktion als Motor des Identitätsprozesses ist die Story ein wichtiges Hilfsmittel im Prozess der Veränderung. Es würde diesen Rahmen sprengen, Änderungsverläufe ausführlich zu kommentieren, doch ist es interessant, die mögliche Rolle der Story dabei kurz zu beleuchten. Interne Kommunikation besteht traditionell aus drei Arten von Informationen: Information über die Firmenpolitik, motivierende Informationen und Informationen über den primären Betriebsprozess. In der Praxis überscheiden sich all diese Informationsarten. Unserer Meinung nach muss Kommunikation über die Firmenpolitik immer auch die Unternehmensgeschichte transportieren oder zumindest einen expliziten Bezug zu deren Eckdaten herstellen. Diese Überzeugung basiert auf Erfahrung und kann auch pädagogisch untermauert werden. Es entspricht der so genannten konzentrischen Ordnung des Lehrstoffs: Erst wird der Lerninhalt in groben Zügen vorgestellt, dann wird ins Detail gegangen. Das gelingt jedoch nur, wenn vorher analysiert wurde, welche Themen zu den Elementen der Story gehören. Zur Erläuterung ein Beispiel: Kluwers Vision der Entwicklungen auf dem Verlagsmarkt infolge der neuen Möglichkeiten, welche die Informations- und Kommunikationstechnologie bietet, war ein Hauptargument für die Anpassung des Unternehmens und dafür, die eigene Wertschöpfung kritisch unter die Lupe zu nehmen. Es geht hier um das visionäre Element „Informationsgesellschaft". Wenn über das Internet allerlei Informationen zur Verfügung gestellt werden, was tut ein Verlag dann noch? Das strategische Element, das damit zusammenhängt, ist somit unter anderem die Frage nach der Wertschöpfung. Bei den unternehmerischen Elementen äußert sich dies in einem Projekt, bei dem für Juristen Urteile anstelle in Form der bekannten Loseblatt-Sammlung online erschlossen werden. Themen, die dazu gehören, sind u.a. Hochschulen als Kompetenzzentren, Intranetunternehmen als Herausgeber, Publishing on Demand usw. Geschichten über diese Themen können unterschiedliche Funktionen erfüllen: Sie können als Beispiel dienen, Nuancen aufzeigen oder gar das Thema leugnen, beispielsweise um Diskussionen anzuregen. Die Palette der möglichen Träger der Geschichte ist recht groß. Eine clevere, ausgewogene Mischung von Mitteln und Aktivitäten muss eine ausreichende kommunikative Schlagkraft garantieren.

Werte, Themen und Issues
Diese relativ mechanische Art der Verknüpfung von Themen und des Ersinnens von Sichtweisen für die Behandlung reicht für ein kommunikativ überzeugendes Ergebnis nicht aus. Dafür ist eine zweite Übung notwendig: die Verbindung der

Story-Elemente	Themen	Träger	Funktionen
visionäre Elemente	*Informationsgesellschaft technologische Entwicklungen Rolle eines Verlags die Marke Kluwer usw.*	*Hefte Gastredner Rundschreiben Zeitschriften Arbeitsbesprechungen Zusammenkünfte Intranet Broschüren usw.*	*Wiederholer Echoer Beweisführer Leugner Parallelen Verstärker usw.*
strategische Elemente	*Steigerung des Werts von Daten Rationalisierung innovative Projekte Marktorientierung Portfolio-Analyse Branding usw.*		
unternehmerische Elemente	*das Autorenprojekt medienneutrale Informationsspeicherung Leserstudie Online-Unterstützung für Juristen usw.*		

Hauptthemen mit den Kernwerten der Organisation und die Benennung von Issues. Kernwerte erkennen wir an den gemeinsamen Grundsätzen einer Organisation. Sie zeigen vor allem, wie angesichts der Themen gehandelt wird und beziehen sich deshalb vor allem auf die Verhaltenskomponente. Themen hängen inhaltlich mit Issues zusammen: die Dinge, die es – aus welchem Grund auch immer – in die Nachrichten schaffen.

Auch hier kann ein einfaches Beispiel viel illustrieren. Es zeigt nämlich, was bei der Behandlung von Unterthemen durchklingen muss. Die Themen des Schemas gehören drei Kategorien an: Innovation, Rationalisierung und Marktdenken. Bei der Behandlung der entsprechenden Punkte sollte immer aufgezeigt werden, welche Werte der Organisation am Herzen liegen und welche Verhaltensnorm deshalb gilt. Eine Art impliziter Botschaft also, damit keine Entfremdung eintritt und der Widerstand gegen die Veränderungen begrenzt bleibt.

Die Schemata sind kein Selbstzweck, sie sollen vielmehr ein neues Denken verbreiten: das Corporate Story-Denken. Corporate Story-Forschung ist eine Form der Leserstudie in unterschiedlichen Zielgruppen, die die Möglichkeit bietet, festzustellen, was von der Story fest verankert ist und was mit der nötigen Aufmerksamkeit behandelt werden muss. So wird die Unternehmensgeschichte zum Aufhänger der Kommunikation und sorgt dafür, dass die neue Identität in der Organisation fest verankert wird. Es entsteht eine solide Konstruktion von Motiven, Themen, Normen und Werten, die letztendlich zur Verinnerlichung der Corporate Story führt.

Themen \ Werte	Innovation	Rationalisierung	Marktdenken
Gemeinschaftssinn	Beispiel *Innovative Projekte immer als Teamerfolg präsentieren; am besten auch Projekte vorstellen, die abteilungsübergreifend sind.*	Beispiel *Beim Prozess-Redesign immer die Personalkomponente in der Vordergrund stellen.*	Beispiel *Mit Marktuntersuchungen und -aktionen zeigen, daß Standardisierungsmaßnahmen gewinnbringend sind.*
Liebe zum Fach	Beispiel *Bei innovativen Projekten auch zeigen, welche Verbindung zum „alten" Handwerk besteht.*	Beispiel *Im Prozess-Redesign zeigen, welche Verbindung zu alten Prozessen besteht. Auch Vorteile zeigen.*	Beispiel *Zeigen, wie alte und neue Verlagsarbeit harmonisch nebeneinander bestehen können.*
Sachkundig	Beispiel *Bei innovativen Projekten immer zeigen, mit welch hohem Sachverstand das Projekt entwickelt wurde.*	Beispiel *Im Prozess-Redesign zeigen, welche neuen Möglichkeiten der Verlagsarbeit entstehen.*	Beispiel *Zeigen, wie mehr Wissen über den Markt zu besseren Verlagsprodukten führen kann.*

STRATEGIE ENTWIRRT

Martijn Kagenaar | Edsco de Heus

Ein Produkt fällt nicht einfach vom Himmel; aber woher kommt es eigentlich? Verfolgen wir die Rolle von Erzeuger und Erzeugnis in der Geschichte, offenbart sich uns ein wirbelnder Tanz: mal hautnah eng, mal atemberaubende Solos. Früher kauften die Menschen Erzeugnisse beim Erzeuger: Mehl beim Müller, Käse beim Bauern, Türen beim Schreiner. Später füllte der Krämer die Waren eigenhändig in Tüten. Durch Massenproduktion und Massenkonsum rückte die Rolle des Erzeugers in den Hintergrund, das Produkt wird nicht mehr mit einem Menschen verknüpft. Doch die Verbundenheit mit dem Erzeuger fasziniert uns immer noch. Das Warum eines Erzeugnisses, die Einstellung und der dahinter stehende Sachverstand sind immer noch wichtige Kaufkriterien. Dieses Dilemma wurde gelöst: Was an persönlicher Aufmerksamkeit, an Bindung mit dem Erzeuger und der Entstehungsgeschichte fehlt, wird kompensiert. Das Produkt hat „menschliche" Züge bekommen, mit der Illusion einer Persönlichkeit, übertragen auf eine Marke.

Das „vermenschlichte" Produkt verdrängte nach und nach den Erzeuger, ja mehr noch: Das „vermenschlichte" Produkt beschwört die Welt des Benutzers herauf. Zum Beispiel Nike und Michael Jordan: In dieser fast unentwirrbaren, clever aufgebauten Verwebung von Persönlichkeiten fällt der Erzeuger weg. Der Konsument kauft letztendlich keine Turnschuhe, sondern eine Mischung einander sich verstärkender Lifestyles.

Die Organisationen hinter den Supermarken schulden dem Konsumenten heute wieder Rechenschaft. Kinderarbeit, Produktionsstätten in Birma, Ölverschmutzung in Nigeria, Enron – das wird nicht mehr akzeptiert. Der Schönfärber-PR wird auf den Zahn gefühlt. Anmaßung und offensichtliche Unwahrheiten haben die Menschen bei diesem Overkill an eindimensionalen, dominanten Bildern satt, sie durchschauen sie. Erzeuger und Erzeugnis, Corporate Identity und Brand Identity sind wieder eng verwoben. Ihr Verhältnis ist spannender denn je. Authentizität – Echtheit und eine echte Beziehung – darum geht es, das ist der Trend, den wir um uns herum feststellen. Jede Menge Issues, die mehr oder weniger deutlich mit den eigenen Themen verknüpft sind. Der Ruf nach klar definierten Normen und Werten sowie deren Einhaltung. Antiglobalisierung, Anti-Europa, das Anprangern abzockender Topmanager … Die Frage ist: Wie bekommt man diese Authentizität? Wie schafft man eine echte Beziehung?

Das „Nature-Nurture-Prinzip"
Die Organisationen müssen hinter ihren Produkten hervortreten und sich zeigen, sie müssen ihre Persönlichkeit in ihrem Verhalten, ihren Symbolen und ihrer Kommunikation sichtbar machen. Bei der Schaffung eines Kommunikationsmodells, mit dem die Organisation der Entwicklung und der Kontinuität einer Persönlichkeit gerecht wird, konzentrieren wir uns auf die Schnittfläche von Persönlichkeit und Umgebung. Sowohl die Welt, in der die Organisation lebt und auf die sie eingeht, als auch die Trieb-

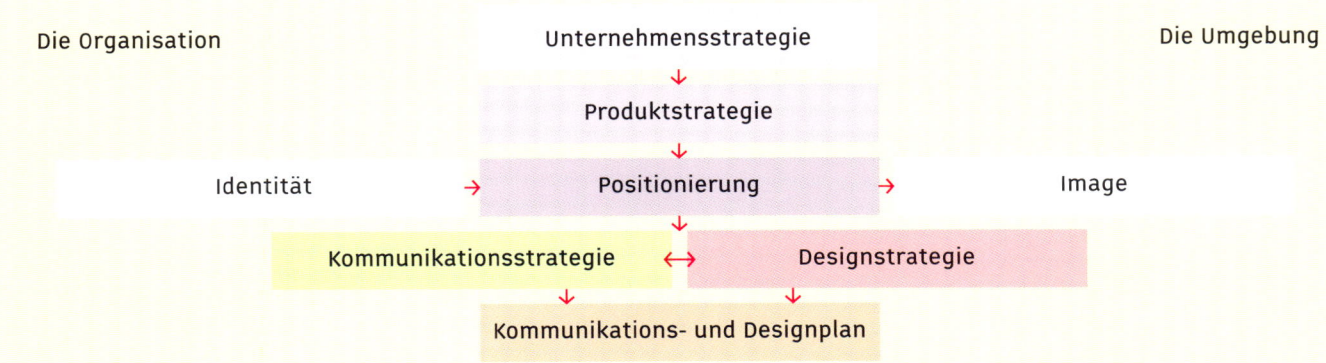

federn, die Gene der Organisation, bilden die Persönlichkeit. Wir greifen de facto auf die der Psychologie entlehnten Faktoren „nature" und „nurture" zurück, um die Persönlichkeiten von Organisationen zu entwirren, zu formulieren, zu schaffen und zu explizieren. Die Frage, welche Persönlichkeitsmerkmale in unseren Genen sitzen (nature) und welche durch die Umwelt, in der wir uns bewegen, hinzukommen (nurture), beschäftigt die Menschheit schon seit Plato. Was wollen wir schaffen? Etwas, das besteht, reagiert, Dialoge führt, ein Gewissen hat, Verantwortung übernimmt, zu Veränderungen fähig ist, am liebsten ein gemeinsames Interesse formuliert, wieder erkennbar ist, uns ähnelt oder eben gerade nicht.

Für die Entwicklung einer dauerhaften, brauchbaren Corporate Identity, die „nature" und „nurture" integriert, ist ein strategischer Rahmen zum Ordnen unserer Gedanken und Ideen wichtig. Er hilft uns, die für den Start des Identitätsszenarios richtigen strategischen Entscheidungen zu treffen.

Erster Schritt ist die Rekonstruktion der Corporate Story, der Geschichte der Organisation. In verständlicher Sprache wird festgehalten, was für die Organisation zählt. Die Story illustriert, welche Werte (Corporate Values) und Themen für die Organisation wichtig sind. Außerdem bietet sich die Möglichkeit, die so ermittelte Identität messbar zu machen. Inwiefern erkennen sich die eigenen Mitarbeiter in der Story? Welche Themen sprechen sie an, welche nicht? Anschließend kommen externe Zielgruppen: Was halten sie von der Story? Einfache, auf Leserumfragen basierende Untersuchungen bringen hier wertvolle Informationen.

Wenn man Werte und Themen miteinander verbindet, entsteht eine Kommunikationsmatrix. Diese Matrix können wir als Zusammenfassung der Story betrachten. Die Kommunikationsmatrix ist knapp und zwingt deshalb zu Entscheidungen, sie setzt einen Bewusstseinsprozess in Gang. Die Organisation muss tief graben, bevor sie sich selbst erkennen kann. Aus dieser Denkübung entsteht eine Nuancierung, die zu einer ganz eigenen Typisierung führt. Die „Landkarte" der Persönlichkeit ist häufig das Ergebnis von neun Feldern. Ein äußerst brauchbares Instrument sowohl für die Identitätsentwicklung als auch für die strategischen und taktischen Entscheidungen, die folgen müssen, besonders, wenn wir die Kommunikationsmatrix anschließend mit der Imageanalyse vergleichen und die Kluft zwischen Wunsch und Wirklichkeit sichtbar wird.

Identität im Spannungsfeld

Die Kommunikationsmatrix muss in ihrem Umfeld getestet werden. Dazu bedarf es einer Analyse des Spannungsfelds, in dem die Organisation operiert. Wer sind die wichtigsten Konkurrenten? Welche Kanäle nutzen sie? Welche Position beanspruchen sie? Welchen tone of voice pflegen sie? Welche Bildersprache dominiert? Wie stehen die Organisationen zueinander? Welchen Ruf genießen sie? Die Antworten auf diese Fragen tragen zur Positionierung der Kommunikationsstrategie bei. Es gibt zahlreiche Untersuchungen, die zusätzliche Informationen liefern können. Derartige Untersuchungen befassen sich mit Themen, an denen sich die Kommunikationsfertigkeit einer Organisation erweist. Dies sind zum Beispiel:

1. **Image-Untersuchung**
   Dabei geht es darum festzustellen, welches Bild die Organisation von sich selbst hat und welches Bild sie bei externen Zielgruppen abgibt, um herauszufinden, inwiefern Identität und Reputation voneinander abweichen. Verschiedene Zielgruppen werden nach festgelegten Imagefaktoren gefragt. Es gibt viele Varianten dieser Art von Untersuchung und unzählige Techniken. Im Wesentlichen ist sie meistens auf die Perzeption von Werten und des damit zusammenhängenden Verhaltens, der Prinzipien, ausgerichtet.

2. **Kommunikations-Scan**
   Ein Scan liefert unmittelbar Informationen über die Qualität unserer Kommunikationsstrategie. Er zeigt, wie wichtig wir die einzelnen Aspekte dieser Politik nehmen (z.B. kennen Kunden unsere Strategie) und inwiefern die Zielgruppen wahrnehmen, dass es der Organisation gelingt, diese 'rüberzubringen. Ein Scan ist eher themenorientiert und prüft, inwiefern die Corporate Message angekommen ist.

3. **Kommunikations-Audit**
   Dabei handelt es sich um eine vollständige Überprüfung der Kommunikation, die schnelle Verbesserungen anstrebt. In einem Audit werden immer alle Formen der Unternehmenskommunikation in ihrem Zusammenhang untersucht. Der Schwerpunkt liegt auf Organisations- und Managementkommunikation und somit auf dem Informationsbedarf sowie darauf, ob und inwiefern Kommunikationsinfrastruktur und kommunikative Fertigkeiten angesichts der Needs und Wants ausreichen.

In der Fachliteratur finden wir viele Beispiele für die verschiedenen Untersuchungsmethoden. Jede hat ihre Vor- und Nachteile. Welche die richtige ist, hängt von der Art des Problems, der Dringlich-

Beispiel

Auf dem Telekommunikationsmarkt folgt eine Übernahme der anderen. Interessant ist, was wir dabei empfinden. Warum ist es Schande, dass der kühle Global Player T-Mobile die sympathische Ben schluckt, und warum ist es seltsam, dass Libertel als Rebell der ersten Stunde von Vodafone übernommen wird? Warum haben wir kein Problem damit, dass das smarte britische Orange das armselige Dutchtone annektiert und das unscheinbare Telfort vom vielversprechenden O_2 vereinnahmt wird? Uns liegt einfach etwas an Ben, an Orange. Etwas weniger an O_2, das aber noch frisch und stark wirkt. Dieses gewisse Etwas ist ein Funken Wiedererkennung, Identifikation, Übereinstimmung, Sympathie. Wir kennen diese Unternehmen aus vielen verschiedenen Situationen und Augenblicken, in denen sie sich immer selbst, jedoch stimmig und erfrischend neu manifestierten. Ben kann für Überraschung sorgen wie ein Mensch. Bei monotonen, eindimensionalen Unternehmensmarken wie Telfort und Dutchtone springt dieser Funke nicht über – sie haben keine Identität, deshalb ist ihre Übernahme für uns völlig „schmerzfrei". Die Reife einer Corporate Identity kann an ihrer Ausdrucksfähigkeit und Beweglichkeit gemessen werden. Wenn wir Eindeutigkeit und Komplexität bewerten, erhalten wir ein Bild der Branche, das unserem Gefühl recht gut entspricht.

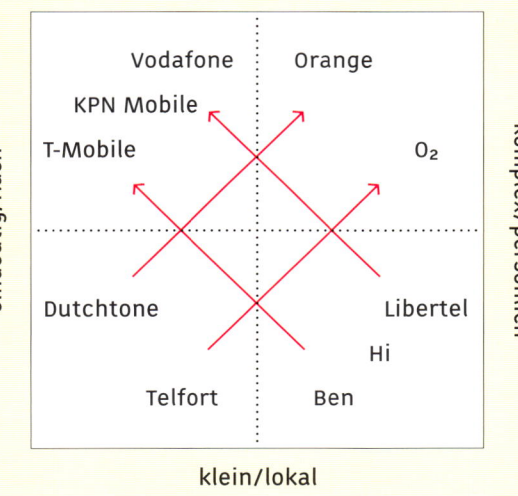

keit und dem Portemonnaie ab. Untersuchungen können einen Fokus schaffen, eine Richtung weisen, sind jedoch sicherlich kein Allheilmittel. Sie helfen aber, Klarheit über die gewünschte Kommunikationsposition zu gewinnen. Wichtig ist, dass die Entscheidungen auf der Identität basieren und nicht nur auf dem, was aufgrund von Untersuchungen wünschenswert scheint. Sonst droht die narzisstische Identitätskrise: Wir übernehmen Eigenschaften von einem Idealbild, das zu weit von uns abweicht.

Strategische Entscheidungen
Die Zusammensetzung der Kommunikationsmatrix und die auf einer Analyse des umgebenden Kräftefelds basierende Wahl bestimmter Akzente aus dieser Matrix konvergieren, sind die Suche nach Essenz. Diese Essenz muss zum primären Erscheinungsbild der Organisation führen: Identitätsstruktur, Namensgebung und Markenzeichen als Basissymbole. In jedem dieser Problembereiche stecken sehr grundlegende strategische Fragen.

Unternehmensbereiche und Abteilungen bekommen eine eigene Identität. Wichtig ist, dass eine Kommunikationsentscheidung getroffen wird, dass also nicht aus einer internen, verwaltungstechnischen Logik heraus argumentiert wird, sondern aus der Logik des Marktes und der Umgebung heraus und mit Blick auf die Zukunft. Wenn marktbedingt eine Diversifizierungsstrategie verfolgt wird, muss die Identität dies auch unterstützen können.

Namensgebung
Auch die Namensgebung gehört zum primären Erscheinungsbild und ist deshalb wesentlich. Ein assoziativer Name wie O₂ besitzt auf jeden Fall Unterscheidungskraft, kann gut geladen werden; dieses Laden kostet jedoch Zeit und Energie und damit Geld. Ein kommunikativer Name wie T-Mobile hat dieses Problem weniger und sagt genau, wofür der Name steht. Das ist jedoch gleichzeitig das Problem: Die Möglichkeiten eines „Ladens" einer Corporate Brand sind beschränkt. Der Name steht künftigen Aktivitäten in anderen Bereichen im Wege und – mal ganz ehrlich – ist schon jetzt langweilig.

Symbolik
Zum Schluss noch die Symbolik, das strategische Design, in dem die Essenz eingefangen werden muss. Farbe, Form, Markenzeichen ... all dies trägt zur Unterscheidung bei. Natürlich bestehen mit der Palette der Kommunikationsmatrix und der Reichweite der Corporate Story eine ganze Reihe von Ansatzpunkten für ein Markenzeichen. Im Kapitel über Farbe wird deutlich, wie mühsam allein die Wahl einer eigenen Farbe für Bauunternehmen ist.

monolithisch — Organisationsfokus
Schirm
Träger
Einzelmarken — Produktfokus

Identitätsstruktur
Entscheiden wir uns für eine monolithische Struktur wie Philips oder sind wir bei unseren diversen Aktivitäten als Organisation kaum sichtbar wie Unilever? Verschiedenste Erwägungen spielen bei der Wahl der Struktur eine Rolle. Häufig spiegelt die Identitätsstruktur das Organigramm wider.

Taktische Entscheidungen
Beim sekundären Erscheinen einer Organisation geht es gerade um die Unterscheidungskraft, die aus der Kommunikationsmatrix heraus geschaffen werden muss. Mit welchen Zielgruppen wollen wir einen Dialog führen; wann, warum und mit welchen Mitteln? Zielt die Identitätsstrategie auf Dauerhaftigkeit und Langfristigkeit ab, ist die Kom-

munikationsstrategie und das dazu gehörige taktische Design viel kurzlebiger. Dialog und Interaktion sind stärker von aktueller Mode geprägt. Wie man Zielgruppen anspricht und ihre Aufmerksamkeit beansprucht, ändert sich deshalb stärker, und der Zyklus wird immer kürzer: Die Lebensdauer einer Unternehmensbroschüre beträgt derzeit nur noch durchschnittlich drei Jahre. Danach hat sich nicht nur inhaltlich viel verändert, auch der Kommunikationsstil eignet sich oft nicht mehr als Träger der gewünschten Identität.

Lernfähigkeit
An zwei Fronten muss eine Organisation also lernfähig werden: Zum einen ist auf taktischer Ebene fortwährend zu prüfen, ob der Kommunikationsstil keine Verschlissene Stellen aufweist. Ist der Farbcode noch aktuell? Passt der fotografische Stil noch? Aufgepasst: Dies heißt gewiss nicht, dass man sein Fähnchen nach dem Wind hängen soll, aber das umgebende Kräftefeld muss unbedingt im Auge behalten werden, und man muss einen gewissen Gespür für Entwicklungen haben, die struktureller Art sein könnten.
Zum anderen muss die Organisation an der Schnittfläche von taktischer und strategischer Ebene lernfähig sein. Entwicklungen, die sich als strukturell entpuppen, können schließlich die Identität der Organisation beeinflussen. Als Modeerscheinung sind sie lediglich Issues und Trends. Entsteht jedoch eine strukturelle Grundlage, kann eine Kurskorrektur der formulierten Identität erforderlich werden.

Herkömmlich ist das Ergebnis der taktischen Übung ein Kommunikationsplan, der ausgeführt wird. Und das ist schade, denn gerade an der Schnittfläche von Identitäts- und Kommunikationsstrategie muss das Kommunikationskonzept entstehen. Es ist die kreative Umsetzung der Idee der gewählten Richtung. Deshalb beinhaltet es immer Strategie und Taktik.

Die Zustandebringen einer Identität beinhaltet allerlei strategische Fragen, die entscheidend für die Erscheinung einer Organisation sind. Richtig betrachtet gibt es kein Patentrezept, das garantiert zum Erfolg führt. Die Einsicht in strategische Fragen und deren Zusammenhang ist jedoch hilfreich. Lösungen sind fast immer die Folge eines kreativen Sprungs und daher nur schwer zu planen. Oft gibt es nur den Funken eines Konzepts, über den weiter gesprochen wird. Manchmal gibt auch die relative Position gegenüber Konkurrenten Anlass zur Neubewertung der eigenen Identität. Es ist ein Prozess mit Höhen und Tiefen. Analyse und Synthese gehen Hand in Hand. So bildet sich ein Kommunikationsrahmen, der der Organisation auf den Leib geschneidert ist, und in dem sie sich frei bewegen kann: Es entsteht eine selbstbewusste Organisation, die ihr Umfeld wahrnimmt. Aus dieser Position heraus kann die Organisation ihre eigene Rolle und Position überdenken. Diese Fähigkeit erlaubt der Organisation, von sich und ihrer Umgebung zu lernen und ihre Gleichgewicht zu wahren.

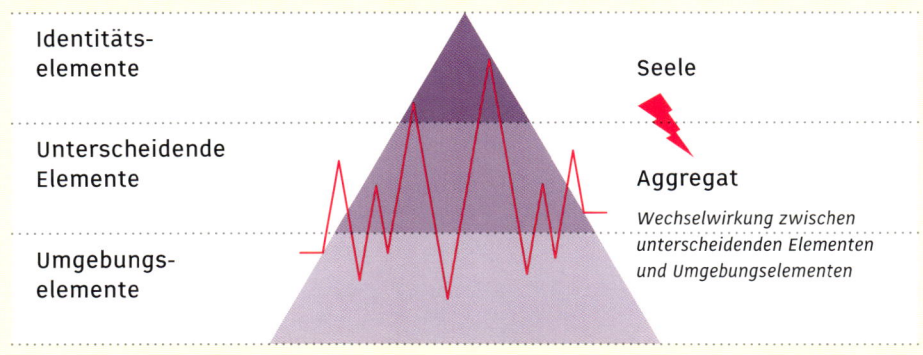

FORM FABRICATES FUNCTION

Hans P Brandt | Jancees van Westering

Jeder macht Design. Der Mensch ist ständig damit beschäftigt, sich selbst und seine Umgebung zu gestalten, zu ordnen, hierarchisch zu strukturieren, zu akzentuieren und Verbindungen herzustellen. So entstehen erkennbare Stile. Häufig setzt sich die Entscheidung für einen bestimmten Stil auch in anderen Bereichen fort. In der Kleidung, der Wahl von Gebrauchsgegenständen. Vom Weinglas bis zum Auto. Er wird zum Lebensstil. Deshalb ist Design für uns so wichtig. Design greift grundlegende menschliche Bedürfnisse auf. Ordnung, Wiedererkennung, Vertrauen, Ästhetik, Selbstverwirklichung – diese Dinge beschäftigen uns pausenlos.

Design ist ein kontinuierlicher Prozess, in dem das Lebensumfeld – mehr oder weniger bewusst – den individuellen und kollektiven Bedürfnissen, den wechselnden Umständen und dem Zeitgeist angepasst wird. Es ist die Materialisierung von Ideen, Emotionen und Bedeutungen, durch die sinnvolle, erkennbare Zusammenhänge entstehen. Der Mensch formt sich selbst, seine Beziehungen, seine Umgebung, das, was er sagen will und denkt. Der Mensch ist formgebend. Formen verleihen Perspektiven und machen das Leben übersichtlicher, verständlicher, machbarer, lebbarer. Mehr noch: In Formen kommt das menschliche Dasein zum Ausdruck. Ohne Form kein Dasein. Form hat also grundlegend mit Existenz zu tun, mit Selbstverwirklichung.

In diesem Aufsatz beschränkt sich Design auf Corporate Design: die professionelle Entwicklung von Zeichen, die – zusammengenommen – die visuelle Sprache einer Organisation darstellen und zu Symbolen werden, an denen die Organisation wiedererkannt werden kann. Es geht also um die zu entwickelnde Symbolik. Wird dies gut gemacht, entsteht eine ganz eigene Sprache. Mit dieser Sprache gibt sich die Organisation zu erkennen, manifestiert sie sich, mit ihr entstehen Identifikationsmöglichkeiten. Und darum geht es bei Corporate Design: um die Existenz, das Sein.

Design schafft Symbolik
Formen und Farben wirken auf unsere Gefühle, greifen in unser Dasein ein und beeinflussen unser Verhalten, egal, ob es um den Entwurf eines Markenzeichens, Briefpapier, eine Prospektreihe oder einen Website geht. Die Gestaltung bewirkt etwas in uns, beeinflusst uns, ohne dass wir uns dessen so richtig bewusst werden. Formen können miteinander in Einklang kommen, und aus diesen Klängen kann Musik entstehen. In diesem Sinne ist Design das Komponieren mit Formen. Es ist ein Fachgebiet mit einer ganz eigenen Arbeitsweise. Und: Grafik Design hat immer ein eindeutiges Ziel. Hier dient die Muse einem Kommunikationsauftrag. Natürlich spielen kreative Ideen und Einfälle die Hauptrolle. Eine Lösung inspiriert und überzeugt durch ihre Aussagekraft, und dies erfordert Kreativität. Aber Design ist kein künstlerisches Zufallsprodukt, kein einmaliger Ausbruch von Kreativität, sondern ein wohl überlegtes Statement in Form eines Bildes. Wahl und Wirkung der einzelnen Elemente lassen sich eindeutig begründen und sind Teil des Designprogramms. Was hat eine Organisation von Corporate Design?

Oberstes Ziel von Design ist es, Präsenz zu zeigen. Durch die Entwicklung und die Verwendung einer visuellen Sprache erhält die Organisation die Möglichkeit zu erzählen, dass es sie gibt und wer sie ist.

Das zweite Ziel heißt abwechslungsreiche Konsistenz: Eine Organisation ist systematisch an ihren eigenen Zeichen, Formen und Farben erkennbar. So kann sie sich von anderen abheben und in den Köpfen der Menschen einen festen Platz erobern. Immer das Gleiche wird schnell langweilig, erkennbare Variation regt den Zuschauer an, fordert ihn heraus. Und diese Variation macht Design attraktiv, wie die harmonische Abwandlung ein Musikstück lebendig macht. Es müssen also kohärente Signale entstehen, eine kohärente Bildersprache: das Designprogramm. Abweichungen müssen äußerst funktional und letztendlich ebenfalls Teil dieser Sprache sein. So entsteht eine dynamische Formensprache, die mit der sich entwickelnden Identität einer Organisation Schritt hält.

Das dritte und wichtigste Ziel von Corporate Design ist es, eine Gesamtheit von Eigenschaften zu transportieren, die zu der Organisation passen müssen, damit diese eine visuelle Identität erhält. Authentizität ist für die Identifikationskraft des Designs von fundamentaler Bedeutung. Authentizität ist viel wichtiger als das krampfhafte Bemühen um Unterscheidungsmerkmale und die Betonung von Unterschieden. Eine selbstbewusste Organisation ist immer authentisch und unterscheidet sich von anderen. Wenn die Formensprache gut gewählt wurde, ist das Design demnach automatisch ein kommunikatives Unterscheidungsmerkmal, in dem die Identität einer Organisation zum Ausdruck kommt. Am besten mit Blick auf die Zukunft. Denn möchten wir nicht alle am liebsten so porträtiert werden, wie wir gerne wären? In dieser Hinsicht bietet Design auch eine verlockende Perspektive. Es ist nicht nur Spiegelbild einer Organisation, sondern auch Spiegelbild ihrer Perspektive. Diese geformte Perspektive beeinflusst dann wiederum die Entwicklung und das Verhalten der Organisation, vor allem wenn die gewünschte Veränderung auch bei der Organisations- und Managementkommunikation explizit beherzigt wird.

Eine Form ist immer ein Zeichen und hat genau wie ein Wort eine Bedeutung. Ein Strich, auf dem eine Wolke sitzt, ist ein Baum. Ein Kreis mit Strichen herum ist eine Sonne. Manchmal ist diese Bedeutung etwas schwieriger zu erkennen und es lässt sich nicht auf Anhieb sagen, was eine Form bedeutet. Dann kann man höchstens sagen, was eine Form in uns bewirkt, wie ein Zeichen uns beeinflusst, was die Kombination und Verbindung von Formen bewirkt. Und in welcher Beziehung diese spezielle Form zur Gestalt steht. Welche Wirkung eine Form auf die Gestalt hat, den nicht genutzten Raum, der dadurch ebenfalls eine Funktion erhält. Es geht um Aussagekraft, um die Rhetorik von Form und Farbe. Design geht eine Beziehung mit seiner Umgebung ein, kommuniziert mit ihr. Deshalb kann man Design in kein Korsett zwängen. Eine Organisation entwickelt sich, Wahrnehmungen unterliegen Veränderungen. Design muss sich also mitentwickeln können. Die Steuerung dieses Prozesses ist eine wichtige Aufgabe.

Corporate Design hat Kommunikationskraft
Der professionelle Beitrag des Designers besteht im Entwerfen visueller Elemente, die diese Kommunikationskraft und Kommunikationsmöglichkeiten besitzen. Design basiert auf dem Wissen um und dem Gefühl für die assoziative und kulturell geprägte Wirkung von Formen und Farben. Formen wecken Assoziationen und halten Erinnerungen fest. Manche haben lediglich einen kurzlebigen Wert. Welches Kind wird in 10 Jahren noch das Guldenzeichen kennen? Andere Formen haben sich zu aussagekräftigen Symbolen mit vermutlich längerer Lebensdauer entwickelt, z.B. ein gebrochenes Herz. Manche Formen erhalten universelle Bedeutung, da sie in uns genetisch verankert sind, sie sind zu Archetypen geworden. Die Mauer aus aufgestapelten Steinen steht für Sicherheit. Sie erinnert an den Schutz, den uns diese Mauer vor Feinden und wilden Tieren bot.

Macht

Schutz

Sorgelos

Stärk

Rot ist die Liebe, Schwarz die Trauer. Zumindest in unserem Kulturkreis. Typisch für diese Symbolik ist ihre Nähe zur Urform; sie wurde uns allen schon von Geburt an vermittelt.
Die ganze Welt der Symbole und Formen ist das Arbeitsfeld des Designers. Kennt er sich damit aus, kann er auf der Grundlage vorher festgelegter Zielsetzungen bewusste und wohl überlegte Entscheidungen treffen. Dies ist ein Prozess der gründlichen Analyse und Synthese. Die Persönlichkeit einer Organisation muss untersucht und erläutert werden. Es folgt die Suche nach dem Wesentlichen, das Streichen und Entfernen von Nebensächlichem, bis eine kommunikative Formensprache entsteht.

Jede Form oder Farbe weckt Assoziationen: Emotionen und Bedeutungen, die sowohl von kollektiven als auch von persönlichen Erfahrungen geprägt sind. Reale Objekte können zu Zeichen werden, deren Aspekte sich ein Designer zu Nutze machen kann: So kann der Löwe Macht und Nationalstolz ausstrahlen oder ein Regenschirm ein Gefühl von Sicherheit erzeugen. Aber auch völlig abstrakt verwendet haben Farben und Formen einen eigenen Charakter. So wird mit einer runden Form Weiblichkeit, mit der Farbe Grün Natur und mit einem Rechteck Stärke assoziiert.

Wir identifizieren uns mit dem, was wir sehen, indem wir es zu unserer Wahrnehmung in Bezug setzen. Bei einem spannenden Fußballspiel können wir auf dem Sofa unsere Beine kaum stillhalten. Stehen wir neben einer dicken Eiche, fühlen auch wir uns stark. Wir leben und fühlen mit. Wir werden ständig durch unsere visuellen Eindrücke beeinflusst, oft auch ganz unbewusst. Wer denkt schon bei einem grünen Zimmer: „So, jetzt werde ich ganz ruhig"? Design schafft diese Identifikationsmomente. Dafür muss man nach dem Wesentlichen suchen, der Urform, die sich hinter schmückendem Beiwerk, Zufall und Anekdote verbirgt. Nach einem Baum, der für alle Bäume steht, oder einer Blume, die alle Blumen repräsentiert. Die Wahl der Schlichtheit ist keine freie Entscheidung: Design hat die Aufgabe aufzufallen, wiedererkennbar zu machen und auf spezielle Weise erinnert zu werden. Dies funktioniert nur, wenn alles nicht unbedingt Notwendige weggelassen und das Wesentliche dadurch tatsächlich sichtbar wird und auf anderen Designebenen mit seiner Umgebung in einen Dialog eintreten kann.

Wiederholung ist die Voraussetzung für die Wirkung von Corporate Design. Die einmalige Konfrontation mit einem visuellen Statement wird kaum jemanden berühren. Design muss „total" und dauerhaft verwendet werden, als Programm. Damit ist nicht „totalitär" gemeint, sondern umfassend und systematisch, also angewandt auf alle Äußerungen, mit denen eine Organisation nach außen tritt: vom Firmenschild bis zum Geschäftsbericht, vom Briefkopf bis zum Freistempler. Ein System von Zeichen, die so angeordnet und aufeinander abgestimmt sind, dass sie jedes Mal die richtige Botschaft vermitteln; in interessanten Abwandlungen, die eindeutig Teil eines koordinierten Ganzen sind. Abwechslung und Raum für Interpretation sind für die Wirkung von Design ganz wichtig. Sonst wird es schnell langweilig. Kurzum: Design ist die Entwicklung einer visuellen Sprache. Mit eigenem Vokabular, eigener Grammatik, Morphologie, Phonologie und einem eigenen Rhythmus.

Form Follows Function?
Form Fabricates Function!

Design destilliert Bedeutung
Um beim Design bewusste Entscheidungen treffen zu können, muss vorher klar sein, an welchen Eigenschaften eine Organisation erkannt werden will. Dies setzt strategisches Wissen darüber voraus, was eine Organisation sein will, welche Zielgruppen und Märkte sie hat und vor allem auch was sie tatsächlich erreichen kann, damit Wunsch und Wirklichkeit nicht auseinander klaffen. Die Bedeutung und die Emotionen, die Design destilliert, bleiben anschließend nicht auf die Eigenschaften beschränkt, die durch die verwendeten Farben und Formen von den Formerfahrungen „entlehnt" werden, auf die sie verweisen. Design entwickelt zugleich eine Eigendynamik. Die Zeichen, an denen eine Organisation zu erkennen ist, bilden den Kern aller Erfahrungen dieser Organisation. Die Ausstrahlung der Zeichen verändert sich demnach fortwährend durch menschliche Erlebnisse – sowohl persönliche als auch durch Hörensagen. Das sachliche Blau des Kuverts vom Finanzamt verursacht manchen von uns Herzklopfen. Andernorts kann dasselbe Blau jemanden stolz machen, für eine anerkannte Institution unserer Gesellschaftsordnung zu arbeiten.
Optimal ist der Einfluss von Design auf die Imagebildung, wenn das Design kongruent und konsequent mit dem wahrgenommenen Verhalten einer Organisation „geladen" wird. Eine Organisation „entlehnt" Bildern Bedeutung und Emotion, doch dies ist nur ein Teil der Geschichte. Die Geschichte muss immer wieder Realität werden,

British Petroleum

'beyond petroleum'

Nissan Primera: 'shift expectations'

bestätigt werden durch das konkrete Verhalten der Organisation. Von einer strategischen Maßnahme bis zur Begrüßung durch die Empfangsdame. Dieser Mix von Erfahrungen schlägt sich im Design nieder und wird durch dessen Anblick aktiviert. Für eine starke, klare Identität muss die entlehnte Bedeutung unbedingt mit der durch eigenes Verhalten geschaffenen Bedeutung übereinstimmen. So muss eine Erdölgesellschaft, die sich mit einer Sonne darstellt ihren Respekt für Natur und Umwelt wahrmachen. Andernfalls wird die Sonne als Verrat an einem beanspruchten Prinzip gesehen, als Verspottung dessen, was uns lieb und teuer ist. Was kann gefährlicher sein? Gelingt es der Erdölgesellschaft jedoch ... was kann intelligenter sein? Wer ist als Erstes vorbereitet auf die Zeit, in der fossile Brennstoffe eine immer geringere Rolle spielen?

Design atmet Zeitgeist
Mit Sachverstand und Fingerspitzengefühl können Designer ermitteln, wie sich Zeichen zum Zeitgeist verhalten: Sind sie abgenutzt oder ihrer Zeit voraus? Design wirkt langfristig und will deshalb immer über das Modische erhaben sein. Doch dies heißt nicht, dass die gewählten Formen und Farben ihre Wirkung für alle Zeiten behalten. Auch die elementarsten Zeichen unterliegen dem Verschleiß. Es kann passieren, dass ein Zeichen nicht mehr das wiedergibt, was es wiedergeben soll, dass sein Unterscheidungspotenzial durch die Kopierfreudigkeit der anderen abnimmt oder dass es einfach veraltet. Sehen Sie sich mal die Abbildung eines Autos auf den Verkehrsschildern an. Dieses Zeichen entspricht kaum mehr den Formen des modernen Autos. Die Frage ist, wie gut ein solches Zeichen noch funktioniert. Verweist es noch auf die aktuelle Urform, sodass es leicht verständlich ist? Vermutlich gerade noch so. Doch seine Tage als sinnvolle Form sind gezählt. Einen echten Paradigmenwandel erleben wir beim Design des neuen Nissan Primera. Autos werden von jeher vor allem mit vier großen Rädern präsentiert und gestaltet – der Grundform beinahe aller Landfahrzeuge. Beim Primera löste man sich von dieser Vorstellung und entwickelte eine Art gleitendes, reibungsloses Transportobjekt; so wird mit der Urform des Rads gebrochen. Auftakt zum radlosen Zeitalter? Wer weiß. Auf jeden Fall ein deutlicher Bruch mit der Vergangenheit und traditionellen Formen – und damit ein markantes Signal (vgl. Schema auf Seite 37).

Unter dem Einfluss des Zeitgeistes verändert sich auch das Design selbst. Das bedeutet nicht, dass alles, was man mit „Früher" assoziiert, automatisch schlecht ist. Für eine Organisation kann es gerade wichtig sein, Sinn für Tradition und altvertraute Qualität auszustrahlen. Außerdem wird sich ein Designer nicht so schnell für eine „trendy" Lösung entscheiden. Auf anderen Designebenen, z.B. in einem Foto oder zusätzlichen Farben, kann der Designer „Modisches" schon eher zulassen. Und sei es nur, um beispielsweise spezielle Zielgruppen wie Jugendliche anzusprechen.

Corporate Design erklärt und motiviert
Welche Bedeutung hat Design für die heutige Gesellschaft? Erstens werden die Menschen in unserer westlichen Kultur von einem Überangebot an Informationen überrollt. Der Kampf um die knappe Aufmerksamkeit von Zuschauern, Wählern und Kunden wird also immer härter. Design dient dabei nicht nur in kommerzieller, sondern auch in gesellschaftlicher Hinsicht dem Zweck, Ordnung in das (visuelle) Chaos zu bringen. Und zwar mit einem reichhaltigen, verlässlichen bildlichen Vokabular, das uns in einer immer komplexeren Gesellschaft die Orientierung erleichtert. Organisationen, die das bieten können, werden sichtbar, fördern Wiedererkennen und Anpassung

und heben sich damit von ihrer Umgebung ab. Zweitens ist typisch für unsere Zeit, dass die Masse der Verbraucher gut informiert ist. Viele Menschen neigen dazu, Organisationen an ihrem gesellschaftlichen Verhalten zu messen, und schätzen Direktheit und Authentizität. Dies stellt Design vor die Herausforderung, sich – mehr denn je – auf das Wesentliche zu konzentrieren. Es zwingt die Organisationen, gesellschaftlich verantwortungsvoll zu handeln und die für sich beanspruchte Identität durch konkretes Verhalten stets neu unter Beweis zu stellen. In diesem Sinn trägt Design sicher auch als Teil eines umfassenderen Identitätsprogramms zu gewünschtem Verhalten bei. Es friert die Normen und Werte einer Organisation in einer Form ein, mit der jeder immer wieder konfrontiert wird.

Design steht mit beiden Beinen im Leben. Es hat ganz und gar nichts Mystisches. Bei Design geht es um den Designer und das Produkt seiner Kreativität, vor allem aber um seine professionelle Fähigkeit, visuelle Aussagekraft zu entwickeln; und das macht Design zu einem strategischen Faktor.

Zusammenfassung

Design hat zu tun mit Existenz, mit Sein. Design entwickelt Zeichen für Organisationen, um ihre Identität sichtbar zu machen. Es ist ein Fachgebiet mit einer eigenen Arbeitsweise und klaren Zielsetzungen. Um den gewünschten Platz in den Köpfen der Menschen zu erobern, muss Design „total" eingesetzt werden. Es geht nicht um einzelne Statements, sondern um die Schaffung einer visuellen Sprache mit eigenem Vokabular, eigener Grammatik, eigenen Rhythmen und Klängen. Design wirkt darüber hinaus auch „total". Omnipräsent und in Interaktion mit dem Verhalten einer Organisation. Der Anblick der Zeichen, an denen die Organisation wiedererkannt wird, aktiviert die mit dieser Organisation gesammelten Erfahrungen oder vermittelt einen Eindruck von den Erfahrungen, die Menschen gerne machen möchten. Damit dies passiert, müssen die über Design entlehnte Bedeutung und die Bedeutung, die eine Organisation mit ihrem eigenen Verhalten generiert, übereinstimmen. Corporate Design ist ein wesentlicher Bestandteil der Identität einer Organisation und damit ein strategischer Faktor.

Lebenszyklus von Produktkonzepten

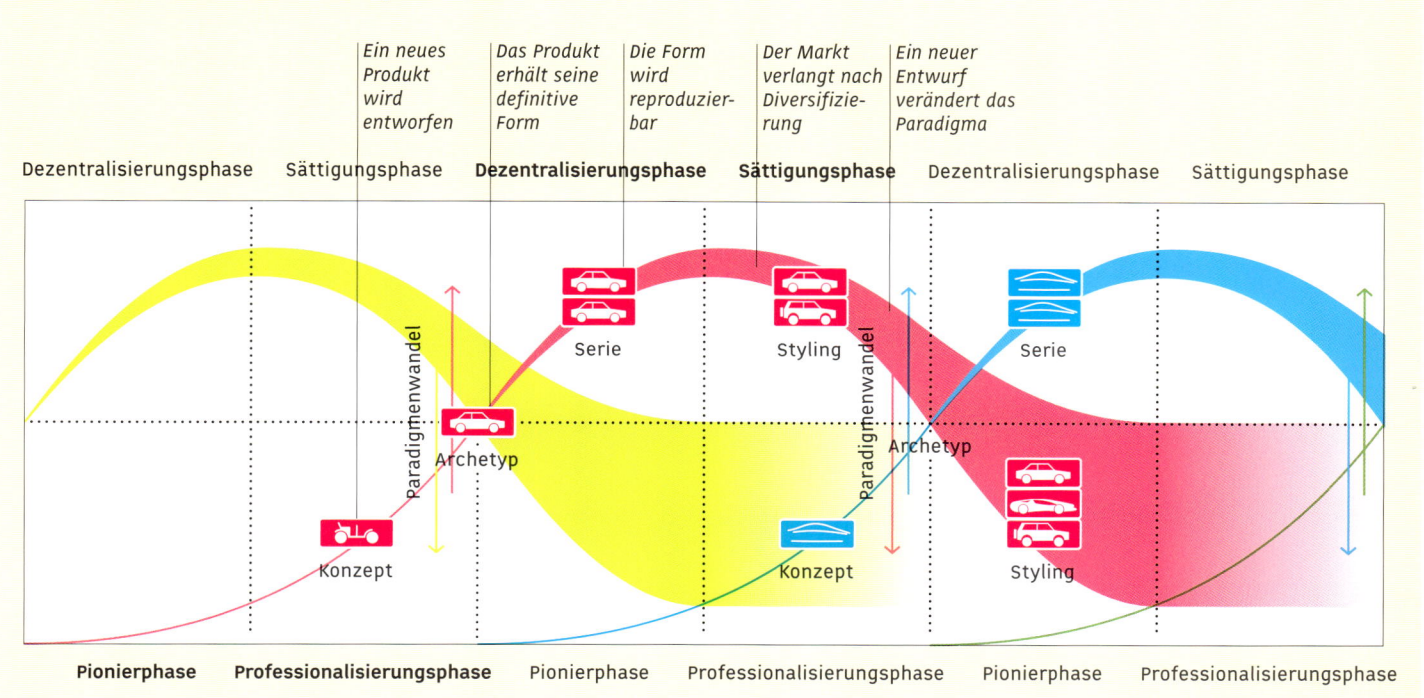

REALISIERUNG UND MANAGEMENT VON SYMBOLEN

Eli Vlessing | Jancees van Westering

Strategie:
Das Unternehmen muss natürlich wirken.

Design:
Wir wählen Grün.

Implementierung:
Wie macht man ein Unternehmen grün?

Es ist verführerisch, den Begriff Implementierung an einer eindrucksvollen Geschichte festzumachen: Wie sich das Design für ein grünes Herz entscheidet und dieses mittels Computersimulation an der Fassade des Hauptsitzes darstellt und was anschließend alles passieren muss, bis das grüne Herz schließlich tatsächlich am Gebäude angebracht ist. Deutlich sichtbar und mit der gewünschten Ausstrahlung. Dazu braucht es einiges: Festlegung der Größe und der genauen Position, Wahl der Farbe, die auf die Entfernung genau das richtige Grün ergibt, Materialwahl, Konstruktion, Beauftragung des Lieferanten, der das Herz herstellt und zur richtigen Zeit am richtigen Ort abliefert. Und am Tag der Implementierung die Hebebühne, mit der das Herz an die vorgesehene Stelle befördert wird, und der Bauunternehmer, der das Herz befestigt. Die Öffentlichkeit steht hinter den Absperrzäunen und sieht zu, wie das Gebäude im Licht des grünen Herzens erstrahlt. Implementierung par excellence: Aus dem Konzept wird Realität. Dabei ist alles bis ins kleinste Detail abgesprochen, geplant und geregelt, bis hin zur Genehmigung der Gemeinde für die Anbringung einer Leuchtreklame.

Implementierung ist mehr als nur die Summe eindrucksvoller Kostproben praktischen Denkens und Handelns. Implementierung ist auch eine Übung in Systematik und Konsistenz und deren Management.

Eine Übung in Systematik und Konsistenz – das klingt gut, wirft aber unter dem Gesichtspunkt der Implementierung sofort folgende Fragen auf: Woraus besteht diese Übung? Wie geht sie vonstatten? Wie werden Design und Implementierung ihrer gemeinsamen Verantwortung für Systematik und Konsistenz gerecht? Wo beginnt die Implementierung des Designs und wo endet sie? Wohin führt sie konkret? Und wie kann eine professionelle Implementierung zur Entwicklung von Managementroutinen auf der Auftraggeberseite beitragen? Denn neben der Übung in Systematik und Konsistenz ist die Implementierung die Übergabe an den Auftraggeber. Kurzum: Implementierung ist die Ausführung eines Projekts und zugleich die Festlegung und Einbettung von Prozessen. Ersteres hat die Realisierung einer Reihe von Items zum Ziel, mit Zweiterem soll das Designkonzept beherrschbar gemacht werden.

Anleiten und Beherrschen
Um mit der Grundlage der Implementierung zu beginnen: Natürlich geht es darum, dass das entwickelte Konzept tatsächlich umgesetzt wird. Mindestens genauso wichtig ist, dass das Konzept so umgesetzt wird, dass der maximale Impact erzeugt wird. Die Wirkung des Designs hängt auch davon ab, wie das Konzept realisiert wird. Wiedererkennbarkeit und Aussagekraft von Zeichen sind am stärksten, wenn sie systematisch und konsistent

verwendet werden. Der Effekt wird schwächer, je mehr von den getroffenen Entscheidungen abgewichen wird: Wenn ein grünes Herz eine andere Form hat als das andere, die Farben unterschiedlich sind oder bei der Platzierung keine klare Linie mehr zu erkennen ist. Der Implementierungsmanager sorgt für die systematische und konsistente Umsetzung des DesignKonzepts. In jeder erdenklichen Form: vom Fahrzeugpark bis zum Zuckertütchen.

Die Arbeit des Implementierungsmanagers besteht in erster Linie darin, zu organisieren und zu betreuen. Und zweitens darin, die Voraussetzungen dafür zu schaffen, dass eine optimale Umsetzung des DesignKonzepts möglich ist und die Organisation es selbst verwenden kann. Es geht um Tools, in denen Instruktionen festgelegt sind, mit deren Hilfe die benötigten Items produziert werden können. Früher war dies häufig das Corporate Design-Manuals. Immer häufiger wird dieses nun durch elektronische Varianten ersetzt, die mit Hilfe von Web-Technologie erstellt wurden und somit über das Internet jederzeit und überall einsetzbar sind. Darin ist die Systematik des Designs bis ins Detail beschrieben, inklusive Anwendungsvorgaben, Instruktionen und sofort downloadbarer Vorlagen. Eine solche Datenbank ist heute auch immer häufiger ein Kommunikationstool, da es auch bei der Wahl von Kommunikationsmitteln die Richtung vorgibt: Anwendung von Design für verschiedene Zielgruppen, Zielsetzungen und Medienarten, einschließlich des Tenors, in dem sie gehalten sein müssen.

Die Implementierung zielt darauf ab, dem Benutzer das Konzept möglichst nahe zu bringen. Dies trägt nämlich zur bereits erwähnten Einbettung des Designs in die Organisation bei. Klare Regeln und Anweisungen, geschrieben aus der Sicht der Benutzer, sollen die Verwendung und die Ausgestaltung des Erscheinungsbilds zu einem logischen und natürlichen Prozess machen. Dies ist natürlich nicht genug. Es braucht eine Firmenpolitik. Es braucht Organisation. Und den Transfer von Wissen und Fähigkeiten in Bezug auf Design und Design Management.

Proaktiv agieren

Der Implementierungsmanager geht bei seiner Arbeit von einem für gut befundenen Konzept aus. Das heißt nicht, dass dessen Durchführbarkeit nicht schon in einem frühen Stadium untersucht werden kann, um zu vermeiden, dass ein Konzept entwickelt wird, das später aus praktischen Gründen komplett überarbeitet werden muss.

Der Manager beginnt immer mit einer ausführlichen Felduntersuchung. Vor Ort werden die einzelnen Träger des Designs inventarisiert: Gebäude, Fahrzeugpark, Drucksachen, Beschilderung, Kleidung und Fahne. Dabei werden praktische Probleme sichtbar wie der Kontrast (und damit die Lesbarkeit) eines dunkelblauen Markenzeichens auf einem dunkelgrauen Gebäude, die Position eines Markenzeichen auf Fahrzeugen mit Schiebetüren oder die Praxis in der EDV-Abteilung einer Bank, die Hunderte interner Formulare (gemäß dem Erscheinungsbild!) verwaltet. Zudem können Mängel bei den bestehenden Kommunikationsmitteln aufgedeckt werden. So zeigte sich bei einer Inventarisierung von Kommunalverwaltungsgebäuden, dass nirgends stand, dass das Rathaus das Rathaus war! In einem solchen Fall schlägt der Implementierungsmanager eine Verbesserung oder Ergänzung vor. Zum Beispiel die Reduzierung der Zahl der Formulare oder der Umschlagsorten oder eine eindeutige Beschriftung des Rathauses. Zugleich prüft er auch immer, welche Lösung kostengünstig ist. Jeder Implementierungsauftrag ist auch eine Effizienzmaßnahme, mit der beträchtliche Einsparungen erzielt werden können. Durch cleveren Einkauf, durch sinnvollen Einsatz von Informationstechnologien und benutzerfreundliche Anwendungen, die enorm viel Zeit sparen.

Form und Inhalt

Um definitiv festlegen zu können, wie – in welchen Formaten, Materialien, Auflagen und Techniken – und wo das Designkonzept angewandt wird, muss oft experimentiert werden, um die beste Lösung zu finden. Der Implementierungsmanager vertraut nicht blind auf die technischen

Spezifikationen des ursprünglichen Konzepts. So kann sich zeigen, dass die gewählte Farbe in einem bestimmten Kontext ihre Wirkung verliert oder dass für eine effizientere Konstruktion eine Anpassung des Konzepts vonnöten ist. Zudem kann oft erst vor Ort beurteilt werden, welche Position für einen Text oder ein Zeichen die richtige ist. Die definitive Wahl der Farbe, Größe, Anordnung und Reihenfolge sind Entscheidungen, die größtenteils vom Implementierungsmanager getroffen werden. Grundlage dafür sind nicht Formalien, sondern der Inhalt des Designkonzeptes. Der Manager kann schließlich auch Lücken oder Widersprüchlichkeiten im Konzept selbst entdecken. In diesem Fall wird es einvernehmlich verbessert oder angepasst.

Organisation der Ausführung
Wenn die Analyse der praktischen Probleme abgeschlossen ist und die richtigen Lösungen gefunden sind, wird zur Organisation der Ausführung übergegangen: Verhandlungen mit und Auswahl von Lieferanten, Auftragserteilung, Anweisungen und Betreuung bei der Ausführung und Kontrolle des Endergebnisses. In dieser Phase werden auch das System und die gewählten Lösungen in Musterbüchern festgelegt. Die Aufgaben des Implementierungsmanagers enden mit der Lieferung der Produkte wie einer Palette von Broschüren, der Bereitstellung beispielsweise einer Datenbank und der Betreuung der Organisation beim Erlernen des Umgangs mit den Tools. Dann ist der Kunde in der Lage, das Designkonzept selbständig weiterzuverwenden und im Zweifelsfall den richtigen Ansprechpartner zu Rate zu ziehen. So wird mit Hilfe einer Datenbank und durch Betreuung die Gefahr minimiert, dass Stil und System im Lauf der Zeit verwässern. Der Auftraggeber wird in die Lage versetzt, sich die Managementroutinen anzueignen.

Zusammenarbeit mit dem Designer
Der Implementierungsmanager wird dafür bezahlt, dass einem Designkonzept tatsächlich Leben eingehaucht wird. Ausschlaggebend für die Qualität dieses Vorgangs ist technischer Sachverstand, Materialkenntnis und vor allem die Fähigkeit, praktisch zu denken, zu organisieren, Systematik in das Projekt zu bringen und die Zusammenarbeit mit dem Designer zu suchen. Zwischen Design und Implementierung liegt ein spannungsvoller Übergangsbereich. Das Design greift der Implementierung vor, wenn das Konzept auf dem Zeichentisch oder dem Bildschirm bereits genauer ausgearbeitet wird. Die Implementierung mischt sich ins Design ein, wenn klare Entscheidungen über Position, Format und Farbgebung gefällt werden.

Um im Grenzgebiet zwischen Design und Implementierung qualitativ wertvolle Entscheidungen treffen zu können, muss klar sein, wo das eine beginnt und das andere aufhört. Die Praxis zeigt jedoch, dass „kalte Schnittstellen" nicht funktionieren. Es kommt immer zu Überlappungen: kein Terrain für Kompetenzgerangel, sondern ein gemeinsamer Ort, der Spielraum für eine optimale Abstimmung bietet. Bei alledem ist äußerst wichtig, dass ein direkter, offener und professioneller Umgang miteinander herrscht, wenn der eine mit einem Dilemma konfrontiert wird, das zum Teil im Bereich des anderen liegt.

Schließlich wäre die Implementierung keine Implementierung, wäre sie nicht geneigt, die gewünschte Arbeitsweise in Spielregeln festzuschreiben. Dabei wird folgendes Ideal verfolgt: Der Designer konzentriert sich auf die Kreation eines starken Konzepts. Der Designer lässt sich nicht von Vornherein durch praktische Zwänge einschränken, sondern schaltet rechtzeitig den Implementierungsmanager ein, um die Machbarkeit des Produkts zu prüfen. Der Implementierungsmanager konzentriert sich auf die Realisierung des Designkonzepts und lässt sich nicht von Vornherein durch (Un-)Möglichkeiten beeinflussen. Er schaltet rechtzeitig den Designer ein, der prüft, ob Produkt und Produktionsmethode dem Geist des Konzeptes gerecht werden.

Übergabe: Design Management
Mindestens genauso wichtig ist die Übergabe an die Organisation. Damit eine optimale Wirkung erzielt wird, muss man auch genau prüfen, wie das Design Management organisiert ist: Wer ist

für das Management verantwortlich? In welchem Bereich ist diese Verantwortung in der Organisation angesiedelt? Welche Regeln und Verfahren wurden vereinbart? Welche Zulieferer gibt es und wie müssten diese beurteilt und ausgewählt werden? Wie ist die Pflege der Tools geregelt? Es gibt genügend organisatorische Fragen, bei deren Lösung der Implementierungsmanager mit seiner Erfahrung-wie etwas funktioniert-helfen kann.

Wichtig ist natürlich auch die Weitergabe von Wissen und Fähigkeiten. Es hat wenig Sinn, Regeln zu ignorieren. Das Zustandekommen des Designs, die Logik der Anwendung und die Funktionsweise der Tools sind Faktoren, die nicht vernachlässigt werden dürfen. Dies ist ein völlig anderer Arbeitsbereich der Implementierung. Die Items werden behandelt, aber danach kann die Organisation auch wieder alleine zurecht kommen und das Corporate Design selbst managen. Und so muss es auch sein: Schließlich gehört das Corporate Design der Organisation, und sonst niemandem.

Beispiele

Keine Ahnung

„Wie viele Formulare es gibt? Keine Ahnung, aber ich schätze, so zwischen 800 und 1000." Es sind tatsächlich 964 und alle werden von der EDV-Abteilung verwaltet. Und in der Hausdruckerei gedruckt. Der Implementierungsmanager führt eine gründliche Analyse durch. Ergebnis: Es bleiben 42 Formulare für die Hausdruckerei übrig, ein Großteil wurde als Template ins Intranet gestellt und kann nach Belieben ausgedruckt werden und etwa jedes Dritte wurde durch eine digitale Variante ersetzt, mit der die eingegebene Information als E-Mail an den Endbenutzer verschickt wird. Zudem wurde der EDV-Abteilung ein Softwarepaket an die Hand gegeben, das den Entwurf neuer Formulare – ganz im hauseigenen Corporate Design – stark vereinfacht. Nebeneffekt: Der externe Einkauf von Druckereiarbeiten für drei Mitarbeiterzeitschriften wurde eingestellt. Dies übernimmt nun die Hausdruckerei.

Test

Oben auf dem 80 Meter hohen, nagelneuen Gebäude des Hauptsitzes muss das Markenzeichen angebracht werden. Das Gebäude ist anthrazitfarben und das Zeichen dunkelblau. Der Kunde fragt sich, ob die gewählte Farbe auf diesem Hintergrund überhaupt lesbar ist und veranlasst auf eigene Faust einen Test. Er erteilt den Auftrag, einen Probebuchstaben (von 2,5 Meter Höhe) aus dem gewählten Material (massives Perspex) anfertigen zu lassen und die ganze Konstruktion mit Hebebühnen an der vereinbarten Stelle zu montieren. Kosten dieser Operation: 10.000 Euro. Wenn der Kontrast gut genug ist, kann dieser eine Buchstabe weiterverwendet werden.

Der Implementierungsmanager macht einen Gegenvorschlag: Warum nicht diesen Buchstaben aus Triplex anfertigen und in der richtigen Farbe einfärben? Triplex ist viel leichter als Perspex, sodass für die provisorische Montage einfach das Gerüst der Fensterputzer verwendet werden kann. Außerdem kann dieser Test von der Abteilung Gebäudeverwaltung selbst ausgeführt werden. Kosten: kaum mehr als 100 Euro.

Der Kunde kann den Auftrag noch stornieren und entscheidet sich für Triplex. Und siehe da: Die Farbe ist zu dunkel!

IDENTITÄT DES RAUMES

Peter Verburgt

Raum fängt ganz in der Nähe an, direkt um uns herum. Mit unserem Körper, unserer Kleidung. Menschen bestimmen ihre Umgebung und gehen dabei häufig sehr überlegt vor. Sie möchten so ein Stück von sich selbst zeigen. Wie wir uns präsentieren, hat eine expressive Funktion. Mit Hilfe ihres Äußeren teilen Menschen etwas über sich mit. „Ich bin zuverlässig. Mit mir muss man rechnen." Durch diese bewusste Gestaltung der eigenen Person können sich Menschen voneinander unterscheiden und Stellung beziehen. Zugleich wird eine relationale Funktion erfüllt: Wir zeigen, wie wir im Leben stehen, und welches Verhältnis wir zu unseren Mitmenschen haben.
Tun wir dies deutlich sichtbar und allgemein verständlich, so verwenden wir Symbole: Uniformen, Autos, Laptops, Handys … Die Liste ist endlos, denn auch Gebrauchsgegenstände, mit denen sich Menschen umgeben, erfüllen diese symbolische und kommunikative Funktion.

Auch weiter weg von uns, in größeren Zusammenhängen, ist Raum von Bedeutung. Wo immer wir sind: Ob wir hier sitzen und lesen oder mitten auf einem Platz stehen – immer befinden wir uns in einem Raum. Häufig haben wir diese Umgebung geprägt oder selbst geschaffen. Zum Beispiel unser Wohnzimmer, den Garten hinterm Haus oder den Raum, in dem wir arbeiten. Menschen schaffen Umgebungen. Auf allen Ebenen. Von der geschlossenen Intimität unserer direkten Umgebung bis hin zur Gestaltung des ländlichen und städtischen Raumes.

Funktionen des Raumes
Der von Menschen geschaffene Raum ist Ausdruck dessen, was sie beschäftigt und was sie beabsichtigen. Mit Raum können wir ausdrücken, wer wir sind, was wir meinen und was wir wollen. Raum ist ein wichtiges Kommunikationsmittel, mit dem Menschen und Organisationen sich darstellen. Der Eindruck dieses Raumes ist entscheidend für den ersten Kontakt und wirkt sich auf das Bild aus, das wir uns machen. Dieser Eindruck öffnet und schließt Filter, mit denen wir alles dahinter Liegende betrachten.

Raum hat noch eine andere, praktischere Funktion: Raum hilft uns. Wir können besser arbeiten, da er Ordnung und Struktur schafft. Raum hat also neben dem kommunikativen immer auch einen funktionalen Aspekt. Wichtig ist es, ein Gleichgewicht dieser beiden Aspekte zu wahren. Eine Überbetonung des einen oder anderen Aspekts ist nicht wünschenswert.

Menschen schaffen Raum, beeinflussen Raum und werden zugleich doch auch von ihm beeinflusst. Raum kann in uns ein bestimmtes Verhalten auslösen und so wesentlichen Einfluss auf uns ausüben. Die Beobachtung von Menschen zeigt, wie Raum auf sie wirken kann. Ein geschlossener Raum spricht unser Sicherheitsgefühl an. Das Plätschern eines Baches kann uns zu tief schürfenden Gedanken anregen. In Kirchen oder Museen neigen wir zum schicklichen Flüstern; sie bringen uns auf ihre Art zum Schweigen. In einem Arbeitsumfeld, in dem alle Zwischentüren geschlossen sind, wird kein Teamgeist entstehen. In einem Stadtviertel, das kaum soziale Interaktionen zulässt, ist die soziale Kontrolle sehr gering, sodass Vandalismus und Kriminalität entstehen können ... mit allen Konsequenzen, die dies für die Qualität und das Image dieser Umgebung hat.

Raum und Identität
Auch in Unternehmen und Organisationen setzt sich diese Erkenntnis durch. So befasst man sich immer mehr mit Identität, den Wesensmerkmalen eines Unternehmens und deren räumlichem Ausdruck. Unternehmen wählen die Büroeinrichtung, mit der sie in Verbindung gebracht werden möchten. Sie geben ihrem Firmensitz die Form, die ihre Intentionen zum Ausdruck bringt. Organisationen wissen meist sehr genau, wo der beste Standort für sie ist, unabhängig von wirtschaftlichen Interessen.

Die bewusste Wahl und Gestaltung des Raumes durch Organisationen ist häufig entscheidend für den damit erzielten Erfolg. Investitionen in die Umgebung werden damit zu Investitionen in Leistungen, soziale Interaktion, Wiedererkennbarkeit ... und so weiter. Natürlich zählen auch praktische Argumente. Ist das Gebäude leicht erreichbar? Wie sieht es mit Parkmöglichkeiten aus? Schön, aber unpraktisch ist eine misslungene Kombination, die außerdem den Verdacht nahe legt, die Organisation sei zu sehr mit Äußerlichkeiten beschäftigt.

Dynamik des Raumes
Qualitativ hochwertiger Raum ist Raum, mit dem wir uns identifizieren können, der uns inspiriert. Raum kann Aspekte unserer Persönlichkeit zum Ausdruck bringen und damit gewünschtes Verhalten hervorrufen und fördern. Die Schaffung eines erfolgreichen Raumes ist ein zyklischer Prozess. Funktionale Anforderungen verändern sich, Meinungen über Formen und Farben wandeln sich, die Technik macht Fortschritte, menschliche Anforderungen und Bedürfnisse entwickeln sich ... Soll der Wert des Raumes erhalten bleiben, so muss dieser Raum ständig neu belebt werden. Neubelebung setzt einen intensiven Dialog zwischen den Menschen und der Umgebung voraus, in der sie sich befinden, damit diese Umgebung stets bedeutend und relevant bleibt. Dieser zyklische Prozess erstreckt sich über einen längeren Zeitraum, geht immer weiter und ist niemals zu Ende.

Memory of space
Die Frage ist, wie man einen erfolgreichen Raum schafft. Blick fürs Ganze lautet die Devise, die „conditio sine qua non", die zugleich aber ziemlich komplex ist. Wie lassen sich all diese Einflüsse organisieren? Wie geht man mit dem Spannungsfeld von Funktionalität, Kommunikation und Expressivität um? Raum ist eine Kulisse, auf der sehr viele Einflüsse zu sehen sind. Und so entsteht Raum auch: aus unterschiedlichen Interessen, Blickpunkte, aus verschiedenen Zeiten. Betrachten Sie z.B. die Zentren unserer Städte – Resultate einer langen Geschichte von Einflüssen ... Das macht die Entstehung dieses Raumes besonders komplex. Es gibt so etwas wie ein „memory of space". Raum trägt immer Spuren der Vergangenheit, die unsere Wahrnehmung beeinflussen und somit von bleibendem Einfluss darauf sind, was uns dieser Raum mitteilt. Diese Spuren müssen wir respektieren, indem wir sie aufgreifen undnicht verfälschen. In vielen niederländischen Altstädten feiert das Wasser sein Comeback. Die zugeschütteten Grachten und Kanäle haben diese Städte ihrer Identität beraubt – nun wird der historische Fehler, begangen aus dem Drang nach Funktionalität, wieder gutgemacht.

Wenn ein Raum weiter von uns entfernt ist und gemeinsam gestaltet werden muss, ergibt sich ein zusätzliches Problem. Der öffentliche Raum spiegelt sehr viele Einflüsse wider und das Bewusstsein der Menschen, die sich damit beschäftigt haben. Menschen, die dort wohnten und kreativ waren, die dort arbeiteten und immer noch arbeiten. Dies bedeutet, dass eine große Vielfalt von Interessen und Standpunkten, Fakten und Emotionen unter einen Hut gebracht werden muss. In diesem Fall können wir den Raum viel weniger mit Identität „befrachten". Dies erfordert Zusammenarbeit und die Abstimmung unterschiedlicher Interessen – und einen Ansatz, der auf die Verbindung von Raum und Identität abzielt.

Dennoch ist gerade die Einrichtung dieses gemeinsamen Raumes eine der größten Herausforderungen unserer Zeit. Denn wie schaffen wir einen gemeinsamen Hintergrund, der Menschen inspiriert, der das Knüpfen von Beziehungen ermöglicht und die gewünschte gesellschaftliche Dynamik begünstigt? Deshalb ist die Einrichtung unserer Umgebung Gegenstand des öffentlichen Diskurses. Ob es nun um Integration, Mobilität, Natur und Umwelt oder Kriminalität geht – das Thema Raum spielt eine entscheidende Rolle. So wurde der bewusste Umgang mit unserer gemeinsamen Umgebung zu einer wichtigen strategischen und politischen Frage. Dies erfordert Sorgfalt und ein durchdachtes Vorgehen. Es gilt vieles aufzuholen, denn es gibt heute noch unzählige alles andere als erfreuliche Beispiele dieses gemeinsamen Raumes.

Natürlich wird so manches versucht, doch das nachträgliche Ersinnen cleverer Verkaufstechniken oder schicken PR-Geplänkels reicht nicht aus. Das Imageproblem einer Umgebung mit einer eilig aufgesetzten „Brand Identity" zu lösen, zeugt von Opportunismus. Seltsamerweise ist diese Methode weit verbreitet.

Die Schaffung eines erfolgreichen Raumes
Um einer Umgebung die richtige Identität zu verschaffen, ist ein integrierter Ansatz und eine gute Betreuung des Prozesses notwendig, der zu dem neu belebten Raum führt. Dies bedeutet, vorhandene Aspekte der Identität aufgreifen. Also Differenzierung und soziokulturelle Vielfalt statt austauschbarer, identitätsloser Einheitsräume mit meist nur sehr kurzer Lebensdauer. Dies gilt für Büros, Wohnhäuser und Stadtviertel. Denn die Schaffung eines Raumes ist eigentlich die Schaffung einer neuen Identität und damit die Gestaltung unser Ambitionen und Intentionen. So werden Zufall und Verlegenheitsargumentationen durch wohl begründete Positionierung und ein tragfähiges Szenario ersetzt, weil Identität mit kollektiven Werten und Bedürfnissen zusammenhängt, die mit dem betreffenden Raum verbunden sind.

Um welchen Raum geht es? Welche Idee liegt zugrunde und warum? Welche Eigenschaften muss der neu belebte Raum erfüllen? Welche Geschichte hat dieser Raum? Wie erwecken wir diese Umgebung zum Leben und planen eine neue erfolgreiche Identität? Diese Fragen müssen beantwortet werden, bevor Stein auf Stein gesetzt und der erste Beton gegossen wird.

Die Kraft des Konzeptes und des Entwicklungsprozesses, der der Wiederbelebung eines Raumes zugrunde liegt, wirkt sich sowohl auf das Tempo der Entscheidungsfindung als auch auf die Attraktivität des Marktangebots und die Finanzierungsmöglichkeit des betreffenden Projekts aus. Planung und Organisation von Bedeutung und neuer Identität sind nun einmal eine perspektivenreiche Beschäftigung für Geldgeber und sonstige Betroffene, die über die Erstellung einiger Quadratmeter funktionalen Raums weit hinausgeht.
Die Schaffung eines wertvollen Standorts und visionären Raums von gesellschaftlicher Relevanz stellt andere und höhere Anforderungen an den Entwicklungsprozess. Dies wird vor allem deutlich, wenn es um die Neubelebung von Innenstädten und alten Stadtvierteln aus der Vorkriegszeit geht.

Die erfolgreiche Entwicklung von Raum basiert auf sozialer Kohärenz, Kommunikation und der Beziehung, die wir als Menschen in Bezug auf den zu belebenden Raum miteinander einzugehen bereit sind. Langsam setzt sich diese Einsicht auch bei Raumplanern und -entwicklern durch. Die begrenzte Verfügbarkeit von Raum, kombiniert mit den derzeitigen finanziellen und gesellschaftlichen Anforderungen an die Einrichtung und Nutzung von Raum, erfordern einen sehr bewussten und damit adäquaten Umgang mit Raum.

Identitätsszenario für Raum

An dem Prozess zur Gestaltung eines erfolgreichen Raumes müssen alle betroffenen Parteien mitwirken. Bauherren, Entwickler, Architekten, Behörden und vor allem auch die künftigen Nutzer, die den neu belebten Raum in Besitz nehmen sollen. Wie beginnt man so etwas? Ist dies im historisch gewachsenen Kräftefeld der Betroffenen überhaupt möglich? Damit Bedeutung und Identität entstehen können, ist eine optimale, gut fundierte und einfach anwendbare Kommunikation zwischen allen Beteiligten notwendig. Jüngste Erfahrungen unter anderem im Utrechter Bahnhofsviertel zeigen, dass das Identitätsszenario sehr gut funktionieren kann. Ausgangspunkt war die gewünschte Identität des Bahnhofsviertels, die auf den Charakter der Stadt Utrecht abgestimmt wurde. Das Identitätsszenario führte zu einem überzeugenden Durchbruch. Nach 15 Jahren Komplikationen und Stillstand kann nun endlich die so dringend nötige Neubelebung des Bahnhofsviertels in Angriff genommen werden.

Das Szenario setzt sich aus den folgenden 6 Phasen zusammen:

1 **Den Raum erkennen**
   Mittel: Raum-Story. Die „Basisgeschichte", die als richtungsweisender Ausgangspunkt des Umgestaltungsprozesses dient.
   Zweck: Erreichen inhaltlicher Übereinstimmung zwischen den Betroffenen bezüglich der Ausgangspunkte der Stadterneuerung.

2 **Den Raum neu formulieren**
   Mittel: Interaktive Kommunikationsmatrix, mit der die raumbezogenen Werte und Themen lokalisiert werden.
   Zweck: Festlegen der gewünschten Identität des neuen Raumes in einem gemeinsamen Prozess.

3 **Dem Raum ein Konzept zuordnen**
   Mittel: Interaktives Funktions- und Stiltool auf der Grundlage der festgelegten Identität des Raumes.
   Zweck: Gemeinsame Formulierung und Wahl der Gestaltung des neuen Raumes im Einzelnen, um so Konzepte für die Neubelebung zu entwickeln.

4 **Den Raum der Gemeinschaft überantworten**
   Mittel: Interaktives Entscheidungstool, mit dem das gesamte Neubelebungskonzept beschlossen werden kann.
   Zweck: Sicherung gesellschaftlicher und politischer Akzeptanz des Plans.

5 **Den Raum verändern**
   Mittel: Raum-Kommunikationsprogramm, mit dem der neue Raum schon während des Entstehungsprozesses den Dialog mit seiner Umgebung aufnimmt.
   Zweck: Präsentieren, Begründen und Erläutern des neuen Raumes.

6 **Den Raum dynamisch begleiten**
   Mittel: Monitoringprogramm, das für eine ständige Aktualisierung sorgt.
   Zweck: Weiterorganisation und -entwicklung der Relevanz und der Identität des neuen, wiederbelebten Raumes.

CORPORATE COMMUNICATIONS MANAGEMENT

Edsco de Heus

Der Corporate Communications-Manager steht heute vor der Herausforderung komplexer Kommunikationsprobleme. Der Bereich der Kommunikation ist längst keine Nebensache mehr. Corporate Communications ist schon seit längerem nicht mehr als Instrument der Unternehmenspolitik wegzudenken, das sich in den nächsten Jahren immer weiter entwickeln und immer weiter vordringen wird: Kommunikation ist ein wesentlicher Bestandteil aller Formen der Firmenpolitik. Gerade da liegt die Schwierigkeit und deshalb ist eine Besinnung auf das klassische Paradigma der Corporate Communications notwendig. Es geht heute vor allem darum, in sämtlichen Kommunikationsdisziplinen Regie zu führen, mit allen damit verbundenen Nachteilen. Diskussionen über eine neue Sicht des Fachs können zu seiner zukünftigen Entwicklung beisteuern. Um den Anstoß für diese Diskussion zu geben, muss zunächst untersucht werden, was einer Veränderung bedarf.

Die Fragmentierung des Kommunikationsfeldes ist nur eine der Ursachen der Komplexität. Das gilt auch für den Empfänger, der sich mit den gängigen Segmentierungstechniken kaum noch fassen lässt. Und für die ganze, immer größere Spannbreite der Medien, wobei das Internet nur eines der neuen Medien darstellt. Die Menschen werden mit Informationen bombardiert. Der Konsument schließt Augen und Ohren, um allem standzuhalten, was auf ihn einwirkt. Präsenz, Wiedererkennungswert und Konsistenz sind wichtiger denn je.

Authentizität und Echtheit
Viel bedeutsamer ist jedoch, dass die Menschen immer häufiger Authentizität suchen. Sie möchten sich mit einer Organisation identifizieren können und nicht mehr mit der Oberfläche einer Marke. Die Marke muss ausgebaut werden zu erlebtem Kontakt, echter Verbundenheit, echter Sorge und Emotion. Gleichzeitig besteht von Zeit zu Zeit doch noch ein Hang zu oberflächlichem Vergnügen, kurzzeitigen Kicks, leerem Konsumverhalten usw. Damit ist der traditionelle Auftrag der Kommunikation komplizierter geworden, weil sie in dieser oft ambivalenten Umgebung die gewünschte Identität einer Organisation tatsächlich managen und soweit wie möglich mit der Wahrnehmung in Übereinstimmung bringen soll.

Corporate Identity hat sich zu einem komplizierten strategischen Komplex entwickelt. Die dabei am besten zu steuernden Elemente – Kommunikation und Symbolik – leisten den geringsten Beitrag zur Imagebildung. Der Einfluss des gesamten Handelns und Wandelns einer Organisation und all seiner Beschäftigten, des Corporate Behaviours, ist um ein Vielfaches größer. Dieses Handeln ist wiederum das Ergebnis der Normen und Werte, die für die wichtigsten Themen gelten, welche aus Sicht der Ziele der Organisation und der Marktumgebung Relevanz besitzen. Was aber wiegt wie schwer? Und wie hängen die einzelnen Elemente miteinander zusammen? Welche Wechselwirkung besteht zwischen Persönlichkeit, Kommunikation, Verhalten und Symbolik, den klassischen Eckpfeilern der Identität?

Man reagiert auch im Umfeld von Organisationen immer mehr auf Emotionen. Wechsel in den Chefetagen bringen darüber hinaus den Börsenwert eines Unternehmens in Bedrängnis. Nüchterne Rechenregeln gelten nicht mehr. Der Vormarsch der Emotionen bietet sich an als Reaktion auf die Vorherrschaft der Vernunft. Die begründete und berechnete Wirklichkeit macht einer empfundenen Wirklichkeit Platz.

War der Begriff Risikoanalyse lange Zeit den Ökonomen vorbehalten, so steht er nun auch für das Kommunikationsmanagement in der Wirtschaft. Die Risiko-Analyse der Reputation. Wo und unter welchen Bedingungen können in der Betriebsführung Probleme entstehen, die dem Ruf der Organisation ernsthaften Schaden zufügen? Neu ist das nicht. Unternehmen, die aufgrund der Art ihrer Arbeit ein gesellschaftliches Thema aufgreifen, sind darauf vorbereitet. Organisationen, die in Bereichen mit möglichen Umweltfolgen tätig sind, verfügen über einen Krisenplan mit ausführlichem Kommunikationsszenario. Jeder Lebensmittelhersteller hat eine Rückrufaktion in der Schublade. Neu ist jedoch, dass ein Betrieb durchleuchtet wird, um eine Rufschädigung zu verhindern. Emotionale Reaktionen auf Ereignisse müssen kanalisiert werden und beherrschbar sein.

Konspiration gegen Laien
Die Kommunikation hat sich als Fachgebiet schnell entwickelt. Ende der siebziger Jahre war dieses Thema in den Hochschulen noch ein Novum. Seitdem schossen Kommunikationsstudiengänge wie Pilze aus dem Boden, und die theoretischen Grundlagen wurden immer fundierter. Merkwürdig ist, dass dies die Kommunikationsdisziplinen einander nie näher gebracht hat – im Gegenteil. Wir von den Public Relations – die aus der Werbung. Wir vom Design – die vom Internet. Trotz mutiger Versuche, eine Brücke zu schlagen, zehrt das junge Fach häufig vor allem von den Erkenntnissen der Psychologie, Soziologie und sprachwissenschaft. Jedes Spezialisierung ist gegen laien gerichtet – und in der Kommunikationsbranche vor allem gegen einander. Die Folge ist, dass die Kommunikationsmanager Dienstleistungen verschiedener Betriebe oder eigener Abteilungen einkaufen. Ein Zulieferer für Internet, für Redaktionsarbeiten, für Pressearbeit, für das Erscheinungsbild, für Werbung. Wenn sich so viele Leute mit der Corporate Identity befassen, ist das sehr schwer zu managen, besonders wenn wir berücksichtigen, dass die Managementkommunikation mindestens ebenso wichtig ist. Gemeinsamkeiten sind da schwer zu bewerkstelligen.

Komplex ist – vor allem bei Großunternehmen – der Jahreszyklus, der sie fest im Griff hat. Zweckgebundene Budgets, die häufig bereits im Herbst für das nächste Jahr festgelegt werden, machen einen flexiblen Umgang nicht gerade einfach. Hier stößt der Kommunikationsmanager auf ein Problem. Ohne klares Budget kein Geld, ohne Rechenschaft darüber auch nicht. Also wird wieder auf sickere Mittel gesetzt. Warum wird nicht ein substanzieller Teil des Budgets für die Stärkung der Identität reserviert? Das bietet zumindest den Spielraum, wegzukommen von den häufig gezwungenermaßen mechanischen und vorhersehbaren Kommunikationsformen. Diese weisen zwar die nötige Struktur auf, zu rigide angewandt sind sie jedoch völlig unproduktiv. Modernes Identitätsmanagement erfordert ständige Weiterentwicklung, ständige Bewegung, um den Dialog mit dem Umfeld im Gang zu halten. Und zwar den echten Dialog, der über das hinausgeht, was durch selektive Wahrnehmung zur prädominanten Logik einer Organisation wurde. Shell hat dies nach den Kritik, die es für Brent Spar bezogen hat, hervorragend begriffen und hinzuhören gelernt. Shell steht nun proaktiv in diesem Dialog und nimmt Gefühle ernst.

Keine Unterscheidungskraft
Der Corporate Communications-Manager arbeitet auf unterschiedliche Weise gegen diese Fragmentierung an und übernimmt die „Orchesterleitung". Dieser Ansatz läuft fast immer darauf hinaus, dass eine übersichtliche, gemeinschaftliche Entscheidungsstruktur über alle Kommuni-

kationsdisziplinen und verwandten Bereiche und eine von gemeinsamen Grundlagen ausgehende Arbeit angestrebt wird. Der Nachteil dieser gemeinsamen Grundlagen besteht häufig darin, dass sie sich stark ähneln: Jede Organisation hat Gleiches vorzuweisen, weil häufig auf unser kollektives Normen- und Wertemuster zurückgegriffen wird. Respekt, Offenheit, Qualität, Innovation ... Sie bieten keine Unterscheidungskraft und sind getrennt von ihrem Hintergrund mehrfach interpretierbar, sodass sie viel Spielraum für Interpretationen lassen. Die Organisationen müssen sich ihrer Eigenheiten bewusst werden, erst dann können sie den Mut aufbringen, diese Eigenheiten nach außen zu tragen.

Die Funktion von Kommunikation muss neu bewertet werden. Vier Formen von Communications-Management sind dabei im Zusammenhang zueinander zu betrachten:
– Corporate Story Management
– Design Management
– Corporate Publishing Management
– Issue- und Reputations Management

Corporate Story Management
Wer die Corporate Publications einer Branche betrachtet, einschließlich populärer Veröffentlichungen über Ziele und Werte, wird enttäuscht sein, wie wenig sie sich voneinander unterscheiden.

Es bestehen weitaus mehr Gemeinsamkeiten als Unterschiede im Wertesystem der Unternehmen.

Die Lösung dieses Problems besteht in der Schaffung von Corporate Stories. Traditionell begegnen wir der Corporate Story als Mittel, mit dem strategische Aussagen auf andere Weise präsentiert werden. Damit meinen wir die „sustainable corporate story", die dynamische Geschichte einer Organisation (siehe Seite 22). Untersuchungen zeigen, dass die Unternehmensgeschichten von Betrieben äußerst unterschiedlich sind und die Eigenheiten des Unternehmens gut zum Ausdruck bringen können. Das rührt daher, dass es sich nicht um Verkaufsgeschichten handelt, sondern um authentische Geschichten, die daher eine hohe Identifikationskraft besitzen.

Die Unternehmensgeschichte muss echt sein, damit sie die Menschen interessiert, begeistert und zum Nachdenken anregt. Die Menschen fühlen sich von der Geschichte betroffen. Es ist ihre Geschichte. Wichtig für die Wirkung ist der Spielraum des Lesers, die Geschichte bis zu einem bestimmten Punkt selbst zu interpretieren. Die Corporate Story kann für alle Plattformen, die sich mit Kommunikation befassen, inspirierend sein. Jedoch sind praktische Ableitungen erforderlich, z.B. bei den Media Relations. Es müssen verschiedene Kernbotschaften aus der Unternehmens-

Corporate Story Management

Story-Elemente	Organisations-kommunikation	Management-kommunikation	Marketing-kommunikation
Thema 1 – Issue a – Issue b	...	...	...
Thema 2 – Issue a – Issue b	...	...	...
Thema 3 – Issue a – Issue b	...	...	...

geschichte destilliert werden. Die Kunst besteht darin, die Themen und Motive der Corporate Story in alle Kommunikationsformen umzusetzen und sie regelmäßig upzudaten. Nicht alle Themen sind jedoch immer relevant. Die Umgebung einer Organisation und damit auch die Story verändert sich fortwährend.

Auch außerhalb der traditionellen Kommunikationsdisziplin muss die Corporate Story Impact zeigen, und darüber hinaus muss ihre Auswirkung auf andere Managementaufgaben wie Human Ressource Management und Marketing untersucht werden. Die Corporate Story bildet also den Rahmen, in dem diese Aktivitäten stattfinden. Aufgaben, aus denen traditionell autonome Botschaften entstehen, müssen damit verknüpft werden.

Die Kommunikation des Managements ist zudem wichtig für den Transport des Corporate Story-Denkens. Wichtige Bindeglieder innerhalb einer Organisation haben eine besondere Verantwortung: Sie müssen bei all ihrem Tun und dem, was sie kommunizieren, die Rolle des Geschichtenerzählers spielen. So entsteht eine erzählende Organisation, in der die Menschen mit dem ganzen Kanon der Unternehmensgeschichten vertraut sind. So entsteht eine authentische und wiedererkennbare Organisation mit eindeutiger Persönlichkeit, die Grundlage einer überzeugenden Corporate Identity.

Design Management
Design Management fand in den letzten Jahren mehr Beachtung, und das nicht ohne Grund. Fünf Aspekte bilden den Grundstein für den Erfolg des Corporate Designs:

1 **Corporate Design erzählt, was eine Organisation sein will**
Die Gestaltung unterstreicht die gewünschten Eigenschaften einer Organisation. Ein gutes Design ist deshalb auch kein künstlerisches Zufallsprodukt – im Gegenteil! Es zeigt die Seele und Eigentümlichkeit einer Organisation und erzählt so, was sie sein und wie sie gesehen werden will.

2 **Corporate Design macht eine Organisation sichtbar und wiedererkennbar**
Design betont die Eigenheiten einer Organisation, gerade dadurch wird sie für die Umgebung sichtbar. Die Organisation wird bekannt und wiedererkannt. Die kürzeste Zusammenfassung eines Corporate Designs ist das Markenzeichen, das für Menschen ein visueller Anker für ihre Erfahrungen ist. Sie erkennen das Markenzeichen, verbinden es mit der Organisation und den dazugehörigen Assoziationen.

3 **Corporate Design bindet Menschen**
Corporate Design bietet eine Identifikationsmöglichkeit. Es verbindet die Menschen einer Organisation. Es trägt bei zur Company Pride. Gute Gestaltung bringt die Werte eines Unternehmens zum Ausdruck – Werte, die geteilt werden. So stärkt Corporate Design das Gemeinschaftsgefühl.

4 **Corporate Design erleichtert die alltägliche Arbeit**
Design bringt Richtlinien und Vorgaben zur Kommunikation mit sich. Es verhindert deshalb Schlampigkeit. Ein einfaches Beispiel: Angenommen, jeder würde seine Briefe und Formulare selbst aufsetzen. Was für eine Zeitverschwendung, von der Wirkung auf Außenstehende ganz zu schweigen!

5 **Corporate Design spart Kosten**
Wenn mit Richtlinien und Vorgaben für eine ganze Reihe von Trägern des Erscheinungsbildes gearbeitet wird, sind auch die Einkaufs- und Produktionsverfahren klar. Häufig bewirkt dies eine beträchtliche Prozessvereinfachung, die rasch zu Kosteneinsparungen führt.

Design Management beinhaltet zwei Komponenten: eine administrative Komponente und eine Regiekomponente. Die administrativen Aspekte verteilen sich häufig auf verschiedene Abteilungen: EDV, Einkauf und Kommunikation. Die Regie betrifft das Management des Stils, den trendabhängigen Aspekt des Designs. Dafür ist der Communications Manager zuständig. Er führt das Monitoring für Entwicklungen durch, prüft die Effektivität ... und sorgt für die Anpassung des taktischen Designs.

Corporate Design wird nie fertig. Es muss ständig erneuert, an die Erfordernisse der Zeit angepasst werden, ohne sich im Übrigen dem Diktat der Mode zu unterwerfen. Außerdem muss natürlich das taktische Design regelmäßig ein Upgrade erfahren. Design Management sorgt dafür, dass das Design dynamisch ist und sich mit der Organisation weiterentwickelt. Design Management sorgt dafür, dass das Design seine kommunikative Kraft behält und zum notwendigen permanenten Dialog beiträgt.

Corporate Publishing Management
Das kognitive Vermögen des Individuums wird in Gemeinschaften mit dem „Knowledge Management" organisiert. Äußerst wichtig ist dabei, dass in der heutigen Wissensgesellschaft jede Kommunikation eigentlich aus der Wissensinfrastruktur der Organisation heraus stattfinden muss. Knowledge Management geht deshalb der Kommunikation voraus. Dies ist ein wesentliches Prinzip des Identitätsmanagements als Kommunikationsmodell.

Unter Knowledge Management verstehen wir nicht das Verwalten von Wissen in Datenbanken und IT-Strukturen, sondern die Koproduktion expliziter wie impliziter Kenntnisse in der Organisation, also sowohl der in den Datenbanken kodifizierten Kenntnisse als auch der in den Köpfen und Händen der Mitarbeiter steckenden Kenntnisse und Erfahrungen. Insbesondere implizites Wissen macht Kommunikationsstrukturen in allen betroffenen Teilen der Organisation erforderlich. Erst wenn dies geregelt ist, kann Knowledge Management aktiv in der Interaktion mit internen und externen Kompetenzzentren in die Waagschale geworfen werden. Der Ruf einer Wissenseinrichtung – und das sind derzeit alle öffentlichen und privaten Einrichtungen – kann erst dann effizient gemanagt werden, wenn die denkende Organisation transparent gemacht wird.

Gerade Issue Management und Corporate Publishing sind zwei Kommunikationsdisziplinen, die darauf fundieren müssen. Issue Management ist nur dann möglich, wenn die PR einer Organisation effizient mit den unternehmerischen Verantwortlichkeiten verknüpft ist, sodass die Beziehung zur öffentlichen Meinung aus der Wissensinfrastruktur heraus gestaltet wird. Corporate Publishing bedeutet, das in der Organisation steckende Wissen umzusetzen, für externe Zielgruppen transparent zu machen. Das ist etwas anderes, als zum passenden Zeitpunkt Prospekte, Geschäftsberichte, Kundenzeitschriften, Mitarbeitermagazine oder dergleichen zu produzieren. Eine Wissensbank ist eigentlich eine Form der internen Kommunikation, und Corporate Publishing ist das Teilen dieses Wissens mit allen Zielgruppen.

Issue Management: im Einklang mit dem Umfeld
Issue Management hängt eng mit der Corporate Story zusammen, weil damit der öffentlichkeit deutlich gemacht wird, wo die Organisation in aktuellen Diskussionen steht und welche Diskussionen dies sind. Issues kommen und gehen, aber die Standpunkte, die eine Organisation zu ihnen einnimmt, hängen stark von den Normen und Werten und der vorherrschenden Kultur ab. Das ist die Konstante. Diskussionen kann eine Organisation im übrigen auch selbst anstoßen und damit Fehlschaltungen bei den Berührungspunkten einer Organisation mit ihrer Umgebung verhindern. Die enorme Medienrevolution der letzten zehn Jahre hatte beträchtliche Auswirkungen auf die Kommunikationsbranche. Das Kommen und Gehen von Trends und Issues wurde durch die Intensität und den Umfang der Medienwelt enorm verstärkt. Trends und Issues gab es schon immer, aber es wurde nicht so explizit darüber gesprochen, und es gab noch keine seriöse wissenschaftliche Literatur dazu.

In der Wirtschaft – insbesondere in der Finanzwelt – finden sich natürlich Beispiele dafür, dass der Ruf eines Unternehmens durch wirtschaftliche und finanzielle Issues bedroht wurde. Die „New Economy" war ein typisches Issue und anschließend natürlich ihr Nichtbestehen, was andererseits auch wieder ein Issue war. Die Unzuverlässigkeit von „CEO's" und Rechnungsprüfern ist ein neues, überwältigendes Issue, das Unternehmen in existenzbedrohliche Krisen stürzt.

Der Kernpunkt der Behauptung, Issue Management sei von grundlegender Bedeutung für die „Identitätspflege", liegt in der Macht der Issues begründet. Sie kommen und gehen, sind aber immer das Ergebnis von Kommunikation. Sie werden von Menschen gemacht, die ausgehend von dem Interesse und Wissen ihrer Organisation proaktiv Standpunkte und Visionen an die Öffentlichkeit bringen. Je früher man brisante Entwicklungen erkennt, desto größer ist die Chance, erfolgreich damit umzugehen. Issue Management ist also proaktiv und daneben natürlich von Vernunft bestimmt. Vernunft bedeutet in diesem Fall: konsistent, kontinuierlich und gut durchdacht aus der Identität heraus und mit Fachwissen. Gerade in diesem Bereich ist Abwarten sehr bedrohlich für die Kontinuität einer Organisation. Das heißt nicht, dass man mit einem vernünftigen Issue Management alle Probleme verhindern kann.

Die Menschen in der Organisation müssen die Entwicklungen kennen und für das Umfeld der Organisation ein einheitliches Bild abgeben. Durch die Verknüpfung mit dem Corporate Story Management und damit mit der Managementkommunikation kann verhindert werden, dass Issue Management zu einen Clique von Vorstandsmitgliedern mit dem politischen und sozialen Umfeld verkommt. So entsteht im Netz der „Geschichtenerzähler" eine gesunde Haltung gegenüber den Diskussionen im gesellschaftlichen Umfeld einer Organisation.

Die Quintessenz dieser Ausführungen ist, dass die traditionelle Betrachtung des Corporate Communications Management zu sehr von den Sichtweisen der Zuliefernden Fachgebiete geprägt wird. Integrierte Ansätze sind dadurch sehr mühsam. Wir haben hier versucht, die Thematik neu zu betrachten: ausgehend von der wesentlichen Funktion, die die Identität für eine Organisation erfüllt. Bei diesem Management dominiert das Corporate Story Management die traditionell zu unterscheidenden Kommunikationsdisziplinen und schafft somit Raum für Emotion und Phantasie, vor allem aber auch für Authentizität, sodass selbstbewusste Organisationen entstehen, die sagen, was sie tun, und tun, was sie sagen. Identitätspsychosen sind ihnen fremd. Worte, Bilder und Assoziationen werden so wertvoller Besitz der Organisation, aus dem man auch Kapital schlagen kann. Issue Management, Corporate Publishing und Design Management sind unverzichtbare Instrumente einer weiteren Stärkung der Funktion der Corporate Communications.

TOTAL IDENTITY

II CASES
Ausdruck der Identität

In diesem Teil werden 27 Cases zum Thema Identität beschrieben. Sie wurden so ausgewählt, dass möglichst die gesamte Palette des Fachs dargestellt werden kann. Es geht dabei vor allem um die Resultate. Hier und da wird die „Denkarbeit" durch Verweise auf die Theorie zwar sichtbar, dieser Teil ist jedoch vorwiegend zum Anschauen und Inspirieren gedacht. Die Cases wurden so gewählt, dass insgesamt eine gute Mischung aus einfachen und komplexen Fällen und verschiedenen Branchen (Öffentlichen Institutionen, Unternehmensdienstleistungen, Industrie) geboten wird. Bekannte und unbekannte Firmen kommen zum Zug; der professionelle Umgang mit Corporate Identity ist nämlich nicht nur etwas für Großunternehmen. Sichtbarkeit und Wiedererkennbarkeit sind für jede Organisation relevant. Ob groß oder klein.

MARKTFÜHRER

anten

Zeig, wer du bist!
Wie wird man in einer Branche mit starker Konkurrenz als faktischer Marktführer auch zum mentalen Marktführer? Vor dieser Herausforderung steht die Koninklijke Van Zanten Groep (KVZG), eine weltweit operierende Unternehmensgruppe, die qualitativ hochwertiges Pflanzenmaterial für professionelle Züchter herstellt.

Die Geschichte von KVZG wird aufgeschrieben: die Corporate Story. Es ist eine Geschichte voller Stolz und Elan. Sie wird allen Beschäftigten zugeschickt und bildet inhaltlich das Herzstück der Unternehmenskommunikation. Zur konkreten Definierung der Identität des Unternehmens wurde eine Kommunikationsmatrix mit den wichtigsten Themen und Werten erstellt. Die neun Felder geben einen Überblick über mögliche Schwerpunkte der Kommunikation. Die Matrix zeigt auch die visuellen Konsequenzen getroffener Entscheidungen. In Kombination mit einer international durchgeführten Image-Untersuchung wird so eine präzise Profilierung möglich, wobei der Akzent auf der Innovationsfähigkeit von KVZG liegt.

Ausdrucksstarkes primäres Erscheinung
Royal Van Zanten wird als neuer Name gewählt, um die internationale Bedeutung zu unterstreichen. Der Markendschungel wird saniert: eine Aufgabe, eine Marke, eine Story, eine Identität. Die neue Markenstruktur ist ein wichtiges Element der Strategie.

Das Kommunikationskonzept wird im Motto präzisiert: surprising nature. Royal Van Zanten beansprucht damit das wichtigste Thema der Branche für sich: Wachstum auf innovative Art.

Die Einführung von Royal Van Zanten erfolgt auf der internationalen Fachmesse Horti Fair – die ideale Gelegenheit für eine intensive Profilierung in der Fachpresse, bei den Fachverbänden und in anderen Foren, womit Royal Van Zanten seine Marktführerschaft betont.

Matrix			
Werte / **Themen**	Leidenschaft	Erneuerung	Respekt
Sortiment	Vollständigkeit	Gewinnbringende Sorten	Qualität
Wachstum	Weltweite Präsenz	Pflegeleichte Sorten	Evolution statt Revolution
Zusammenarbeit	Langfristige Geschäftsbeziehungen	Antizipation	Verlässlichkeit

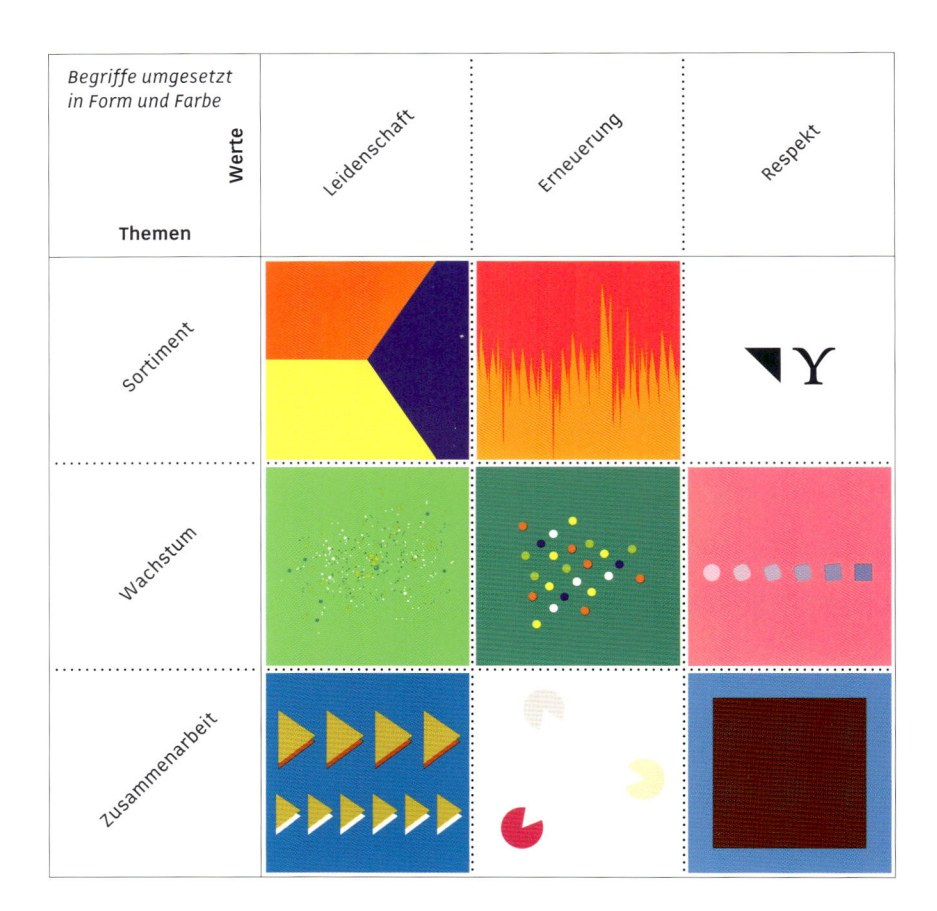

Begriffe umgesetzt in Form und Farbe			
Werte / **Themen**	Leidenschaft	Erneuerung	Respekt
Sortiment			
Wachstum			
Zusammenarbeit			

Begriffe umgesetzt in Mood-boards / Werte → Themen ↓	Leidenschaft	Erneuerung	Respekt
Sortiment	Vollständigkeit	Gewinnbringende Sorten	Qualität
Wachstum	Weltweite Präsenz	Pflegeleichte Sorten	Evolution statt Revolution
Zusammenarbeit	Langfristige Beziehungen	Antizipation	Verlässlichkeit

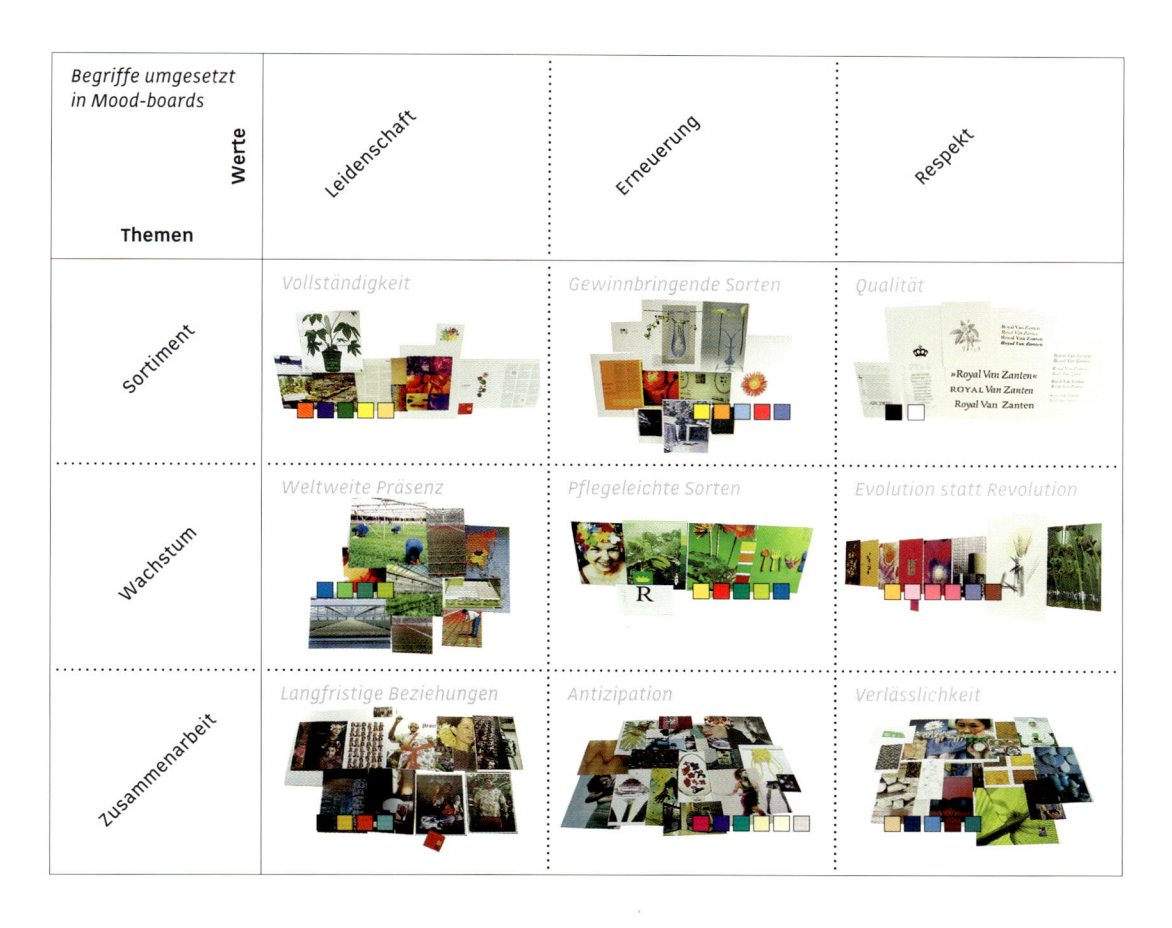

Begriffe umgesetzt in Bilder / Werte → Themen ↓	Leidenschaft	Erneuerung	Respekt
Sortiment	**Produkt und Qualität** — Dokumentarischer Stil, Produktfotografie, Sortiment. Merkmal: *Vielfältigkeit*	**Produkt und Qualität** — Illustrativer Stil, Produktfotografie, Stark im Detail. Merkmal: *Fokussieren*	**Produkt und Authentizität** — Typografischer Stil, Produktillustrationen, Sachlich und klassisch. Merkmal: *Verantwortlichkeit*
Wachstum	**Wachstum und Örtlichkeiten** — Dokumentarischer Stil, Arbeitsweise: arbeitende Menschen, Umgebung, Räume, international. Merkmal: *Perspektive*	**Wachstum und Umgebung** — Redaktionelle Fotografie, Gegenstände, Humor und Realismus. Merkmal: *Direktheit*	**Wachstum und Forschung** — Illustrativer Stil, Detailaufnahmen, Geschichte und Hightech. Merkmal: *konzeptionell*
Zusammenarbeit	**Menschen und Orte** — Dokumentarischer Stil, Porträtfotografie, Menschen in ihrer Umgebung. Merkmal: *Persönlichkeit*	**Menschen und Forschung** — Illustrativer Stil, Neue Einsichten und Impulse, Transparenz m. menschlichem Detail. Merkmal: *experimentell*	**Menschen und Wissen** — Dokumentarischer Stil, Mit menschlichen Details, Struktur und Natur. Merkmal: *Realität*

„Pflegeleichte Sorten" wurde zum Kernbegriff gewählt; an ihm hat sich die Gestaltung der primären Designelemente auszurichten.

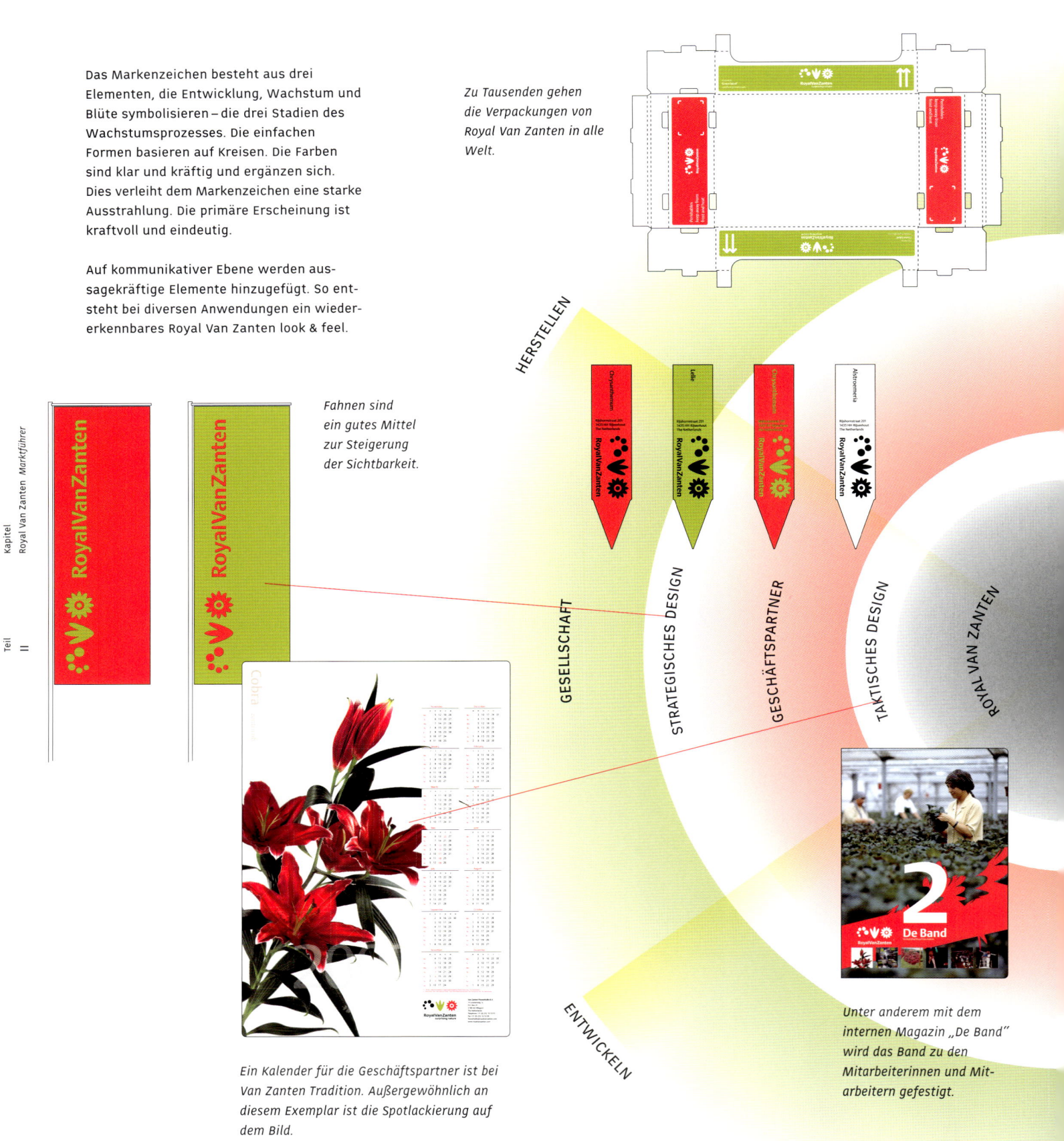

Das Markenzeichen besteht aus drei Elementen, die Entwicklung, Wachstum und Blüte symbolisieren – die drei Stadien des Wachstumsprozesses. Die einfachen Formen basieren auf Kreisen. Die Farben sind klar und kräftig und ergänzen sich. Dies verleiht dem Markenzeichen eine starke Ausstrahlung. Die primäre Erscheinung ist kraftvoll und eindeutig.

Auf kommunikativer Ebene werden aussagekräftige Elemente hinzugefügt. So entsteht bei diversen Anwendungen ein wiedererkennbares Royal Van Zanten look & feel.

Zu Tausenden gehen die Verpackungen von Royal Van Zanten in alle Welt.

Fahnen sind ein gutes Mittel zur Steigerung der Sichtbarkeit.

Ein Kalender für die Geschäftspartner ist bei Van Zanten Tradition. Außergewöhnlich an diesem Exemplar ist die Spotlackierung auf dem Bild.

Unter anderem mit dem internen Magazin „De Band" wird das Band zu den Mitarbeiterinnen und Mitarbeitern gefestigt.

VERPACKEN

Auffällig bei Briefen sind die runden Ecken und die besondere Positionierung des Markenzeichens.

VERKAUFEN

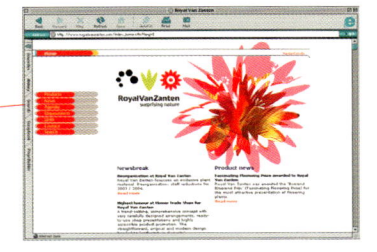

Bunte Broschüren trifft man in dieser Branche häufiger an, aber dieses Design fällt auf. Die Quadrate verweisen implizit auf den Hightech-Aspekt dieser Blumen.

Das komplette Produktangebot ist im Internet aufsuchbar.

Die Beschriftung der lkw macht Royal Van Zanten für die breite Öffentlichkeit sichtbar.

VERSENDEN

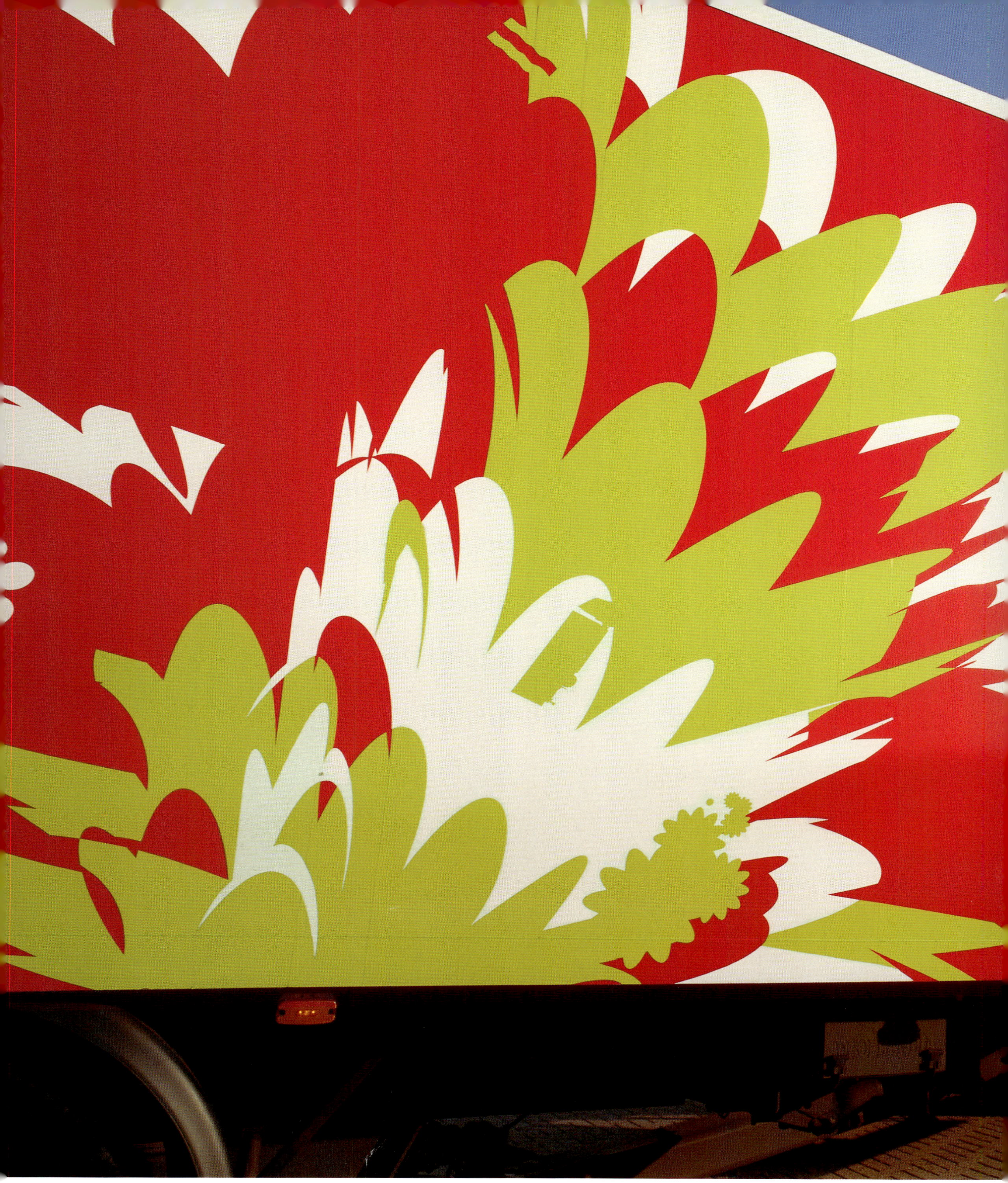

Unterwegs, um die Welt mit einem farbigen Produkt und einem ebensolchen Corporate Design zu überraschen.

RoyalVanZanten
surprising nature
Alstroemeria
Freesia
Gerbera
Limonium
Special young plants
Statice
Perishables
keep away from
frost and heat

Pflegeleichte Sorten für unbeschwerte Züchter.

21

N 1

Ministerie van
Buitenlandse Zaken

Ministerie van Economische Zaken

Kohärenz in der Außenpolitik

Das Außenministerium evaluiert die Politik. Kohärenz, Teamwork und Kompetenz sind wichtige Kernwerte seiner Identität. In der Symbolik und Kommunikation des Außenministeriums werden sie nicht sichtbar. Gewünscht wird außerdem, dass nationale und internationale Zielgruppen in der Kommunikation differenziert werden können.

Welt und Zeit als Kernbegriffe

Das Ministerium unterhält ein weltweites Netzwerk diplomatischer Außenstellen. Die Vertreter stehen permanent und überall auf der Welt in Kontakt mit dem Ministerium in Den Haag. Welt und Zeit sind die Träger dieser Thematik.

Für das Ministerium in Den Haag wurde ein Markenzeichen geschaffen, das „die Welt in 24 Stunden" bzw. die 24 Weltzeitzonen symbolisiert. Das niederländische Wappen ist nicht verschwunden, sondern bleibt als Wasserzeichen sichtbar. Alle diplomatischen Vertretungen verwenden das Wappen, das Marke Bild des Ministeriums fungiert dann als Wasserzeichen. Ansonsten ist das Erscheinungsbild identisch. Das Wappen erhielt ein neues Styling, sodass es zum neuen Markenzeichen passt und auch im starker Verkleinerung und einfarbig verwendet werden kann. Die Farben verweisen auf die niederländische Landesflagge. Übersetzungen und unterschiedliche Briefköpfe bieten optimalen Benutzerkomfort.

Stilvarianten unterstützen die Struktur

Das Kommunikationsfeld des Außenministeriums ist komplex. Deshalb ist es äußerst wichtig, dass die Informationen schnell und eindeutig unterschieden werden können. Es gibt Stilvarianten für politische Informationen, Serviceleistungen und Aufklärung.
Dank eines interaktiven Designhandbuchs im Internet, kann das Corporate Design überall auf der Welt angewandt werden.

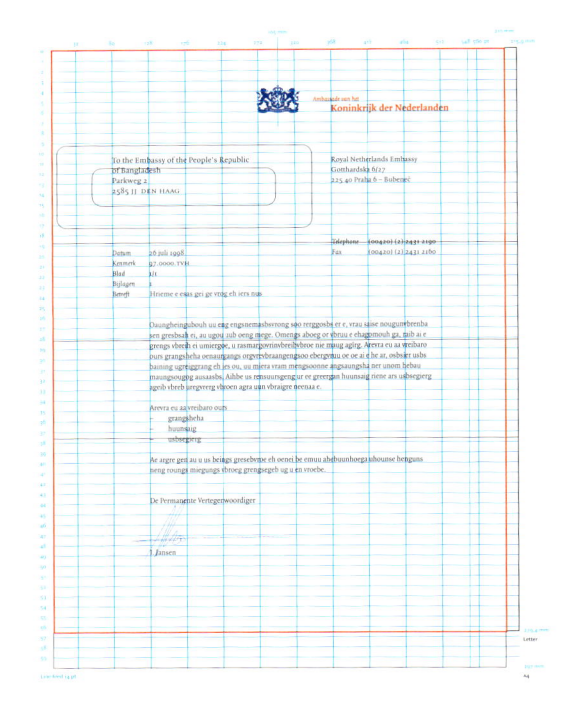

Links:
Die Vertretungen verwenden das Briefpapier mit dem niederländischen Wappen (Bildmarke als Wasserzeichen). Die Dokumente müssen oft im Letter-Format gedruckt werden, bisweilen jedoch auch in DIN A4. Die Schablone funktioniert in beiden Fällen.

Unten – von links nach rechts:
Urschrift (Briefentwurf), Blanko-Bogen mit Wasserzeichen des niederländischen Wappens und kompletter Brief des Ministeriums.

Das Markenzeichen links ist eine Darstellung von 24 Kugeln mit einer hellen und einer dunklen Seite – Symbol der Erde, die sich in 24 Stunden einmal um sich selbst dreht. Das Wappen erhielt ein passendes Styling.

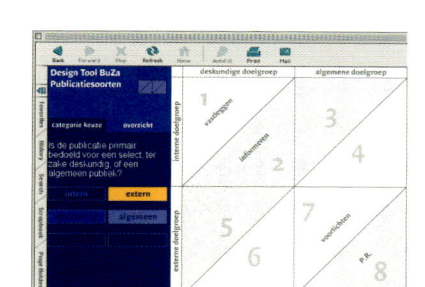

*Rechts:
Das Ministerium veröffentlicht diverse Publikationen, an die unterschiedliche Anforderungen gestellt werden. Je nach Zielgruppe lassen sich die Publikationen in acht Kategorien einteilen: intern oder extern und fachlich oder allgemein. Das interaktive Tool hilft bei der Bestimmung der jeweiligen Kategorie und der entsprechenden Gestaltung.*

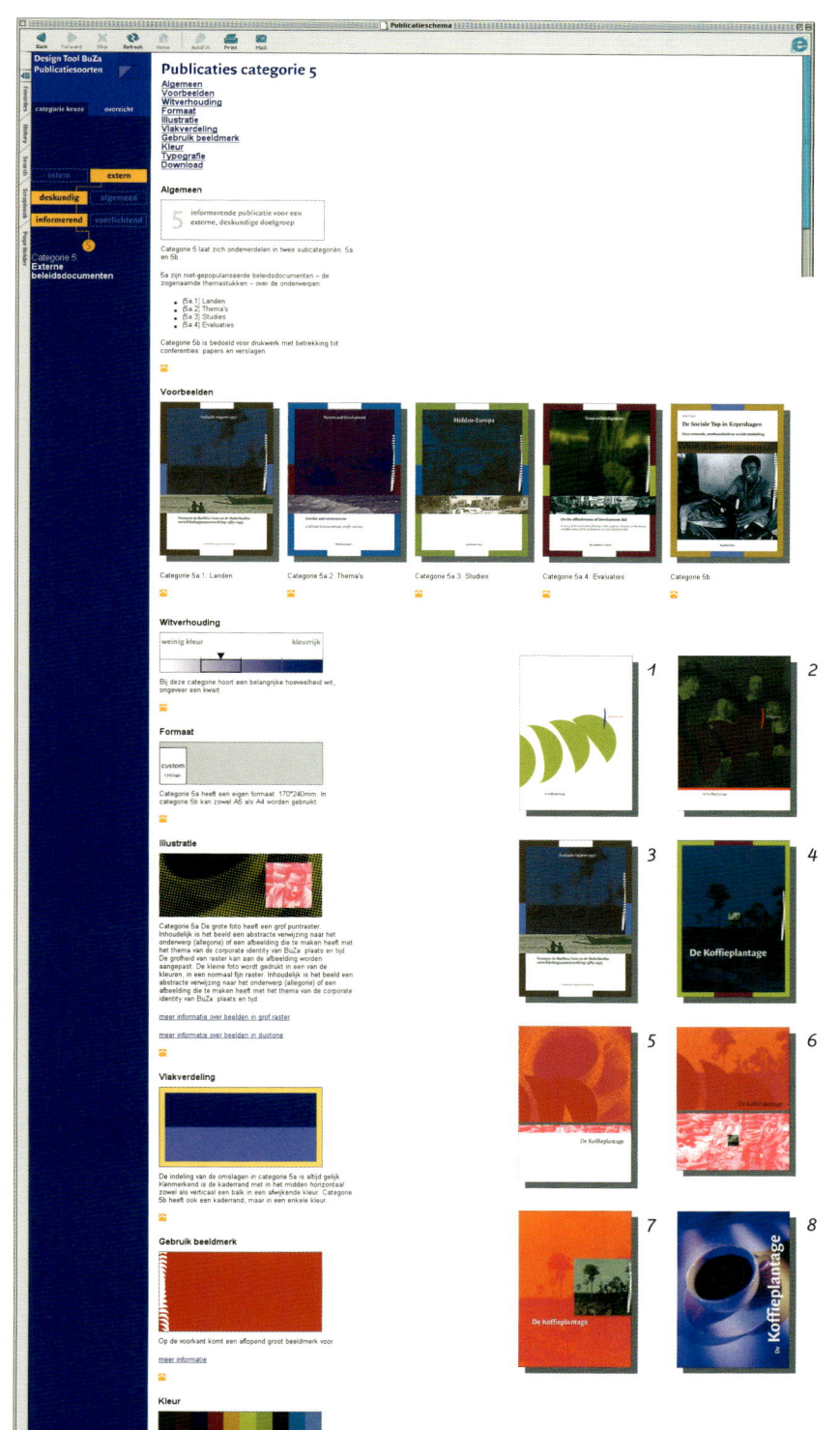

Seite 67

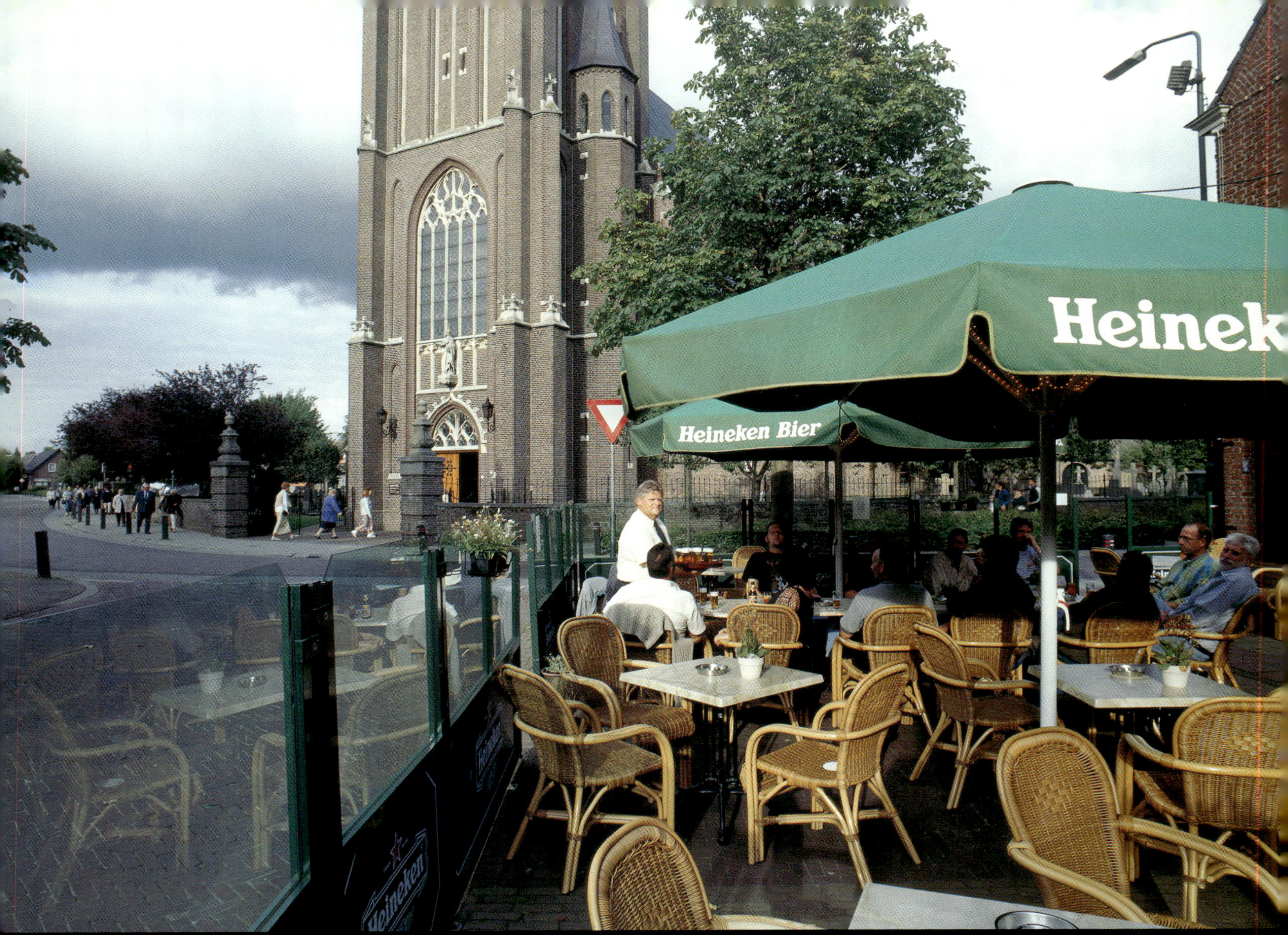
Heineken Bier
Heineken

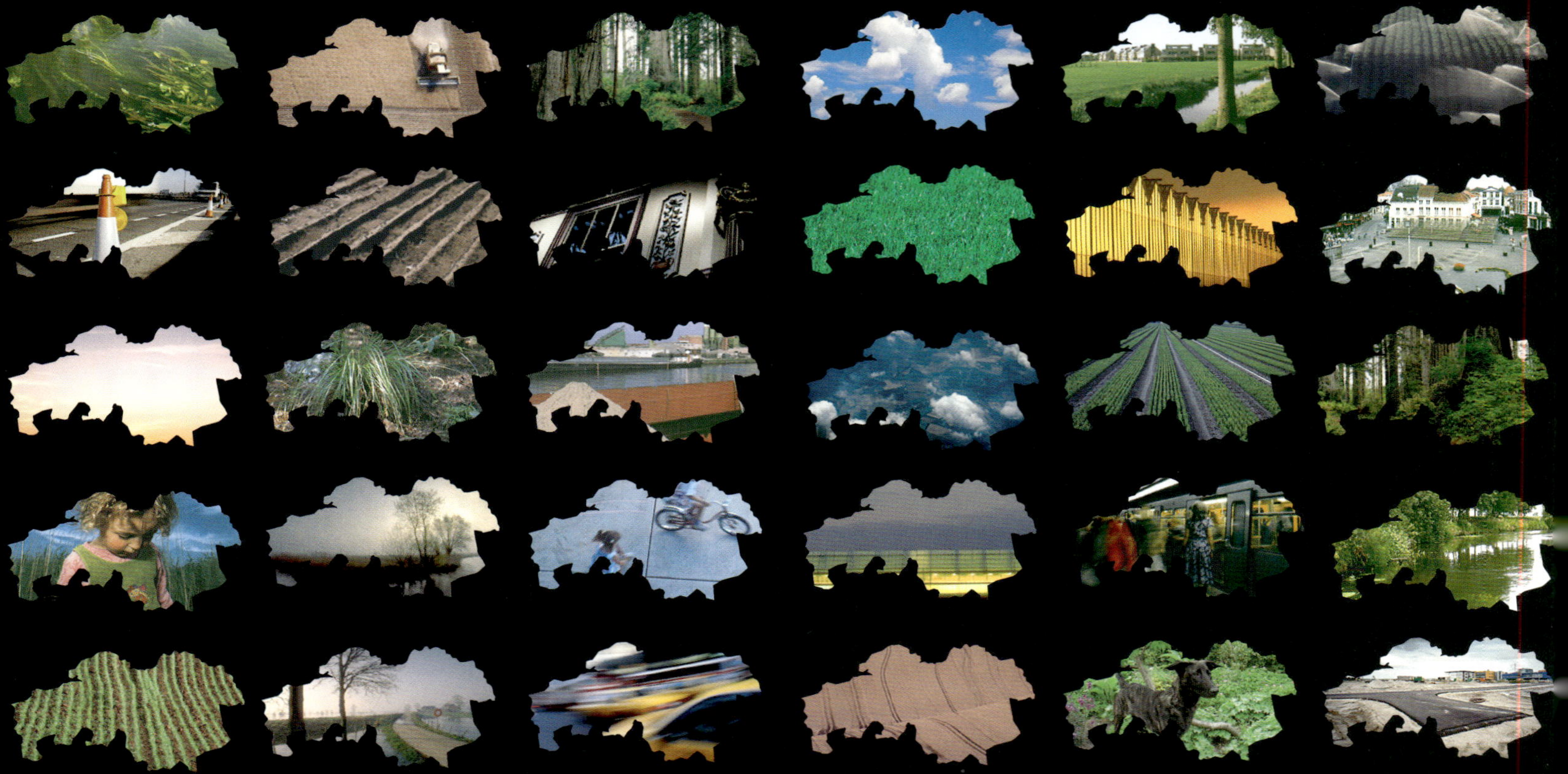

PLURAL

Die Provinz Noord-Brabant will ihre Rolle in der Gesellschaft nachdrücklicher Inhalt geben und sichtbar machen. „Besser sichtbar, sichtbar besser" lautet das Motto. Einerseits wirkt sich dies im Wunsch der Provinz aus, sich nach außen stärker zu profilieren. Andererseits beeinflusst es den internen Prozess der Organisationsentwicklung und Qualitätsverbesserung.

Rollen sichtbar machen
Der Provinz fehlt ein inhaltlicher und visueller Identitätsrahmen. Bei der Entwicklung der Identität der Provinz wurde ein auf Pluralität anstelle von Eindeutigkeit basierender Denkrahmen entwickelt. Die verschiedenen Rollen der Provinz bilden die Richtschnur der Wiedererkennung. Mit anderen Worten: Die Provinz Noord-Brabant steht mit beiden Beinen fest in der Gesellschaft, sowohl verwaltungsmäßig als auch kommunikativ. Das semantische Differenzial zeigt, dass Provinz und Provinzorganisation dicht beieinander liegen.

Ein Brabant – viele Gesichter
Um eindeutiger sichtbar zu sein, will die Provinz transparenter, geordnet und einfacher operieren und kommunizieren, als ihre Umgebung.
Sie setzt sich selbst in Bezug zu ihrem Umfeld: der Brabanter Gesellschaft.
Gleichzeitig entschied sich die Provinz für eine monolithische Identitätsstruktur: ein Brabant mit vielen Gesichtern. Das bedeutet keine kommunikative und visuelle Unterscheidung nach Teilen oder Projekten der Organisation. Durch diese Entscheidung schafft die Provinz Noord-Brabant einen eindeutigen „Provinzstempel". Daraus ergibt sich, dass die Provinz Noord-Brabant ein einfache Erscheinungsbild entwickelt, das als Absender ausschließlich und eindeutig die Provinz Noord-Brabant erkennen lässt. So kann sich die Provinz Noord-Brabant in ihrer Ausrichtung nach außen vollständig auf den Dialog mit ihrer Umgebung konzentrieren. Dieser Dialog gründet auf den inhaltlichen Themen und Werten, die die Provinz mit der Gesellschaft teilt.

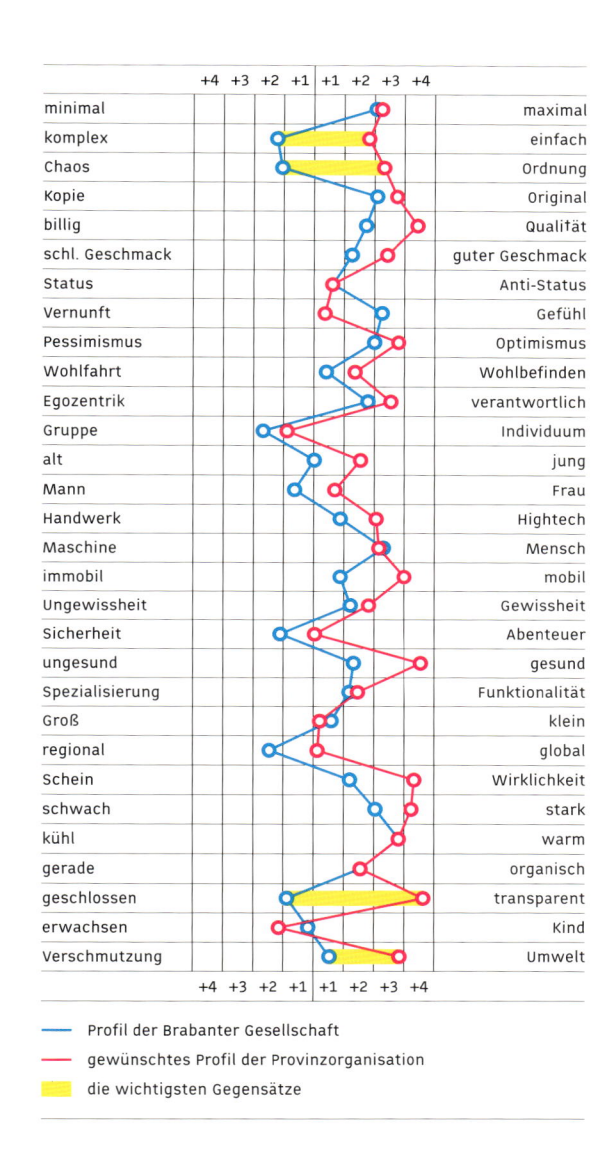

— Profil der Brabanter Gesellschaft
— gewünschtes Profil der Provinzorganisation
— die wichtigsten Gegensätze

Matrix

Für die Eröffnung des Dialogs mit der Gesellschaft bildet die Kommunikationsmatrix den Ausgangspunkt. Die Matrix zeigt, wie Themen und Werte in der Provinz Noord-Brabant auf einander treffen. Durch die Verwendung der Kommunikationsmatrix im Erscheinungsbild kann die Kommunikation über die verschiedenen Themen der Provinz Noord-Brabant in einem einheitlichen Stil geführt werden. Jedes Thema hat sein eigenes Aussehen und damit eine eigene Zielgruppenwirkung.

Die Kommunikationsmatrix bildet ein Instrument, mit dessen Hilfe die Angestellten der Provinz den Dialog der Verwaltung mit den Bürgern gezielter führen (Themen) und besser auf das eingehen können, was den Menschen in Brabant wichtig ist (Werte).

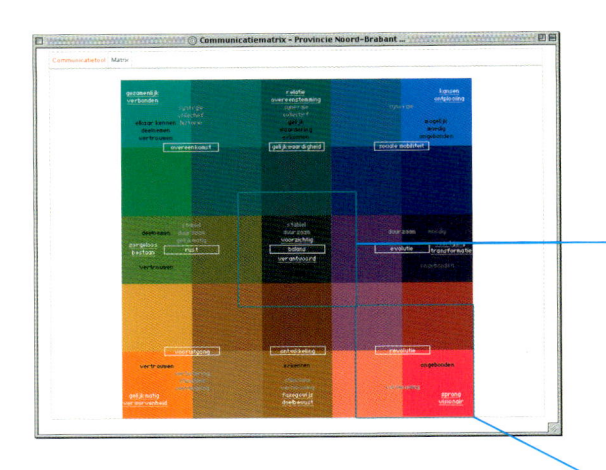

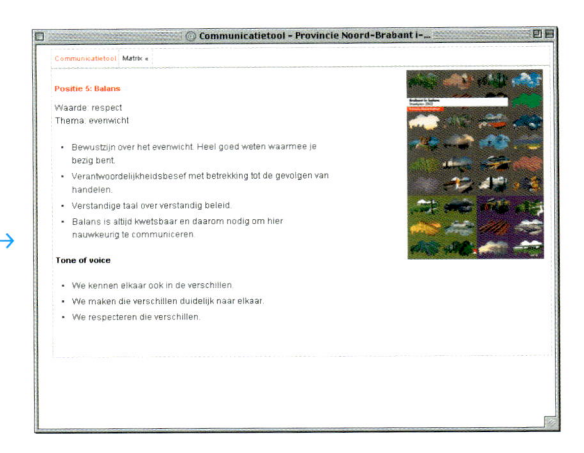

Die Bildmarke „Diamant" ist Teil der Erscheinungsform der Provinz. Der Diamant symbolisiert die Kernbegriffe Einfachkeit, Ordnung und Transparenz und ist aus den primären Farben des Erscheinungsbildes aufgebaut. Neben den Primären Farben existiert auch eine Sekundär-Farbpalette.

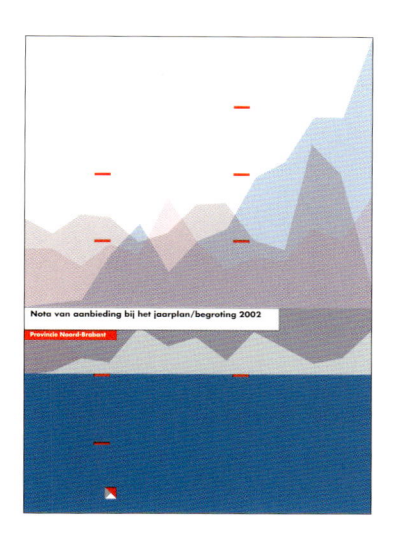

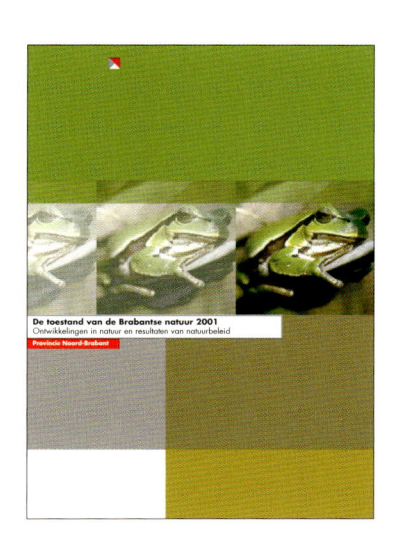

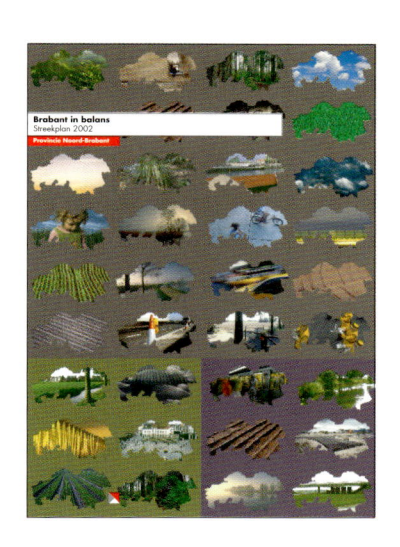

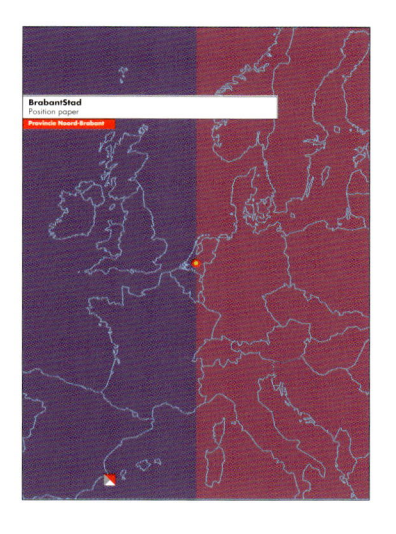

Beispiele für Umschlagentwürfe auf der Grundlage der neun Quadranten der Kommunikationsmatrix.

FOKUS

service.

or both.

KLM CARGO transportiert alles und …?
Elektrogeräte, Tiere, Post, Diplomatendokumente, Kunstgegenstände, Maschinen, Frischware, Medikamenten … alles wird von KLM CARGO transportiert. Der weltweite Logistikservice, den KLM CARGO bietet, variiert deshalb von Standard-Airport-to-Airport-Transporten bis hinzu komplexen Logistiklösungen. Aber wer alles befördert, befördert nichts. Zumindest ist es aus dieser Perspektive schwirig, ein eindeutiges Profil zu präsentieren. Durch die Umsetzung der Strategie in ein raffiniertes Markensystem zeigt KLM CARGO, was das Unternehmen auf den unterschiedlichen Märkten sein kann. Das Ergebnis dieser Analyse ist gleichzeitig eine Straffung der internen Dienste. Es entsteht eine eindeutige Übersicht darüber, wer sich womit befasst, was auch die Kundenorientierung erleichtert.

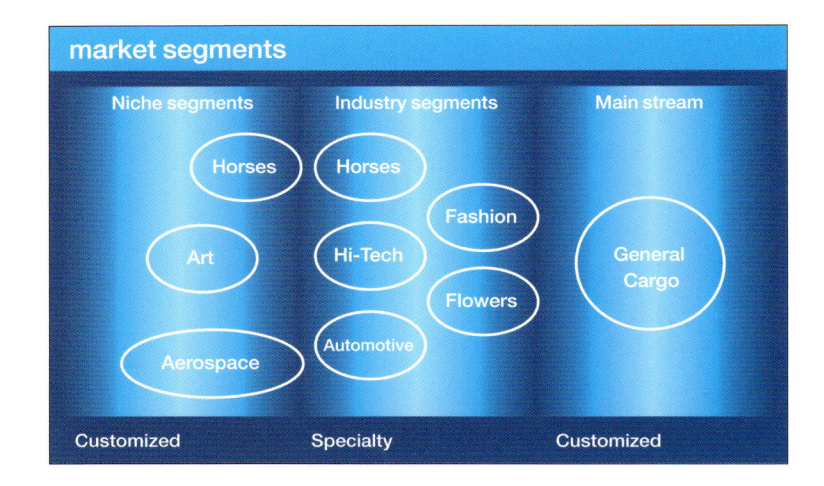

Die Strategie folgt der Marktsegmentierung
Die Strategie baut auf drei Marktsegmenten auf. Bei Commodity-Märkten geht es um Standardprodukte und -dienste. Dieser Markt ist durch ein große Volumen gekennzeichnet. Bei den Specialty-Märkten dreht sich das Produkt- und Dienstleistungsangebot um die speziellen Bedingungen, unter denen die Transporte erfolgen. Das dritte Segment umfasst die Customized-Märkte und ist absolute Massarbeit. Dabei handelt es sich um Beförderungsaktivitäten hohem Dienstleistungsniveau, auf intensiven Kundenkontakt.
Die Produktsegmentierung folgt diesen Märkten. Beim Aufbau einer Routine kann ein massgeschneidertes Produkt zur special und anschließend zur Standardlösung werden.

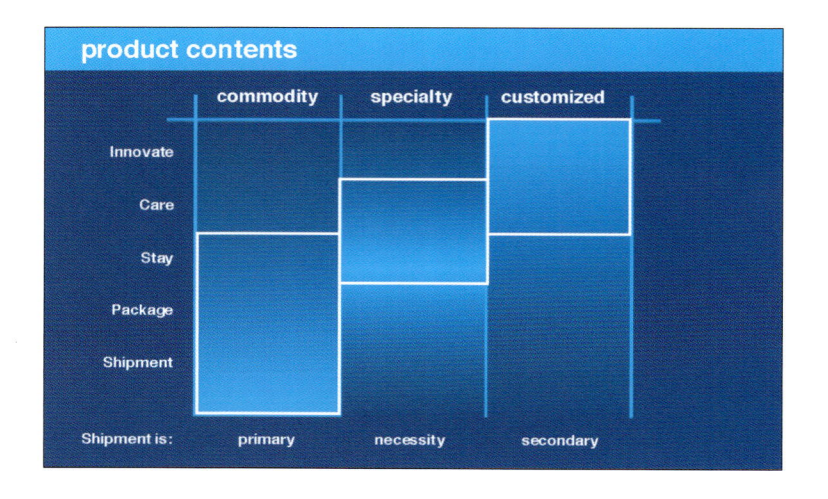

Innerhalb dieser Hauptgruppen wurde auch der Produktinhalt und die Rolle des Transports klassifiziert. Bei Commodity-Produkten bietet KLM CARGO die Dienstleistungen Transport, Verpackung und Aufbewahrung. Bei Specialty-Produkten ist der Transport „lediglich" eine Notwendigkeit, Aufbewahrung und Pflege stellen das eigentliche Angebot dar. Bei Customized-Produkten spielt der Transport eine untergeordnete Rolle, die Stärke des Angebots liegt in der Pflege und der Entwicklung intelligenter Lösungen.

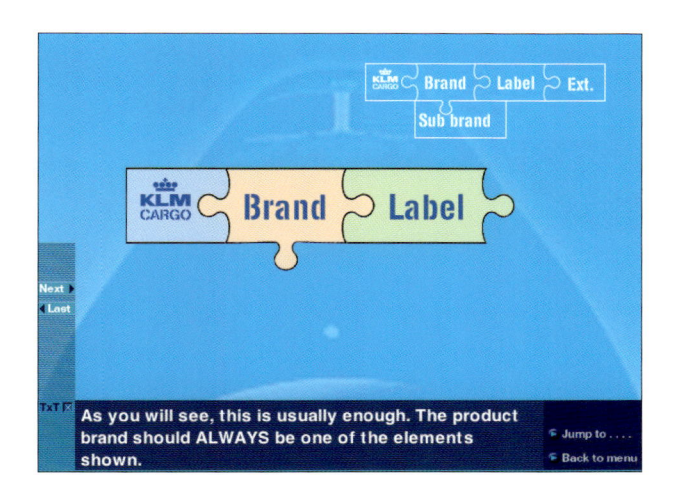

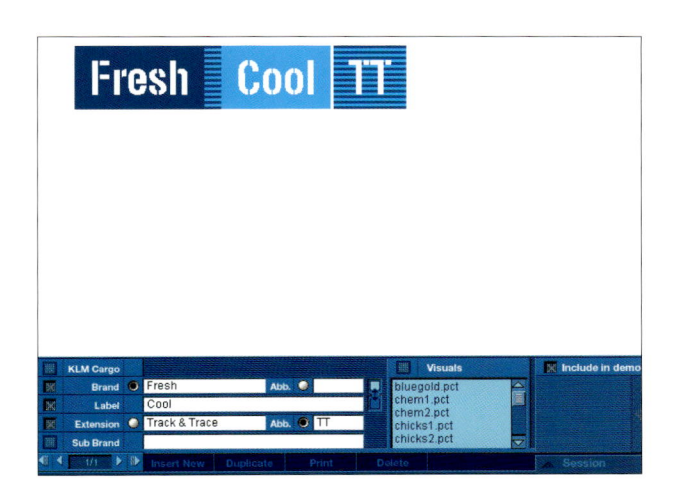

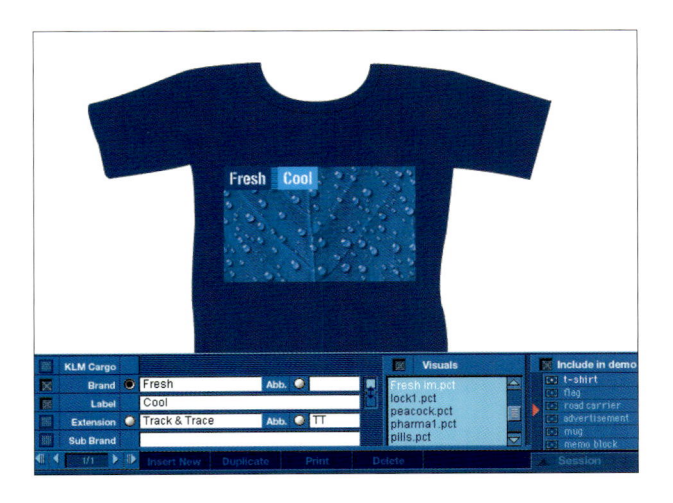

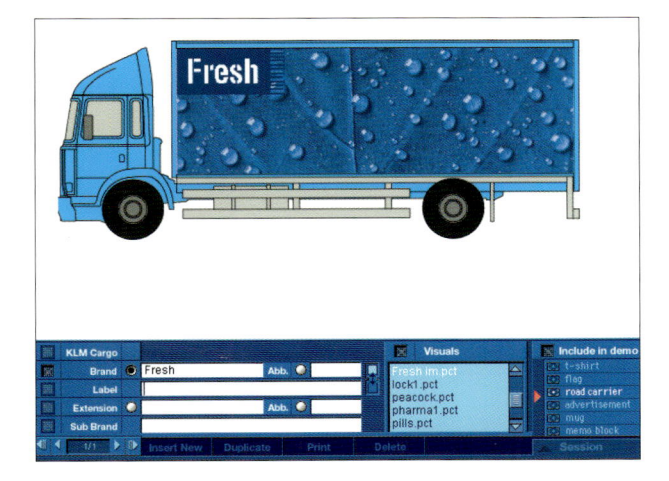

Um die vielen Möglichkeiten aufzuzeigen, wurde eine CD-ROM mit einem Programm erstellt, mit dem KLM CARGO Markenkomponenten selbstandig gestalten kann.

Markensystem unterstützt Marktpositionen
Das Markensystem beinhaltet fünf Komponenten, die jeweils eine eigene Marktposition haben. Neben der Corporate Brand KLM CARGO gibt es verschiedenen Brands und Labels, Extensions und Subbrands. Die Marke spiegelt die Kompetenz des Produkts oder der Dienstleistung wider. Der Transport von Standardprodukten erhält den Namen „Select". Sondertransporte heißen „Fresh" und Spezialtransporte erhalten in jeder Kategorie einen eigenen Namen.

Das Label kennzeichnet die Transportbedingung. Optional kann eine Extension oder eine Subbrand verwendet werden. Eine Extension ist ein zusätzlicher Dienst und kann je nach Länge des Markennamens als Abkürzung gebraucht werden.

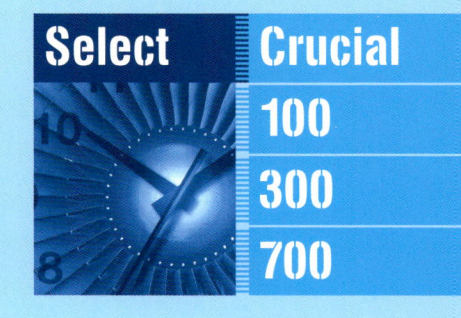

Die gesamten Produkte im Überblick auf einer CD-Rom im Kreditkarteformat.

Fresh	Regular	
	Cool	
	Supercool	

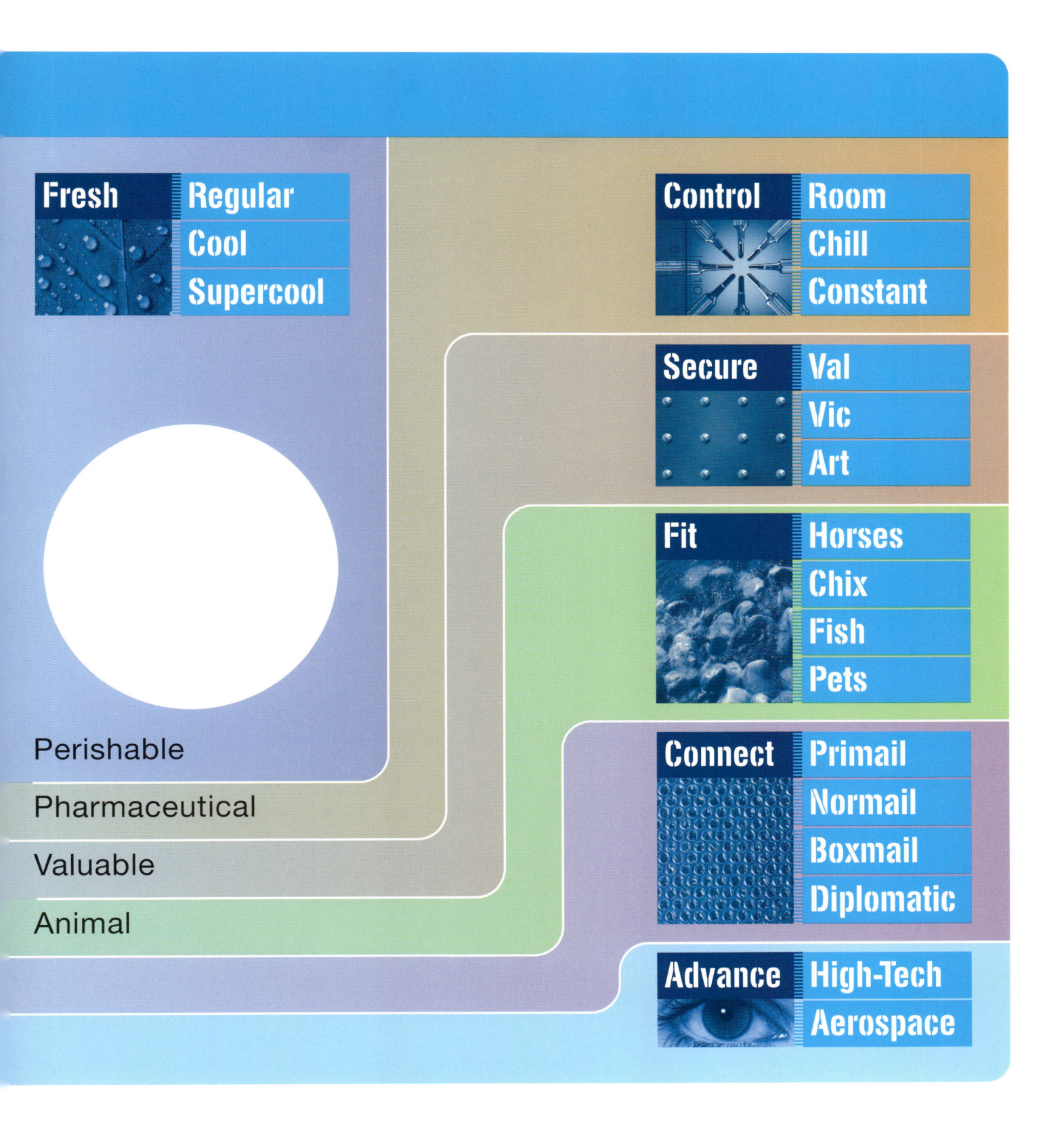

Control	Room
	Chill
	Constant

Secure	Val
	Vic
	Art

Fit	Horses
	Chix
	Fish
	Pets

Connect	Primail
	Normail
	Boxmail
	Diplomatic

Advance	High-Tech
	Aerospace

Perishable

Pharmaceutical

Valuable

Animal

WEITBLICK

KLM
business class
select class
economy class
KLM
KLM CARGO
KLM CARGO
Valuables
signage
print
KLM
2D
KLMnopqrstuv
KLMnopqrstu

Das Erscheinungsbild von KLM wurde 1964 von F.H.K. Henrion entworfen. Im Lauf der Jahre wurde das Konzept vielfach kleinen Änderungen unterzogen und vorübergehend ergänzt. Das Markenzeichen mit der stilisierten Krone und der Farbe Blau erlangte im länge der Jahrer einen enormen Bekanntheitsgrad.

Neupositionierung
Für eine Neupositionierung von KLM muss untersucht werden, was diese für das Corporate Design bedeutet. Die visuellen und stilistischen Implikationen von Schlüsselbegriffen der Positionierung wie young, friendly, unconventional, pragmatic, Dutch, professional und enjoyer werden zusammengetragen – aus ihnen entsteht der KLM Design Guide. In diesem Guide werden alle bestehenden und neuen Bausteine des Corporate Designs zwei- und dreidimensional dargestellt. Zudem soll der Guide inspirieren und künftige Entwicklungen vorwegnehmen. Die Modellen nebenan sind vom der Guide 1999. In 2003 erscheint eine neue Ausgabe.

Himmelblau
Das Hellblau von KLM ist ein sehr wichtiges Identitätsmerkmal, das niemals verschwinden wird. Doch die grafische Härte kann in bestimmten Anwendungen durch ein neues, dynamisches Designelement – die Welle – gemildert werden. Die Farben der Welle werden auch für die Unterscheidung von Sub-brands wie „Business Class" und „Economy Class" verwendet. Die Welle kann subtil und bescheiden, aber auch auffällig und überschwänglich eingesetzt werden.

Die Schriftart „Goudy", die gut 20 Jahre lang vor allem für Werbeanzeigen verwendet wurde, wird durch „Scala" ersetzt. Martin Majoor entwickelte die Schrift die jünger, freundlicher, pragmaischer und niederländischer ist – sowohl als headline – als auch als Leseschrift.

So entwickelt sich die Corporate Identity von KLM ständig weiter um immer an der Spitze zu bleiben.

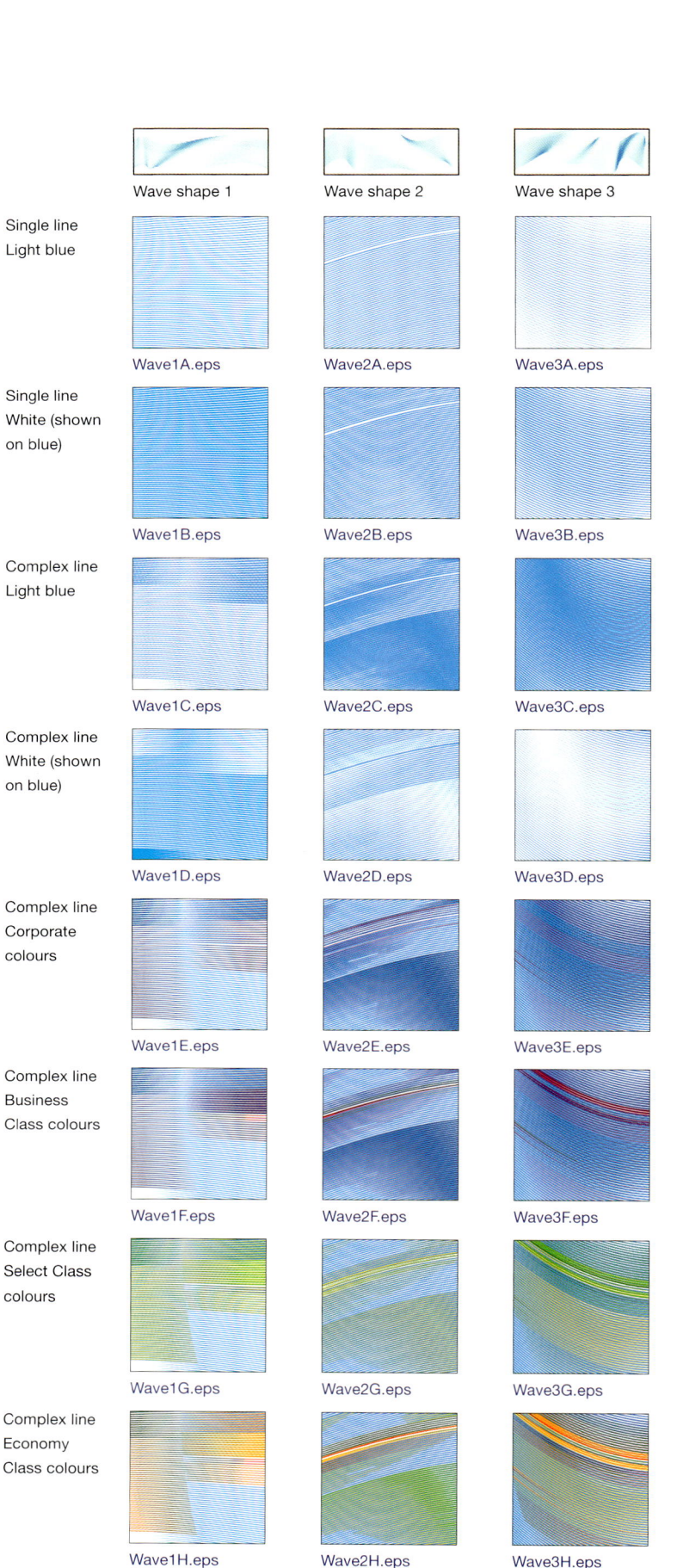

	Wave shape 1	Wave shape 2	Wave shape 3
Single line Light blue	Wave1A.eps	Wave2A.eps	Wave3A.eps
Single line White (shown on blue)	Wave1B.eps	Wave2B.eps	Wave3B.eps
Complex line Light blue	Wave1C.eps	Wave2C.eps	Wave3C.eps
Complex line White (shown on blue)	Wave1D.eps	Wave2D.eps	Wave3D.eps
Complex line Corporate colours	Wave1E.eps	Wave2E.eps	Wave3E.eps
Complex line Business Class colours	Wave1F.eps	Wave2F.eps	Wave3F.eps
Complex line Select Class colours	Wave1G.eps	Wave2G.eps	Wave3G.eps
Complex line Economy Class colours	Wave1H.eps	Wave2H.eps	Wave3H.eps

KL0742 | Aruba-Amsterdam

Menu

Wines & beverages

KLM world business class

KLM world business class

MEINUNG

Vorstellungen vom künftigen Stadtzentrum
Es muss dringend etwas passieren im Utrechter Bahnhofsviertel. Die Öffentlichkeit muss mitreden können, gar in Form eines Referendums. Aber wie macht man das? Ein paar Architekten Pläne machen lassen und einen davon aussuchen ist eine Scheinlösung – es gibt ja grenzenlose Möglichkeiten.

Referendum über die Identität eines Viertels

Die Stadt Utrecht organisiert am 15. Mai 2002 ein Referendum für ihre Bewohner. Zur Entscheidung steht etwas ganz Neues: Nicht ein Plan, für oder gegen den man stimmen kann, sondern zwei Zukunftsvisionen der Stadt und ihrer Verbundenheit mit dem Utrechter Bahnhofsviertel. Die Visionen wurden in klare räumliche Szenarien umgesetzt, die auf dem Input von Bewohnern und direkt Betroffenen basieren.

Aus den Positionen der Bewohner kristallisierten sich zwei mögliche Identitäten des Bahnhofsviertels heraus, die der Vision zu Grunde liegen: Vision A (erweitertes Zentrum) und Vision 1 (kompaktes Zentrum). Es geht nicht um die Auswahl von Steinen und Pflaster, sondern um Atmosphäre und Energie. Atmosphäre wird durch die Verteilung von Funktionen wie Wohnen, Arbeiten und Verkehr über das Gebiet sowie durch deren stilistische Gestaltung bestimmt. Zur Untersuchung von Funktion und Atmosphäre wurden zwei Instrumente entwickelt: das „Funktionstool" und das „Stiltool". Mit diesen interaktiven Tools geben Bürger, Interessierte und Experten mit der Wahl von Bildern in „Computercollagen" die Richtung vor.

Sichtbarkeit und Stil von Funktionen

Die Funktionen des Zentrums stehen eigentlich fest. Doch inwiefern müssen diese Funktionen auch sichtbar sein und somit das Straßenbild bestimmen? Immobilien- und Städtebauexperten sollten deshalb die Funktionen in der Reihenfolge ihrer Sichtbarkeit einordnen. Sie meinen, dass Aufenthaltsfunktionen wie Hotels und Gaststätten, Kultur und geschäfte dominanter werden müssen, um die Bahnhofsgegend attraktiver zu machen. Die Kernwerte der Utrechter wurden in unterschiedliche Stile für das Bahnhofsviertel umgesetzt. Ergebnis dieses interaktiven Prozesses sind zwei akzeptierte Identitäten: Utrecht selbst hat sie entwickelt. Diese zwei Richtungen standen beim Referendum zur Wahl. Utrecht entschied sich für Vision A (59,1 %). So werden Meinungen ernst genommen. Ergebnis ist ein präzises stilistisches Briefing für die Städtebauer, die nach dem Referendum einen Masterplan entwickeln sollen.

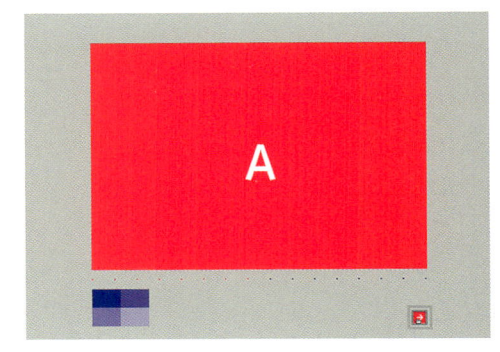

Das „Stiltool": Der Benutzer kann damit für beide Richtungen („A" und „1") ein persönliches Mood-board erstellen.

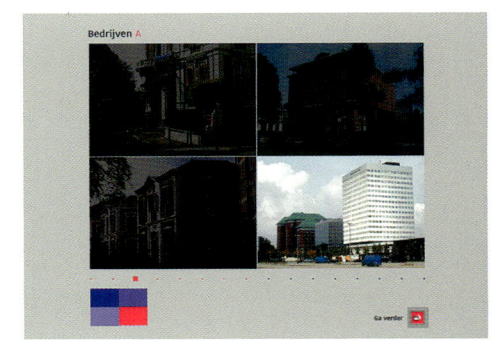

Für jedes Thema (ÖPNV, Firmen usw.) werden vier Bilder vorgegeben. Wählen Sie das Ansprechendste.

Dasselbe gilt für Richtung „1". Dieselben Themen mit anderen Bildern.

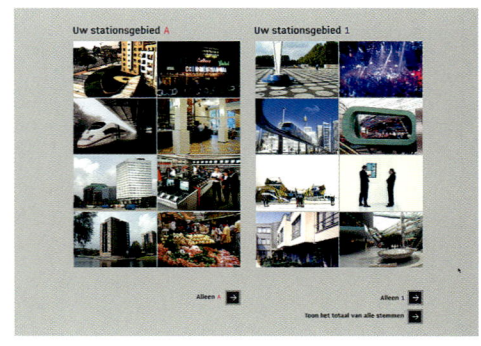

Die Auswahl für „A" und „1" kann einzeln oder zusammen betrachtet werden. Eventuell können noch Änderungen vorgenommen werden.

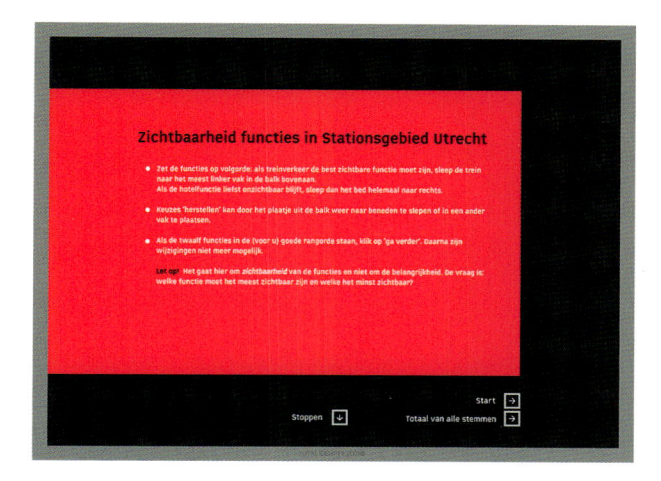

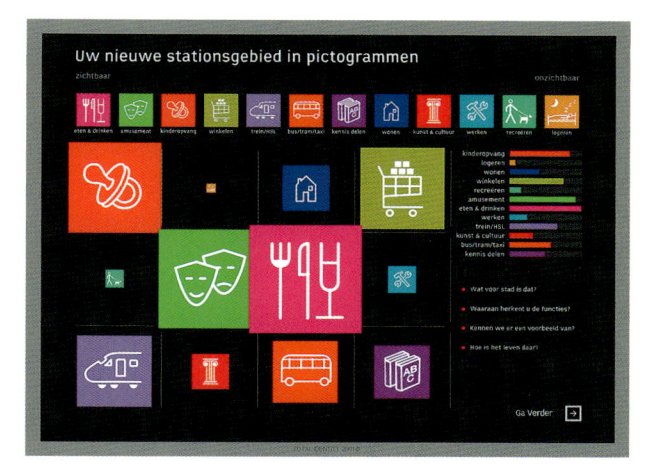

Mit dem „Funktionstool" lässt sich bestimmen, welche Funktionen für das Viertel am wichtigsten bzw. sichtbarsten sein sollen. Sie sind nach Bedeutung in die obere Reihe zu setzen. Das System zeigt die Auswahl in einer Grafik an.

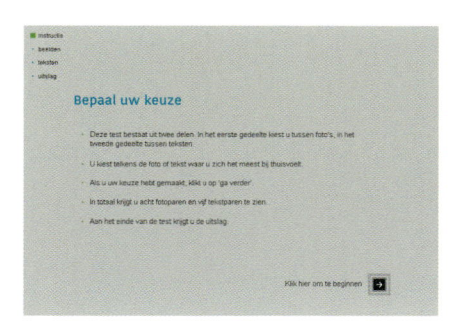

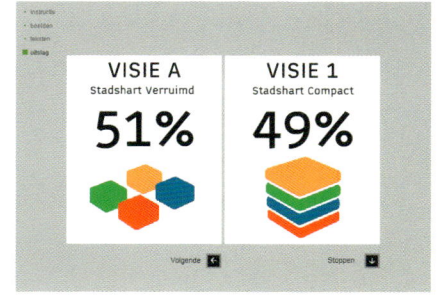

Unter www.utrecht.nl/stationsgebied Kann die Öffentlichkeit über das Internet Empfehlungen einholen. Anhand der gewählten Bilder und Texte lässt sich ersehen man sehen, ob man für Richtung „A" oder „1" ist. 51% erhalten die Empfehlung, für „A" zu stimmen.

Die auf diesen Seiten abgebildeten Bildschirmansichten spielen an den Abenden eine Rolle, an denen die so genannten „harten Nüsse" (wie z.B. „Was können wir aus dem Catharijnesingel machen?") von der Öffentlichkeit geknackt werden.

Mit dem „Bildwähler" können die Ideen sofort bildlich dargestellt werden.

Das Ergebnis der Versammlungen wird in Form des rechts zu sehenden Büchleins veröffentlicht.

Stationsgebiedmatrix 5-11-2002

Matrix	Ontspannen	Historisch besef	Doordacht	Verbonden
Vredenburg	1. Hoe verbinden we de binnenstad met Hoog Catharijne? 2. Staat Muziekpaleis op zichzelf of in samenhang met de rest van de bebouwing?			
Jaarbeursplein	Hoe wordt dit een duidelijke plek, een doorgang of een verblijfsplein?			
Centrumboulevard	Hoe bewegen we ons door deze hoofdas?			
Catharijnesingel	Wat kunnen we daar van maken?			
Westplein/ Smakkelaarsveld	Hoe komt hier de Oost-Westverbinding tot stand?			
Jaarbeursterrein	Is hier genoeg levendigheid voor 24/7?			
Bereikbaarheid	Spreiden of concentreren?			

Vredenburg
Ontdekken

Belangrijkste kenmerken:
- Cultuurplein met vier duidelijke wanden
- Muziekpaleis onderdeel van structuur binnenstad
- Hoogwaardige retail
- Nieuwe horeca aan singelzijde
- In- en doorgang naar Catharijnesingel (op 0, 1/2- of 1-niveau)

Jaarbeursplein
Starten

Belangrijkste kenmerken:
- Reizigersplein met grootstedelijke wanden
- Levendige oversteek
- Verzameling pronte ingangen
- Veilige (ongelijkvloerse?) voetgangersverbinding
- Horeca-to-go

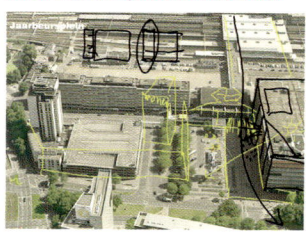

Centrumboulevard
Verbinden

Belangrijkste kenmerken:
- Herkenbare centrale route (geplaveid?)
- Verbindt vijf cruciale knopen en sferen
- Overzichtelijke route met interessante aftakkingen
- Lopen op twee snelheden (run & fun)
- Horeca-to-go

Catharijnesingel
Spelen

Belangrijkste kenmerken:
- Actieve stadsgracht met stenen kades
- Kleinschalige beweeglijkheid aan de 'werf'
- Fietsen, roeiboten, rondvaarten, waterfietsen, watertaxi's
- Horeca aan oostzijde
- Autoverkeer aan westzijde
- Doorgang naar plein Vredenburg (-1, 0, 1/2)

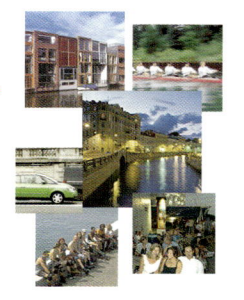

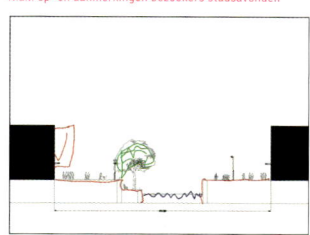

Westplein/Smakkelaarsveld
Ontmoeten

Belangrijkste kenmerken:
- Markt met zitjes op autotunnel
- Lombok met Smakkelaarsveld onderlangs verbinden
- Mensen op straat
- Lommerrijk
- Aangename route voor fietsers en voetgangers

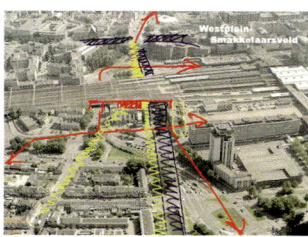

Jaarbeursterrein
Vermaken

Belangrijkste kenmerken:
- Langzaam verkeer
- Bioscoop, foodcourt, expo, casino, sportschool
- Wonen en kleinschalig werken
- Minimaal 18 uur per dag levendigheid

Vredenburg
Stedenbouwkundige schets
N.a.v. op- en aanmerkingen bezoekers stadsavonden

Jaarbeursplein
Stedenbouwkundige schets
N.a.v. op- en aanmerkingen bezoekers stadsavonden

Centrumboulevard
Stedenbouwkundige schets
N.a.v. op- en aanmerkingen bezoekers stadsavonden

Catharijnesingel
Stedenbouwkundige schets
N.a.v. op- en aanmerkingen bezoekers stadsavonden

Westplein/Smakkelaarsveld
Stedenbouwkundige schets
N.a.v. op- en aanmerkingen bezoekers stadsavonden

Jaarbeursterrein
Stedenbouwkundige schets
N.a.v. op- en aanmerkingen bezoekers stadsavonden

Vom Referendum zum Masterplan
Nachdem sich Utrecht im Mai 2002 für ein „erweitertes Stadtzentrum" entschied, muss dieses Votum in einen städtebaulichen Masterplan umgesetzt werden, um Ende 2004 der erste Spatenstich vollziehen zu können.

Growin' up in public
Die „Allianz" im Bahnhofsviertel (Stadt Utrecht, Messe, Eisenbahn und HC-Eigentümer Corio) bezieht hier im Herbst 2002 die Utrechter wieder ein. Die Allianz lässt sich informieren, testet Standpunkte und präsentiert eine abstrakte Vision in konkreten Bildern. Dadurch kann die Allianz ihren Plan in der Öffentlichkeit „wachsen" lassen.

Komplexe Themen
Bei der Planentwicklung wurden funktionale Anforderungsprogramme mit der Identität der Stadt und ihrer Teile in Bezug gesetzt. Die Identität ergibt sich aus der Geschichte Utrechts, der „City Story": Diese City Story wurde in Leitwerten zusammengefasst: entspannt, geschichtsbewusst, durchdacht und engagiert. Das Anforderungsprogramm wird anhand der sechs wichtigsten Stellen des Bahnhofsviertels erarbeitet: Vredenburg, Catharijnesingel, Westplein, Jaarbeursplein, Jaarbeursterrein und Centrumboulevard. Stets werden die Themen unter den Blickpunkt der Utrechter Werte behandelt.

Klare Bilder und Leitsätze
In sechs öffentlichen Abendveranstaltungen wurden „Themen" besprochen und die Lösungsvorschläge der Bürger in einer Matrix angeordet. Gleichzeitig wurde von den anwesenden Städteplanern die gewünschte urbane Struktur und Atmosphäre für jeden Ort skizziert. Mit diesen „Live-Darstellungen" wurden die abstrakten städtebaulichen Rätsel verständlich, interessant und nachvollziehbar. Als zusammenfassende Empfehlung dieser öffentlichen Treffen wählte die Allianz im Utrechter Rathaus für jeden Ort ein Motto, legte einen möglichen städtebaulichen Entwurf vor und präsentierte eine Darstellung der idealen Atmosphäre. Diese drei Elemente bilden zusammen den Leitfaden für die weitere Entwicklung des Masterplans.

EVOLUTION

Bouwfonds offers room

bouwfonds

Zukunftsräume

Seit jeher ist Bouwfonds als Wohnraumentwickler bekannt. Die Bildmarke, die auf die Auftraggeber, die niederländischen Kommunen, verweist, ist bereits seit einiger Zeit überholt. Genau betrachtet ist auch der Verweis ausschließlich auf Wohnraum viel zu beschränkt. Bouwfonds liefert derzeit innovative Konzepte für die Entwicklung, Finanzierung und Verwaltung von Immobilien. Der Vorstand erteilte im November 2000 den Auftrag zum Redesign des „Wokkels", wie die ursprünglich von Wim Crouwel, einem der Gründer von Total Design, ersonnen Markenzeichen liebevoll genannt wird.

Die Wahl des Designs gibt Aufschluss über die neue Vision von Bouwfonds, die untrennbar mit den Auffassungen der Niederländer über Raum für Wohnen, Arbeit und Freizeit. Bouwfonds entwickelte sich vom Lieferanten architektonischer Lösungen zur kompetenten Gebietsentwicklungsgesellschaft. Die Stadtlandschaften, die Bouwfonds kreiert, entstehen aus dem Zusammenspiel von Grün, Wasser und Bebauung. Die drei hellen Grundfarben spiegeln diese Elemente wider. Zur Verdeutlichung dieses Statements wurden perspektivische Elemente eingesetzt, die das Bild ansprechender und wärmer machen und nachdrücklicher auf die Qualität des Lebensraumes anspielen.

Verständlich und wiedererkennbar

Die Schriftart wurde modernisiert, wodurch die Wortmarke den Charakter noch verstärkt und gleichzeitig in dieser Modernisierung Dynamik und Courage ausdrückt. Das Corporate Design zeigt Bouwfonds in all seinen Kommunikationsformen als internationales Unternehmen, jedoch mit unverkennbar niederländischer Basis: offen, aber seriös. Die Offenheit steckt in dem zugänglichen, hellen Design; Eine frische, ehrliche Art der Kommunikation, verständlich und wiedererkennbar, ohne unnötige Elemente. Damit zeichnet sich Bouwfonds für diese Zeit in dieser Umgebung mit diesem Erscheinungsbild als verlässliches, unternehmendes und engagiertes Unternehmen aus.

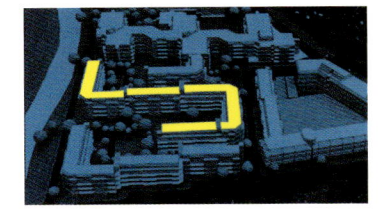

Die Stadtlandschaften, die Bouwfonds kreiert, entstehen aus dem Zusammenspiel von Grün, Wasser und Bebauung. Das alte Markenzeichen spielte insbesondere auf eine überholte Art des Bauens an. Das neue Markenzeichen ist moderner und verweist stärker auf die Qualität der gebauten Umgebung.

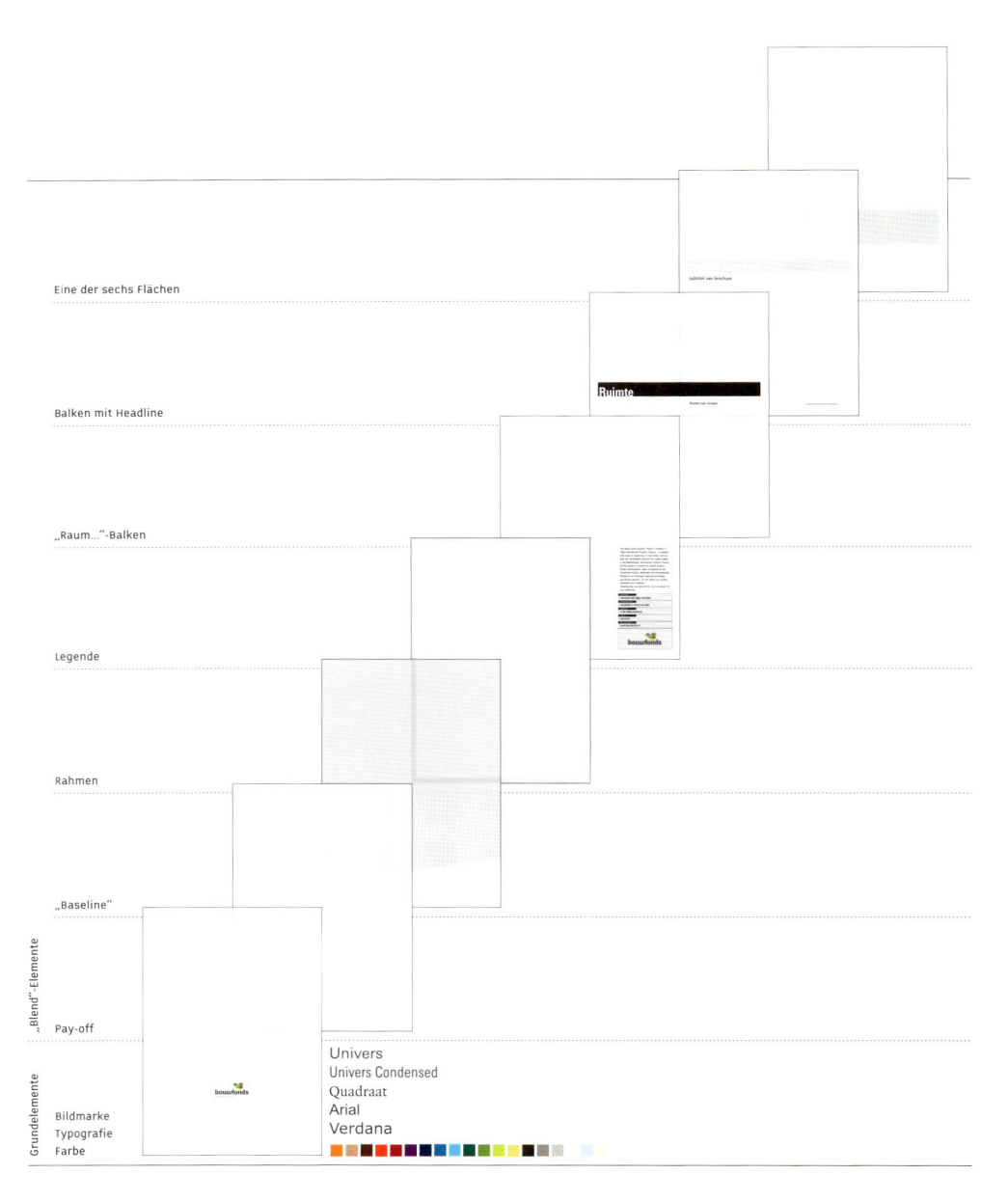

Ein Entwurf setzt sich aus verschiedenen Ebenen mit obligatorischen und optionalen Grundelementen zusammen.

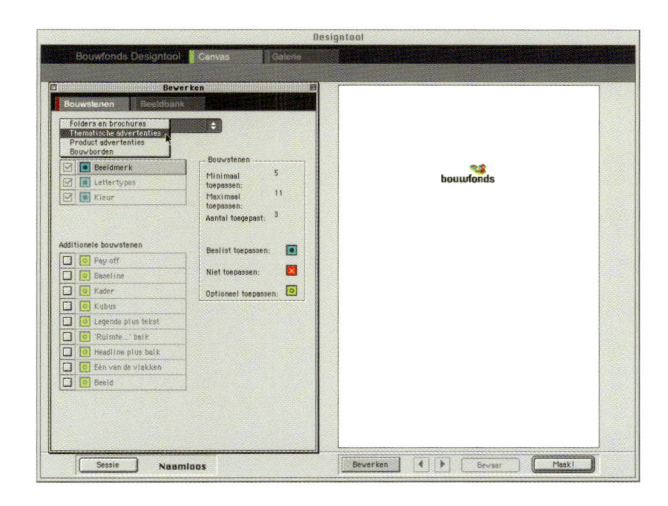

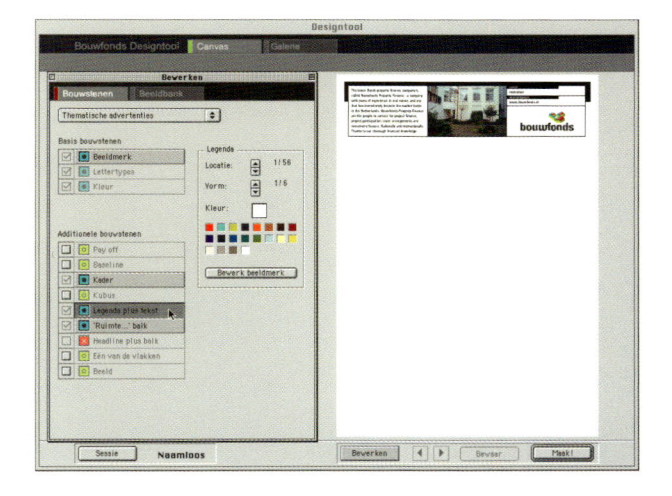

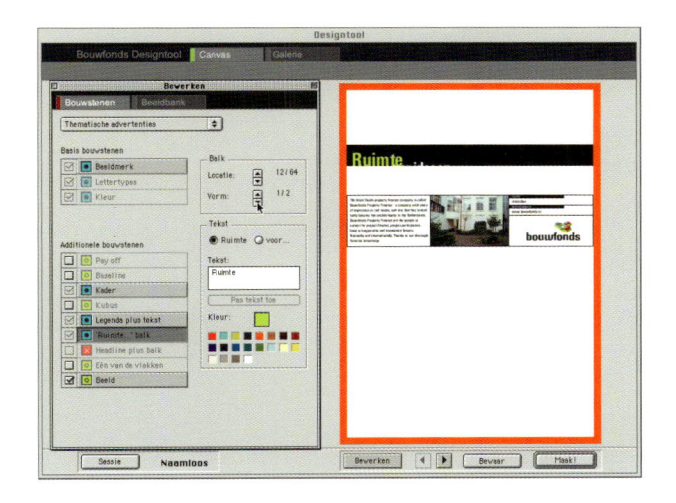

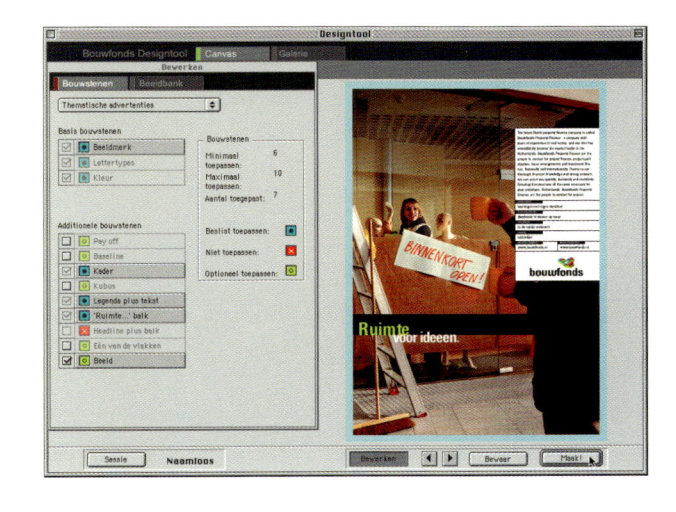

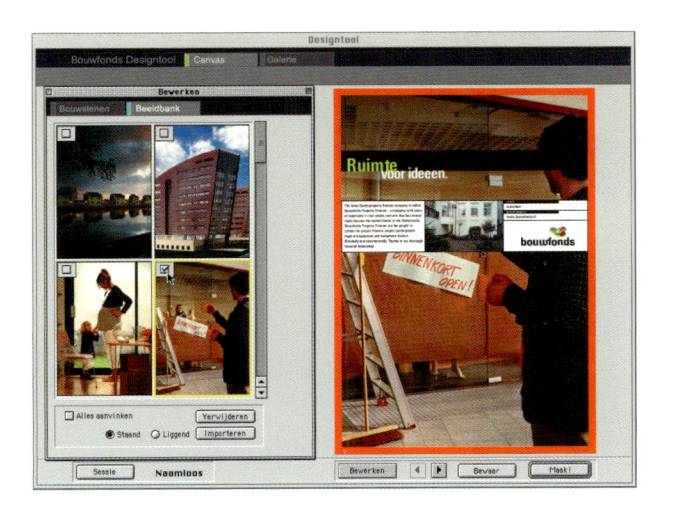

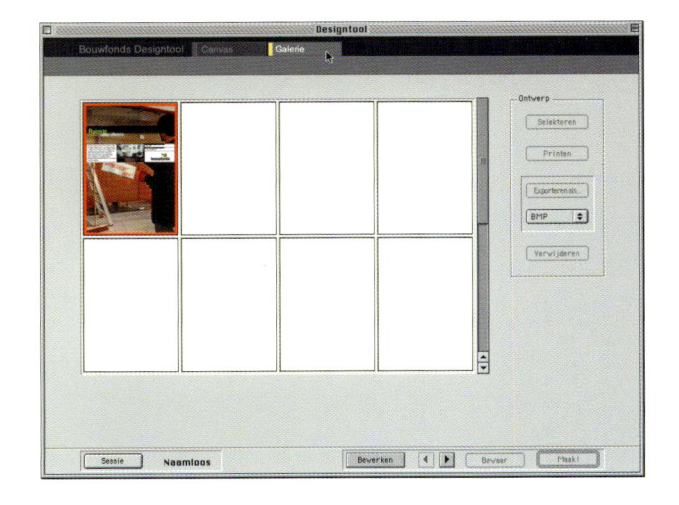

Mit dem Bouwfonds Designtool können Grundelemente und Fotos unter Anwendung der Vorschriften automatisch zu einem Cover kombiniert werden.

MUT

10454/EDH/jv
GROS01JV
3/3

Groot worden, mooi blijven

Verdere groei en internationalisering zijn voor ons belangrijk juiste maatvoering voor onze klanten te kunnen behouden. Da onze specialismen verder uitbouwen en zijn we goed in staat o klanten te ondersteunen over activiteiten in het buitenland en te begeleiden hier in Nederland. Internationaal hebben we een exclusieve alliantie met het netwe kantoren. Verdere versterking van internationale banden ligt in d in het verschiet waarbij het streven is om tot de top 5 te behoren geïntegreerde Europese kantoren.

Groei is geen doel op zich en zien we alleen in relatie tot de kwaliteit diensten. We zullen ervoor waken dat de schaalgrootte ten koste gaa intimiteit en laagdrempeligheid die we onze klanten willen laten erva moeten ons even gemakkelijk kunnen bellen adviseurs.

Voor een goede specialistische dienstverlening heeft een kantoor ook ee omvang nodig. Kennis moet zich kunnen ontwikkelen op basis van theorie praktijk, door het bijhouden van vakliteratuur en het volgen van cursusse systemen moeten die kennis vastleggen en toegankelijk maken voor ander gaan we hard aan trekken.

Samen werken, samen sterker

De kwaliteit van onze dienstverlening valt of staat bij de mensen di Een gezond stel hersens, liefde voor het vak en een absolut klant te willen betekenen zijn onmisbare ingredië kantoorbreed kunnen werken. Dat heeft elkaar delen: samen willen wer mind. En dat suc

Wie eine Anwaltskanzlei mutig zu sich selbst steht
Früher war es nicht üblich, dass Rechtsanwälte Werbung machten. Seit das Werbeverbot aufgeheben wurde, ist eine krampfhafte Suche nach Identität zu beobachten, eine Suche, bei der so mancher Angst vor dem Sprung ins kalte Wasser hatte. Alle Kanzleien orientieren sich am vermeintlichen Idealbild. Die Folge? Kaum Differenzierung, gegenseitiges Belauern und Nachahmen. Groß sind die Kanzleien, international oder etwas dazwischen, aber Persönlichkeit zeigen sie kaum. Das führt dazu, dass mögliche Kunden, aber auch neue Mitarbeiter völlig im Dunkeln tappen und nicht wissen, mit wem sie es zu tun haben. In diesem Einheitsbrei zeigt SchutGrosheide Mut: Die Kanzlei beschließt, sie selbst zu sein.
Die Corporate Story dient als Grundlage des Identitätsprogramms. Eine schwungvolle Geschichte, die viel Gesprächsstoff bietet. Aber das ist typisch SchutGrosheide. Die Analyse der Firmengeschichte zeigt, woher der Antrieb kommt: ohne viel Theater einfach sein Bestes tun, vor allem aber auch: Man selbst bleiben.

Wie sie das den Kunden zeigt
SchutGrosheide verzeichnete in den letzten Jahren ein enormes Wachstum, sind jedoch die Spuren der Vergangenheit noch eindeutig sichtbar. Die Kanzlei gilt als sehr gediegen, aber auch ein wenig verstaubt. Und damit ist nun wirklich Schluss. SchutGrosheide hält Professionalität in Kombination mit „joie de vivre" für das Allerwichtigste. Spaß miteinander, Spaß an der Arbeit, das ist die beste Motivation für Spitzenleistungen. Die Firmenbroschüre zeigt unverblümt die Realität. Deshalb sind die Schuts auch selbst mit auf dem Foto. Nicht wie es sich gehört, sondern wie es ist.

SchutGrosheide

ADVOCATEN NOTARISSEN

- stoere inborst
- in de modder
- one stop shopping
- willen winnen
- korte lijnen
- over de grens

D&P
DLA & Partners

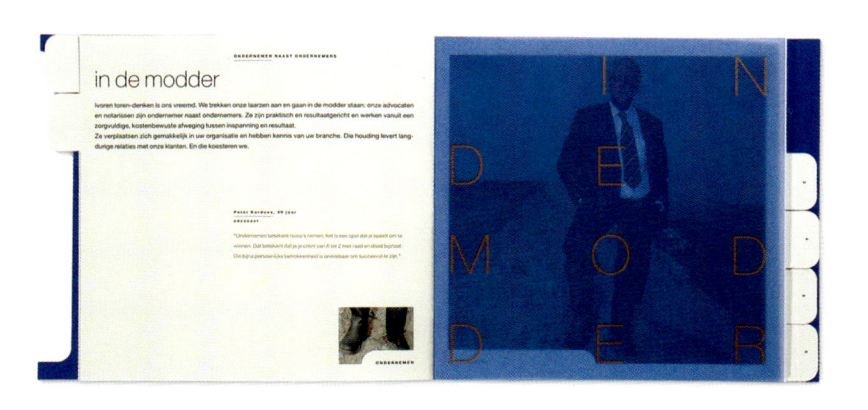

ONDERNEMER NAAST ONDERNEMERS

in de modder

Ivoren toren-denken is ons vreemd. We trekken onze laarzen aan en gaan in de modder staan; onze advocaten en notarissen zijn ondernemer naast ondernemers. Ze zijn praktisch en resultaatgericht en werken vanuit een zorgvuldige, kostenbewuste afweging tussen inspanning en resultaat. Ze verplaatsen zich gemakkelijk in uw organisatie en hebben kennis van uw branche. Die houding levert langdurige relaties met onze klanten. En die koesteren we.

Peter Kardous, 49 jaar
advocaat

"Ondernemen betekent nieuwe risico's nemen, het is een spel dat je speelt om te winnen. Dat betekent dat je praten over A en 2 keer raad en daad bijstaat. De bijna persoonlijke betrokkenheid is annotatie om succesvol te zijn."

ONDERNEMER

IN DE MODDER

WILLEN WINNEN

5

6

... in den Medien ...

„Recht ohne Umwege" lautet das Motto – die Corporate Story auf einen kurzen Nenner gebracht. Das Motto wird nicht überall verwendet. Nur dort, wo die Botschaft kurz und kräftig im Markt kommuniziert werden soll. Oder bei Präsentationen, um noch einmal das Wesentliche zu unterstreichen. Anpacken, authentisch sein, geradewegs auf das Ziel zugehen – das sind die Begriffe, die damit zusammenhängen. Kein anderes Anwaltsbüro hat diese Position bisher für sich beansprucht.

... und wie sie mit den richtigen Leuten wächst.

Für Studierende wurde ein spezielles Programm entwickelt, das dynamischer und ansprechender als üblich ist zumindest in diesem Fach! „Wähle deinen Platz" heißt das Kommunikationsmotto, mit dem Studierende zur Bewerbung motiviert werden. Trotz der Besonderheit des Programms ist es eindeutig SchutGrosheide: Über die Prinzipien der Kanzlei besteht keinerlei Missverständnis.

VERÄNDERUNG

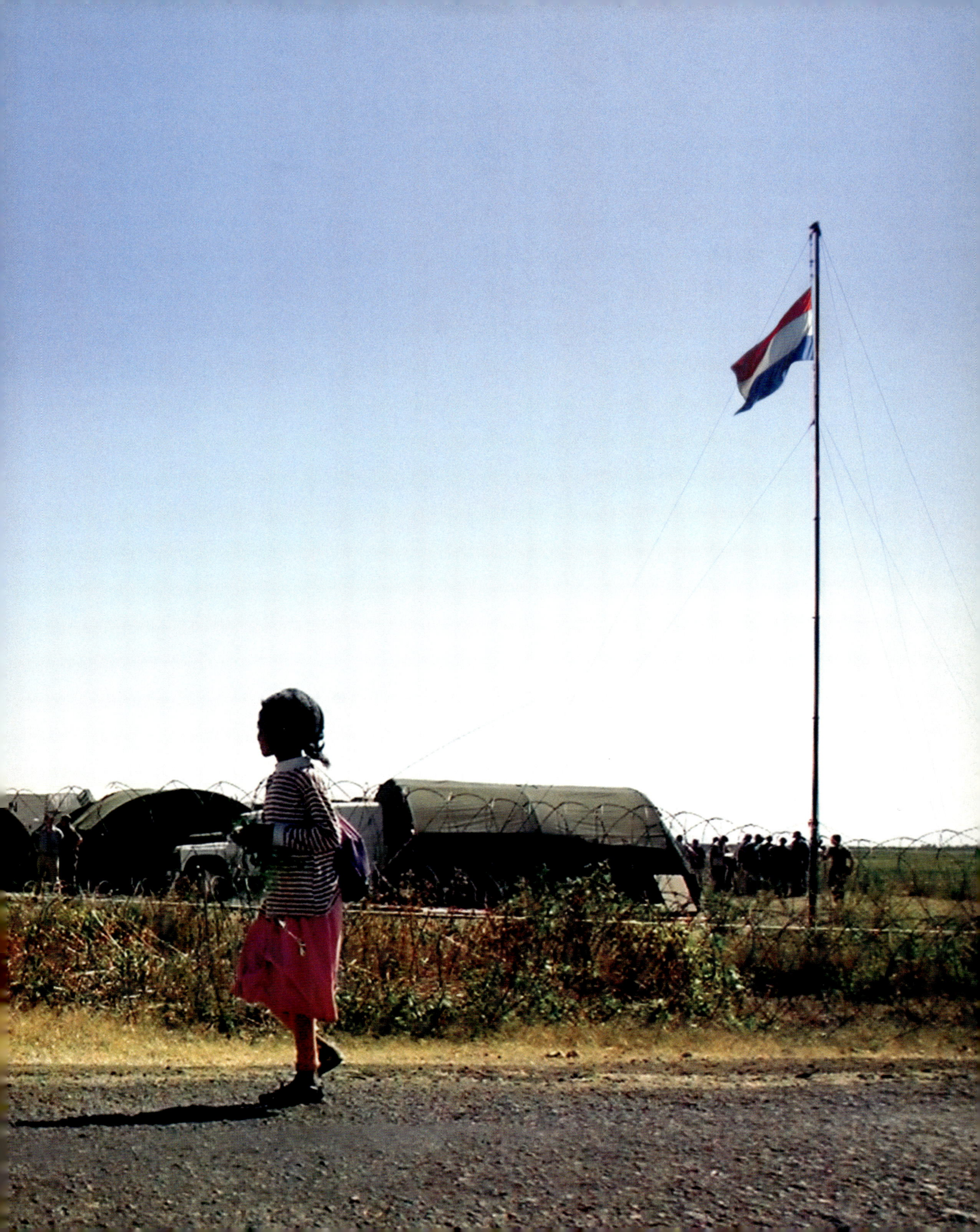

Verteidigung – eine Organisation im Fluss
Bei den niederländischen Streitkräften vollzieht sich eine Metamorphose. Infolge der veränderten internationalen Sicherheitslage und gesellschaftlicher Entwicklungen verlagert sich der Schwerpunkt von der Verteidigung der eigenen Landesgrenze zur Beteiligung an Friedensmissionen, humanitären Einsätzen und Katastrophenhilfe. Dies erfordert ein neues Bewusstsein und eine engere Zusammenarbeit zwischen den verschiedenen Teilstreitkräften. Diese leben nach eigenen geschriebenen und ungeschriebenen Gesetzen, die sich aus einer langen Tradition ergeben; auch die Symbole, unter denen sie auftreten, fußen auf eigenen Vorstellungen und Bestimmungen. Die Entwicklung einer Identität ist daher ein wichtiges Instrument des Veränderungsprozesses.

Friede, Sicherheit und Freiheit
Zur Begleitung des Veränderungsprozesses erhält das Verteidigungsministerium ein neues Markenzeichen, das die wesentlichen Zielsetzungen aller Teile der Streitkräfte verkörpert: Friede, Sicherheit und Freiheit. Die bestehenden Embleme – wie der Löwe für das Heer und der Anker für die Marine - wurden in einheitlichem Stil neu gezeichnet. Durch die Verwendung einer Endorsed Identity bleiben die einzelnen Teilstreitkräfte auch weiterhin sichtbar: Marine, Luftwaffe, Heer und Militärpolizei. Die Embleme wurden in das Erscheinungsbild des Verteidigungsministeriums integriert, was die gegenseitige Verbundenheit zusätzlich stärkt.

Vrede
Veiligheid
Vrijheid

Doel

Vrede
Veiligheid
Vrijheid

Doelgericht

Koninklijke Marine
Koninklijke Landmacht
Koninklijke Luchtmacht
Koninklijke Marechaussee

Defensie

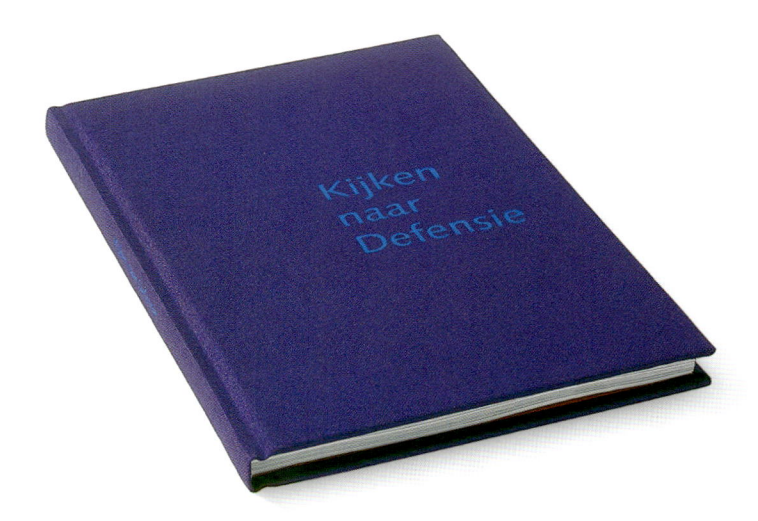

Verteidigung im Blickpunkt
Eine neue Rolle impliziert auch eine neue Art der Kommunikation. Damit dies im Verteilungsministerium allen bewusst wird, wurde das Buch „Verteidigung im Blickpunkt" erstellt. Es erzählt die Corporate Story des Verteidigungsministeriums und verknüpft die Veränderung mit dem gewünschten Kommunikationsstil. In Wort und Bild.

Koninklijke Marine

Koninklijke Landmacht

Koninklijke Luchtmacht

Koninklijke Marechaussee

Oben: alte Embleme.
Rechts: Endorsed Identität.

PERSPEKTIVE

Die Zukunft des Gewächshausgartenbaus
Niederländische Verbraucher beurteilen den Beruf des Gartenbauers und die Qualität von Gewächshausprodukten positiv und kaufen diese Produkte bedenkenlos im Laden. Sie zeigen jedoch eine gleichgültige oder gar negative Einstellung zu der hinter diesen Produkten stehenden Gewächshausbranche. Deren Ansehen ist beschränkt und geprägt von allerlei Geschichten über Verkehrsstaus, Pflanzenschutz, illegale Arbeitnehmer und den Umgang mit Energie und Umwelt. Der Fortbestand dieser Branche in den Niederlanden kann nur mit einem starken, eindeutigen Image garantiert werden. Der heutige Kommunikationsansatz kann ein solches Image nicht kreieren.

Die geschichtliche Entwicklung und die gesellschaftliche Rolle lassen sich gut anhand der Kommunikationsmatrix des niederländischen Gewächshausanbaus verfolgen. In dieser Matrix sehen wir, dass die niederländische Landwirtschaft – und damit der Gewächshausanbau – nach dem 2. Weltkrieg entstand, als große Lebensmittelknappheit im Land herrschte. Es ging vor allem um eine möglichst hohe Produktivität, damit die Bevölkerung mit Lebensmitteln versorgt werden konnte. Zentrale Themen waren der Boden, auf dem ein Anbau möglich ist, sowie Methoden und Quantität der Produktion. Für den einfachen Bauern bot diese neue Entwicklung die Chance, den eigenen Lebensunterhalt zu sichern. Gleichzeitig ergaben sich gute Wachstumschancen und die Möglichkeit einer Anstellung als Landverwalter mit hohem Maß an Eigenverantwortung.

Verändernde Konsumentenwünsche
In den siebziger Jahren kam es zu einer Verschiebung. Der Wert, den die Umwelt an sich darstellt, wurde erkannt und prägte die Innovationen der Gewächshausbranche zur Befriedigung das Produktionsbedarfs. Diese Entwicklung setzte sich in den neunziger Jahren fort. Das Produkt allein diente der Branche nicht mehr als Daseinsberechtigung. Die Verbraucher wurden selbstbewusster und stellten über den (Groß-)Handel hohe

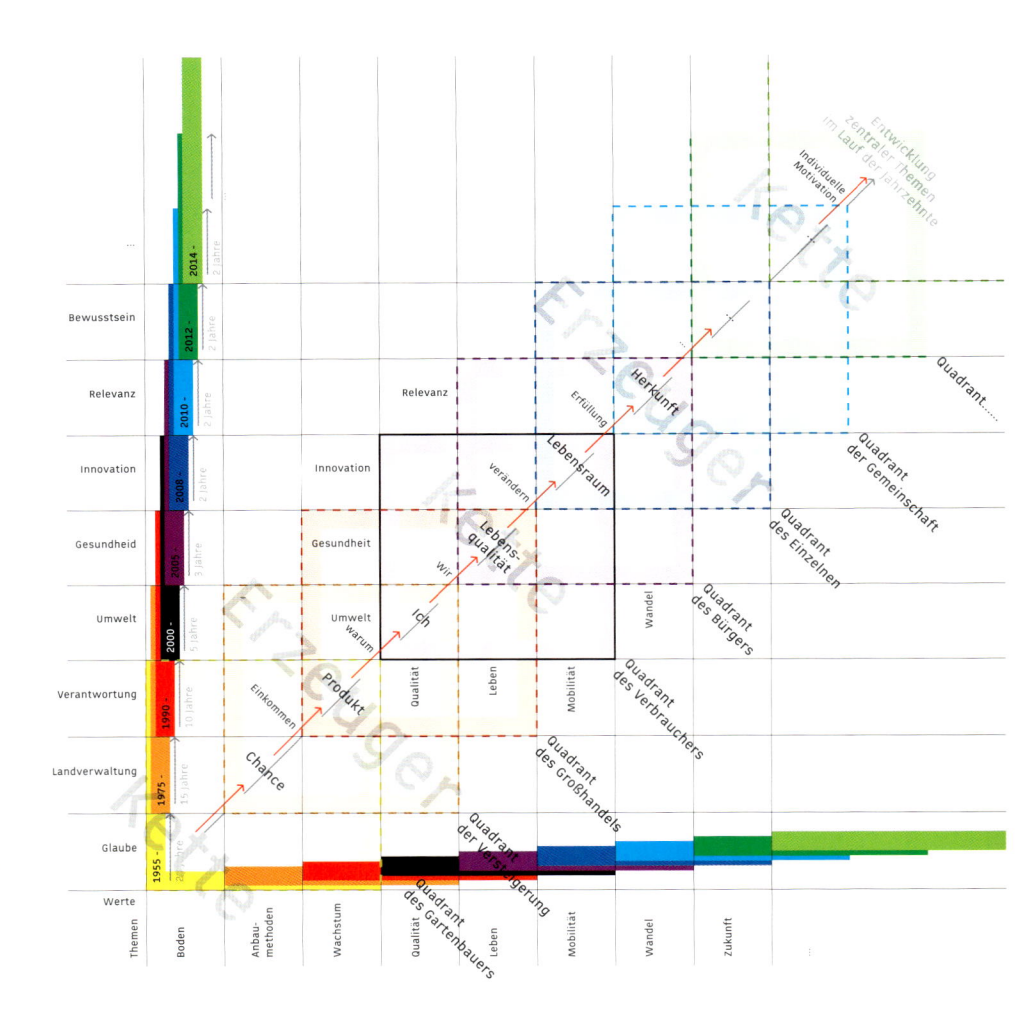

In der Kommunikationsmatrix werden die Themen und Werte skizziert, die derzeit eine Rolle im Gewächshausanbau spielen. Die Werte sind Umwelt, Gesundheit und Dynamik (plus in naher Zukunft Existenzberechtigung) und die Themen sind Innovation, soziale Verantwortung des Unternehmers und Mobilität (plus alternative Produktionsmethoden).
Werte und Themen repräsentieren derzeit das Bestreben, etwas zur „Lebensqualität" als mit der Gesellschaft geteilten Wert, der die Branche verbindet (und den sie mit dem Verbraucher teilt), beizutragen, wobei diese Qualität immer stärker auf den Lebensraum ausgerichtet ist.

Anforderungen an Gewächshausprodukte – auch im Bereich Gesundheit und soziale Verantwortung des Unternehmers. Es ging darum, was die Branche für das Wohlbefinden der Menschen bedeutet. Dieser Trend setzte sich im neuen Millennium fort, doch es tauchte ein neues Thema mit eigenem Wert auf: (das Erfordernis der) Mobilität und Dynamik. Die vom Bürger angestrebte Lebensqualität wurde aus gesundheitlicher Sicht weniger wichtig – das Vertrauen in Gewächshauserzeugnisse aus den Niederlanden war groß. Das Bedürfnis des Einzelnen nach Lebensraum gewinnt an Bedeutung. Diese Entwicklung zwingt die Branche zum Nachdenken über mögliche Alternativen in den eigenen Betriebsprozessen und die Auswirkungen, die diese auf den Umgang mit Raum haben. Wahrscheinlich wird sich diese Tendenz in den kommenden Jahren noch verstärken und die Gewächshausbranche muss ihre Existenz immer mehr rechtfertigen.

Gemeinsamer Wert
Die Branche ist als „Sender" zu wenig organisiert, um mit ihrer Kommunikation adäquat reagieren zu können. Die verschiedenen Unternehmen leisten ihren eigenen Beitrag zum Gewächshausanbau und kommunizieren darüber, wann und wie es ihnen beliebt. Um als Branche in Beziehung mit dem Empfänger zu treten, muss sie mit einer Stimme sprechen. Es muss ein Wert bestimmt werden, den alle Branchenangehörigen teilen und der den von der Gesellschaft gestellten Anforderungen entspricht. Ein von der Gesellschaft geteilter Wert also.

Bei der Ermittlung dieses Werts bildet die Matrix den Ausgangspunkt. Derzeit sind die wichtigsten Themen Innovation, soziale Verantwortung des Unternehmers und Mobilität. Auf diese Themen geht die Branche ein, indem die Werte Verantwortung für Umwelt und Gesundheit sowie die Anforderung der Dynamik mit Nachdruck vertreten werden. Diese Werte und Themen repräsentieren derzeit das Bestreben, etwas zur „Lebensqualität" beitragen zu wollen. Das ist der von der Gesellschaft geteilte Wert, der der Branche einen Ansatzpunkt dafür bietet, sich als gemeinsamer Sender zu organisieren, der sich auf die eine oder andere Weise mit Lebensqualität in all ihren Facetten beschäftigt. Die Matrix ist nicht statisch, sie bewegt sich mit der Periode, in der sich die Branche befindet. So sehen wir in der Matrix, dass sich der Akzent in absehbarer Zeit von „Lebensqualität" hin zu „Lebensraum" verschieben wird. Die ersten Signale in diese Richtung sind bereits zu erkennen, und die Gewächshausbranche muss sich dessen bewusst sein.

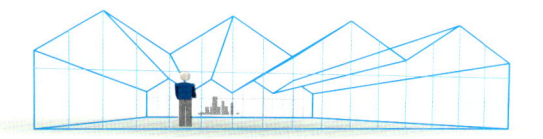

Die „Ich-Periode"
Ein Gärtner läuft durch sein Gewächshaus. In der Ferne zeichnen sich die Konturen der Stadt ab. Die Menschen dort wissen, dass ihr Gemüse aus dem Supermarkt kommt; über den Produktionsprozess wissen sie wenig. Der Gärtner erzählt dem (Groß-)Handel, wie gut seine Produkte sind. Der Händler erzählt es dem Verbraucher weiter. Somit richtet sich die Kommunikation des Gewächshausanbauers auf das Produkt.

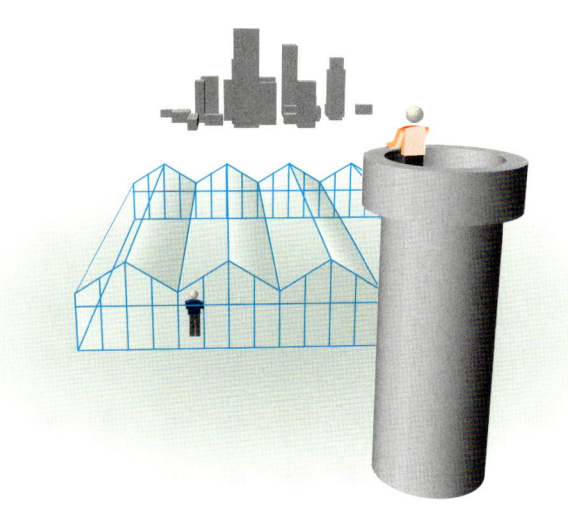

Die „Lebensqualität-Periode"
Ein Mann auf einem Turm sieht einen Gärtner in seinem Gewächshaus und die nahe Stadt. In der Stadt wohnt der kritische Verbraucher. Lebensqualität kommt an erster Stelle. Die Signale kommen auch beim Gewächshausgärtner an. Innovationen sind gefragt, die die Umwelt weniger belasten wird. Die Botschaft bleibt jedoch dieselbe: die des Produkts.

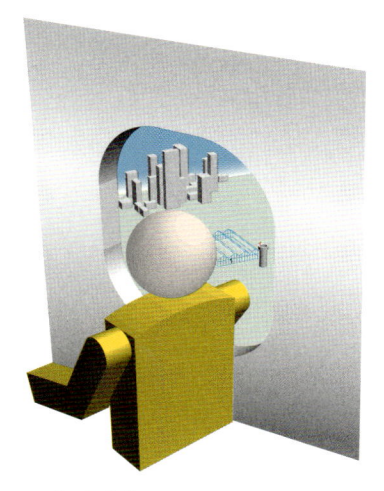

Hin zur „Lebensraum-Periode"
Ein Pilot mit Vogelperspektive. Er kann den Gärtner in das gesellschaftliche Kräftefeld einordnen. Der Verbraucher fordert mehr von der Gewächshausbranche. Lebensqualität beinhaltet Lebensraum. Die Niederlande sind immer dichter bebaut, der Horizont ist grau, die Straßen verstopft. Die Zeiten, in der sich die Branche mit Kommunikation über das Produkt begnügen konnte, sind vorbei. Die Frage ist nun, ob die Branche die Wissenskluft überbrücken und mit dem Verbraucher einen gemeinsamen Bezugsrahmen suchen will.

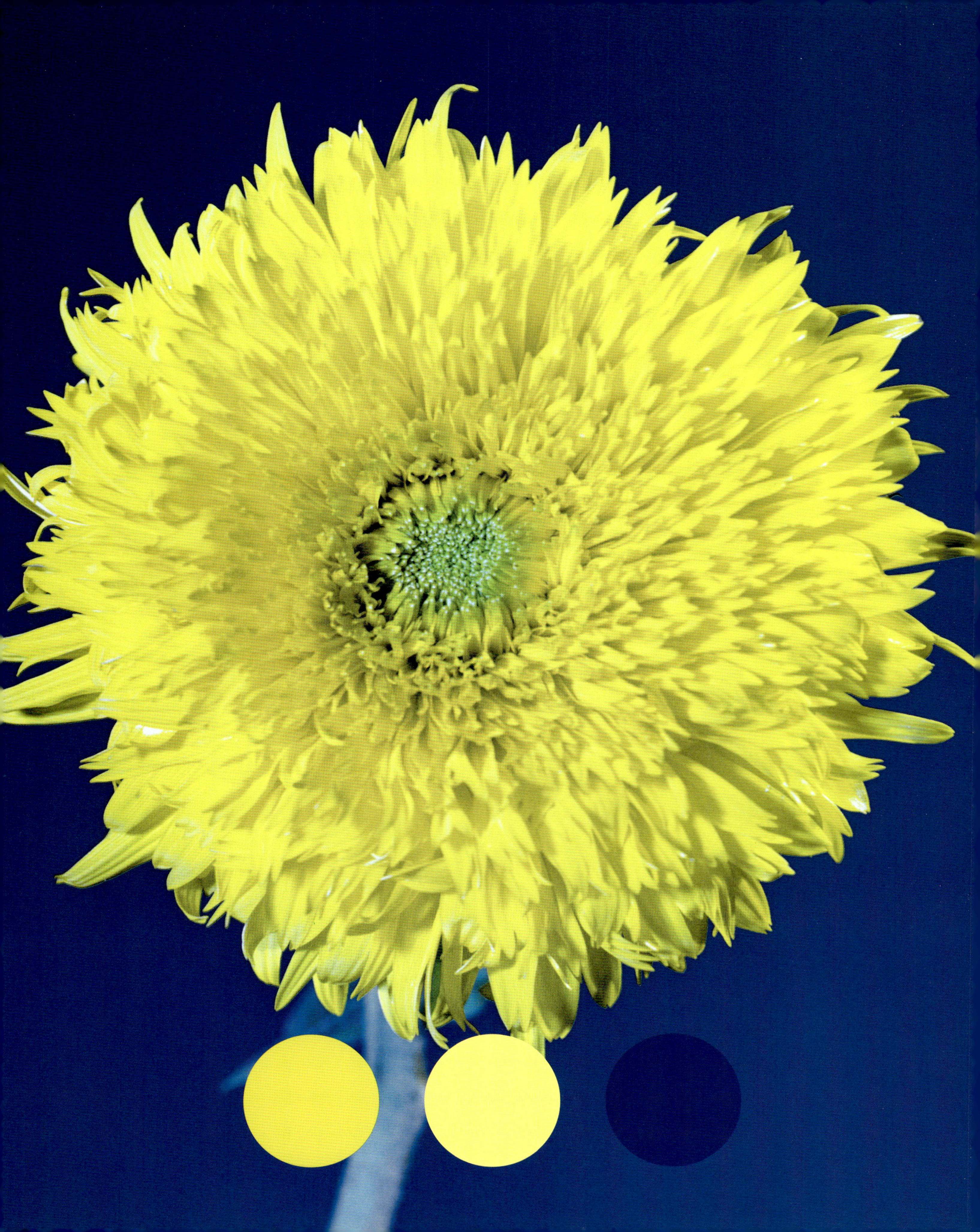

WACHSEN

Wachstum fördern

Im Laufe diverser Übernahmen, worunter die der NBM-Baubetrieben erweiterte der Koninklijke BAM-Groep (königlicher Konzern BAM) seine Aktivitäten sehr stark. Diese offensive Diversifizierungsstrategie führte zu einem breiten Aktivitätsspektrum, wobei jedoch nicht klar ist, worin sich die einzelnen Unternehmen unterscheiden und was sie verbindet. Der BAM-Groep braucht deshalb eine Identität, die Wachstum fördert und Klarheit schafft.

Kraft und Klarheit

Zur Umsetzung dieser Ambitionen ist eine ausgeprägte, klare Identität erforderlich, die konsistent, erkennbar und unterscheidbar ist. Äußerst wichtig ist dabei, dass die Wachstumsgeschwindigkeit von der BAM-Groep eher gefördert als gebremst wird. Der BAM-Groep muss seine vielfältigen Aktivitäten stärker auf einen Nenner bringen. Eine Endorsed Identity bietet eine gute Lösung. Der BAM-Konzern fungiert als Anker, die vier Sektoren oder „Labels" als Kundeneingang:

BAM NBM Immobilien, BAM NBM Infra, BAM NBM Bau und BAM NBM Technik.

BAM NBM macht den Unterschied

Das ursprüngliche Markenzeichnen symbolisiert diverse Aktivitäten der Baubranche. Die Frage war deshalb, wie man ein Symbol erhält, das das Ergebnis eines integrierten Ansatzes repräsentiert und so die Zusammengehörigkeit und den Zusammenhang erkennbar werden lässt. Der BAM-Groep steht nicht mehr für unterschiedliche

Bautätigkeiten, sondern für „bebaute Umgebung", und das bietet viel mehr Perspektiven. Wichtig ist auch die Wahl der aussagekräftigen Grundfarbe Hellgelb, mit der sich BAM NBM auf dem Markt präsentiert. Die neue Farbe strahlt zugleich Kraft, Wärme und Stabilität aus.

Auf europäischer Ebene entsteht eine auffallende Marke mit hoher Unterscheidungskraft. Die ursprünglich regionale Diversifizierung weicht einer starken nationalen Einheit. Durch die Fusion mit der Hollandsche Beton Groep entstand mittlerweile ein Unternehmen das zu den Top Ten in Europa gehört. Das ist Wachstum.

BAM NBM in der Breite
Die Entscheidungen bezüglich der Identität beeinflussen auch die Verwendung von Bild und Farbe in den Kommunikationsmitteln. Auf Konzernebene, Sektorenebene und Werksebene unterscheidet sich die Perspektive der Bilder wie auch das Gleichgewicht der Farben Gelb und Dunkelblau.

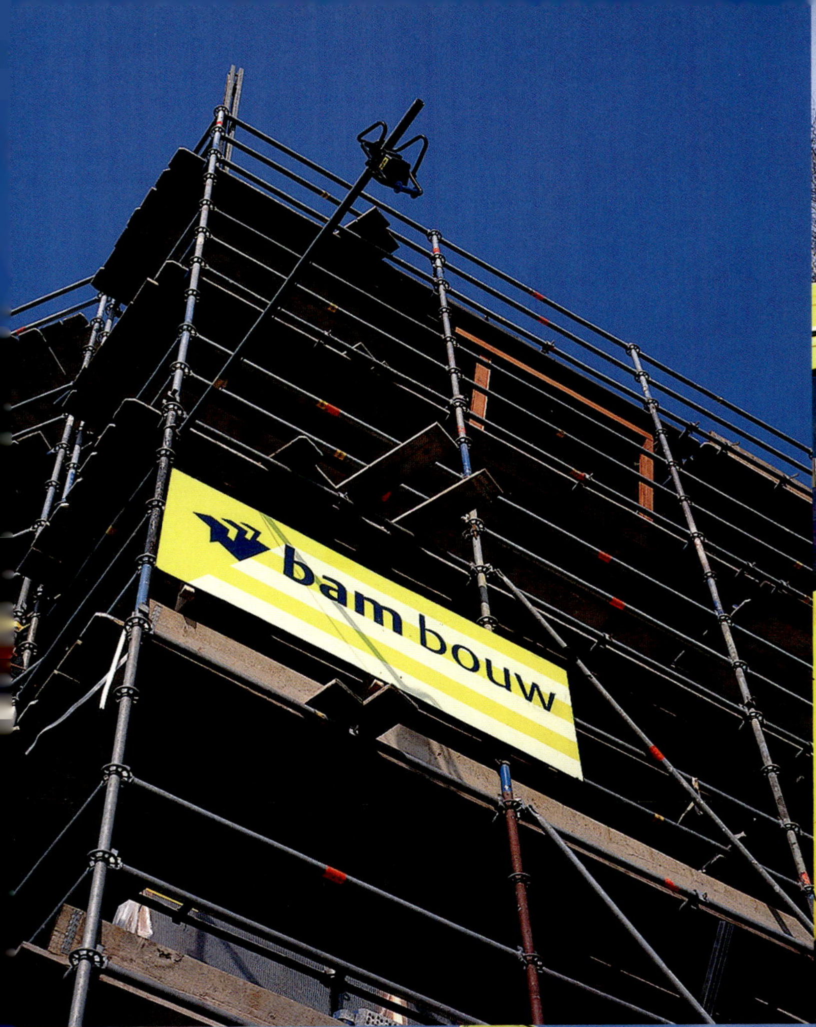
bam bouw

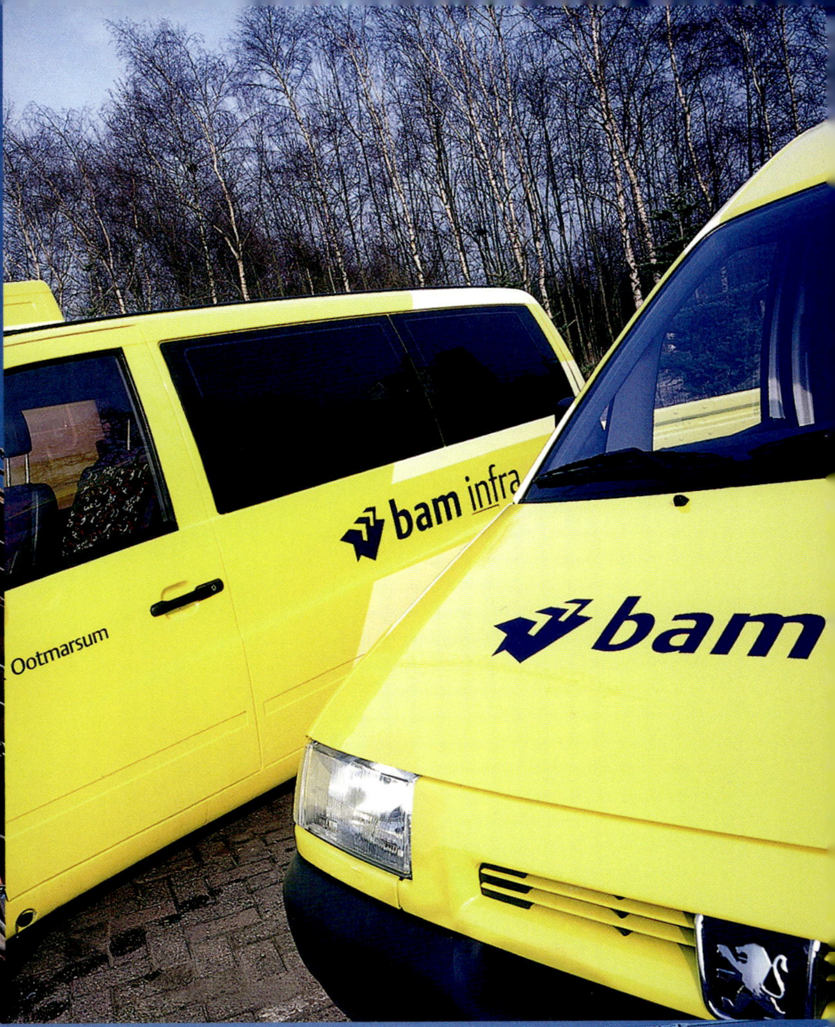
bam infra
Ootmarsum
bam

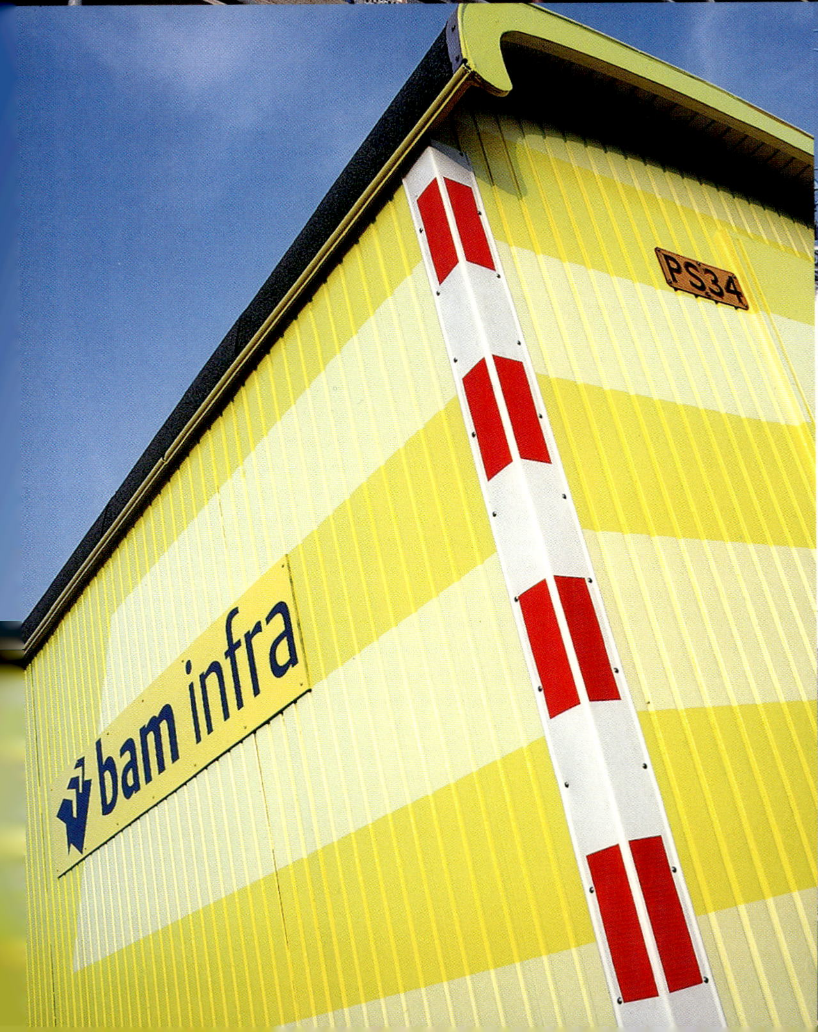
PS34
bam infra

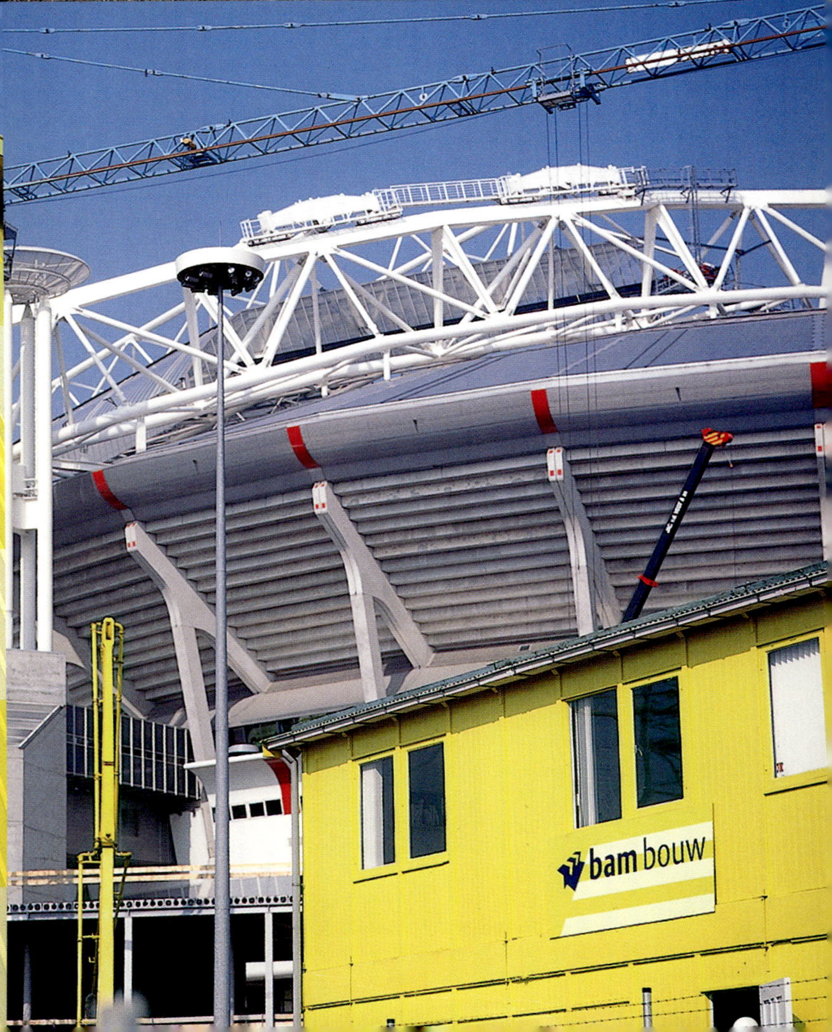
bam bouw

Die alte Bildmarke (oben links) verwies auf das Produkt: Konstruktionen, Beton. Die neue Bildmarke (unten rechts) basiert auf dem alten, suggeriert jedoch eher die bebaute Umgebung sowie die verschiedenen Sektoren. Auf diesen Seiten sehen Sie einen Ausschnitt aus den Skizzen.

Seite 109

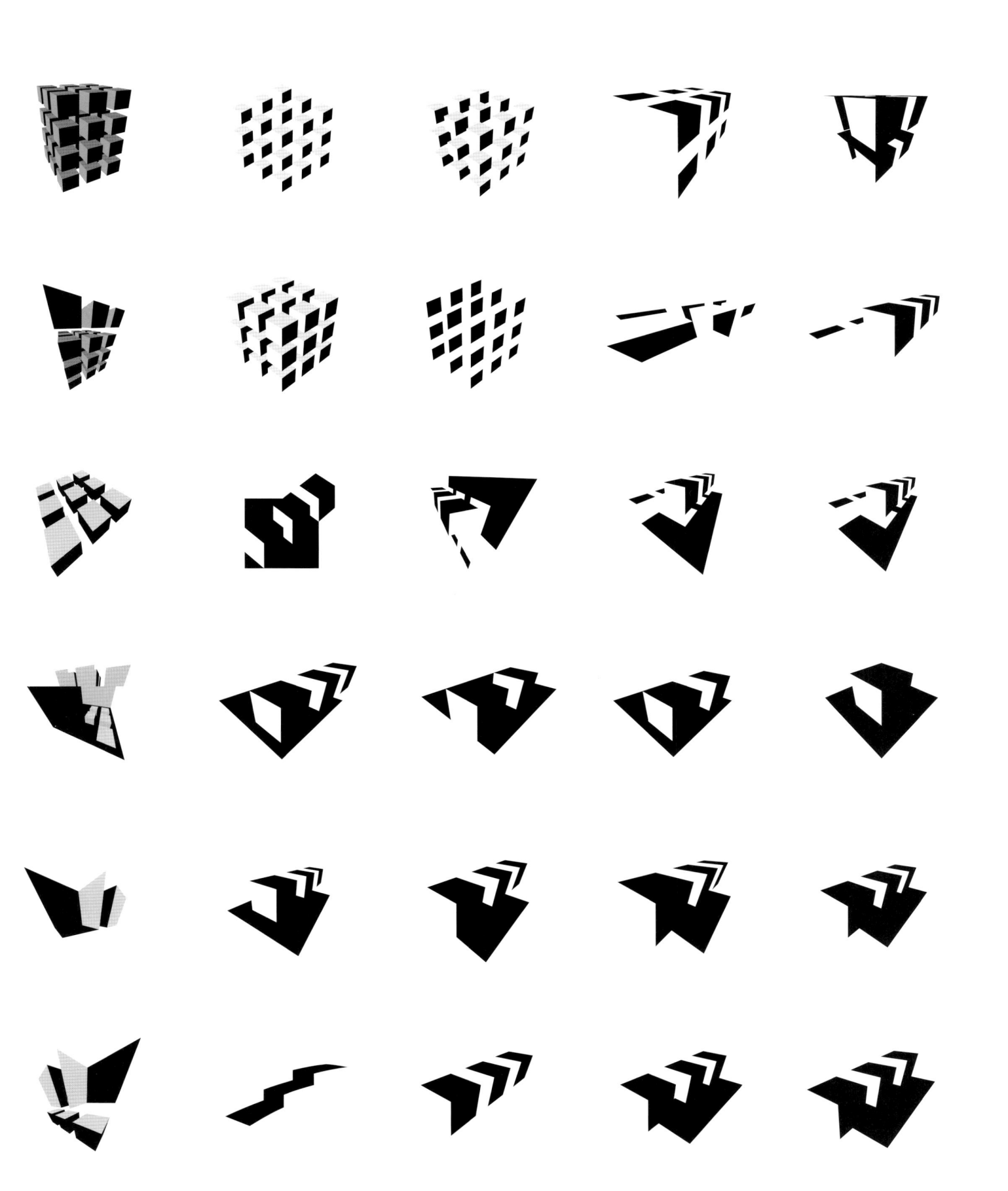

Anleitung & Motivation
Zur Förderung der konsistenten Verwendung des neuen Corporate Designs wurde neben der Papierversion ein interaktives Handbuch entwickelt. Die Fassung auf Papier motiviert und inspiriert und ist vor allem für den internen Gebrauch bestimmt. Die digitale Fassung ist insbesondere als Anleitungstool für Gestaltungsbüros gedacht.

Das digitale Handbuch
– *Datenbank*
– *Internet*
– *Schnellsuche*
– *Download*
– *Up-to-date*
– *Bündelung*
– *Zugänglich*

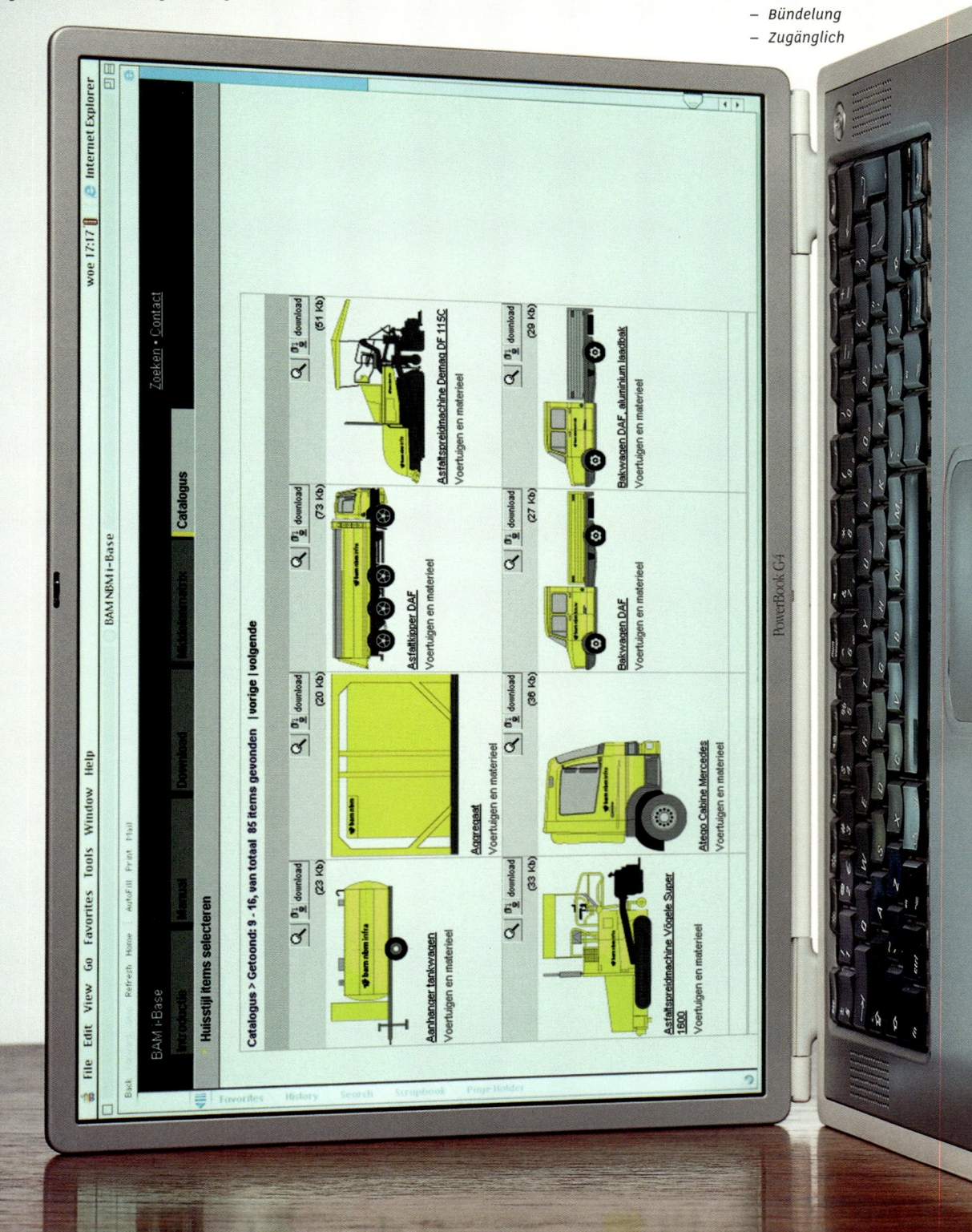

Das gedruckte Handbuch
- *Lose Seiten*
- *Bücherregal*
- *Linear*
- *Motivieren*
- *Momentaufnahme*
- *Statement*
- *Exklusiv*

www.kerkinactie.nl
geloven – helpen – bouwen

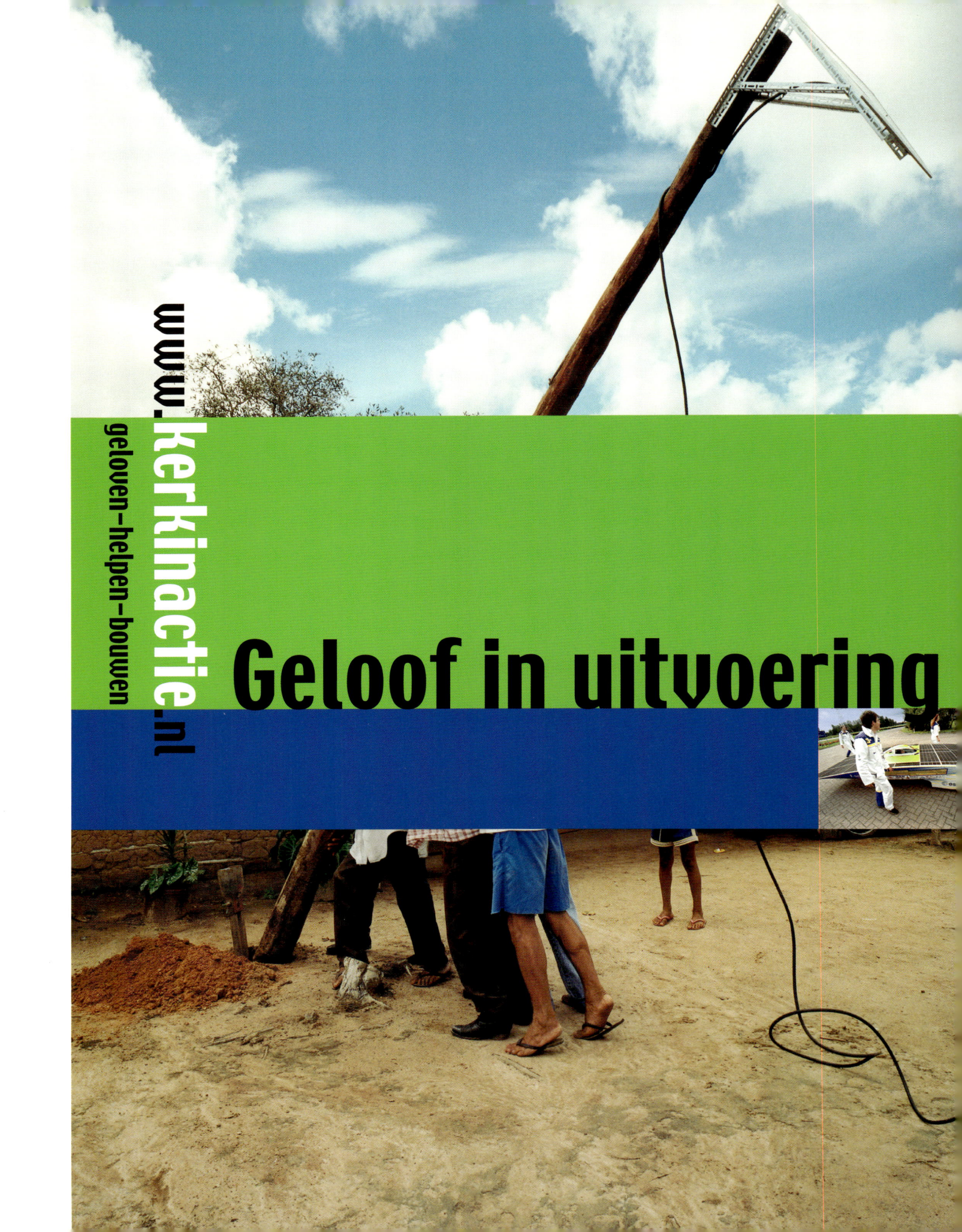

Geloof in uitvoering

VERBUNDEN

Immer mehr karitative Einrichtungen drängen auf den Markt. Jede wirbt für „ihr" Ziel und hofft, die Verbraucher für sich zu gewinnen. Dies ist bei Kerkinactie – (Kirche in Aktion) nicht anders. Kerkinactie befasst sich mit missionarischer und diakonischer Arbeit und ökumenischen Beziehungen und betreibt unter anderem Fundraising, um das nötige Geld für dei eigenen Projekte zu beschaffen. Wichtig ist, dass klar wird, wofür Kerkinactie sich einsetzt. Transparenz und Vertrauen sind für potenzielle Geldgeber schwerwiegende Aspekte.

Transparenz

Auf diesem Verdrängungsmarkt gilt es, eine möglichst günstige Position hinsichtlich der allgemeinen Marktentwicklung, der Identität der Organisation und der Wettbewerbssituation zu erwerben. Kerkinactie hat als Organisation nicht ein klar umrissenes Ziel, sondern mehrere Ziele. Dadurch ist es schwieriger, ein klares Profil zu zeigen. Zur Darstellung des Arbeitsbereichs von Kerkinactie wurde die Struktur „Endorsed Identity" gewählt. Die Muttermarke Kerkinactie fungiert als Schirm für die einzelnen Programme: Weltdiakonie, Kinder in Schwierigkeiten, Nothilfe, missionarische Arbeit, Mission und Diakonie. Auf diese Weise haben Spender die Möglichkeit, Geld für ein bestimmtes Ziel zu stiften. Um deutlich zu machen, wofür Kerkinactie steht, werden die Werte mit dem Pay-off „Glauben-Helfen-Bauen" vermittelt.

Zentrales Thema des Konzepts ist Interaktion. Durch die Schreibweise www.kerkinactie.nl ist der Name zugleich die (Internet-)Adresse. „www" steht dabei für das weltweite Netzwerk von Kerkinactie, „nl" für die Basisstation in den Niederlanden. Kerkinactie schlägt eine Brücke zwischen der Welt und den Niederlanden. Die visuelle Umsetzung des Konzepts führte zu einem ganz eigenen Einsatz der Fotografie. Es wird nämlich immer ein Auslandsfoto (www) mit einem Inlandsfoto (nl) kombiniert.

Kampagne und Identität

Die Zeile „Glaube in der Praxis" fungiert als Träger der Corporate Kampagne. Kerkinactie sagt damit, dass der Glaube ein starker Antrieb ist, um Menschen zu helfen. Die Botschaft der Hoffnung. Die Kommunikationskraft der Kampagne liegt auch darin, dass andere Symbole und Metaphern verwendet werden als normalerweise im karitativen Bereich üblich. Dies verleiht Kerkinactie eine eindeutig zu unterscheidende und vor allem glaubwürdige Identität. Hier wird der Glaube mit nüchternem Ton und ohne erhobenen Zeigefinger verkündet. Typisch ist, dass bei jeder Äußerung gezeigt wird, was Kerkinactie bisher alles erreicht hat. Ziel der Kampagne ist Stärkung von die Sichtbarkeit und Bekanntheit.

www.kerkinactie.nl/missionairwerk/diaconaat/zending

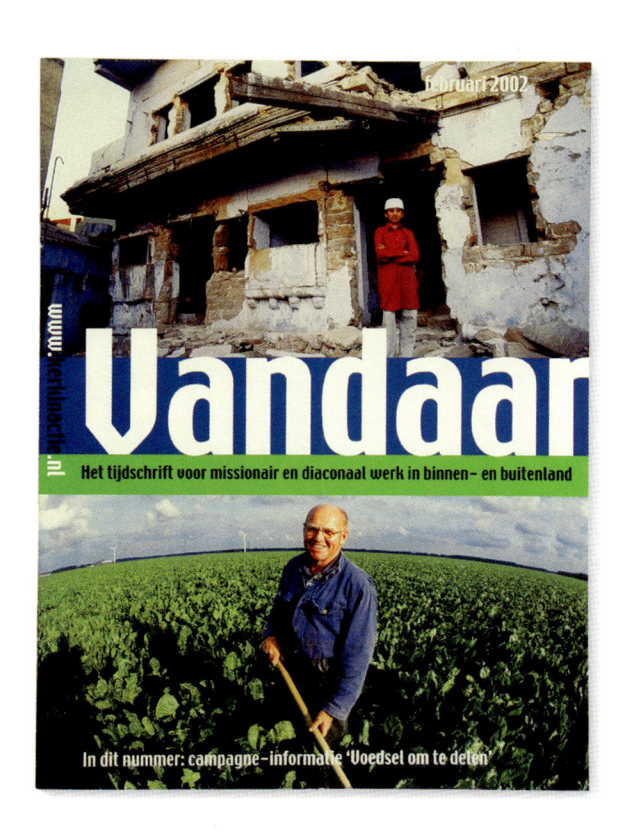

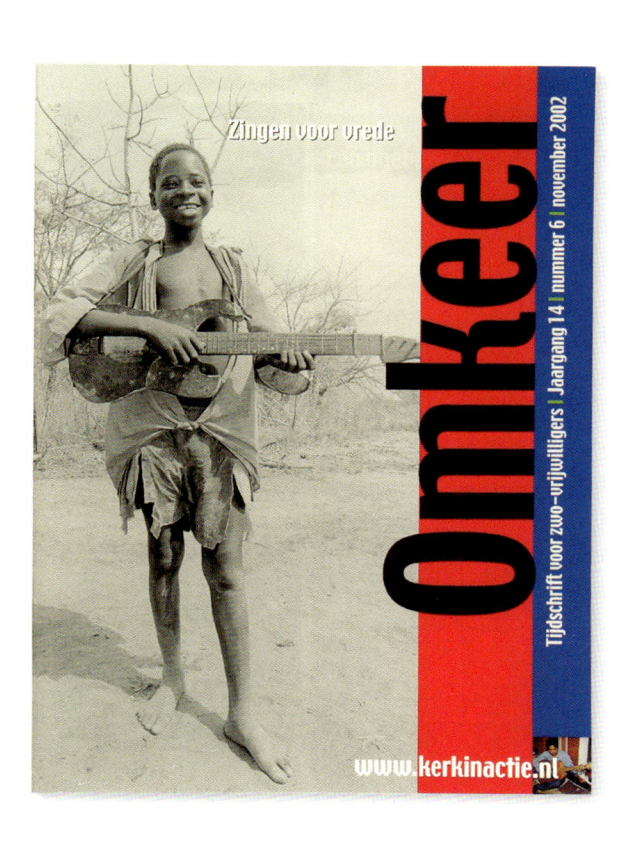

noodhulp/werelddiaconaat/kinderenindeknel

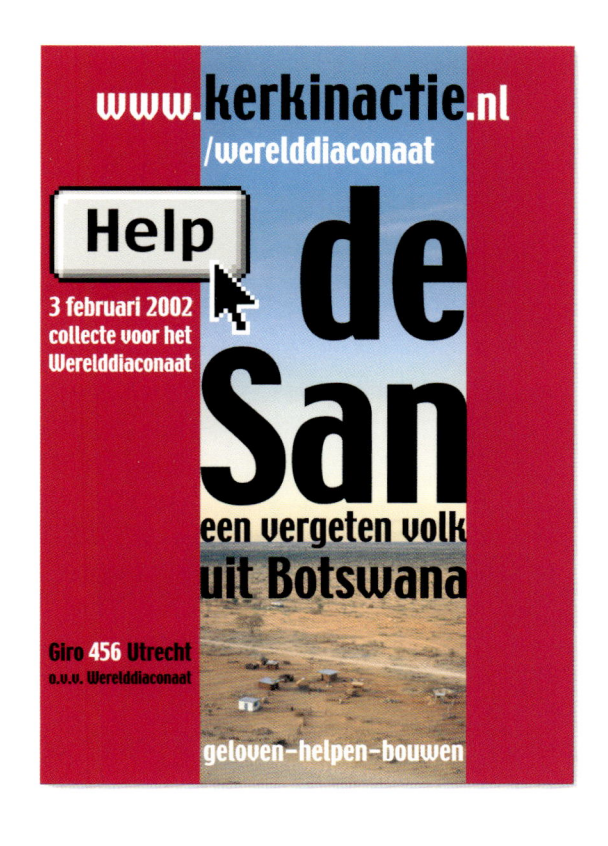

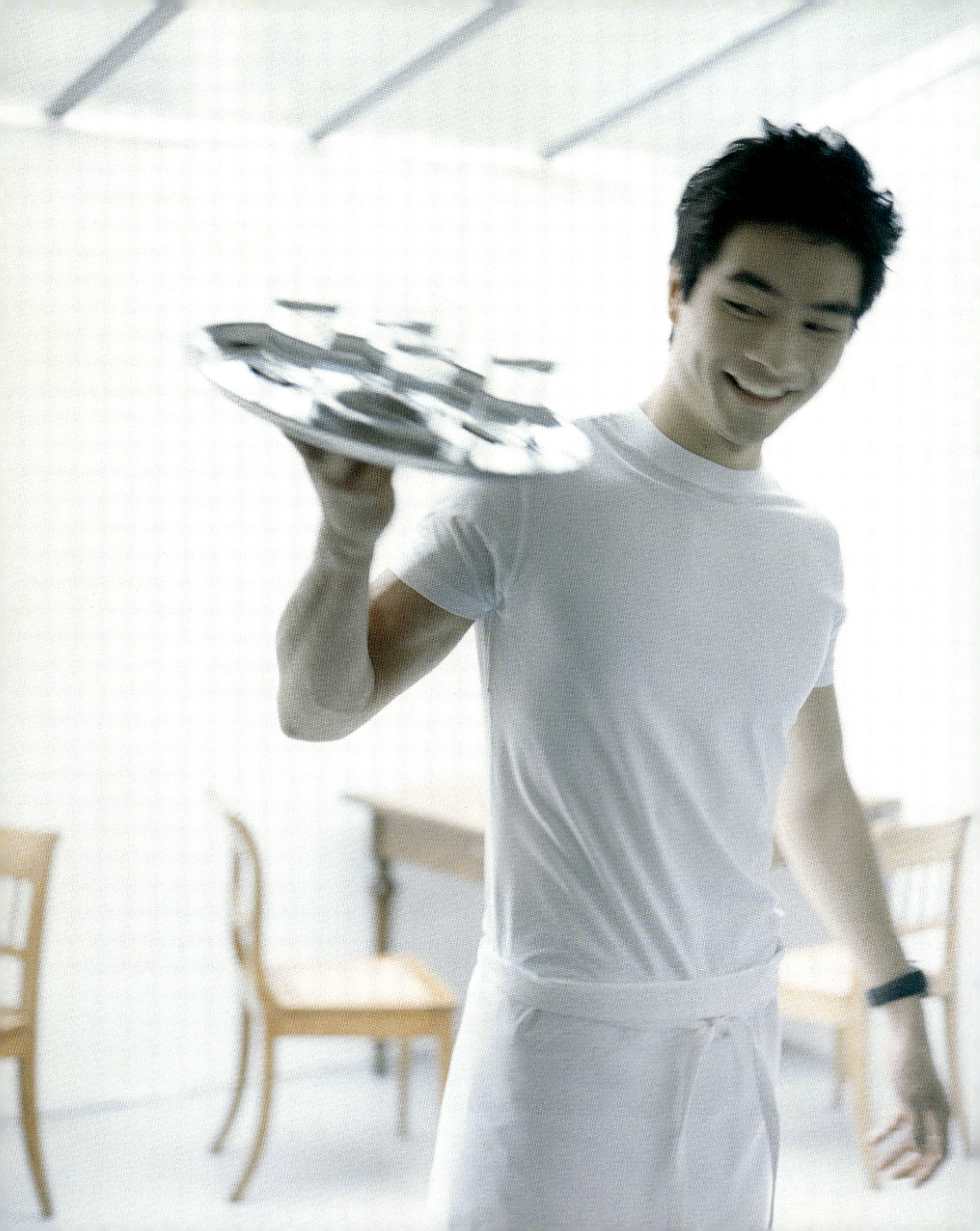

SELBSTSICHER

AMEV setzt einen intensiven Dialog mit den Versicherungsvermittlern in Gang, um sein Wissen über Produkte, Branchen, Verbraucher und Vertriebsmethoden zu teilen. Damit soll erreicht werden, dass die Vermittler den Markt optimal bedienen können. So entsteht eine Win-Win-Situation, die für beide Parteien vorteilhaft ist. AMEV bietet ein breit gefächertes Sortiment an Schadens- und Lebensversicherungen und Finanzprodukten für Privatleute und Unternehmen.

Damit sowohl Versicherungsvermittler als auch Endkunden optimal angesprochen werden, ist ein überzeugendes Konzept notwendig, das klar vermittelt, worum es geht. Eine Studie ergab, dass die Kunden und Versicherungsvermittler von AMEV selbstbewusste, lebensbejahende Menschen sind, die das Leben in vollen Zügen zu genießen versuchen. Es ist also eine Verlagerung zu beobachten: von Kollektivität und Sicherheit zu Individualismus und kalkulierten Risiken. So entstand auch das Motto: „Mut zum Leben". Dies ist der Grundsatz des Konzepts, in dem vor allem die Fotografie eine wichtige Rolle spielt.

Struktur der kommerziellen Informationen
Die Broschüren wurden unterteilt in Themen- und Produktbroschüren. Die Themenbroschüren wurden zielgruppenspezifisch geschrieben. So gibt es verschiedene Broschüren für Unternehmer, Arbeitnehmer und Großaktionäre. In den Produktbroschüren werden die einzelnen AMEV-Produkte wie Krankenversicherung, Hypotheken oder Vermögensbildung beschrieben. Daneben gibt es branchenspezifische Broschüren für z.B. das Hotel- und Gaststättengewerbe. Die Site www.amev.nl wird als zusätzliche Informationsquelle für Endkunden eingesetzt.

Hintergrundinformationen
Zur Deckung des Informationsbedarfs der Versicherungsvermittler gibt AMEV auch Zeitungen, Rundbriefe und Broschüren heraus. Die Broschüren enthalten ganz gezielte Anleitungen, wie mit bestimmten AMEV-Produkten umgegangen werden kann. Die übrigen Veröffentlichungen befassen sich mit Aktuellem, Marktentwicklungen, Meinungen etc.

Arbeitsunterstützende Informationen
AMEV Cockpit ist ein Portal mit verschiedenen Anwendungen. Hier können die Vermittler Kundendaten einfach anfordern und einsehen. Dies ist praktisch beim Erstellen eines Angebots, das anschließend an AMEV weitergeleitet werden kann.

Der Ansatz hat Erfolg. AMEV verzeichnet ein starkes Wachstum. Das Teilen von Wissen und der intensive Dialog schaffen solide Beziehungen zu den Vermittlern und Endkunden.

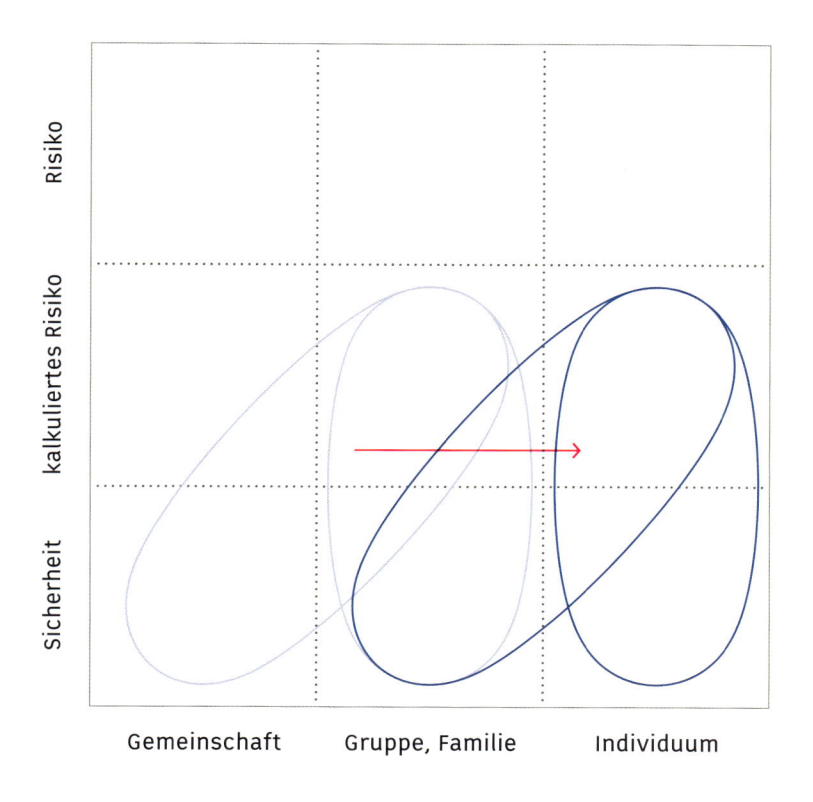

Fotografie ist ein wichtiges Element des Kommunikationskonzepts. AMEV zeigt Menschen, die mit beiden Beinen im Leben stehen. Selbstbewusst und energiegeladen. Die alles mitnehmen, was das Leben zu bieten hat.

Ondernemersplan
Financiële oplossingen voor de zelfstandig ondernemer

AMEV
...durf te leven

De Garageverzekering

AMEV
...durf te leven

AMEV Versicherungsvermittler

Verbraucherprodukte

Produktinformationen speziell für Versicherungsvermittler.

Produkte für Unternehmen

Produktspezifikationen

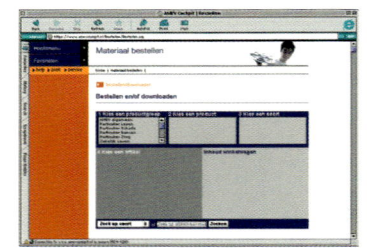

Cockpit ist das Extranet, mit dem AMEV die Versicherungsvermittler unterstützt.

Wissenstransfer

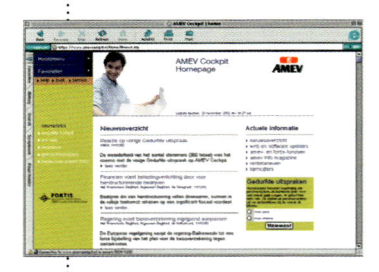

Mitarbeiterzeitung.

Magazin für Versicherungsvermittler über Entwicklungen in der Branche.

Endkunde

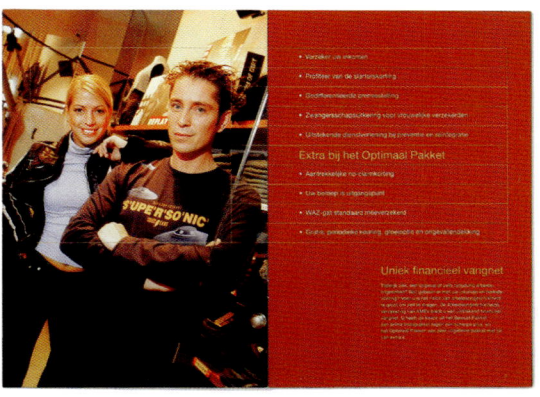

Produktbroschüren und -prospekte.

Website – Produkte für Unternehmen.

Manche Broschüren (Konzeptbroschüren) beziehen sich auf ein Thema statt auf ein Produkt.

*Website – Produkte für Privatleute
Auf der Website werden Interessenten an den Versicherungsvermittler verwiesen.*

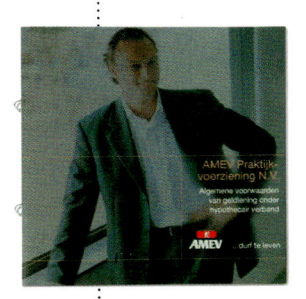

Heft mit den Versicherungsbedingungen.

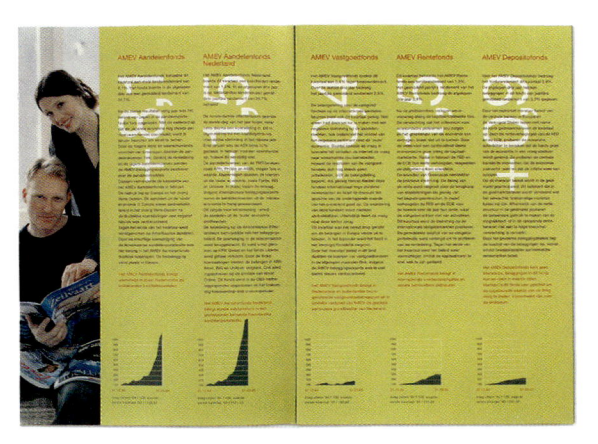

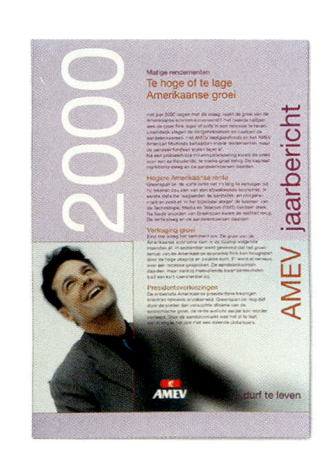

Vierteljahresbericht über die Fonds für Anleger.

OP ZONNE-ENERGIE
28 AUG
GRONINGEN
BOMMEBEREND
AANVANG 13:30
TOEGANG GRATIS
NUON
www.solarvibes.nl
PROJECT 2
onze stad!
www.in-groningen.nl
Hall

MITTENDRIN

Neue Sicht auf Wohnen

Volkshuisvesting ist das Fusionsprodukt einer Reihe von Wohnungsbaugesellschaften, die von jeher eine wichtige Rolle im sozialen Wohnungsbau spielen. Mit dem schrittweisen Rückzug des Staates aus diesem Bereich ändert sich das Rollenverständnis von Volkshuisvesting. Volkshuisvesting entwickelt sich zu einer zweigliedrigen Organisation mit dem Leitgedanken: „Gut wohnen für alle". Mit dem Bereich Stadtentwicklung wird das Geld verdient, das zur Finanzierung der sozialen Aufgaben im Bereich Wohnungsbau benötigt wird. Der Auftrag lautet: „Unsere neue Rolle und das gesellschaftliche Engagement unserer Organisation sichtbar machen". Dies ist der Anstoß zu einem einzigartigen Prozess, der eine solide Grundlage für die neue Identität bietet.

Im Bild

Die eigenen Mitarbeiterinnen und Mitarbeiter liefern den Input. Mit Einwegkameras spazieren sie durch Groningen, um zu zeigen, was sie mit ihrer Stadt verbinden, was sie fasziniert und warum sie in die Perle des niederländischen Nordens verliebt sind. Damit entsteht Material für Brainstorming-Sessions und Sitzungen, in denen der Kern von Volkshuisvesting herausgefiltert wird. In Wort und Bild.
So erhält die neue Identität langsam Gestalt.

The Making of In

Schließlich werden der gesamte Prozess und die Ergebnisse in einem kleinen Buch dokumentiert: The Making of In. Denn In ist der neue Name von Volkshuisvesting. Mit dem Büchlein wird die Geschichte noch einmal ins Gedächtnis gerufen und die getroffenen Entscheidungen werden begründet. Es ist ein wichtiges Prozess- und Entscheidungsdokument. Die Begeisterung ist groß.

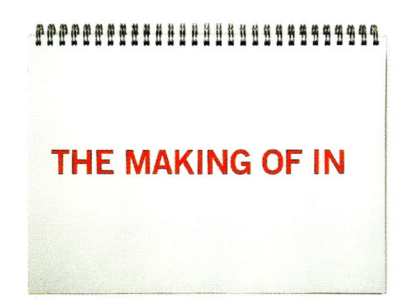

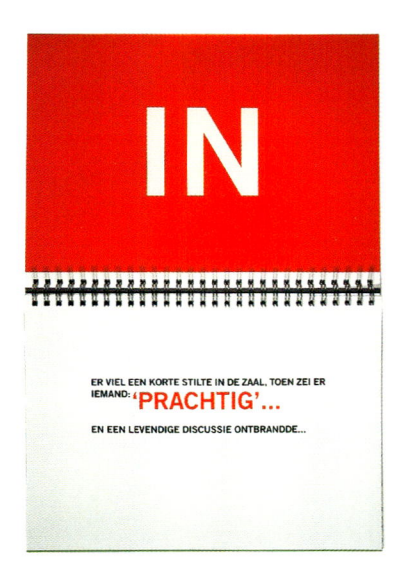

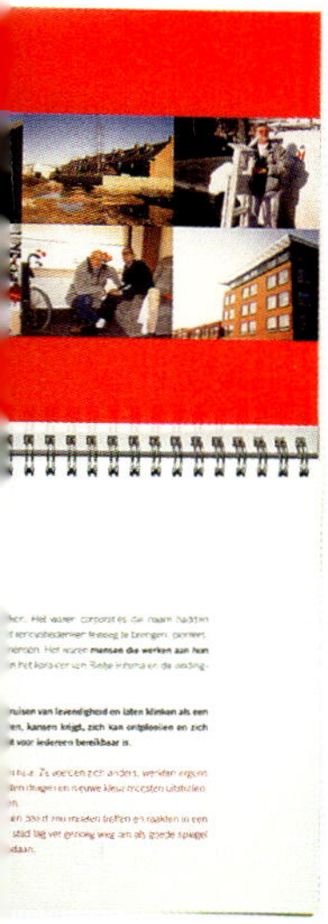

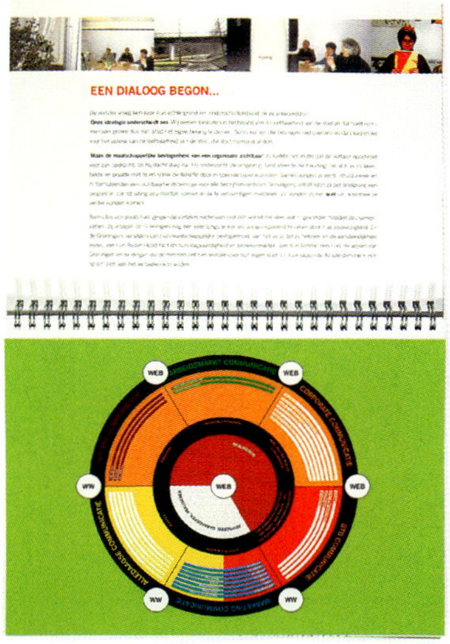

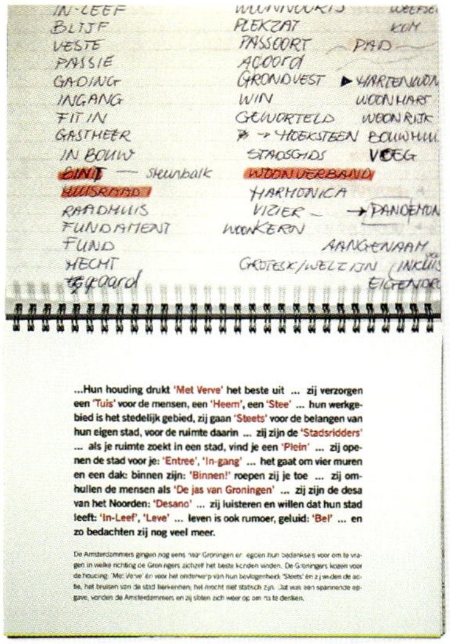

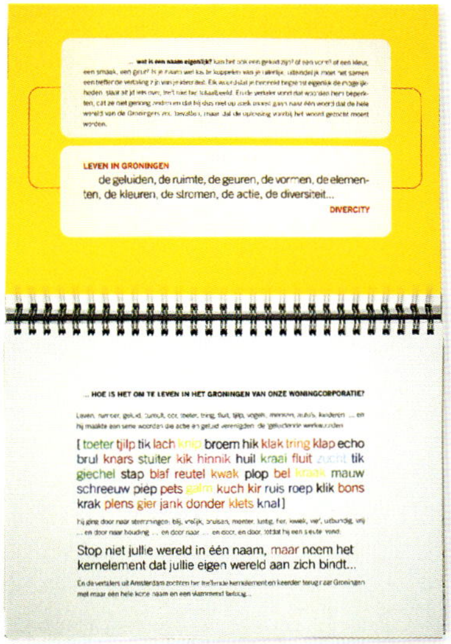

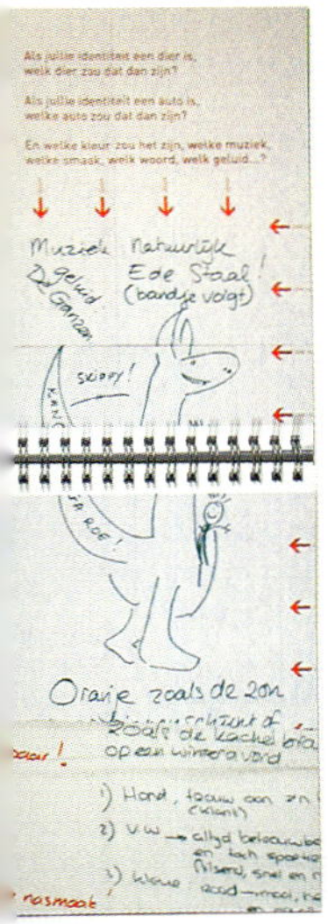

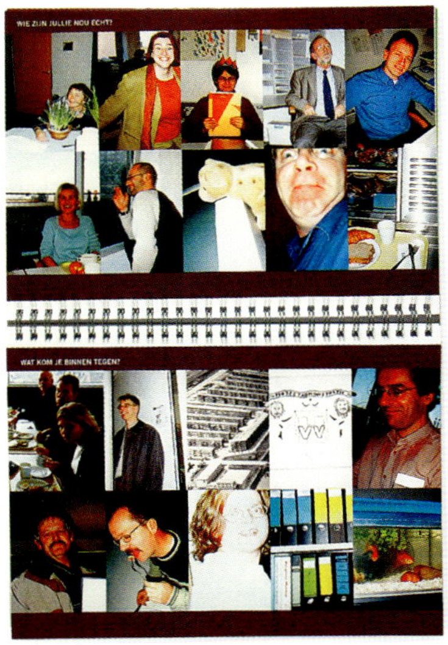

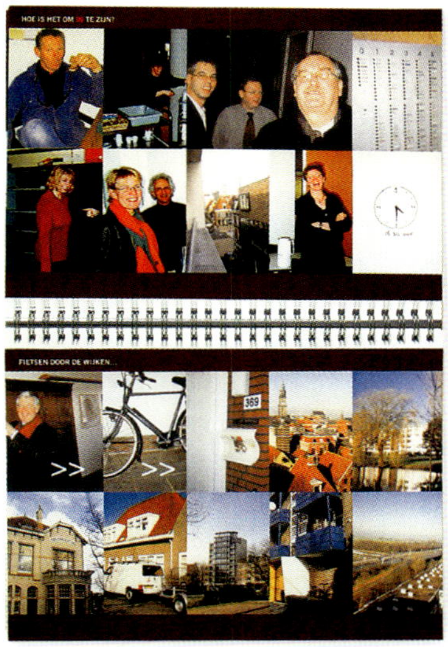

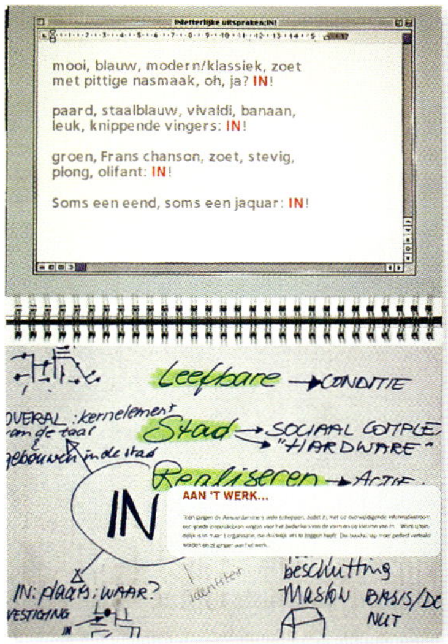

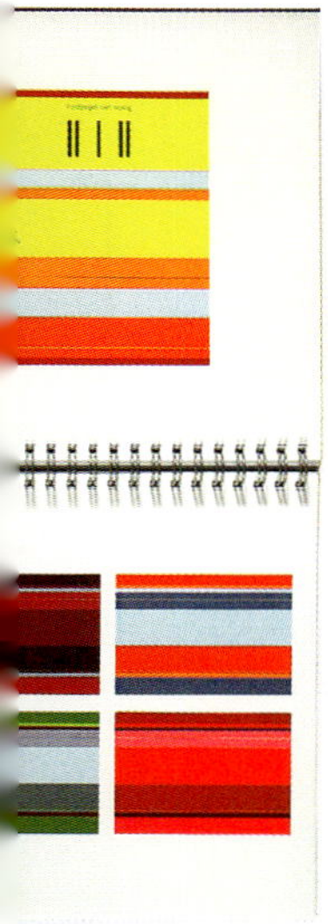

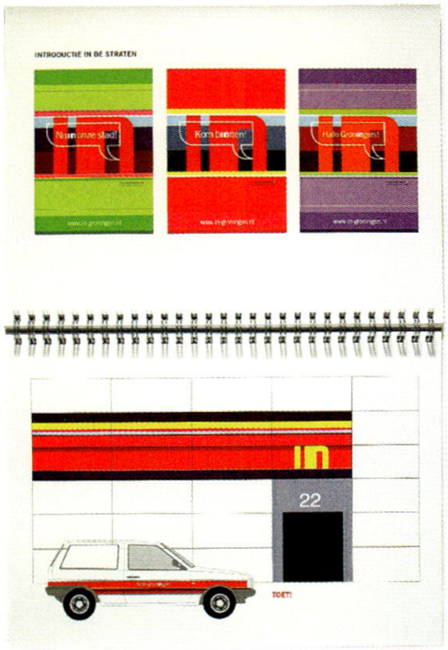

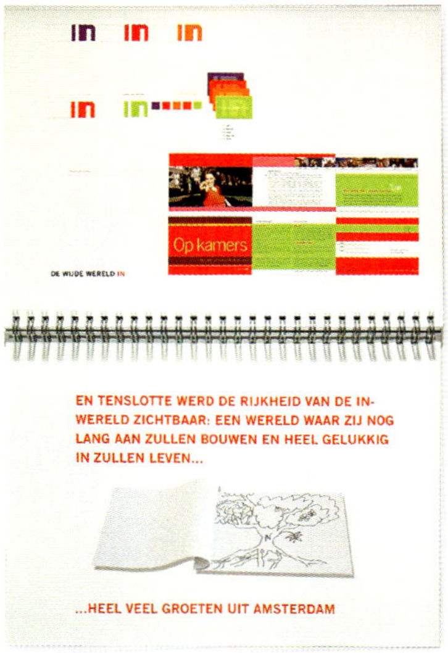

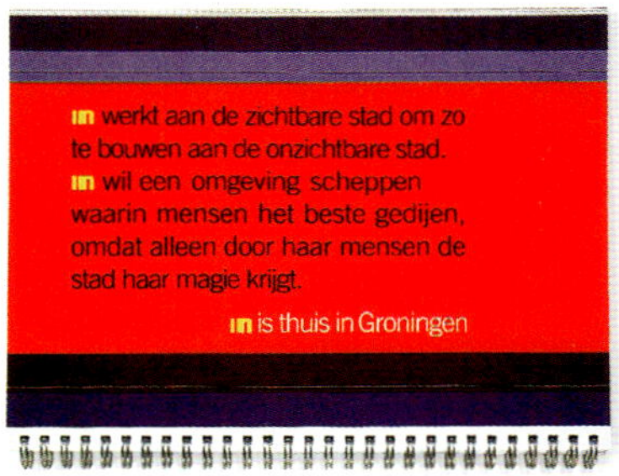

In
Das Namenskonzept bringt die Begeisterung für die Stadt zum Ausdruck. In ist das Kernelement, mit dem die Organisation die Welt an sich bindet. Es macht ein Grundbedürfnis des Menschen sichtbar: Schutz, vier Wände und ein Dach, drinnen sein, in etwas sein: In.

Eine monolithische Identitätsstruktur wurde gewählt. Die beiden Kernaktivitäten der Stiftung, Wohnungsbau und Stadtentwicklung, spielen optisch keine wesentliche Rolle, sind jedoch in der sekundären Linie erkennbar.

Die Farbpalette, die für die Träger des Corporate Style verwendet wird, besteht aus sechs lebendigen, kräftigen und dynamischen Farben, die „at random" eingesetzt werden. Durch das Querformat wirken die Broschüren austadend und gewinnen Tiefe.

Im Dialog mit der Stadt
Auf dem internen Namensgebungsfest wurde das Arbeitsbuch „The Making of In" verteilt und ein spontan entstandenes In-Lied gesungen. Bei der Einführung zierten die farbenfrohen In-Poster ganz Groningen und auf den bunten Luftballons steht: In die Luft!
Nun kann „In" den Dialog mit seiner Stadt ganz selbstverständlich aufnehmen. Die Einwohner ansprechen, ihnen Fragen stellen und auf sie reagieren …

kamers
plek: precies zoals ik het wil
Wij beginnen!
gsus&
gsubelle
pure love...

DYNAMIK

Die Stichting Toezicht Effectenverkeer (STE) bewegt sich mitten in einer dem permanenten Wandel unterworfenen Finanzwelt.
Bei so viel Dynamik spielt die Wertpapieraufsicht eine wichtige Rolle. Sie soll schließlich das Vertrauen und die Glaubwürdigkeit des Finanzsystems sichern. Dieses Vertrauen muss in erster Linie vom Markt selbst kommen. STE legt die Verantwortlichkeiten fest und sorgt dafür, dass sie aktiv wahrgenommen werden.

Als neue Organisation braucht STE ein Markenzeichen, das ein aussagekräftiges Statement zu ihrer Rolle abgibt. Das Markenzeichen bringt vor allem die Dynamik der Finanzwelt zum Ausdruck. STE ist dabei die allgegenwärtige Konstante. Das wird durch eine Spirale dargestellt. Das Markenzeichen ist dreidimensional, sodass sie auch als Animation im Web verwendet werden kann. Sie ist natürlich auch eine Anspielung auf den elektronischen Weg, auf dem die Transaktionen durchgeführt werden.

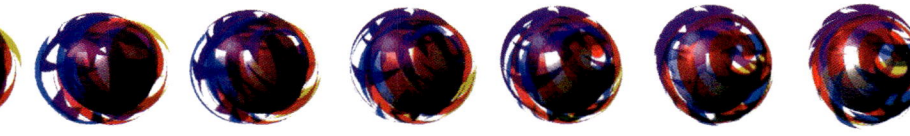

Ein Markenzeichen, so dynamisch wie die Finanzwelt selbst: immer in Bewegung, immer wieder anders und doch jederzeit erkennbar.

STE Stichting Toezicht Effectenverkeer

EINS

WERDEN

Zwei Kommunen, eine Identität
Die Kommunen Voorburg und Leidschendam beschlossen den Zusammenschluss zu einer Gemeinde. Leidschendam-Voorburg ist der Name, für den sich die Bewohner in einem Referendum entschieden. Die Stadtkerne der neuen Kommune behalten ihren Namen, doch die Eigenheiten der beiden Zentren müssen in der neuen Corporate Identity verknüpft werden.

Stadtgeschichte

Die Geschichte der beiden Kommunen und ihr Zusammenschluss ist in der Corporate Story nachzulesen. Voorburg ist alt und vornehm. Es hat etwas vom stattlichen Den Haag, mit dem es fest verwachsen ist. Leidschendam ist eine junge, eher ländliche Stadt. Die Story handelt von den Gründen des Zusammenschlusses und dem Charakter der neuen Stadt. In diesem Sinne ist sie auch ein wichtiges Dokument des Fusionsprozesses. Zugleich ist die Story Ausgangspunkt für die Entwicklung des Konzepts. Die Verbindung von Alt und Neu, Stadt und Land entsteht durch das Zusammenfügen von Wappenkunde und modernem Lebensgefühl. In einem heft wird diese Entwicklung skizziert, sodass sich jeder von diesem Gedankengang inspirieren lassen kann.

Wappenknechte sind in der Heraldik die Nebenfiguren, die das Wappen tragen. Sie machen das Wappen also möglich. Die Einwohner von Leidschendam-Voorburg machen faktisch auch die Kommune möglich. Somit sind sie die Wappenknechte unserer Zeit.

Gleichgewicht in der Stadt

Im Markenzeichen werden Gegenwart und Vergangenheit durch moderne Formgebung und historische Elemente kombiniert. Die Figuren symbolisieren die Einwohner von Leidschendam-Voorburg und sind um eine freie Fläche herum gruppiert, die für den Raum steht, den sie sich alle teilen: die neue Stadt. Jede Figur erzählt eine kleine Geschichte, gemeinsam stehen sie für einen Tag im Leben der Kommune. Diese Figuren spielen nicht nur eine wesentliche Rolle im Markenzeichen, sondern auch im neuen Corporate Design der Kommune. Die Einwohner begegnen ihnen auf Schritt und Tritt.

Intensives Einführungsprogramm

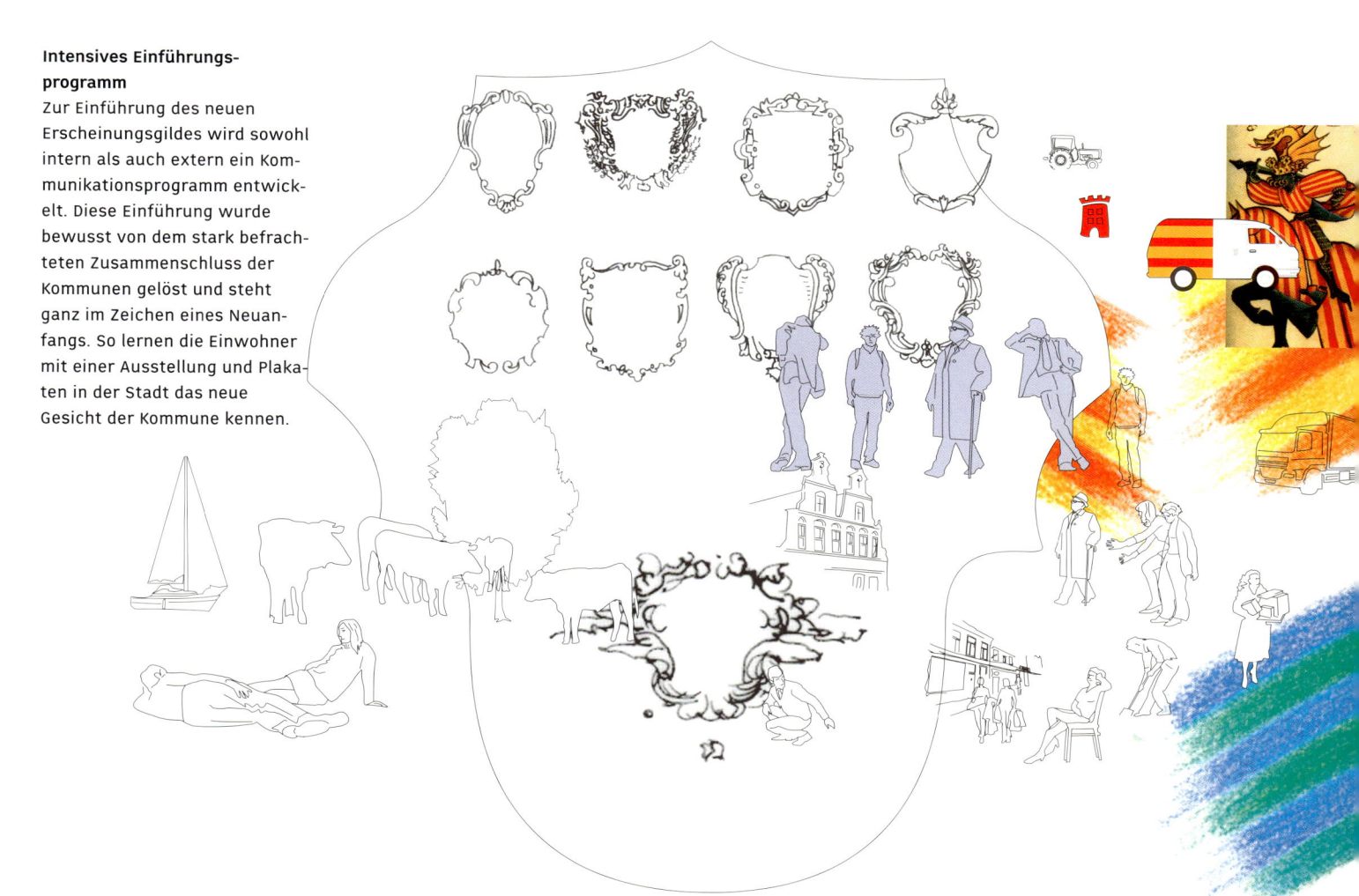

Zur Einführung des neuen Erscheinungsgildes wird sowohl intern als auch extern ein Kommunikationsprogramm entwickelt. Diese Einführung wurde bewusst von dem stark befrachteten Zusammenschluss der Kommunen gelöst und steht ganz im Zeichen eines Neuanfangs. So lernen die Einwohner mit einer Ausstellung und Plakaten in der Stadt das neue Gesicht der Kommune kennen.

Rund um die Uhr stellen die Silhouetten einen Tag in Leidschendam-Voorburg dar.

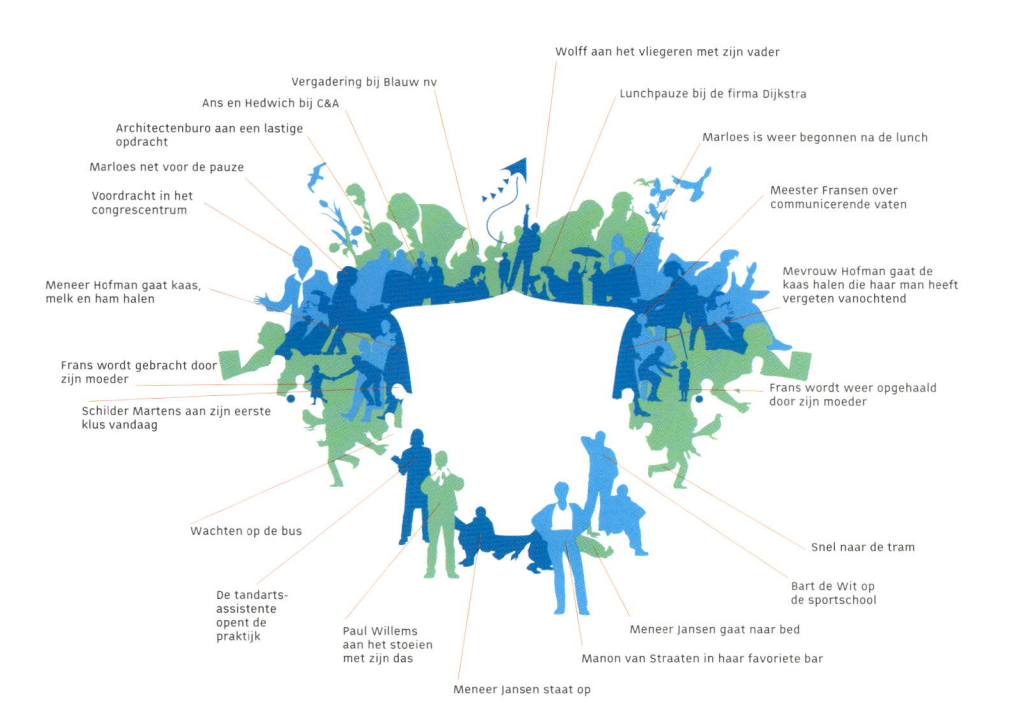

Wolff aan het vliegeren met zijn vader
Lunchpauze bij de firma Dijkstra
Vergadering bij Blauw nv
Ans en Hedwich bij C&A
Marloes is weer begonnen na de lunch
Architectenburo aan een lastige opdracht
Marloes net voor de pauze
Meester Fransen over communicerende vaten
Voordracht in het congrescentrum
Mevrouw Hofman gaat de kaas halen die haar man heeft vergeten vanochtend
Meneer Hofman gaat kaas, melk en ham halen
Frans wordt gebracht door zijn moeder
Frans wordt weer opgehaald door zijn moeder
Schilder Martens aan zijn eerste klus vandaag
Wachten op de bus
Snel naar de tram
De tandartsassistente opent de praktijk
Bart de Wit op de sportschool
Paul Willems aan het stoeien met zijn das
Meneer Jansen gaat naar bed
Manon van Straaten in haar favoriete bar
Meneer Jansen staat op

Die Bewohner der beiden Kommunen gewöhnen sich schnell an den neuen Namen und den neuen Anblick – auf Papier, auf dem Bildschirm und auf der Straße.

ZAAT
ERKENDE VERHUIZERS
POPULIERENDREEF
Stadskaart
Landstad in de Randstad
Gemeente Leidschendam-Voorburg
Behouden stad
We koesteren de historie rondom u.

Landstad in de Randstad
Gemeente Leidschendam-Voorburg
Leefstad
We bouwen aan de toekomst rondom u.
Z.O.Z.

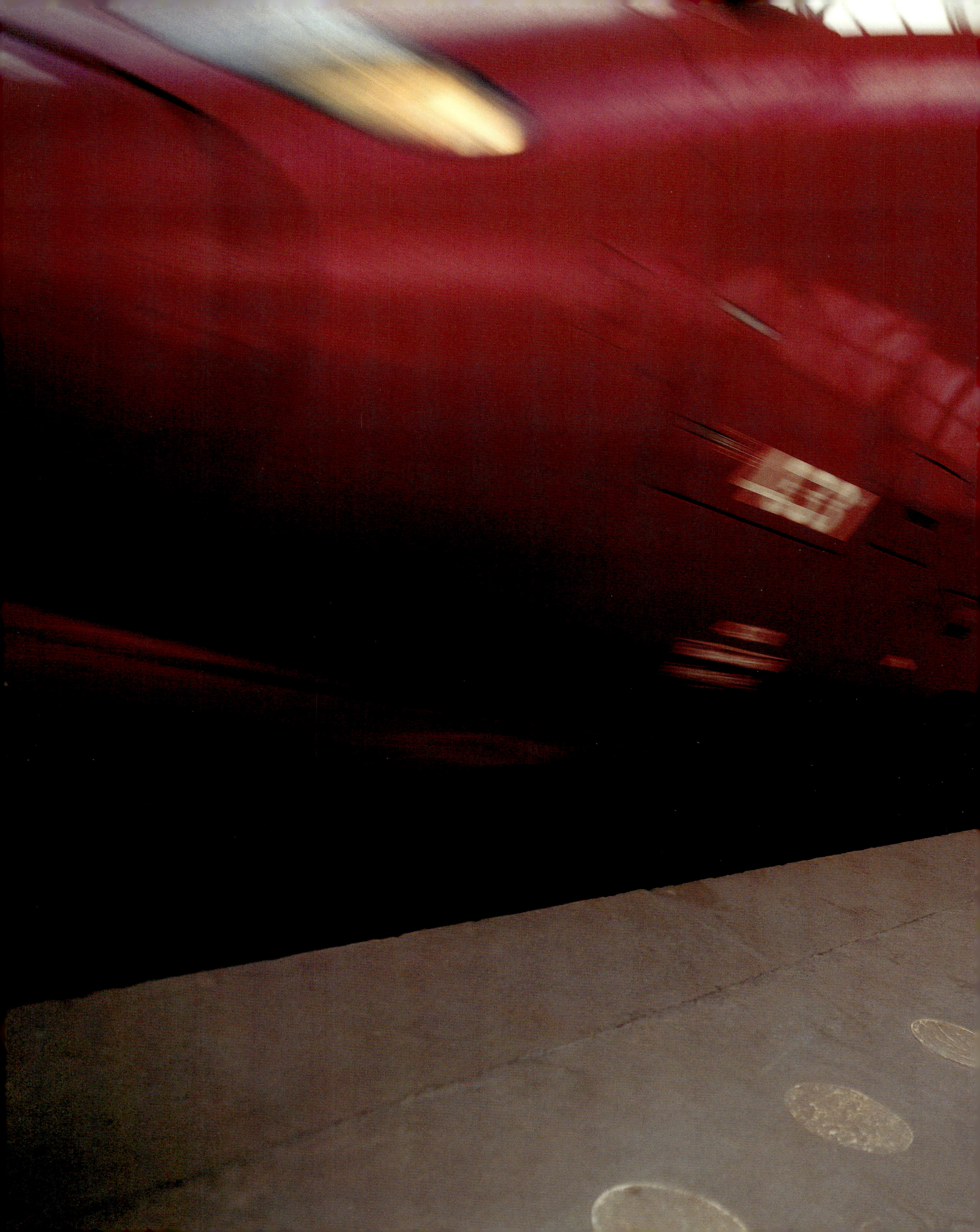

ERLEBNIS

Züge, die ein Erlebnis waren *Die Welt des Fliegens*

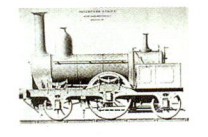

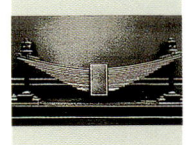

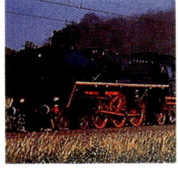

Die Freuden des Reisens *Hochgeschwindigkeitszüge*

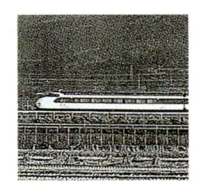

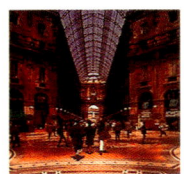

THALYS

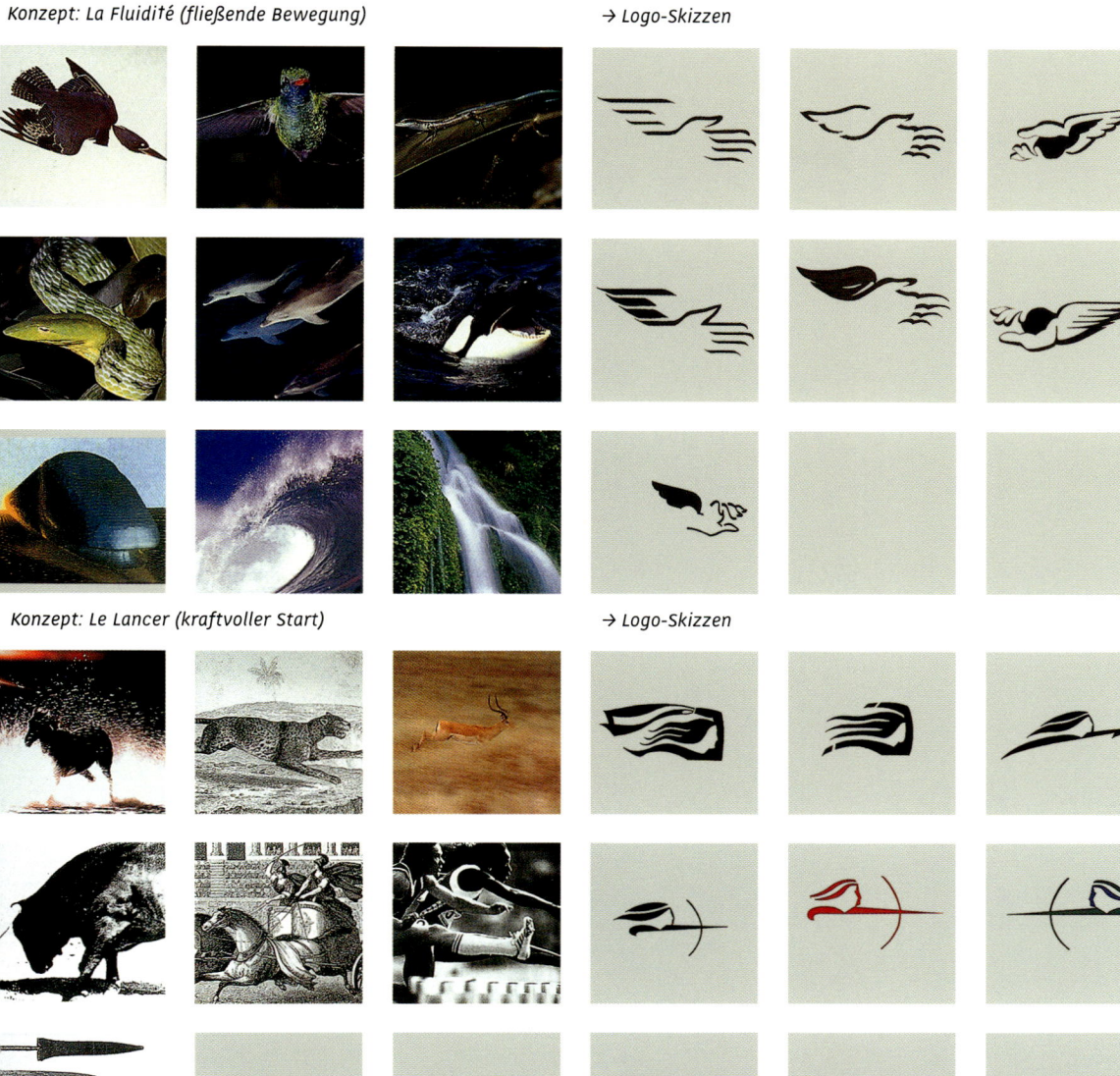

Konzept: La Fluidité (fließende Bewegung) → *Logo-Skizzen*

Konzept: Le Lancer (kraftvoller Start) → *Logo-Skizzen*

Zwischen Flugzeug und Zug

Vier europäische Eisenbahngesellschaften (SNCF, NS, SNCB und DB) schaffen mit vereinter Kraft das erste internationale Schienennetz. Eine Hochgeschwindigkeitsstrecke, die Paris, Amsterdam, Köln und Brüssel miteinander verbindet. Stärkste Konkurrenten der Bahn sind Auto und Flugzeug. Daher muss sich die Bahn in Geschwindigkeit und Komfort mit diesen beiden Transportmitteln messen können.

Zur klaren Profilierung dieses Service wird eine neue Marke geschaffen. Sie muss eine aussagekräftige und wiedererkennbare Identität haben, die sowohl kulturelle als auch sprachliche Barrieren überbrückt. Zu diesem Zweck werden die konkurrierenden Verkehrsträger ebenso ausführlich analysiert wie das Flair, das das Konzept transportieren muss.

Der Thalys als Erlebnis

Bei der Entwicklung der Marke treten verschiedene Werte in Erscheinung, die das Profil prägen. Reisen mit diesem Zug ist ein Erlebnis: Schnelligkeit, Zuverlässigkeit, Kundenfreundlichkeit und Komfort lauten die Schlüsselbegriffe. Diese Werte dienen als Ausgangspunkt für die Entwicklung des Namens und des Markenzeichens.

Dem Design des Markenzeichens liegt die fließende Bewegung eines Objekts zugrunde, das auf dem Weg zu seinem Ziel die Luft durchschneidet. Im Entwurf wird diese Bewegung mit einer menschlichen Form kombiniert. Die speziell entworfene Schrift der Wortmarke unterstreicht abermals den menschlichen Aspekt. Das Zugdesign wurde in Kooperation mit der ehemaligen Design-Abteilung der niederländischen Eisenbahngesellschaft NS Design entworfen. Sie ist verantwortlich für das Design der Innenausstattung und der Piktogramme in den Fahrzeugen.

STATEMENT

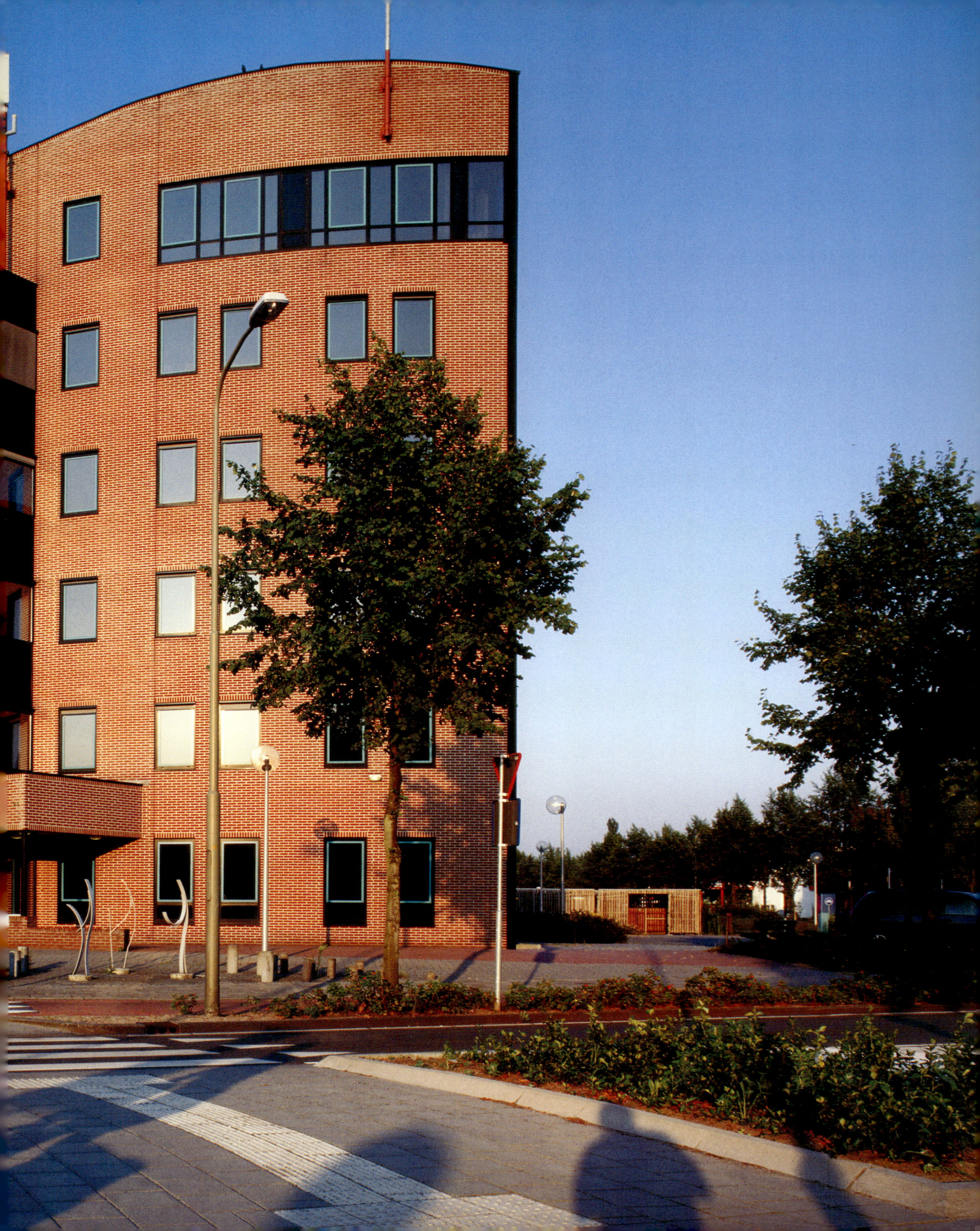

Ich pflege, wir pflegen

Fusionen sind problematische Prozesse, bei denen das gemeinsame Ziel häufig durch die Begleitumstände der Fusion nahezu aus den Augen verloren wird. Diese Gefahr bestand auch bei Pantheon Zorggroep, einem Kooperationsverband mehrerer häuslicher Pflegedienste. Das Angebot von Pantheon umfasst ambulante Altenpflege, Krankenpflege, Betreuung nach der Geburt, Essen auf Rädern und Information. Während des Zusammenschlusses stehen Fragen der Organisation, Kosten, Budgets etc. im Vordergrund. Die einzelnen Beschäftigten können sich darin nicht wiederfinden. Sie möchten für ihre Kunden da sein und sorgen – eine Herausforderung für eine neue Identität mit eindeutigem Statement.

Statement im primären Erscheinungsbild

Ein wichtiges Thema ist das Erleben von Pflegen und Gepflegtwerden. Beschäftigte und Kunden erfahren die Vergrößerung des Unternehmens auf der einen Seite und den Erhalt der Qualität der Dienstleistung auf der anderen Seite als Spannungsfeld. Es wird deutlich, dass sie viel Wert auf die Erreichbarkeit und die Qualität der Pflegedienste legen. Dies ist für die neue Identität so wichtig, dass es im primären Erscheinungsbild aufgegriffen wurde. Der neue Name lautet Icare. Zusammen mit dem Markenzeichen entsteht so ein aussagekräftiges Statement. Es geht um emotionales Erleben, nicht um zu erledigende Aufgaben.

Statement und Identitätsstruktur

Icare beinhaltet ein Statement, ein Versprechen („ich sorge für ..."), es ist ein kommunikativer Name. Der Name wird niederländisch ausgesprochen und erhält dadurch auch einen assoziativen Anklang. In der Identitätsstruktur ist der gemeinsame Anspruch wichtiger als die einzelnen Dienstleistungen. Deshalb wurde ein gemeinsamer Nenner geschaffen.

Das Markenzeichen von Icare hat die Form eines abgerundeten Kieselsteins – nach dem Motto: Jeder steuert ein Steinchen zum Gesamtgebilde bei. Die Form ist weich, freundlich und organisch. Ausgerichtet auf Zukunft, Fortschritt und Innovation. Die Buchstaben der Wortmarke sind gezeichnet, um das Erfahren der Pflege zu betonen. Auch hier überwiegen runde Formen.

Rechts: Broschüren mit individuell angefertigten Porträtfotos von Menschen.

voeding en dieet
icare

Alles over gezond eten
zorg die bij u past

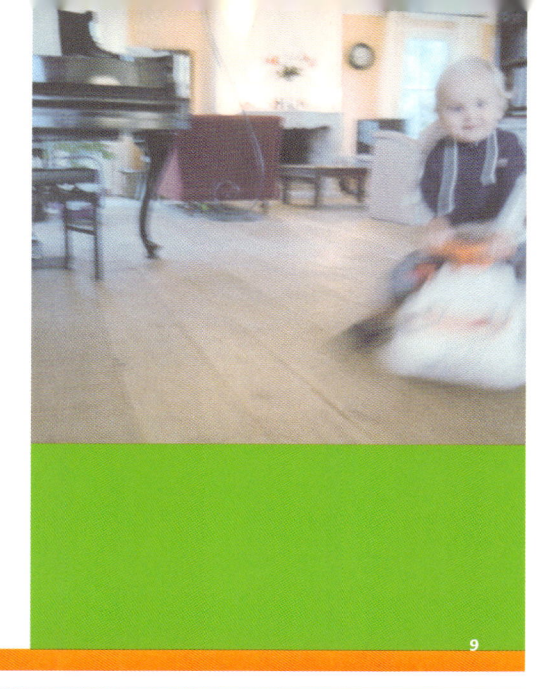

Hoe meldt u zich aan? Als u zich wilt aanmelden voor kraamzorg van Icare, vult u dan het inschrijfformulier in dat bij deze folder hoort. Nadat u dit heeft teruggezonden ontvangt u van ons een aanmeldingsbevestiging.

De intake Als u uw eerste kindje verwacht komt een kraamverzorgende bij u thuis voor een intakegesprek. Dit gesprek is bedoeld om zoveel mogelijk 'kraamzorg op maat' te leveren. Aangepast aan uw gezinssituatie en rekening houdend met wat u verwacht. Zodat u straks de juiste kraamzorg krijgt. Verwacht u uw tweede of volgende kindje, dan vindt de intake telefonisch plaats.

Stagiaires We vinden het belangrijk dat kraamverzorgenden in opleiding praktijkervaring kunnen opdoen. Daarom is het nodig dat stagiaires meelopen met een kraamverzorgende. Tijdens het intakegesprek vragen wij u dan ook of een stagiaire gedurende de kraamtijd kan meelopen. Zij werkt onder directe verantwoordelijkheid van de kraamverzorgende.

Wat heeft u nodig? Als u ongeveer zeven maanden zwanger bent, dan is het belangrijk dat u alles in orde maakt voor de bevalling en de kraamtijd. Het is goed om dan ook de babyuitzet klaar te hebben.

Het kraampakket bestaat uit:
- 3 doosjes steriele gaaskompressen 16/16
- 1 flesje alcohol van 70%
- 2 pakken kraamverband of 1 pak kraamverband en 1 pak inlegluiers
- 2 pakken maandverband
- 1 pak verbandwatten
- 10 onderleggers
- 1 kraammatras
- 1 bedzeil
- 1 navelklem
- 3 kleine veiligheidsspelden
- 3 grote veiligheidsspelden
- desinfecterende zeep (stuk of handpompje)
- 2 netbroekjes

4 — 5

ouder- en kindzorg
icare

Icare Ouder- en Kindzorg
zorg die bij u past

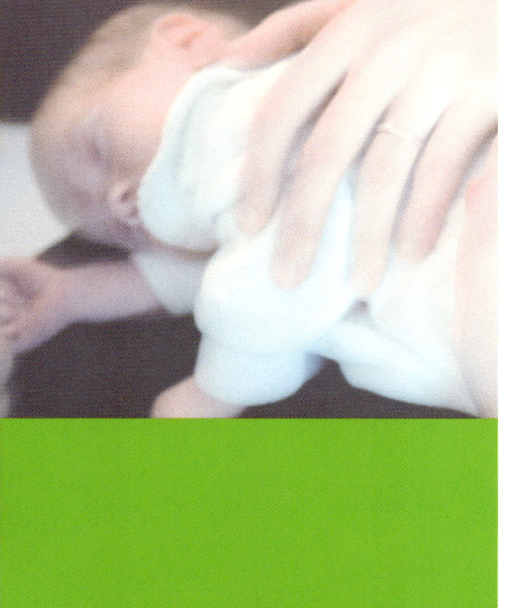

2

Zwanger, bevalling en verder?

De cursussen en informatiebijeenkomsten van Icare Voorlichting en Preventie houden niet op bij zwangerschap en bevalling. Want ook daarna is er genoeg te leren of uit te wisselen met andere ouders. Bijvoorbeeld over de ontwikkeling van uw baby, het omgaan met peuters, opvoeding… Icare Voorlichting en Preventie heeft een gevarieerd aanbod aan cursussen en informatiebijeenkomsten:

Cursus 'Als je een baby hebt' Een cursus voor kersverse ouders waarin u informatie krijgt over de ontwikkeling van uw baby.

Cursus 'babymassage' Contact maken met je baby is goed voor zijn ontwikkeling en ontspannend, ook voor de moeder. En baby's vinden het heerlijk! Voor ouders van baby's vanaf ongeveer 6 weken tot 9 maanden.

Gespreksgroep 'praten over peuters' Uitwisselen van ervaringen met andere ouders van kinderen van 1,5 tot 4 jaar.

Themabijeenkomsten voor ouders van zuigelingen en peuters Praten en leren over bijvoorbeeld: huilen en troosten, regels en grenzen, slaapproblemen en koppigheid. Voor ouders van kinderen tot 4 jaar.

Cursus 'slaap kindje slaap' Een cursus voor ouders van jonge kinderen met slaapproblemen.

Cursus 'Opvoeden: zo!' Een cursus over opvoeden voor ouders van kinderen van 3 t/m 12 jaar.

8

Soorten zorg Icare Kraamzorg biedt u keuze uit een aantal mogelijkheden:

ja	ja	ja	ja	**maximale kraamzorg** 64 uur, 8 x 8 uur	
ja	ja	ja	ja	**gecombineerde kraamzorg** 48 uur, 4 hele en 4 halve dagen	
nee	nee	ja	ja	**basiskraamzorg** aantal dagen achtereen minimaal 4 uur	

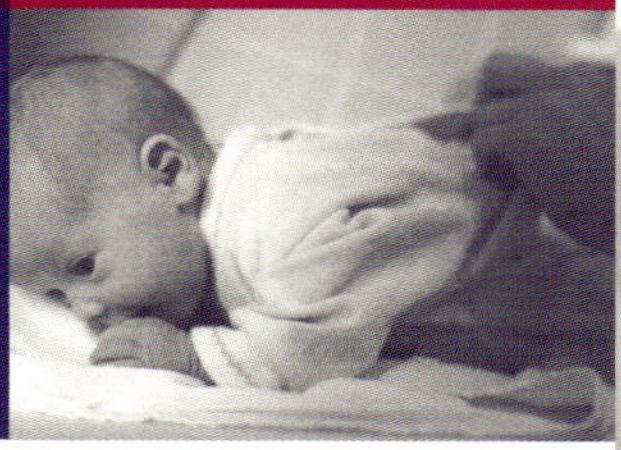

- hulp in de huishouding
- zorg voor de andere gezinsleden
- zorg en begeleiding voor moeder en baby
- hulp bij de bevalling

* Op indicatie van kraamverzorgende, verloskundige of arts kan het aantal uren kraamzorg worden bijgesteld. Dit is ook afhankelijk van de mogelijkheden die uw ziektekostenverzekering biedt.

---

kraamzorg **icare**

Kraamzorg op maat
zorg die bij u past

9

Cursussen voor aanstaande ouders

Wat kan ik doen om gezond en fit zwanger te zijn? Hoe kunnen mijn partner en ik ons samen voorbereiden op de bevalling? Wat is handig om te weten voor aanstaande ouders? Kies ik straks borst- of flesvoeding? Als je zwanger bent heb je meestal veel vragen. Daarom organiseert Icare Voorlichting en Preventie verschillende cursussen en informatiebijeenkomsten, speciaal voor aanstaande ouders. Leuk, leerzaam, en een prima gelegenheid om ervaringen uit te wisselen met andere aanstaande ouders!

Wat biedt Icare Voorlichting en Preventie Icare Voorlichting en Preventie is specialist op het gebied van cursussen en voorlichting. Onze docenten zijn vakbekwaam en hebben veel ervaring. De cursussen en informatiebijeenkomsten worden gegeven in verschillende plaatsen in het werkgebied van Icare.

Icare Voorlichting en Preventie organiseert de volgende cursussen en informatiebijeenkomsten:
- 'Zwanger en…': informatiebijeenkomst(en) voor aanstaande ouders
- Zwangerschapsgymnastiek
- Zwangerschapsyoga
- Zwangerschapsaerobics
- Samen bevallen

3

Seite 143

materieeldienst
bergambacht
telefoon 0182-35 21 44

UNTERNEHMEN

TBI ist ein Bau- und Technikkonzern, der aus einer Reihe von Einzelunternehmen besteht. In der Baubranche spielt jede dieser Firmen aufgrund ihrer Spezialisierung auf lokaler oder regionaler Ebene eine eigene Rolle. Allerdings nahm die Kooperation zwischen diesen Betrieben, meist auf Projektbasis, in den letzten Jahren feste Formen an. Damit die Unternehmen bei großen Ausschreibungen bessere Chancen haben, werden die Kooperationsbande institutionalisiert. Wichtiges Merkmal dieser gemeinsamen Identität ist das Unternehmertum.

Die Identität von TBI steht für Qualität und Wiedererkennbarkeit mit moderner, dynamischer und gepflegter Ausstrahlung. Bauen ist nicht nur das Aufeinandersetzen von Steinen, sondern erfordert auch Unternehmergeist und die Koordination der einzelnen Bauberufe, wobei Qualität eine Grundvoraussetzung für Kontinuität ist. Die Werte, die sich aus dieser Sichtweise ableiten lassen und das Corporate Design prägen, lauten: Prozess, Zusammenarbeit und Innovation.

Einheit in Vielfalt
Für den Konzern wird ein Markenzeichen entwickelt, das Spielraum für den Erhalt der eigenen Identität lässt. Die beteiligten Unternehmen führen ihren eigenen Namen und zugleich das Markenzeichen des Konzerns.

Ein modulares System bietet den einzelnen Betrieben einen Rahmen, sodass sie innerhalb des Corporate Design ihre eigenen Kommunikationsmittel erstellen können. Bei Form, Farbe, Typografie und Illustration steht eine Palette von Möglichkeiten zur Auswahl. Jedes Unternehmen kann daraus die Aspekte wählen, die seiner Meinung nach am besten zur eigenen Identität passen. Zudem existiert ein Labelsystem für die Vorderseite der Kommunikationsmittel. Dieses System zeigt dem Leser auf einen Blick, welcher Absender hinter einer bestimmten Broschüre steckt und welches Thema sie behandelt.

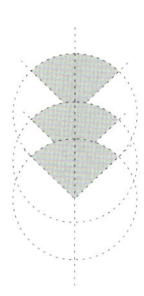

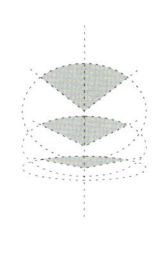

Das Markenzeichen ist ausdrucksstark und abstrakt. Es besteht aus drei Viertelkreisen, die in einem perspektivischen Winkel angeordnet sind. Die Kreise stellen ein entstehendes Gebäude aus Sicht des künftigen Benutzers dar. Die drei Stockwerke verweisen auf die verschiedenen Gewerke, die an der Vollendung des Bauwerks beteiligt sind, und symbolisieren die Phasen eines Projekts.

jp van eesteren

era bouw

hazenberg

heijmerink

korteweg

voormolen

ath
TBI techniek

croon
TBI techniek

eekels
TBI techniek

hvl
TBI techniek

merwestroom
TBI techniek

wolter & dros
TBI techniek

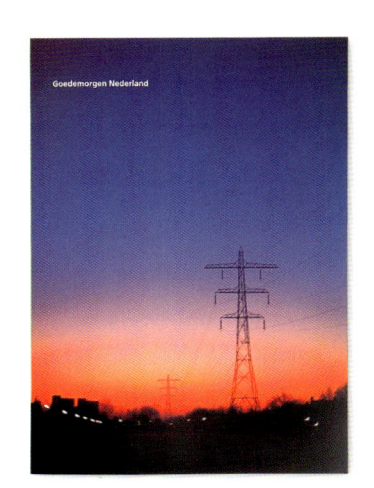

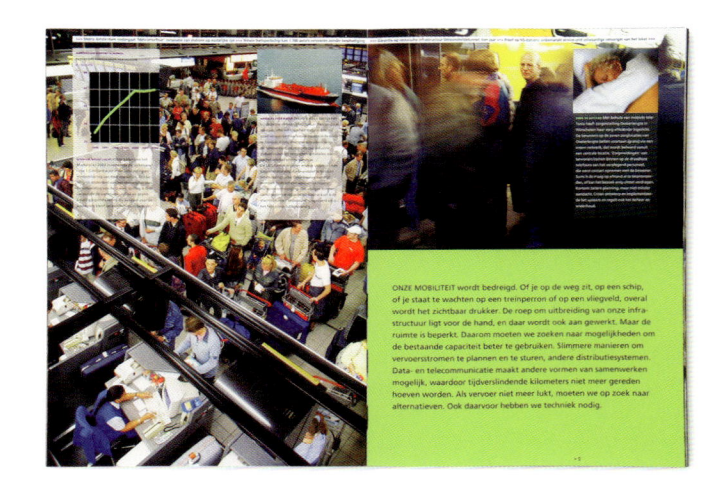

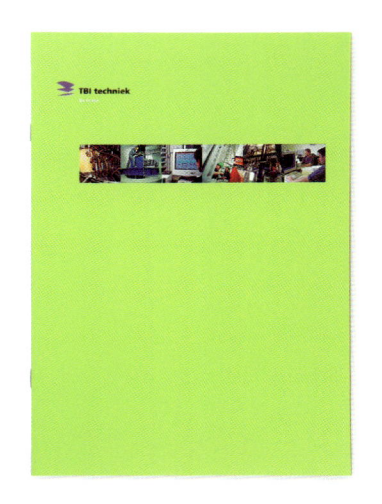

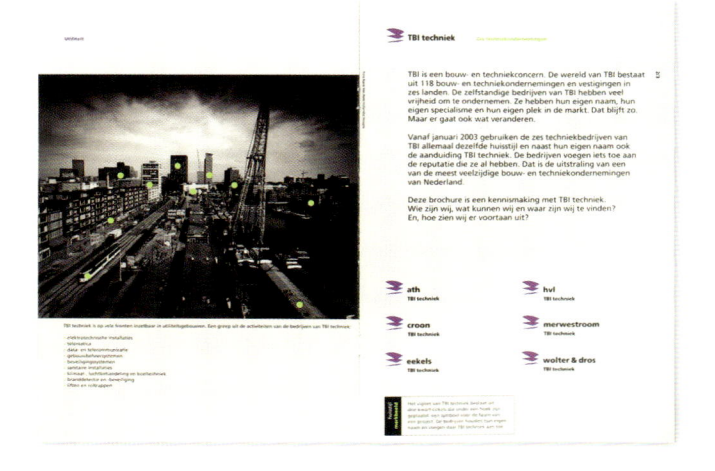

Broschüren verschiedenster Art für die einzelnen Firmen, hergestellt mit „Modular", einer in Ebenen aufgebautes Mustersamlung mit Anleitung.

Seite 147

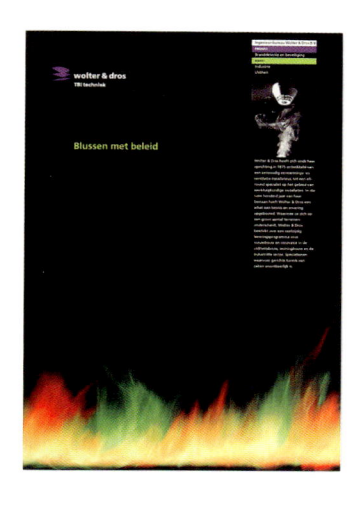

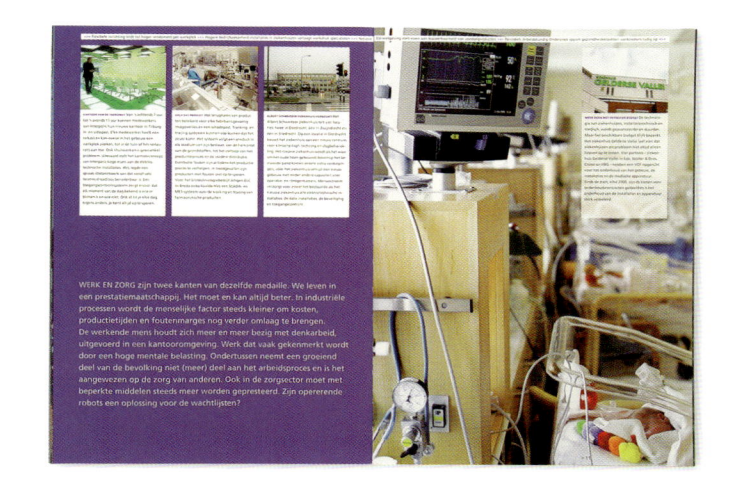

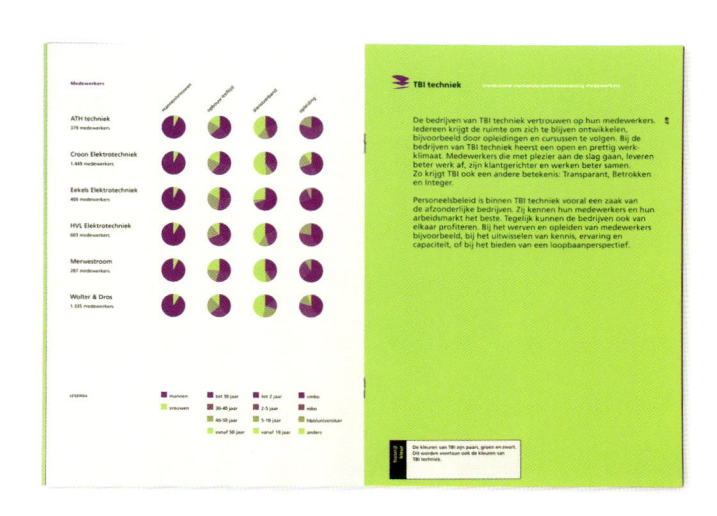

SELBSTBEWUSST

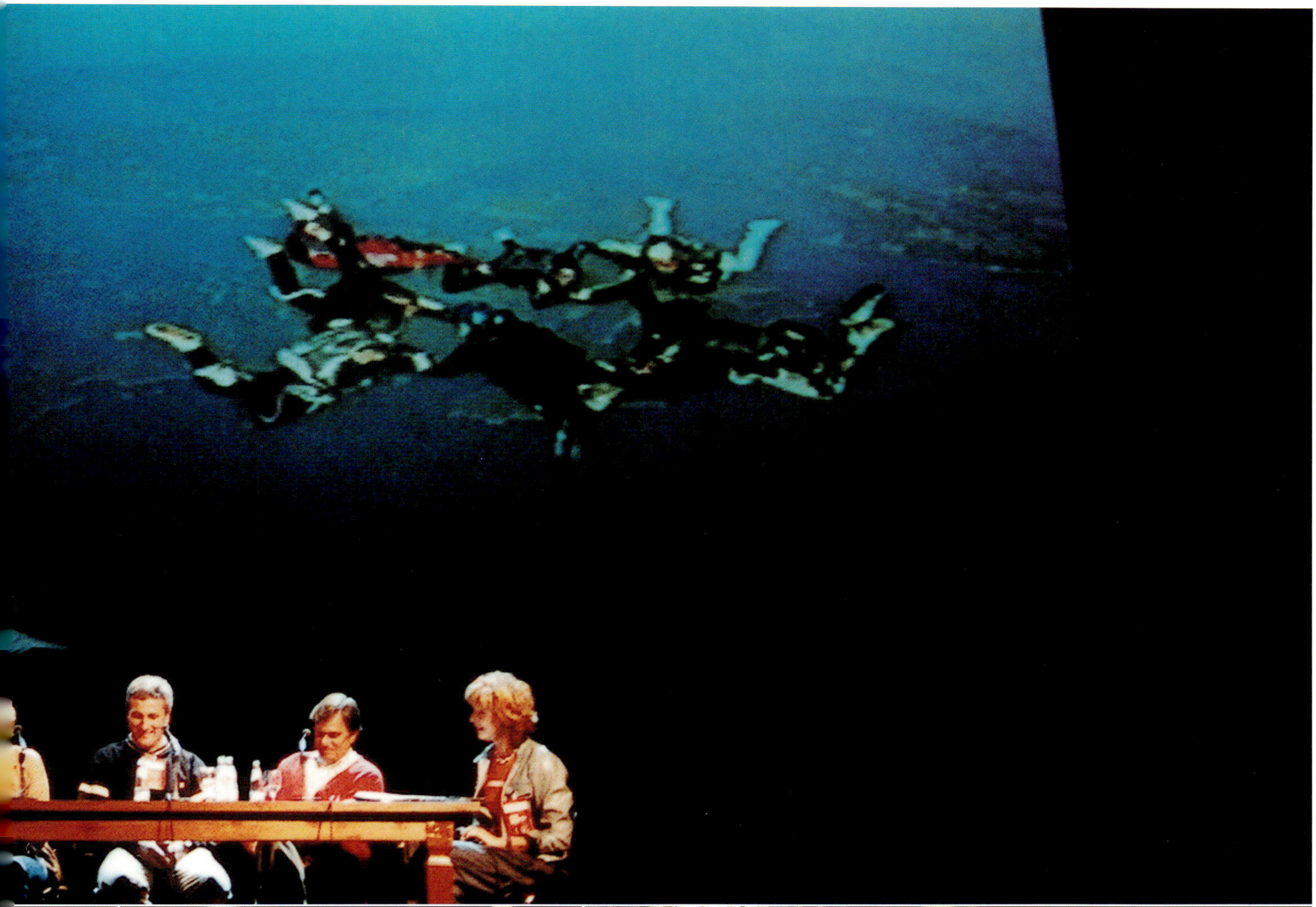
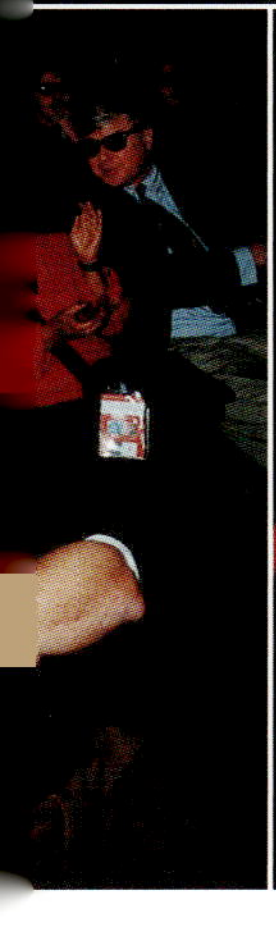
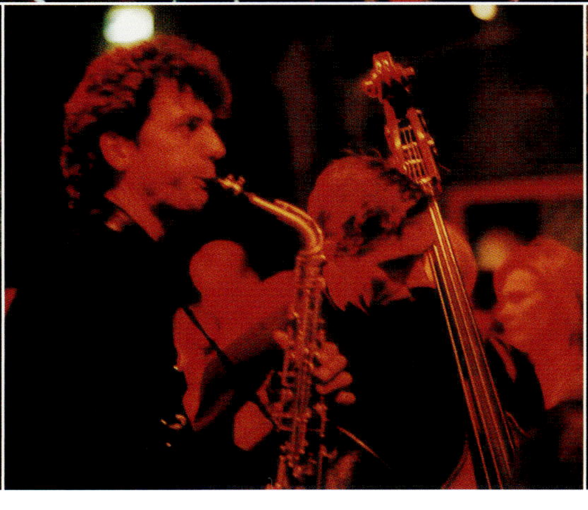
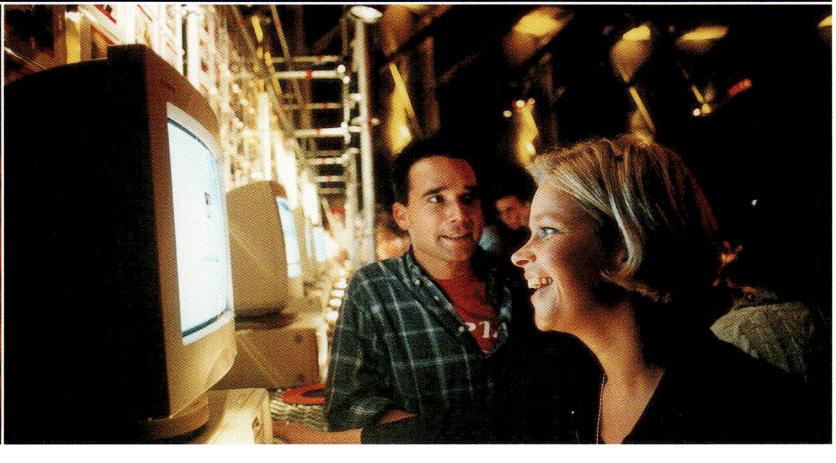

Dialog

Die Westland/Utrecht Hypotheekbank N.V., eine Bank, die auf immobiliengestützte Finanzprodukte und -dienstleistungen spezialisiert ist, hat Schwierigkeiten, ihre eigene Marktposition zu beschreiben. Das zur ING Gruppe gehörende Unternehmen richtet sich sowohl an Privat- als auch an Geschäftskunden. Mit der Spezialisierung auf immobiliengestützte Finanzierungen hat es in den Niederlanden eine einzigartige Stellung; Untersuchungen zeigen, dass es sich einen Namen als Bank gemacht hat, die „in der Vergangenheit" immer innovative Produkte auf den Markt brachte. Externe, die lange und intensiv mit Westland/Utrecht zusammenarbeiten, glauben, dass das Unternehmen sehr einfallsreiche Finanzlösungen entwickeln kann.

Kernkompetenz

Diese Kraft schlummert bei Westland/Utrecht immer noch vor sich hin, wenn auch reichlich verdeckt. Die Fähigkeit zur Entwicklung innovativer Konzepte ist immer noch vorhanden, gilt jedoch nicht mehr als einzige Kernkompetenz. Infolgedessen wird sie nicht mehr ausreichend als Unterscheidungsmerkmal erfahren und spielt keine Rolle mehr als integraler Bestandteil der Identität in der Kommunikation mit dem Markt.

Zur Neudefinition dieser Kraft wurde ein Dialog gestartet. In Interviews und Workshops mit Schlüsselfiguren findet Westland/Utrecht sich selbst wieder: Die Identität gewinnt wieder an Schärfe. Thema des Geschäftsberichts wird „der Dialog".

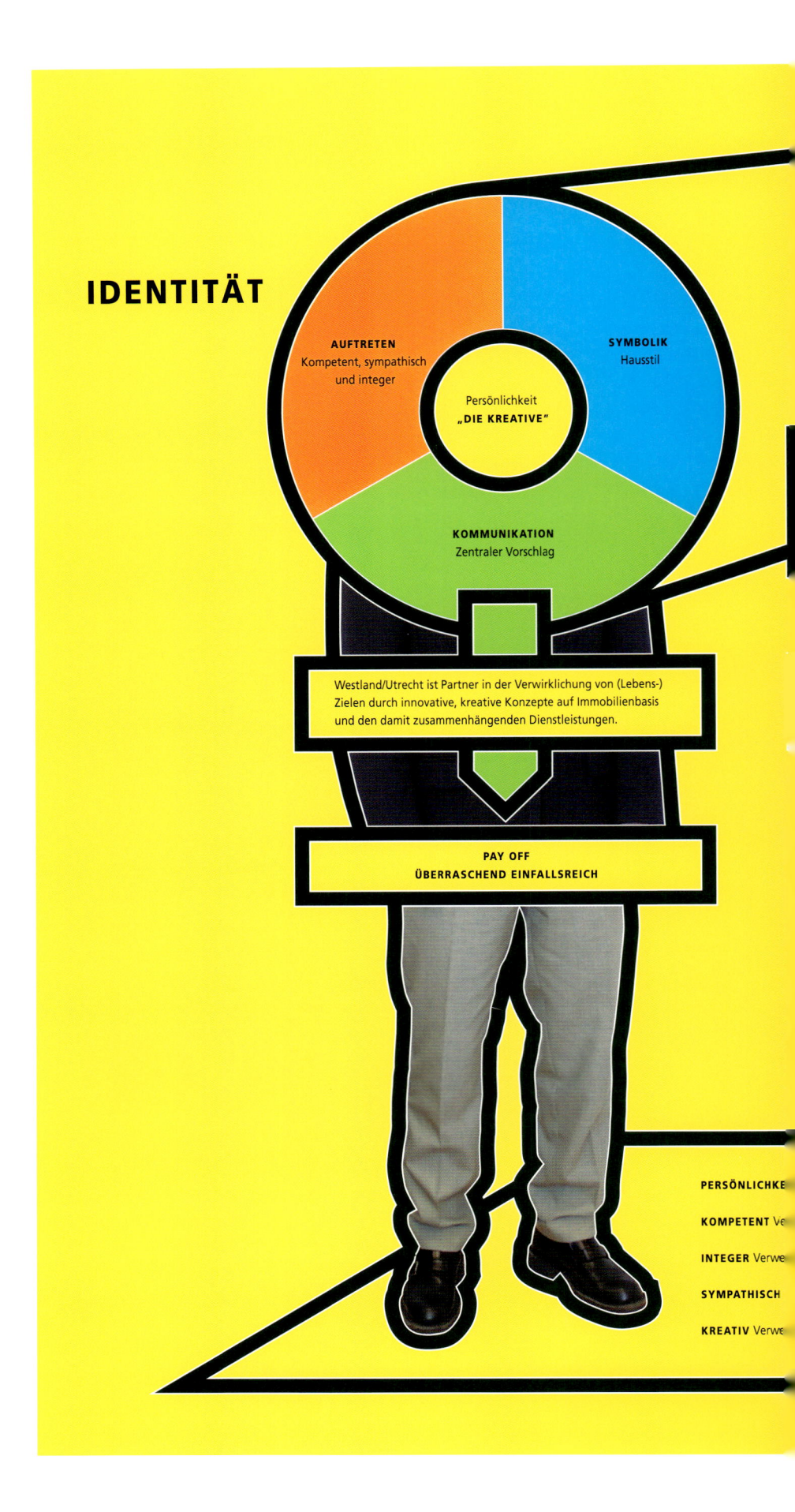

IDENTITÄT

AUFTRETEN
Kompetent, sympathisch und integer

SYMBOLIK
Hausstil

KOMMUNIKATION
Zentraler Vorschlag

Persönlichkeit
„DIE KREATIVE"

Westland/Utrecht ist Partner in der Verwirklichung von (Lebens-)Zielen durch innovative, kreative Konzepte auf Immobilienbasis und den damit zusammenhängenden Dienstleistungen.

PAY OFF
ÜBERRASCHEND EINFALLSREICH

PERSÖNLICHKE
KOMPETENT Ve
INTEGER Verwe
SYMPATHISCH
KREATIV Verwe

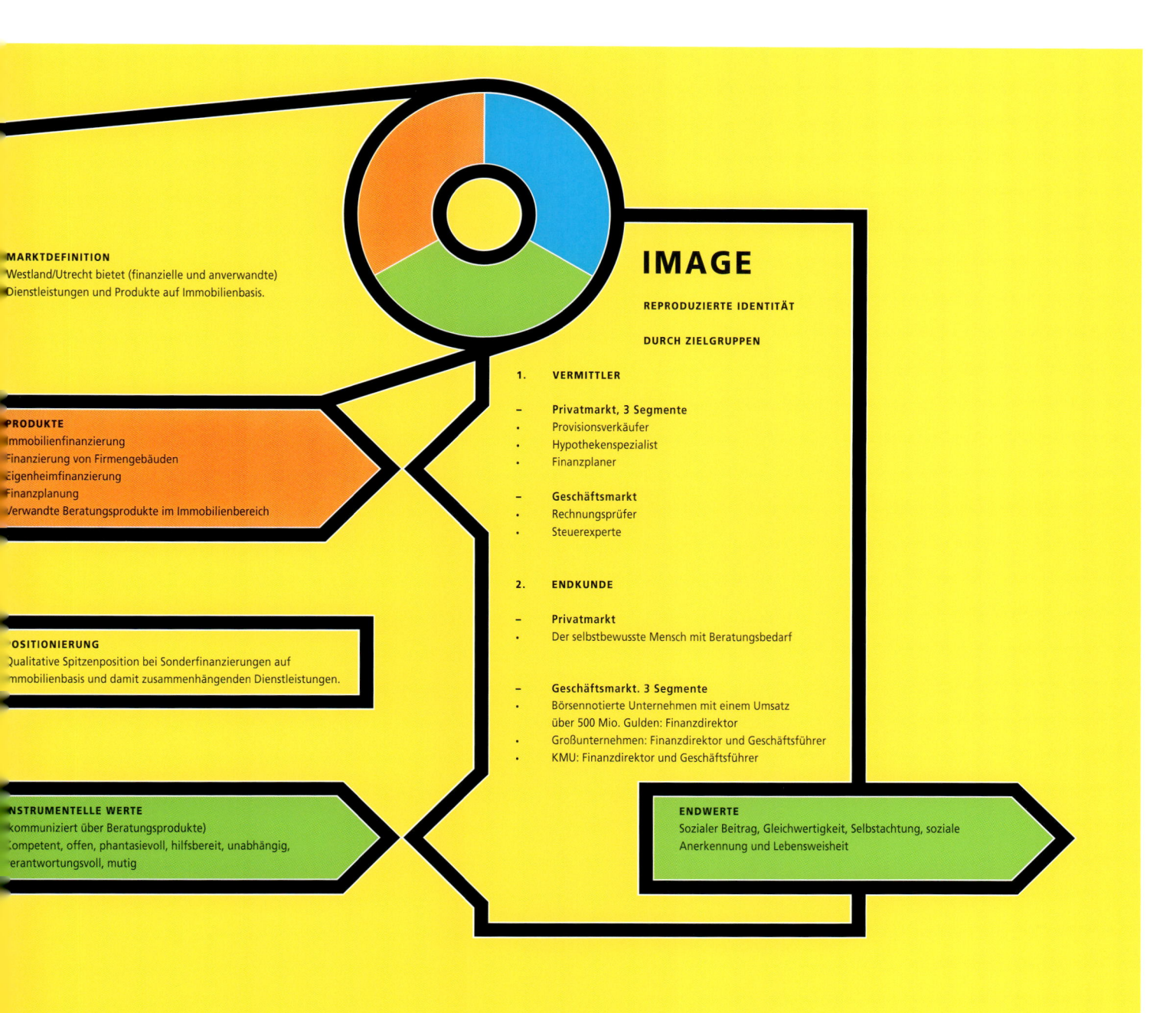

MARKTDEFINITION
Westland/Utrecht bietet (finanzielle und anverwandte) Dienstleistungen und Produkte auf Immobilienbasis.

PRODUKTE
Immobilienfinanzierung
Finanzierung von Firmengebäuden
Eigenheimfinanzierung
Finanzplanung
Verwandte Beratungsprodukte im Immobilienbereich

POSITIONIERUNG
Qualitative Spitzenposition bei Sonderfinanzierungen auf Immobilienbasis und damit zusammenhängenden Dienstleistungen.

INSTRUMENTELLE WERTE
(kommuniziert über Beratungsprodukte)
Kompetent, offen, phantasievoll, hilfsbereit, unabhängig, verantwortungsvoll, mutig

IMAGE

REPRODUZIERTE IDENTITÄT

DURCH ZIELGRUPPEN

1. **VERMITTLER**

– **Privatmarkt, 3 Segmente**
- Provisionsverkäufer
- Hypothekenspezialist
- Finanzplaner

– **Geschäftsmarkt**
- Rechnungsprüfer
- Steuerexperte

2. **ENDKUNDE**

– **Privatmarkt**
- Der selbstbewusste Mensch mit Beratungsbedarf

– **Geschäftsmarkt. 3 Segmente**
- Börsennotierte Unternehmen mit einem Umsatz über 500 Mio. Gulden: Finanzdirektor
- Großunternehmen: Finanzdirektor und Geschäftsführer
- KMU: Finanzdirektor und Geschäftsführer

ENDWERTE
Sozialer Beitrag, Gleichwertigkeit, Selbstachtung, soziale Anerkennung und Lebensweisheit

MERKMALE

professionell, sachkundig, spezialisiert, Qualität und begründetes Selbstvertrauen

bescheiden, vorsichtig, sorgfältig, genau, ehrlich und kritisch

aufgeschlossen freundlich, nett, zuvorkommend, sozial engagiert, mit Einfühlungsvermögen

innovativ, modern, aktuell, dynamisch, eigensinnig

Westland/Utrecht
ÜBERRASCHEND EINFALLSREICH

Darstellung

Das 30-jährige Jubiläum bietet eine gute Gelegenheit, gemeinsam die neue Identität zu erleben. Auf einer Personalversammlung zum Thema „Darstellung" gibt Westland/Utrecht der Identität Ausdruck. Teilaspekte werden ausgearbeitet, Fragen beantwortet, abstrakte Konzepte werden konkretisiert. Die Mitarbeiter sind es, die der eigenen Organisation aus ihrer Vorstellung heraus wieder Form geben. Die Organisation wird sich wieder selbstbewusst. Eigenes Können und die eigene Rolle auf dem Markt und in der Gesellschaft zeichnen sich deutlich ab. Das Motto lautet deshalb: überraschend einfallsreich.

ER ZIJN 286 BERICHTEN OP HET INTRANET VERSTUURD AAN COLLEGA'S

KWAI

KWALITEIT > NU: KENNIS, KENNISOVERDRACHT EN DE SAMENWERKING DIE HIERVOOR ESSENTIEEL IS, ZIJN DE BELANGRIJKSTE ZAKEN DIE HIER NAAR VOREN KOMEN. MAAR OOK CREATIVITEIT EN DEGELIJKHEID WORDEN GENOEMD ALS DRAGERS VAN ONZE KWALITEIT. TOEKOMST: WE BEELDEN UIT DAT WE IN DE TOEKOMST KWALITEIT, KENNIS, SNELHEID EN KRACHT IN SAMENWERKING WILLEN VERMEERDEREN EN VERBETEREN. DOOR CREATIVITEIT WILLEN WE SOLIDE MAATWERK LEVEREN. CONCLUSIE: WE ZIJN EEN BEETJE ONZEKER OVER ONZE KWALITEIT IN DE TOEKOMST. WE WILLEN EEN NIEUW ZELFBEWUSTZIJN MAAR VRAGEN ONS OOK AF WAT DAARVAN HET NUT IS. WE WILLEN WEL IETS NIEUWS, MAAR WETEN NIET GOED HOE WE DAT KUNNEN REALISEREN.

Herausforderung
Der nächste Schritt besteht darin, mit dem wieder gefundenen Elan dem Markt gegenüber zu treten. Im Geschäftsbericht ist deshalb „die Herausforderung" Thema. Im Internet setzt Westland/Utrecht eine öffentliche Diskussion in Gang. Es finden Gesprächen mit Experten statt. Broschüren werden veröffentlicht ... Westland/Utrecht ist überall zu sehen und zu hören.

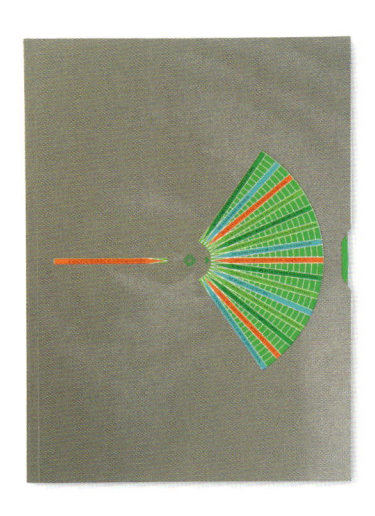

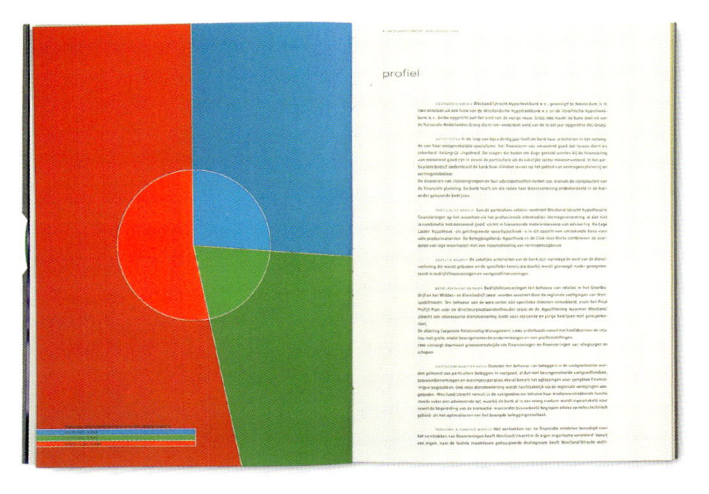

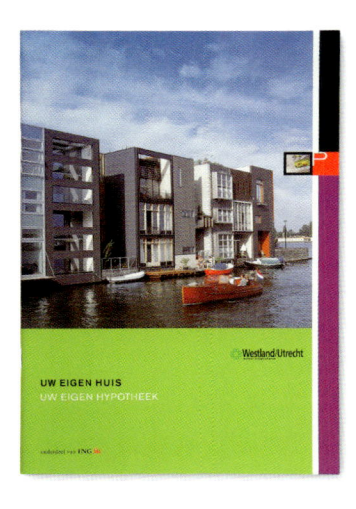

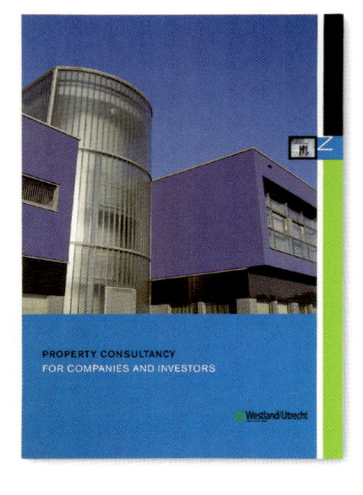

Oben: Thementeil des Geschäftsberichts 1999 „Die Herausforderung"; unten: Gestaltung der Produktbroschüren.

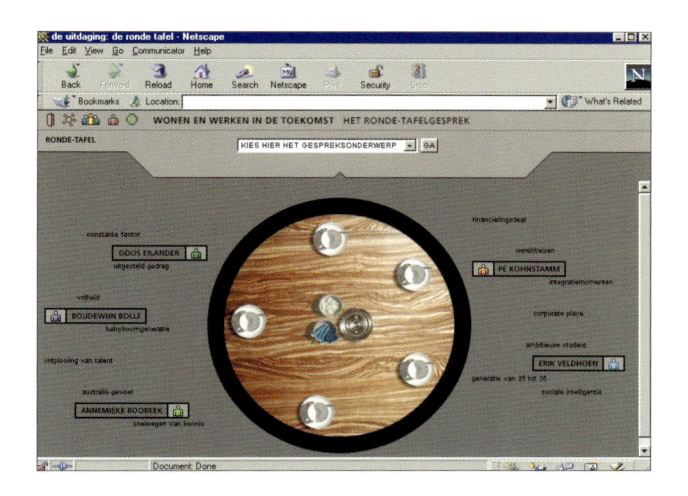

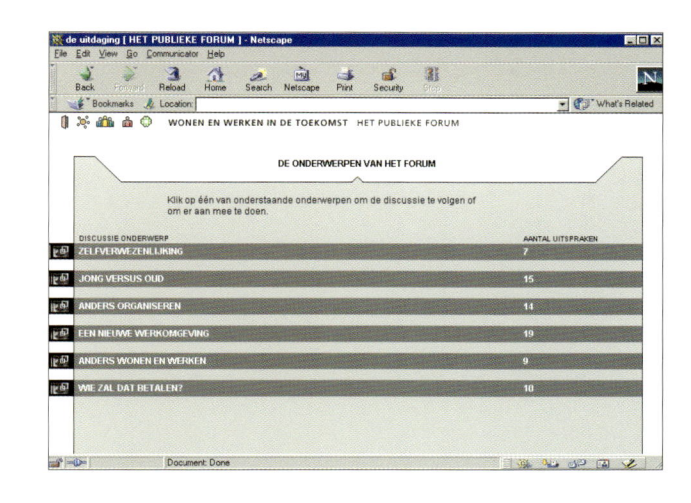

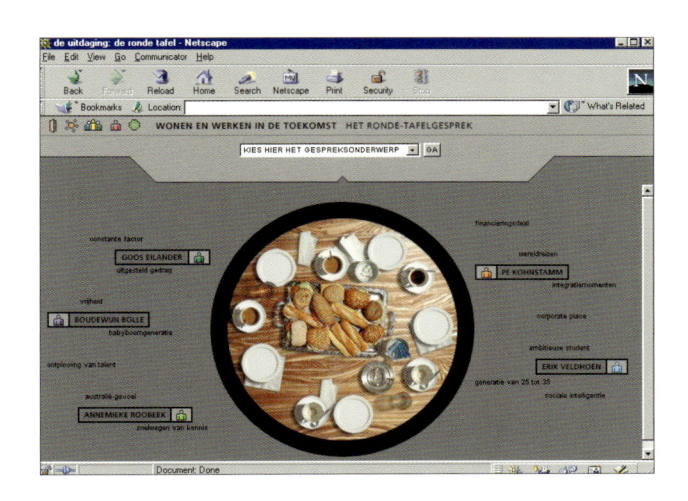

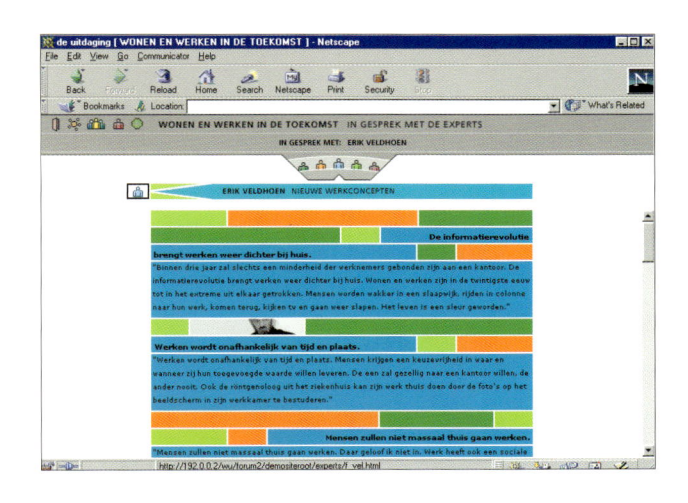

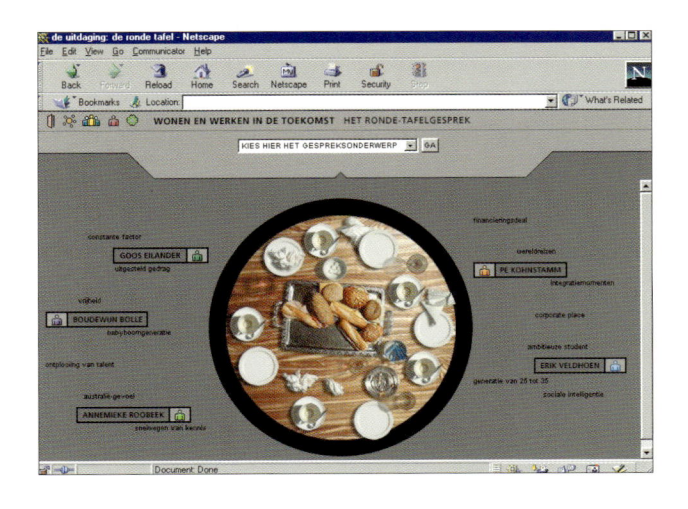

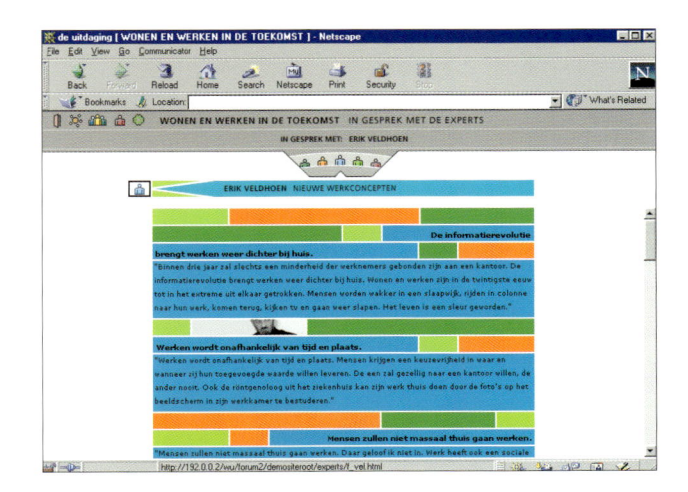

Je länger das Gespräch dauert, desto voller wird der Tisch. *Das interaktive Forum.*

Konsequenz

Die erneuerte Identität verleiht Schärfe und Profil. Im Mutterkonzern ING entfacht sich derweil eine Diskussion über die Zukunft von Westland/Utrecht. Durch die Loskopplung von der ING Gruppe erhielt Westland/Utrecht mehr Spielraum für selbständige Produktentwicklung und Wachstum. Zur Bündelung des Know-hows, über das das Unternehmen Westland/Utrecht verfügt, beschloss ING jedoch die Anbindung an ING Immobilien und die ING Bank. Das Einzelunternehmen wird mit ING InterAdvies kombiniert. Westland/Utrecht erhält so eine neue Form, nimmt Abschied vom Alten. Für alle Mitarbeiter wird ein Jubiläumsbuch erstellt. Das Buch zeigt das Unternehmen im Wandel der Zeit. Die Umgebung verändert sich, die Hypothekenbank ändert sich mit. Mitten in diesem Tanz kommt die Entwicklung abrupt zum Stehen. Und wieder gibt es einen Neubeginn.

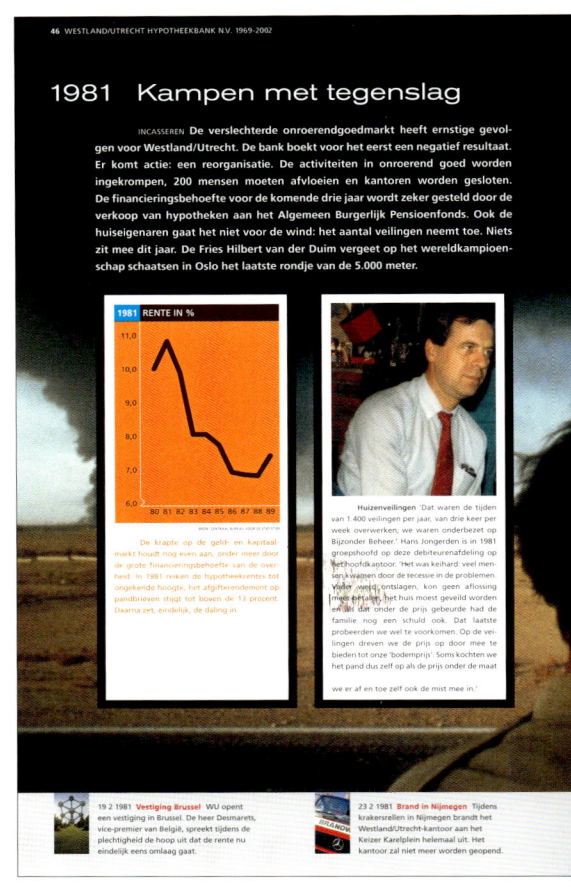

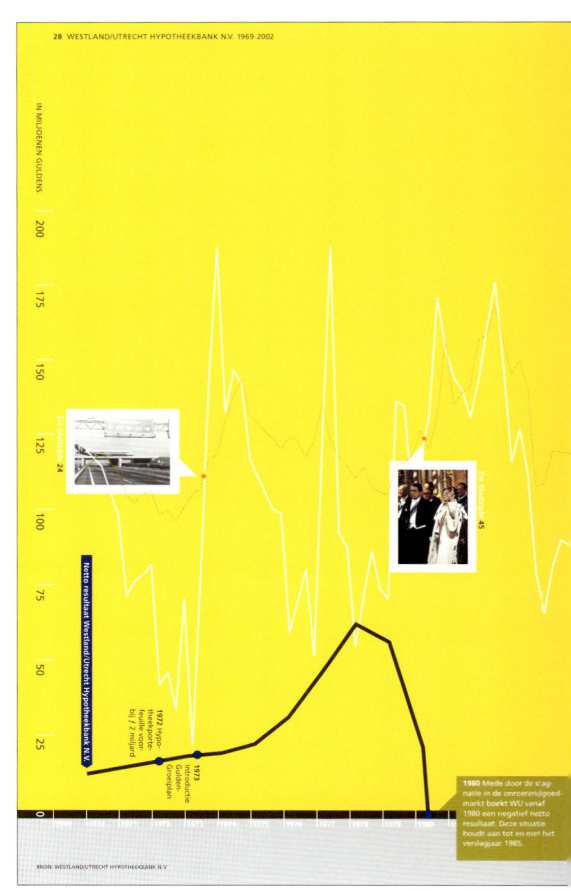

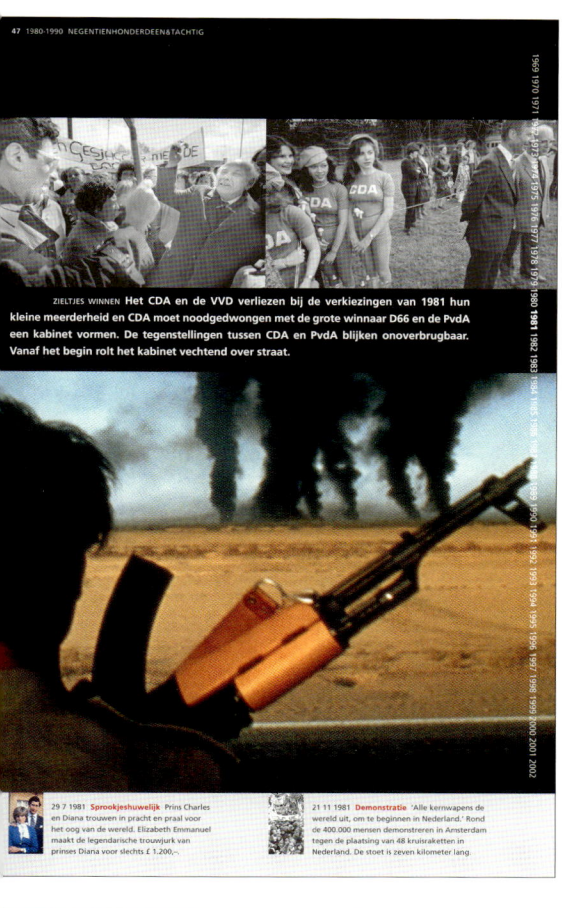

47 1980-1990 NEGENTIENHONDERDEEN&TACHTIG

ZIELTJES WINNEN Het CDA en de VVD verliezen bij de verkiezingen van 1981 hun kleine meerderheid en CDA moet noodgedwongen met de grote winnaar D66 en de PvdA een kabinet vormen. De tegenstellingen tussen CDA en PvdA blijken onoverbrugbaar. Vanaf het begin rolt het kabinet vechtend over straat.

29 7 1981 **Sprookjeshuwelijk** Prins Charles en Diana trouwen in pracht en praal voor het oog van de wereld. Elizabeth Emmanuel maakt de legendarische trouwjurk van prinses Diana voor slechts £ 1.200,-.

21 11 1981 **Demonstratie** 'Alle kernwapens de wereld uit, om te beginnen in Nederland.' Rond de 400.000 mensen demonstreren in Amsterdam tegen de plaatsing van 48 kruisraketten in Nederland. De stoet is zeven kilometer lang.

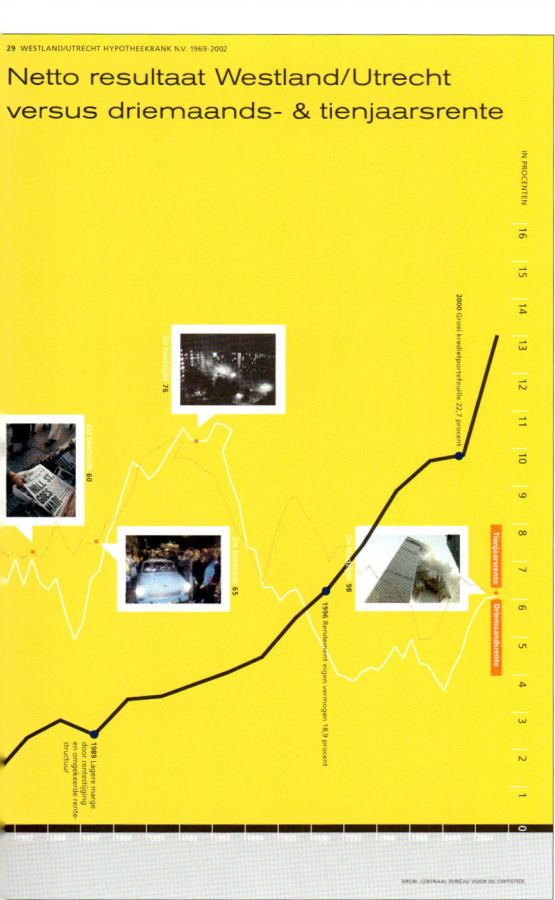

29 WESTLAND/UTRECHT HYPOTHEEKBANK N.V. 1969-2002

Netto resultaat Westland/Utrecht versus driemaands- & tienjaarsrente

Seite 157

dialoog

Zwolle

Dialog

Zwolle. Alte Hansestadt an der IJssel. Eine Stadt mit Geschichte. Aber auch eine Stadt mit Zukunft: modern und zeitgemäß. Nach einer internen Umstrukturierung findet die Stadt es an der Zeit, sich einen neuen Corporate Style zuzulegen. Passend zu der sich wandelnden Organisation: einer Organisation, die bereit ist für die Zukunft. Die sich als Stadtverwaltung inmitten der Gesellschaft sieht, in der Stadt, die sie verwaltet. Die im Dialog mit ihrer Umgebung steht.

Hören und Gehör finden

Für Zwolle wurde ein sogenanntes „doppeltes Erscheinungsbild" entwickelt. Das gab es vorher noch nie. Die beiden Komponenten beleuchten jeweils eine andere Facette. Die Wortmarke „Zwolle" zeigt, was die Stadt tut. Zudem wird der Dialog mit der Umgebung durch eine Hand und ein Wort symbolisiert. Die Hand steht für eine bestimmte Sichtweise. Sie zeigt, dass die Stadtverwaltung nicht nur zuhört, sondern auch handelt. Die Hand zeigt, was getan wird. Sie macht deutlich, dass Menschen Gehör finden. So entsteht ein stark thematisch geprägter Corporate Style, bei dem die Interaktion im Mittelpunkt steht. Und das passt zu Zwolle.

Intern regt die Hand zum Nachdenken an. So wird die Stadt gezwungen sich zu fragen welche Botschaft ihre Kommunikation eigentlich hat, für wen sie bestimmt ist und worum es geht. Dies zwingt die Stadt zu proaktivem Handeln und erfordert intern eine neue Kultur. Eine Kultur, die zu dem passt, was Zwolle will. Die zur gewünschten Identität passt.

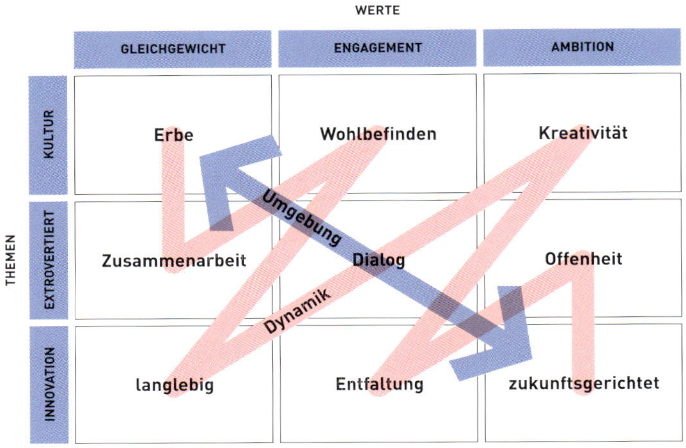

	WERTE		
THEMEN	GLEICHGEWICHT	ENGAGEMENT	AMBITION
KULTUR	Erbe	Wohlbefinden	Kreativität
EXTROVERTIERT	Zusammenarbeit	Dialog	Offenheit
INNOVATION	langlebig	Entfaltung	zukunftsgerichtet

Die Begriffe in der Kommunikationsmatrix stehen nicht im luftleeren Raum, sondern stecken das Umfeld ab, in dem sich die Kommunalpolitik in den nächsten Jahren abspielen wird. Zwischen den Begriffen (Erbe und zukunftsgerichtet, langlebig und Kreativität etc.) entsteht eine Dynamik, die zu neuen Interpretationen anregt. Diese neuen Interpretationen werden auf der Rückseite den Visitenkarten in Form von neun Kombinationen aus Worten und Bildern illustriert, die sich auf die Begriffe in der Matrix beziehen.

N.A.A.M. van de Persoon
Functie

Sociale Zaken en Werkgelegenheid
Afdeling
Stadskantoor
Lübeckplein 2
Postbus 10007
8000 GA Zwolle
Telefoon (038) 498 20 75
Mobiel 06 12 34 56 78
Telefax (038) 498 32 71
naamvandepersoon@zwolle.nl
www.zwolle.nl

Zwolle

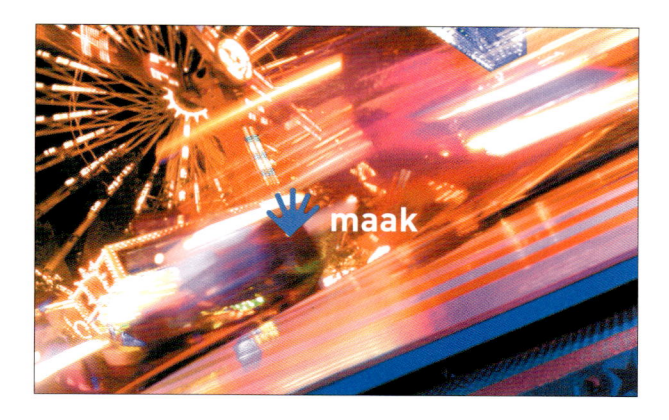

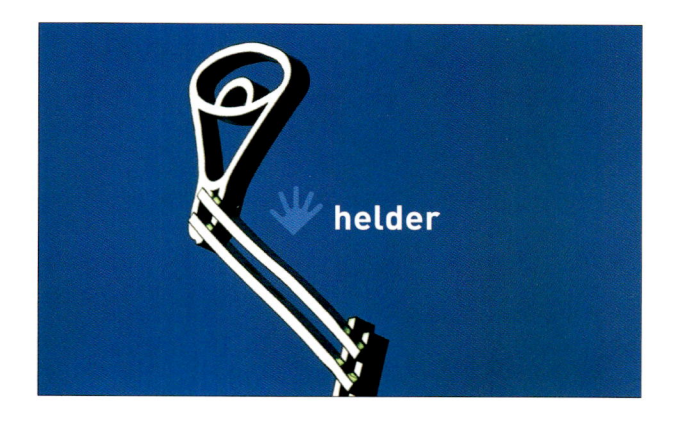

Neben der Hand können äußerst unterschiedliche Wörter stehen. Durch die Kombination mit Bildern entstehen unendlich viele Bedeutungen.

Wörter:	Bilder:	Bedeutungen:
Substantiv	Konkret	Wiedergabe
Adjektiv	Symbol	Charakterisierung
Vorsilbe	Metapher	Überleitung
Verb	Verknüpfung	Aufruf

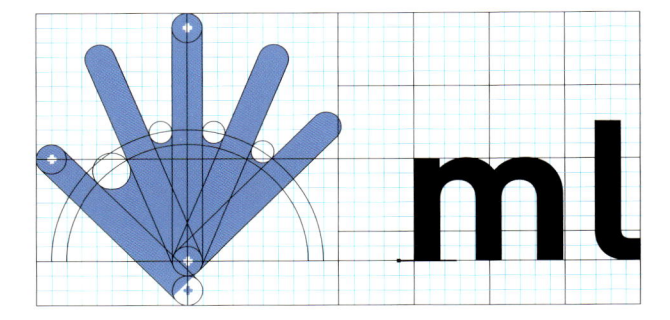

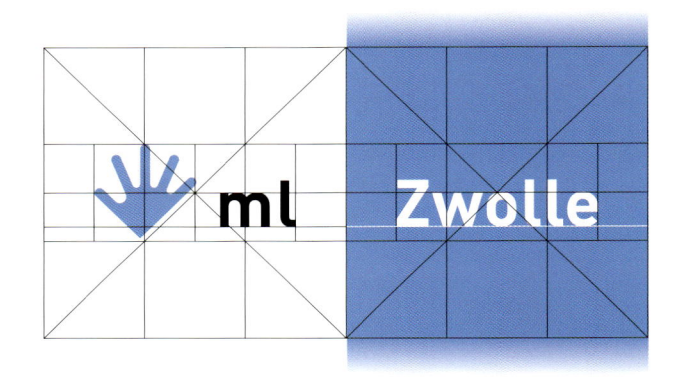

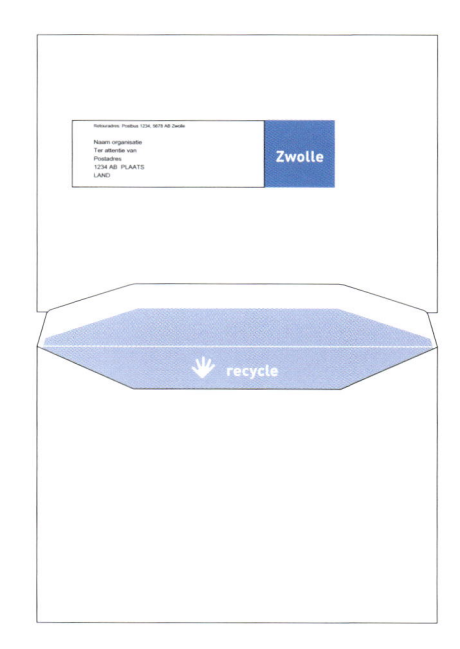

schrift

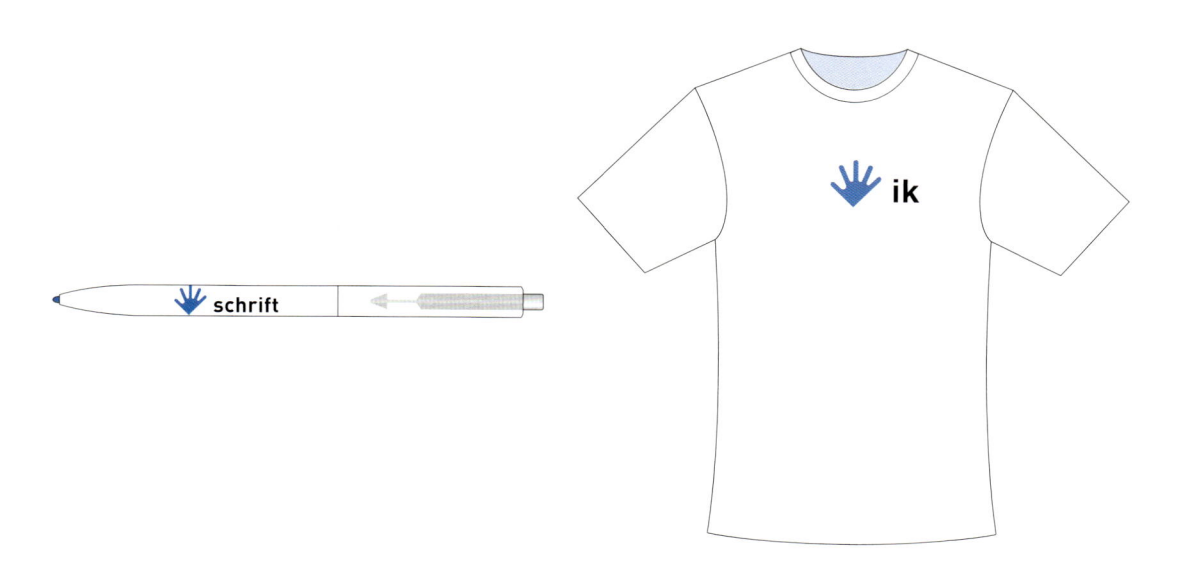

ik

ingeslapen? Zwolle
Zwolle zomerprogramma 2002
Komt dat zien!

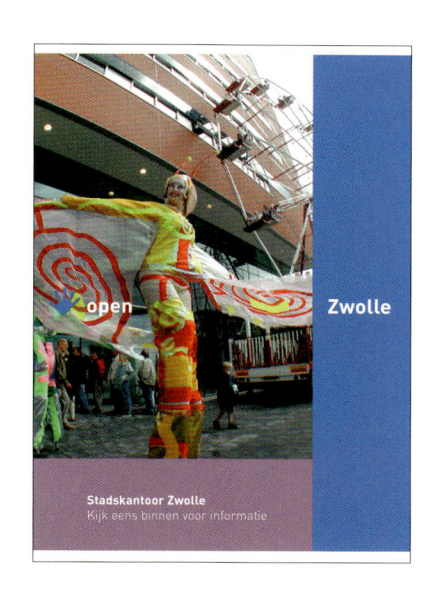

open Zwolle
Stadskantoor Zwolle
Kijk eens binnen voor informatie

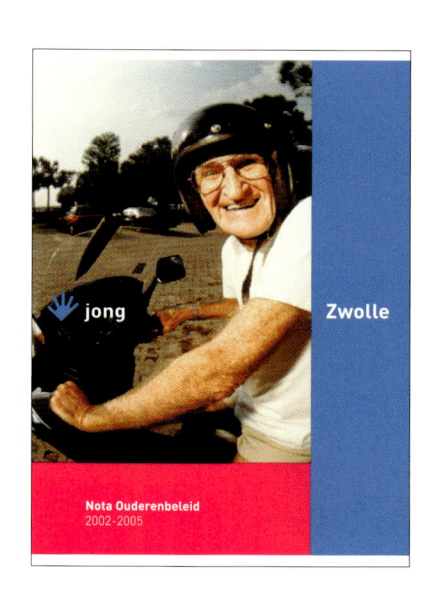

jong Zwolle
Nota Ouderenbeleid
2002-2005

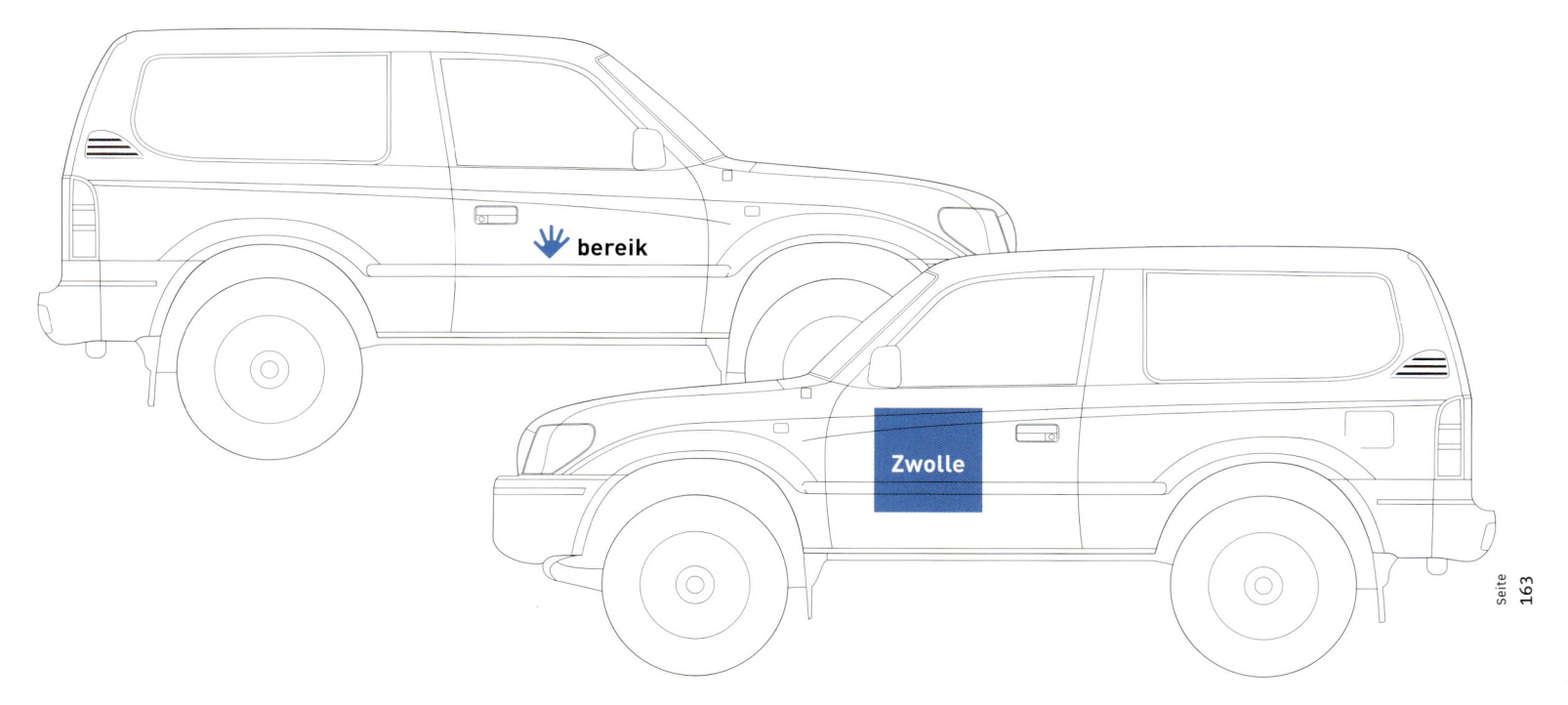

bereik

Zwolle

WIR!

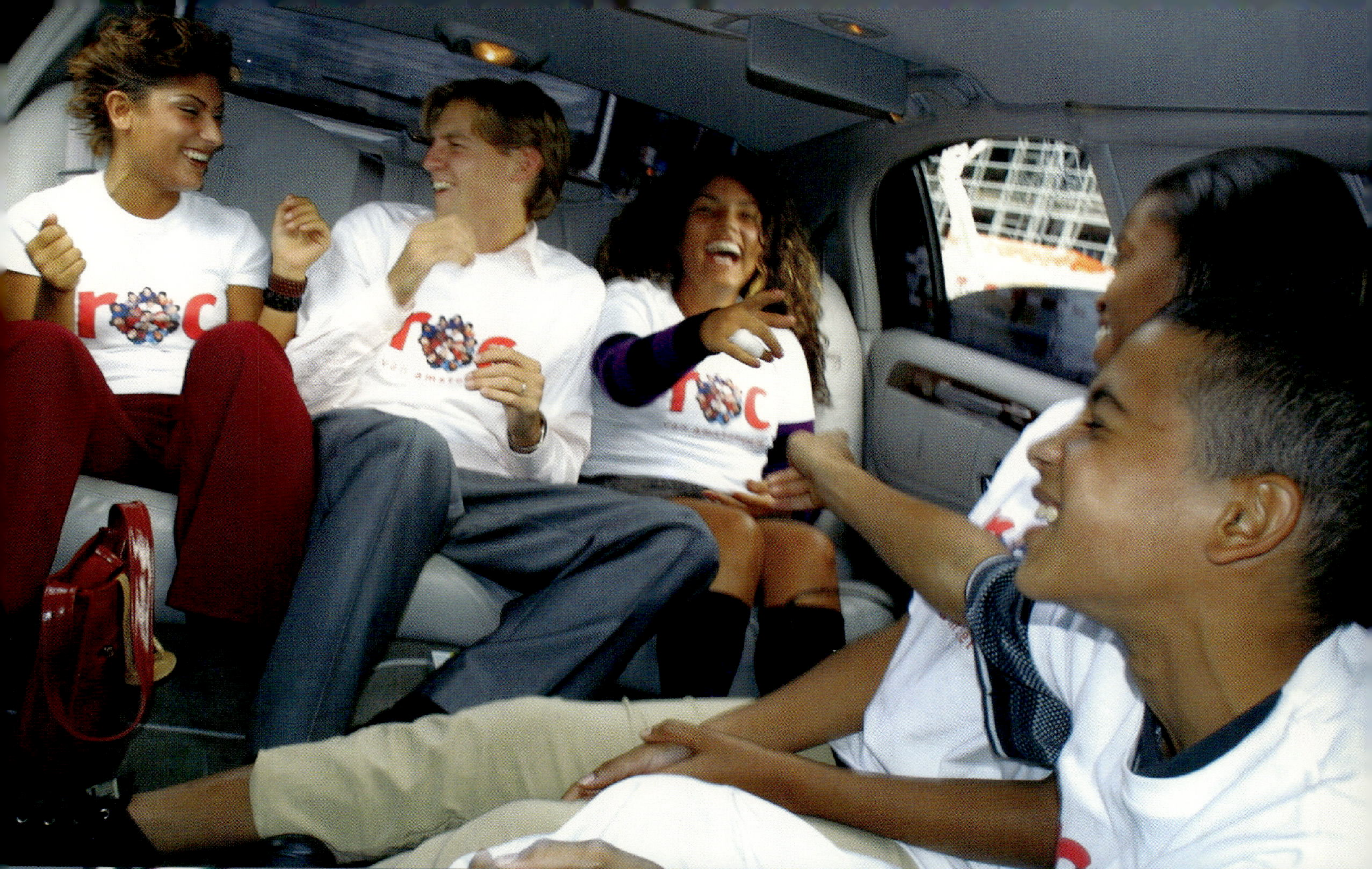

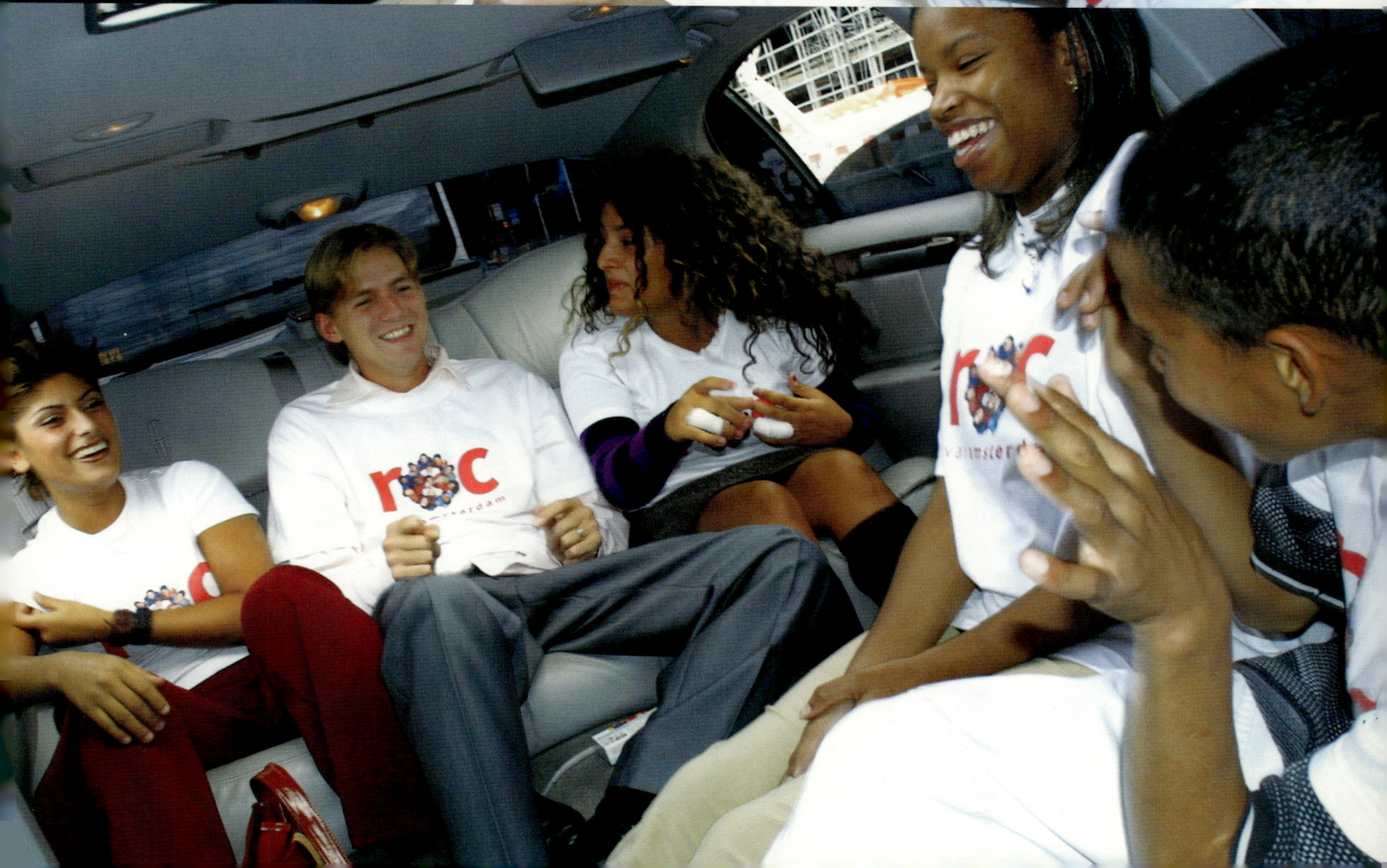
van amsterdam

Individualität

Durch den Zusammenschluss aller beruflichen Ausbildungseinrichtungen, berufsvorbereitenden Sekundarunterrichtsangebote sowie der Erwachsenenbildung in der Region Amsterdam, entsteht eine Bildungseinrichtung mit 35.000 Schülerinnen und Schülern, verteilt auf 450 verschiedene Kurse an 80 Standorten. Dieses größte Ausbildungszentrum Europas hat jedoch gut 100 unterschiedliche Identitäten. Die Suche nach dem idealen Gleichgewicht zwischen Individualität und Einheitlichkeit beginnt.

Die Entscheidung fiel auf eine Endorsed Identity, bei der auf einer tieferen Ebene die drei Arten von Bildungsangeboten durch Farbcodes markiert werden. Das Corporate Design soll eine optische Einheitlichkeit bewirken und dennoch Spielraum für Variationen lassen. Der Name wurde – in Anlehnung an die großen Universitäten – in ROC van Amsterdam geändert.

Für die Schülerinnen und Schüler

„Jeder Schüler und jede Schülerin von ROC van Amsterdam wird in die Lage versetzt, sein bzw. ihr eigenes Potenzial zu entwickeln", lautet die Devise dieser großen Bildungseinrichtung. Um dieser Botschaft Gestalt zu verleihen, wurde ein flexibles Markenzeichen entwickelt, in dem sich Ambitionen und Leistungen der Gruppe und ihrer Individuen widerspiegeln. Doch wie man es auch dreht und wendet: Im Mittelpunkt des primären Erscheinungsbildes des ROC steht immer der bzw. die Lernende.

Echte Schülerinnen und Schüler des ROC van Amsterdam bilden das „O" des Markenzeichens. Bei den Markenzeichen der einzelnen Teile der Einrichtung sind dann jeweils nur deren Schülerinnen und Schüler zu sehen. Die Dynamik des Corporate Designs geht noch weiter: Das Design lässt sich auch inhaltlich abwandeln. So kann mit dem „O" zum Beispiel das Thema einer Broschüre dargestellt werden.

Einführungskampagne

Die Einführung wird intern von einer Kampagne mit Informationsveranstaltungen, Plakaten, Rundbriefe und Workshops begleitet. Extern folgt die Plakatkampagne „Meine Schule", ergänzt mit Ständen auf Ausbildungsbörsen und Tagen der offenen Tür von Schulen. Die Zahl der Anmeldungen steigt nach Einführung des neuen Namens und des Corporate Designs um etwa 8%, der Bekanntheitsgrad erhöht sich um 20%.

Oben: Die im Markenzeichen gezeigte Schülergruppe bilden Auszubildende der drei Bereiche.

Rechts: Die Schülerinnen und Schüler spielen auf den Fotos der Ausbildungsbroschüren eine wichtige Rolle.

Links: Das Corporate Design verbindet die verschiedenen Standorte in der Stadt.

Vorherige Seite: Schülerinnen und Schüler am Tag der Einführung des Corporate Designs.

roc
van amsterdam

VMBO

roc
van amsterdam

Beroepsopleidingen

roc
van amsterdam

Volwassenenonderwijs

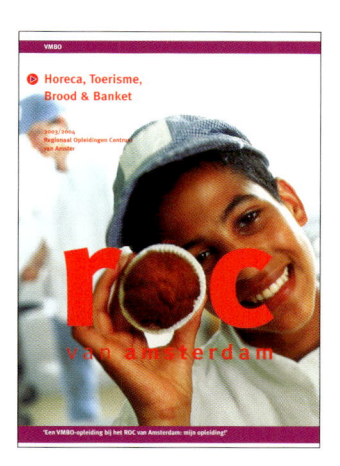

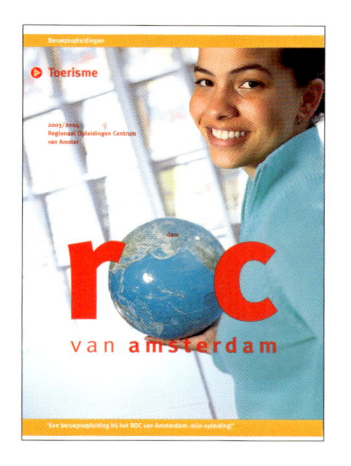

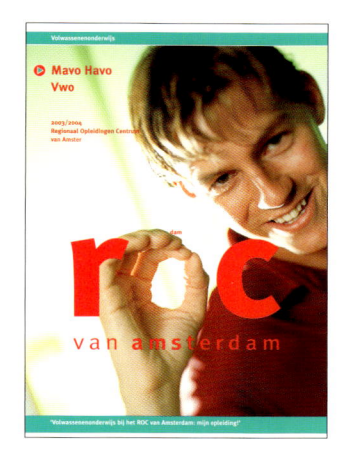

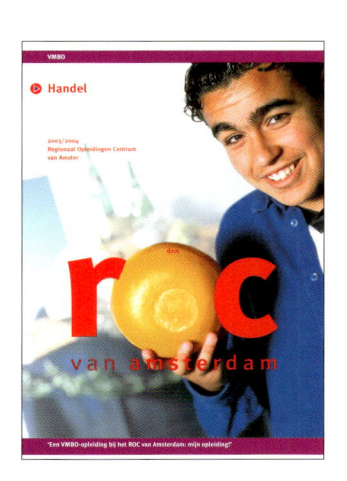

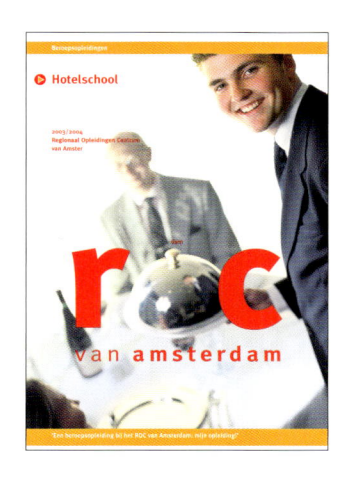

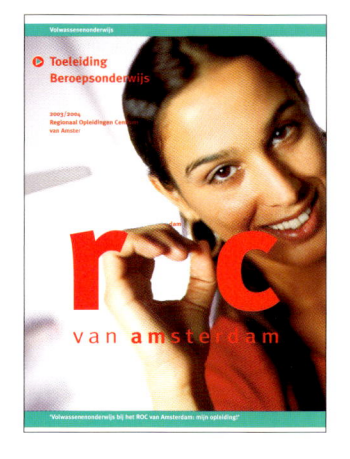

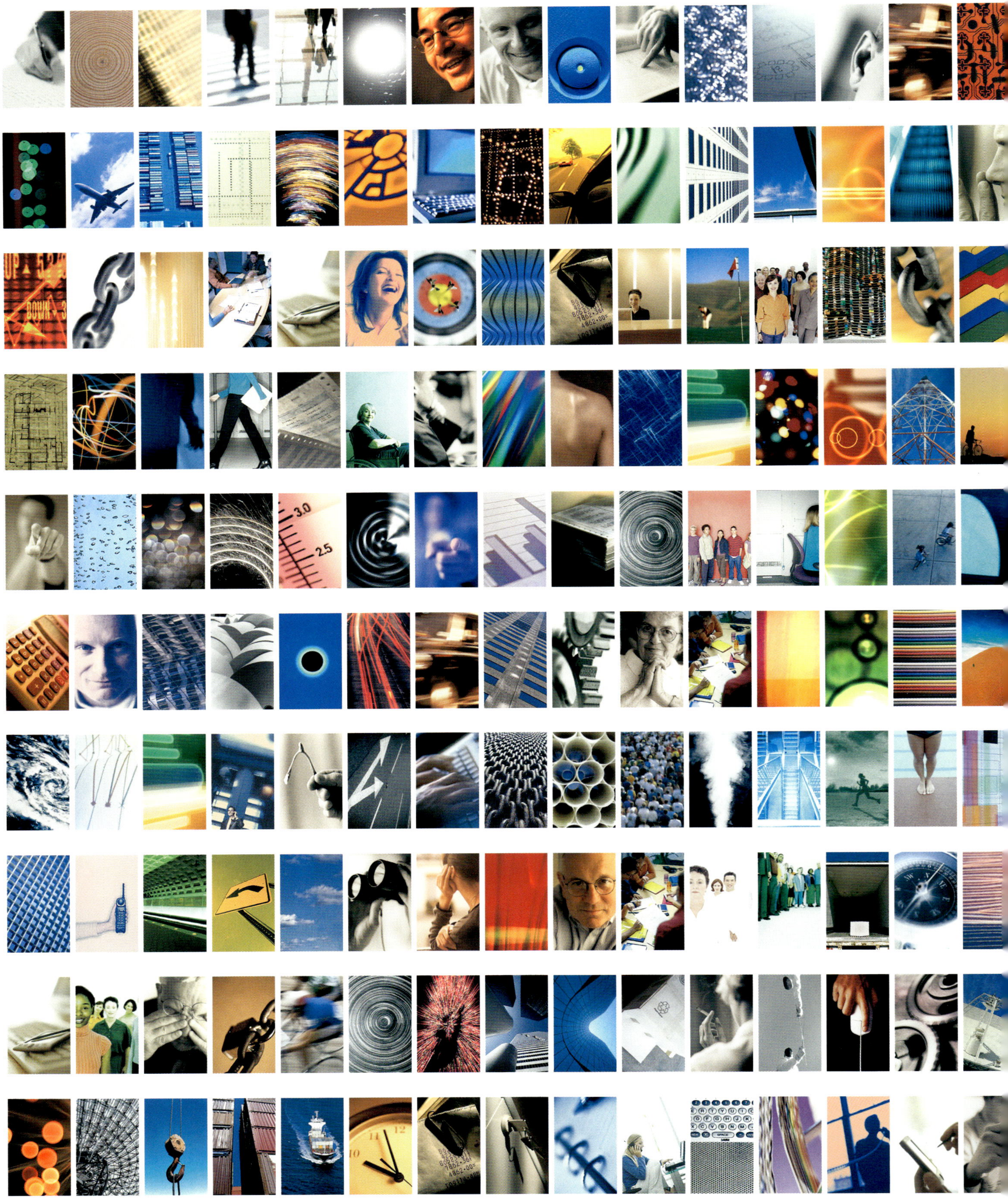
3.0
2.5

INSPIRATION

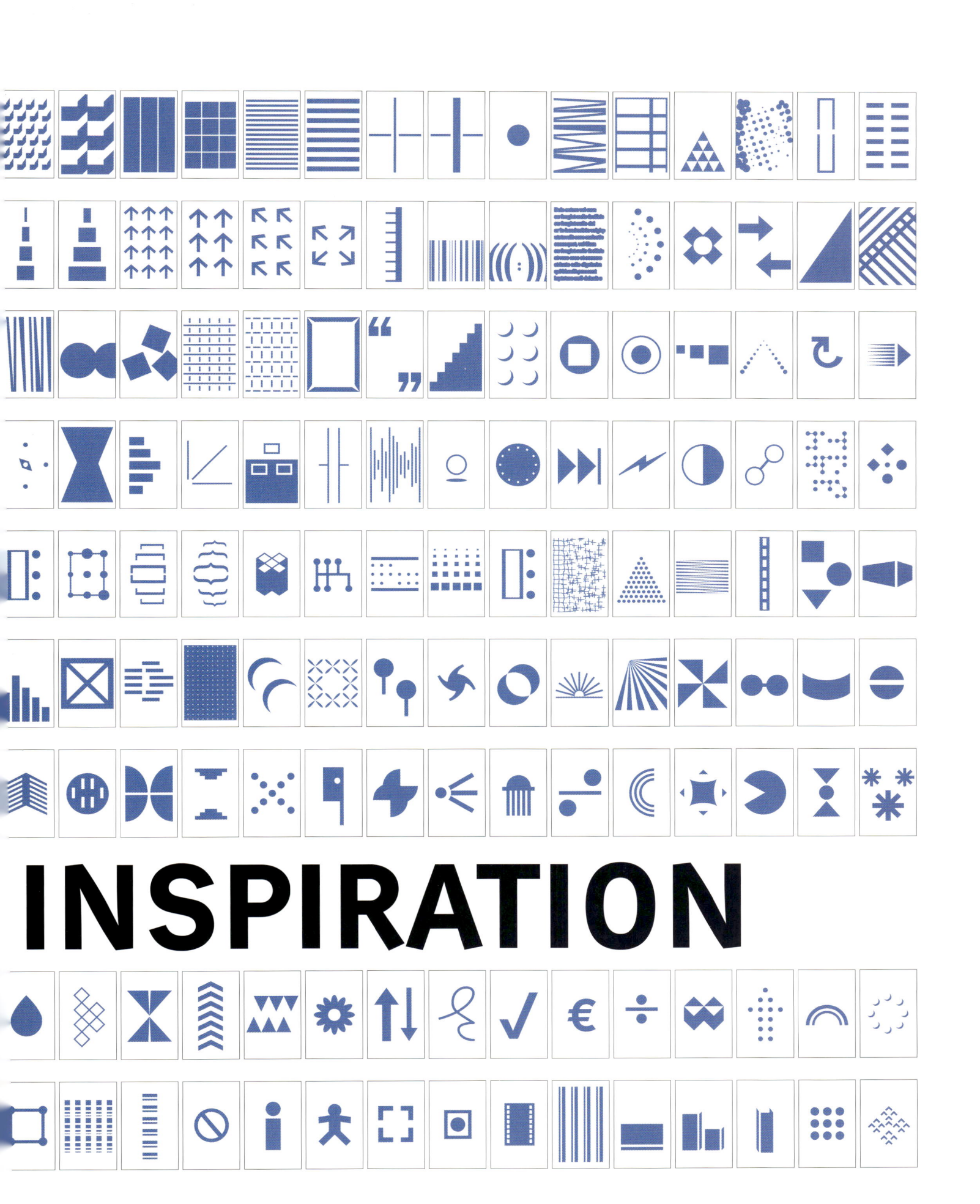

Intern Ordnung schaffen

Nirgendwo ist die interne Informationsdichte so hoch wie beim Finanzamt. Für die Qualität der internen Kommunikation ist es daher wichtig, dass die Mitarbeiter bei der Fülle an Informationen den Überblick behalten. Ist das für mich bestimmt oder nicht? Relevant oder nebensächlich? Dringend oder nicht? Diese Fragen müssen schnell beantwortet werden können. Dabei kommen durch die Dynamik der Organisation neue Absender hinzu, während andere verschwinden. Höchste Zeit, das interne Editionswesen unter die Lupe zu nehmen.

Auf die Botschaft kommt es an

Die Finanzbehörde stellt ihre Politik völlig auf den Kopf. Weg vom Sender, hin zum Empfänger. Die Botschaft an den Empfänger muss im Mittelpunkt stehen. Dies wirft Fragen auf: Was für ein Dokument ist das? Worum geht es im Wesentlichen? Wer muss das Dokument bearbeiten? Diese Fragen zwingen zum Nachdenken über die interne Kommunikation und die Rolle jedes einzelnen Mitarbeiters – als Sender und Empfänger. Diese Fragen werden schließlich umgesetzt in Struktur und System, in Sprache und Bild. Und tragen so zur Qualität der Kommunikation bei.

Einladung zum Gespräch

Es entsteht eine einladende Palette von Möglichkeiten. Es gibt jedoch kein starres Korsett. Den Bediensteten werden Variationen an die Hand gegeben, die durch die Verwendung grafischer Elemente und Fotos dem Empfänger entgegenkommen. Eine Einladung, selbst zur Qualität der Kommunikation beizutragen. Freiheit in Verbundenheit. Eine Finanzbehörde mit verschiedenen wiedererkennbaren Informationsflüssen. Dieser Ansatz kommt auch der Identität der Finanzbehörde zugute, in der Werte wie „sorgfältig" und „respektvoll" eine Rolle spielen.

Bildbank 150 x 2

Um die Benutzung zu erleichtern, wird eine Bildbank angelegt. Sie enthält das „Vokabular" in Bildern. Mit dem Designwegweiser kann das Vokabular über Intranet und Internet zur Erstellung konkreter Mittel verwendet werden. Am landesweiten Corporate Design Tag und in diversen Workshops werden Kommunikationsmitarbeiter in dieser Sprache und deren Möglichkeiten fit gemacht. Durch die tägliche Verwendung entwickeln sich neue Anwendungen für Bilder. Die Bediensteten lernen ihre Sprache schneller sprechen und verstehen. Und das war ja auch Sinn und Zweck des Ganzen.

Einer Idee Gestalt verleihen

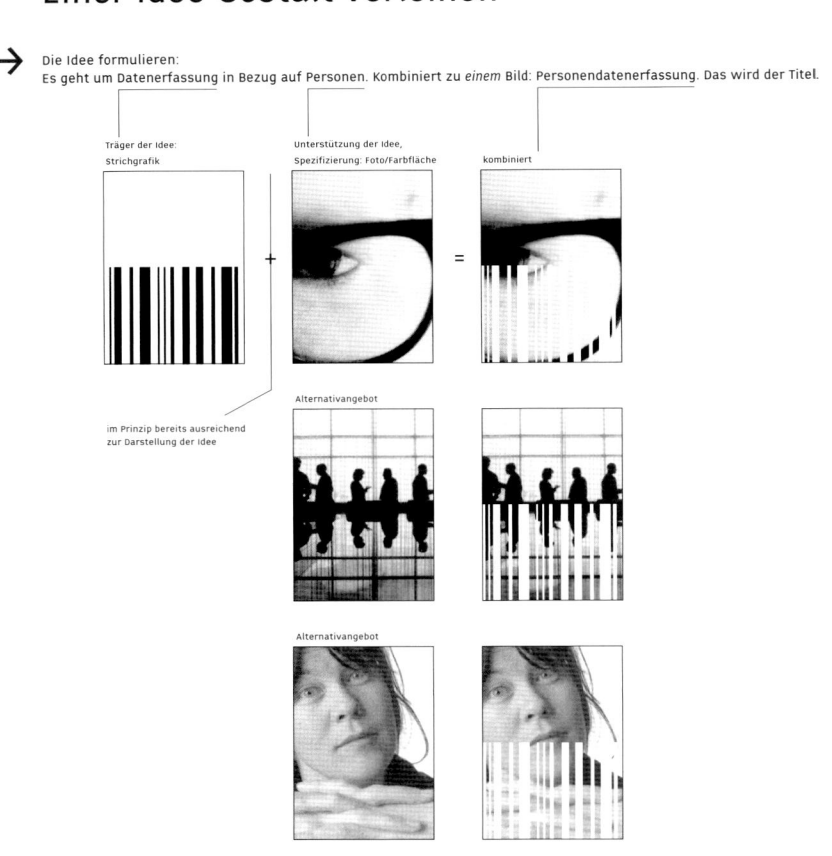

→ Die Idee formulieren:
Es geht um Datenerfassung in Bezug auf Personen. Kombiniert zu *einem* Bild: Personendatenerfassung. Das wird der Titel.

Träger der Idee: Strichgrafik

Unterstützung der Idee, Spezifizierung: Foto/Farbfläche

kombiniert

im Prinzip bereits ausreichend zur Darstellung der Idee

Alternativangebot

Alternativangebot

Ein Thema wird mit zwei Begriffen umschrieben. Die Idee ergibt sich also aus der Wechselwirkung der beiden Begriffe und dem dazwischen entstehenden *Raum*. Träger der Idee ist immer eine Strichgrafik.

→ Ein Layout wählen:
Ist die Broschüre Teil einer Veröffent-   Ja → Umschlag*stil* wählen. Andere Umschläge derselben Reihe erhalten dasselbe Layout.
lichungsreihe?   Nein → Umschlag wählen.

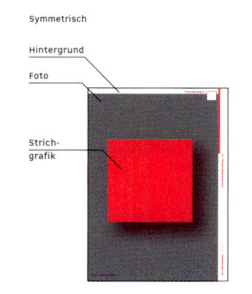

Symmetrisch   Asymmetrisch

Hintergrund
Foto
Strich-
grafik

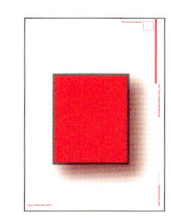

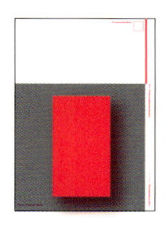

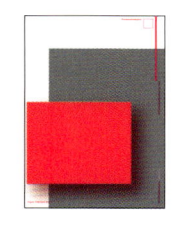

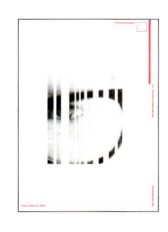

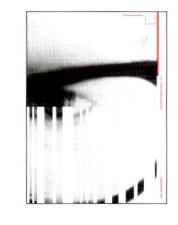

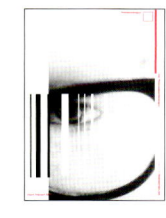

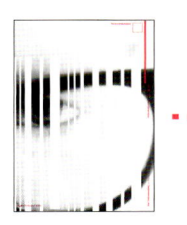

→ Typografie, Farben, Genre, Veröffentlichungsdaten und Absender festlegen:

Die Typografie   Asymmetrisch

Genre + Piktogramm
Absender
Typografie
Veröffent-
lichungs-
daten

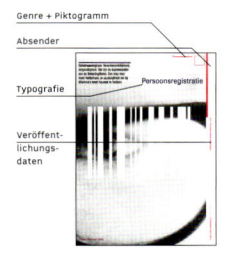

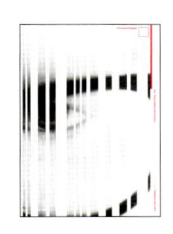

Farben, Genre, Veröffentlichungsdaten und Absender

Personendatenerfassung   Einkommensdatenerfassung

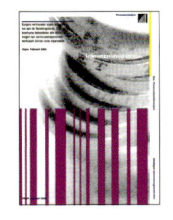

→ Beispiele

Datenerfassung + Person   Vertrauen + Person   Steuerung + Instrument   geheim + Person   geheim + Daten
Strichgrafik   Foto   Strichgrafik   Foto   Strichgrafik   Foto   Strichgrafik Foto Strichgrafik Foto

Seite 171

NO-NONSENSE

ONE GOAL. MULTIPLE STRATEGIES.

TOTAL DESIGN

TOTAL IDENTITY

Wie entwickelt man ein Corporate Design für eine Organisation, die sich mit Corporate Identity beschäftigt? Muss es das ultimative Corporate Design werden? Oder lieber bescheiden im Hintergrund bleiben?

Das Briefing ist deutlich:
– No-nonsense, klar, „back to basics"
– Ohne Dekoration oder Effekthascherei
– Ursprünglich
– Ins Auge springend
– Elegant, ästhetisch, raffiniert
– Funktional
– Innovativ

Charakter
Das Corporate Design von Total Identity wird in hohem Maße durch die Schriftart und die Farbpalette bestimmt. Die Ausstrahlung ist einerseits bescheiden durch den Charakter der Hausschrift und die Schlichtheit des Designs, zum anderen wegen der Symmetrie, der knalligen Farben und der Entscheidung für Großbuchstaben in den Wortmarken jedoch auch monumental.

Typographie
Die Wahl einer einzigartigen eigenen Schriftart verleiht dem Entwurf Exklusivität. Die Buchstaben sind nahezu völlig kontrastfrei und erinnern damit an technische Schriftarten wie DIN und Letter Gothic. Die Großbuchstaben sind ziemlich klein, was die Verwendung von Kapitälchen – die im Büro sehr lästig ist – überflüssig macht. Aus demselben Grund haben alle Zahlen die gleiche Breite. Bold läuft genauso breit wie Regular.

TOTAL IDENTITY
TOTAL STRATEGY
TOTAL DESIGN
TOTAL IMPLEMENTATION
TOTAL COMMUNICATION

• • • • • • • • • • • • • • • • • • • •

Oneliner Regular 18˚

1234567890
ABCDEFGHIJKLMNOPQRSTUVWXYZ
abcdefghijklmnopqrstuvwxyz
áâàäãåéêèëçíîìïñóôòöõøúûùüÿæœ
ÁÂÀÄÃÅÉÊÈËÇÍÎÌÏÑÓÔÒÖÕØÚÛÙÜŸÆŒ
.,:;…'‚'""„"¡¿«‹[‹({|})›]»!?/•--__—·
€£$¢¥→¶§#%‰&ßfifl©®™@†‡*ao'''
ΔðıµΠπΣΩ√∞∫◊/¬
~=×+<≤±≥>−÷≠≈
´`^˜¨˚¯˛¸

Oneliner Italic 18˚

1234567890
ABCDEFGHIJKLMNOPQRSTUVWXYZ
abcdefghijklmnopqrstuvwxyz
áâàäãåéêèëçíîìïñóôòöõøúûùüÿæœ
ÁÂÀÄÃÅÉÊÈËÇÍÎÌÏÑÓÔÒÖÕØÚÛÙÜŸÆŒ
.,:;…'‚'""„"¡¿«‹[‹({|})›]»!?/•--__—·
*€£$¢¥→¶§#%‰&ßfifl©®™@†‡*ao'''*
ΔðıµΠπΣΩ√∞∫◊/¬
~=×+<≤±≥>−÷≠≈
´`^˜¨˚¯˛¸

Oneliner Bold 18˚

1234567890
ABCDEFGHIJKLMNOPQRSTUVWXYZ
abcdefghijklmnopqrstuvwxyz
áâàäãåéêèëçíîìïñóôòöõøúûùüÿæœ
ÁÂÀÄÃÅÉÊÈËÇÍÎÌÏÑÓÔÒÖÕØÚÛÙÜŸÆŒ
.,:;…'‚'""„"¡¿«‹[‹({|})›]»!?/•--__—·
€£$¢¥→¶§#%‰&ßfifl©®™@†‡*ao'''
ΔðıµΠπΣΩ√∞∫◊/¬
~=×+<≤±≥>−÷≠≈
´`^˜¨˚¯˛¸

Die Besonderheit der firmeneigenen Dokumente liegt nicht so sehr im Aufdruck, sondern in der Funktionalität. So gibt es eine CD-Hülle, in die eine A4-Seite mit dem Index der CD eingelegt werden kann. Eine Spezialsoftware sorgt für das richtige Layout des Index. Die CD-Hülle passt auch in einen Ordner.

Berichte werden mit Spiralbindung gebunden. Die spezielle Faltweise ermöglicht das Aufdrucken eines Rückentitels. Die Schutzumschläge haben unterschiedliche Farben, sodass die Publikationen gut zu unterscheiden sind.

*Schlichte typographische Umschläge für die
Essay-Serie, mit der Total Identity sein Wissen
mit seinen Geschäftspartnern teilt.*

VERTRAUEN

Sanquin entsteht durch die Bündelung aller Aktivitäten im Bereich Blutversorgung in den Niederlanden. Aus verschiedenen Gründen entscheidet man sich für eine monolithische Identitätsstruktur. Intern ist eine starke Integration der einzelnen Unternehmensbereiche erwünscht. Diese Wunsch nach Einheit wird nun in der Struktur deutlich sichtbar. Zudem ergeben sich dadurch eindeutige Vorteile in Bezug Gewicht und Effizienz. Extern verleiht die monolithische Marke mehr kommunikative Schlagkraft, was beispielsweise die Position von Sanquin auf dem Arbeitsmarkt wesentlich stärkt.

Nächste Phase
Seit Anfang 2002 laufen alle Aktivitäten der niederländischen Blutbanken offiziell unter einem Namen: Sanquin. Neben der Sanquin Blutbank wurden die Namen der CLB-Divisionen geändert in: Sanquin Research, Sanquin Diagnostik und Sanquin Plasmaprodukte.

Die Namensänderung erfolgte im Corporate Style. Dies hat natürlich auch Folgen für das Design und die Bedruckung der Verpackungen.

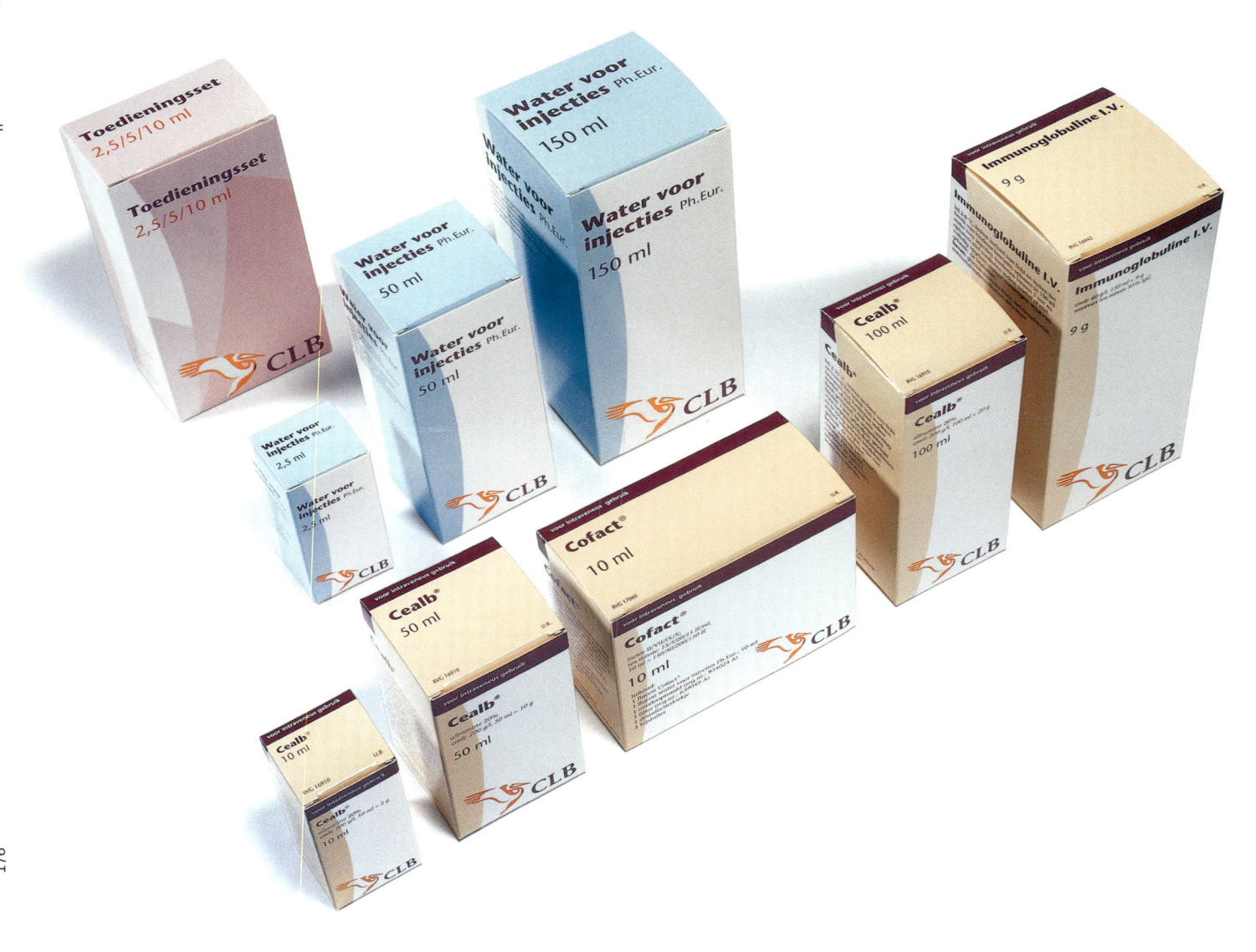

Sanquin heißt sowohl im Französischen als auch im Lateinischen wörtlich übersetzt „Blut". Die Verwendung des Buchstaben „q" ermöglicht die Eintragung des Namens als Marke. Der Pelikan ist seit jeher ein Symbol für Barmherzigkeit. Der Legende nach soll sich ein Pelikanweibchen seine eigene Brust aufgepickt und seine Jungen mit dem Blut gefüttert haben, um sie zu retten. Diese Legende ist auf den Krauskopfpelikan zurückzuführen, dessen Schnabelsack sich in der Brutzeit blutrot färbt. Auf dem Markenzeichen ist dies auch zu erkennen. Gleichzeitig ist die gesamte Form sehr schlicht gehalten, was darauf hindeutet, dass es sich um eine wissenschaftliche und sehr gründlich arbeitende Organisation handelt.

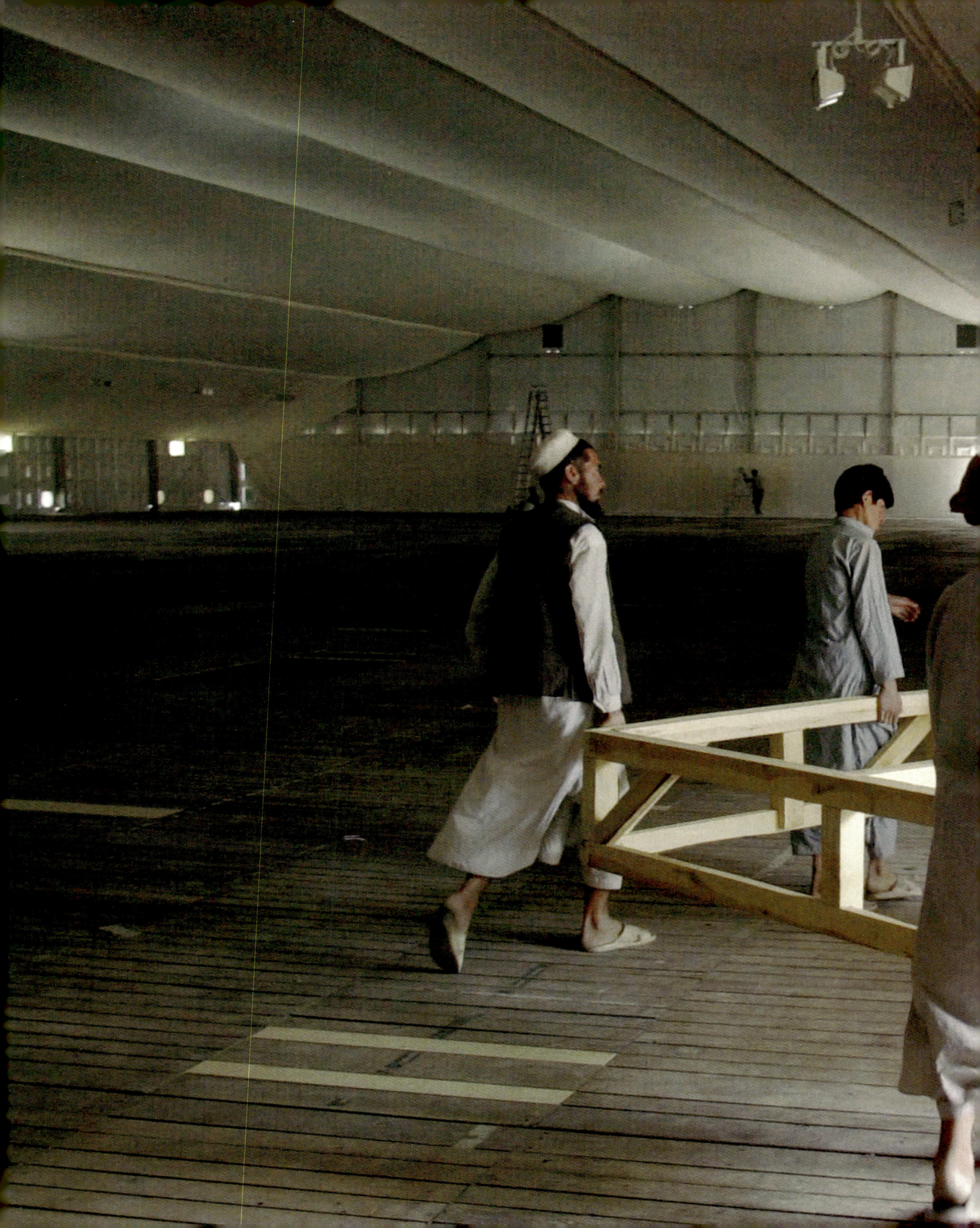

MASSARBEIT

Eine Welt von Zelten

In 75 Jahren entwickelte sich der in Alkmaar ansässige Betrieb vom regionalen Zelthersteller zum weltweit operierenden Konstrukteur befristeter Unterkunftsmöglichkeiten. Vom Lowlands-Festival in Biddinghuizen bis zur Loya-Jirga-Konferenz in Kabul – das Ereignis steht dank De Boer.

Die Änderungen in der visuellen Corporate Identity und im Kommunikationsstil kennzeichnen eine neue Epoche. De Boer zeigt mentalen Führungsanspruch und nutzt seine Position. Auf dem Weg zum Marktführer muss jedoch nicht nur die Corporate Identity gestärkt werden, die Straffung der kaufmännischen Prozesse ist ebenso wesentlich.

De Boer Covers All

De Boer hat für jede Anfrage nach zeitweiliger Überdachung eine passende Lösung. Aufgrund der Eindeutigkeit der Aktivitäten De Boers fiel die Wahl auf eine solide, monolithische Identitätsstruktur. Die verschiedenen Produkt-Markt-Kombinationen und internationalen Niederlassungen erhielten kein eigenes Label, De Boer kommuniziert fortan über eine Anlaufstelle zu allen auf dem Markt auftretenden Fragen. Der Führungsanspruch und die Lösungsorientiertheit des Unternehmens werden durch das selbstbewusste Pay-Off unterstrichen: De Boer Covers All.

Die schnelle und flexible Produktion überzeugenden Kommunikationsmaterials gelang mit einem einfachen, zentral zugänglichen Muster. Account Manager in allen Ländern können es bei der Erstellung verkaufsunterstützenden Materials nutzen. Deshalb wurden für De Boer zwei digitale Lösungen auf einzigartige Weise integriert: eine i-Base und ein Designtool.

Digitale Hilfsmittel

Die Grundelemente und Richtlinien des neuen Corporate Styles sind in der i-Base enthalten, einem digitalen Handbuch, das von allen Mitarbeitern und Lieferanten De Boers (Planer, Drucker, Werbeagenturen) weltweit über eine geschützte Internetsite eingesehen werden kann. Das Besondere an der i-Base ist die umfassende digitale Image Library mit qualitativ hochwertigen Fotos Hunderter von Projekten und Zeltstrukturen von De Boer.

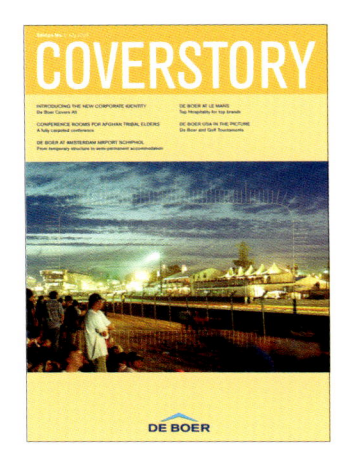

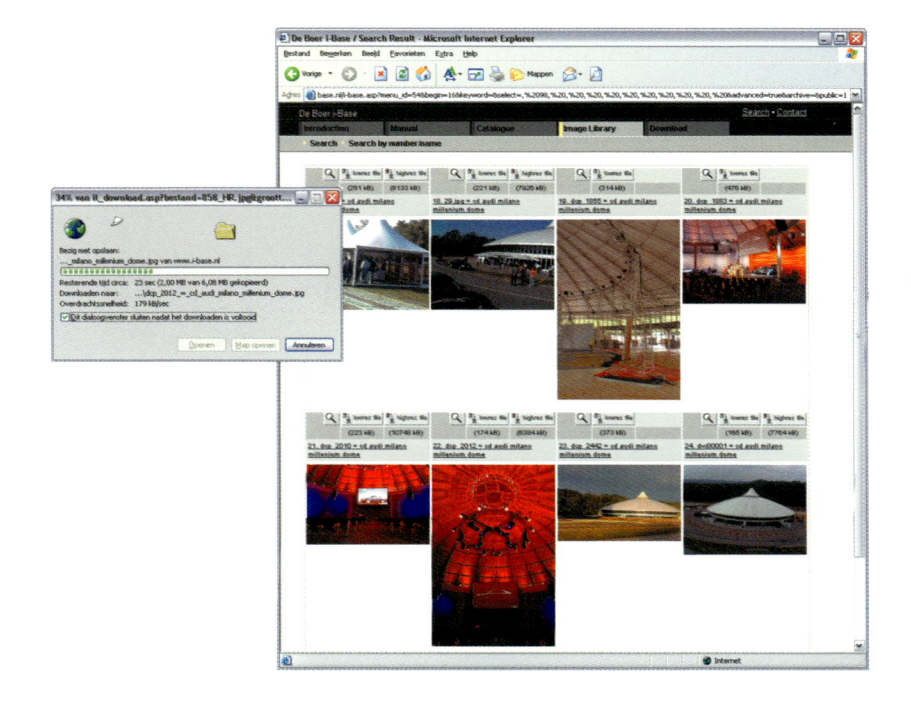

Das Markenzeichen wird klarer herausgearbeitet und erhält mehr Eigenständigkeit. Das Erscheinungsbild wird angepasst und auf allen Materialien, die „De Boer Covers All" unterstützen, wird nun das Markenzeichen in Kombination mit dem Corporate Pay-off verwendet.

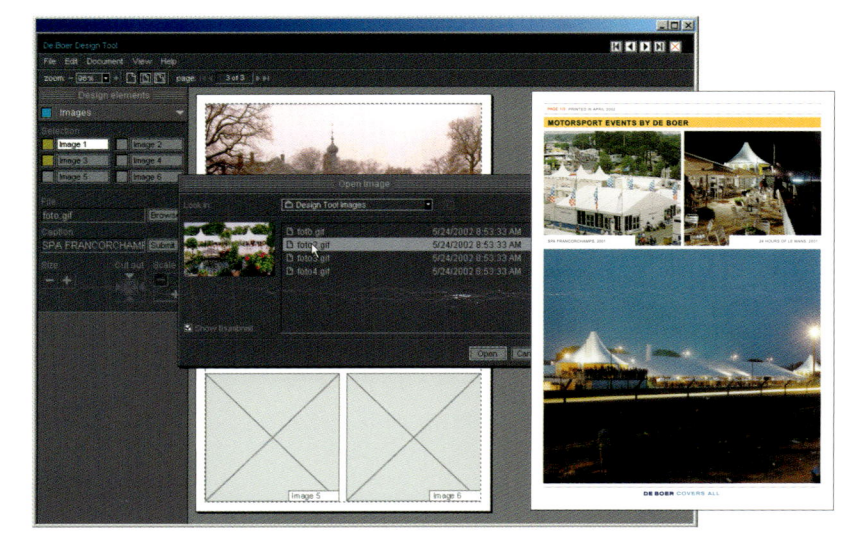

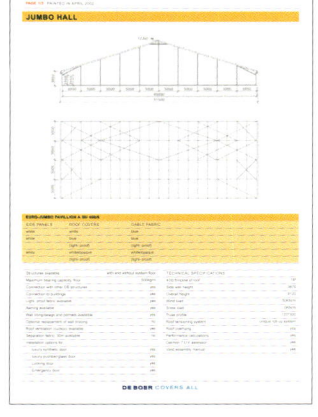

Die Bilder der Image Library werden häufig für kaufmännische Zwecke verwendet: Account Managers können mit diesem „design-wizard" Referenzmaterial (erzählende Beschreibung eines relevanten Projekts) oder Produktdatenblätter (technische Informationen über eine Zeltstruktur) erstellen. Mit diesen reich illustrierten Dokumenten informieren sie die Zielgruppen in verschiedenen Produkt-Markt-Kombinationen ganz individuell über Möglichkeiten und Kompetenzen von De Boer.

ZUSAMMEN

Concern voor Werk hilft Menschen, die keinen direkten Zugang zum Arbeitsmarkt finden. Oft ist das Unternehmen Zwischenstation auf dem Weg zu einem bezahlten Job. Oft auch Endstation für Menschen, die dauerhaft in einer geschützten Umgebung tätig sind. Concern voor Werk bestand ursprünglich aus zwei Organisationen: dem Wiedereingliederungsunternehmen Impulz und der Behindertenwerkstatt IJsselmeergroep. Durch die Vereinigung dieser beiden Organisationen entsteht ein großer Wiedereingliederungsbetrieb, der mit begleitenden Diensten eine interessante Mischung aus Berufsbildung, Schulung, Ausbildungsplätzen, geschützten Arbeitsplätzen und Übergangsarbeitsplätzen bietet. Eine einzigartige Kombination in den Niederlanden.

Raus aus der Ecke
Menschliche Maßstäbe sind wichtig für die Identität, „soft" soll sie aber auch nicht sein. Die verschiedenen Divisione stellen sich nämlich dem Wettbewerb und werden wie normale Betriebe behandelt. Die neue Identität muss deshalb auch das Selbstvertrauen stärken. Kein einziger Hinweis darauf, dass ein Großteil der Mitarbeiter nur eingeschränkt arbeitsfähig ist. Die Identität muss außerdem die neue Kraft zeigen, die durch den Zusammenschluss in die Organisation floss. Deshalb wurde der Name Concern voor Werk gewählt. Concern ist doppeldeutig: Es verweist auf ein Unternehmen einer gewissen Größe und gleichzeitig auf Engagement und Fürsorge.

Menschliche Maßstäbe werden durch die Verwendung vieler, sich ähnelnder Figuren symbolisiert. Keine ist wie die andere, wie die Mitarbeiter auch. Auf individueller Ebene ist das die vorherrschende Bildsprache. Auf Organisationsebene ist ein Markenzeichen vorherrschend, das den Zusammenhang der unterschiedlichen Aktivitäten symbolisiert. Die Hausschrift ist DIN, weshalb die Typografie sympathisch und doch solide wirkt.

Eigene Sprache
Die Zielgruppen sind sehr unterschiedlich, von hoch gebildeten Akademikern bis hinzu Menschen, die kaum lesen und schreiben können. Deshalb wurde eine Unternehmensbroschüre entworfen, in der die Geschichte von Concern voor Werk sehr direkt erzählt wird. Aus nahezu zusammenhangslosen Statements entsteht so die Geschichte. Die immer wiederkehrenden grafischen Symbole wirken unterstützend.

Symbole	Benutzung
Betriebssymbol	
✳	**concern ✳ voor werk**
gruppensymbol	
⊕	
personensymbol	
joost	joost

concern ✶ voor werk

Industrie biedt een breed palet van diensten op het gebied van handel en productie in food en non-food.

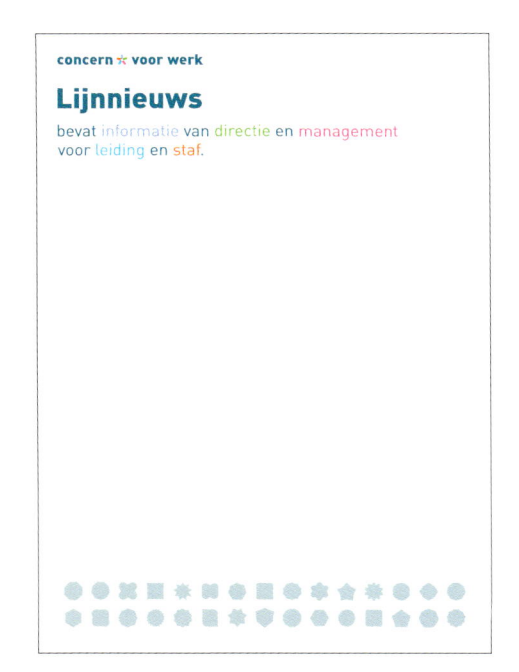

Lijnnieuws
bevat informatie van directie en management voor leiding en staf.

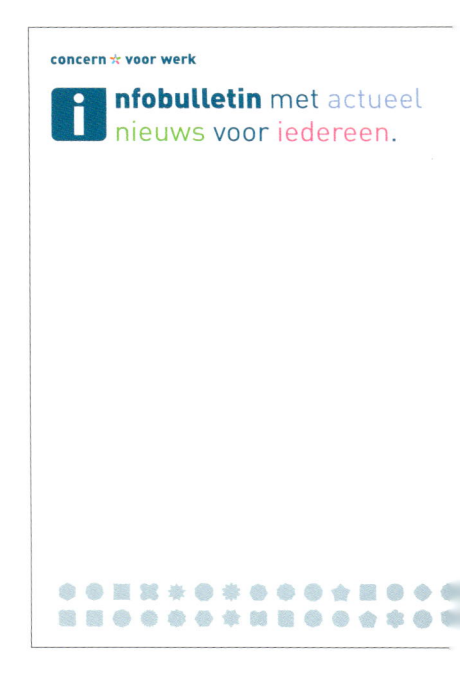

i nfobulletin met actueel nieuws voor iedereen.

concern ✶ voor werk

Bor Veen
Directeur

Telefoon 0527 - 25 63 51
Fax 0527 - 61 77 79
Mobiel 06 - 133 587 11
www.concernvoorwerk.nl

Postbus 1109
8300 BC Emmeloord
Productieweg 5
8304 AV Emmeloord

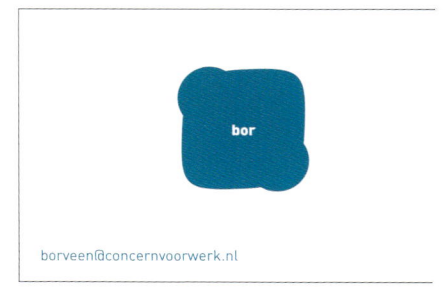

bor

borveen@concernvoorwerk.nl

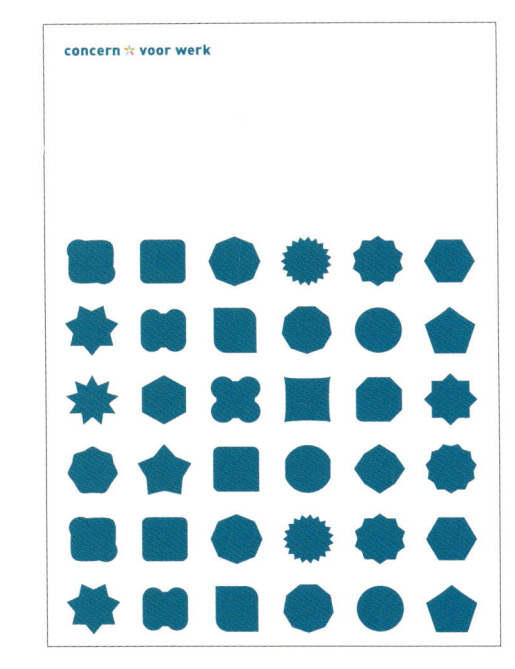

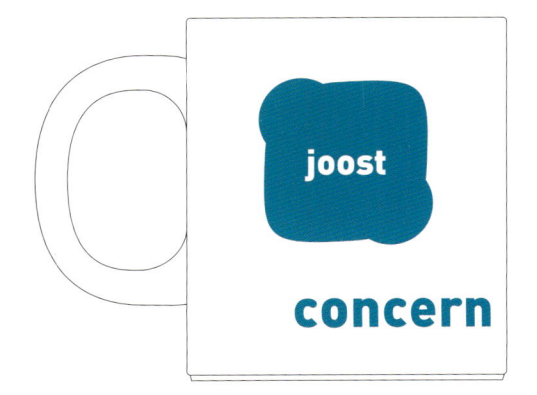

concern ★ voor werk

Arbeidsintegratie brengt mensen die niet zomaar aan de slag kunnen, en werk dichter bij elkaar.

concern ★ voor werk

Bij **Groen** is alles wat met aanleg en onderhoud van groen te maken heeft in de best denkbare handen.

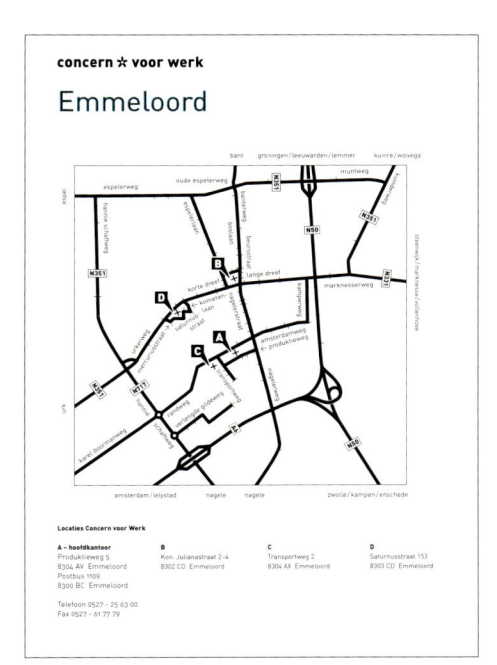

concern ★ voor werk

Emmeloord

Locaties Concern voor Werk

A – hoofdkantoor
Produktieweg 5
8304 AV Emmeloord
Postbus 1109
8300 BC Emmeloord

B
Kon. Julianastraat 2-4
8302 CD Emmeloord

C
Transportweg 2
8304 AX Emmeloord

D
Saturnusstraat 153
8303 CD Emmeloord

Telefoon 0527 - 25 63 00
Fax 0527 - 61 77 79

concern ★ voor werk

Nieuwslijn, het personeelsblad van concern voor werk voor iedereen die bij ons werkt.

4e jaargang, 5 november 2002 Verschijnt maandelijks

In dit nummer
- Een optreden tegen fluiten op het werk pagina 2
- Paleis is alternatieve huisvesting Divisie Groen pagina 3
- Concern voor werk scoort bij Arbeidsvitamien pagina 4
- Incident met werkzoekenden betreurd pagina 4

Grote letters maakt een blad leesbaarder

Lorem ipsum dolor sit amet, consectetuer adipiscing elit, sed diam nonummy nibh euismod tincidunt ut laoreet dolore magna aliquam erat volutpat.

Duis autem vel eum iriure dolor in hendrerit in vulputate velit esse molestie consequat, vel illum dolore eu feugiat nulla facilisis at vero eros et accumsan et iusto odio dignissim qui blandit praesent luptatum zzril delenit augue duis dolore te feugait nulla facilisi. Lorem ipsum dolor sit amet, consectetuer adipiscing elit, sed diam nonummy nibh euismod tincidunt ut laoreet dolore magna.

Ut wisi enim ad minim veniam, quis nostrud exerci tation ullamcorper suscipit lobortis nisl ut aliquip ex ea commodo consequat. Duis autem vel eum iriure dolor in hendrerit in vulputate velit esse molestie consequat, vel illum dolore eu feugiat nulla facilisis at vero eros et accumsan et iusto odio dignissim qui blandit praesent luptatum zzril delenit augue duis dolore te feugait nulla facilisi. •

Geciteerd!
Richard van Vleuten van groen
"Twee dingen zijn oneindig, het universum, en menselijke domheid. Maar van het universum weet ik het nog niet helemaal zeker."

Fietsen langs de wateren van Lelystads landschap

Dit is tallijnen eptekst! Lorem ipsum dolor sit amet, consectetuer adipiscing elit, sed nostrud exerci tation ullamcorper suscipit lobortis nisl ut aliquip ex ea commodo consequat.

Duis autem vel eum iriure dolor in hendrerit in vulputate vUt wisi enim ad minim veniam, quis nostrud exerci tation ullamcorper suscipit lobortis nisl ut aliquip ex ea commodo vulputate velit esse molestie consequat, vel illum dolore euelit esse molestie consequat, vel illum dolore eu feugiat nulla facilisis at vero eros et accumsan et iusto odio dignissim qui blandit praesent luptatum zzril delenit augue duis dolore te feugait nulla facilisi. Lorem ipsum dolor sit amet, consectetuer adipiscing elit, sed diam nonummy → pagina 3

joost

concern ★ voor werk

TOTAL IDENTITY

III MEDIEN
Träger der Identität

Medien unterliegen einem ständigen Wandel. Darum geht es in diesem Teil. Es ist keine allumfassende Abhandlung aller erdenklichen Medienarten, sondern eine Auswahl der gängigsten Vertreter des Corporate Publishing: Geschäftsberichte, Magazine, Firmenbroschüren und Internetsites. Kennzeichnend für diese Mittel ist eine gewisse Dynamik – in sich und in Verhältnis zueinander, aber gewiss auch unabhängig davon arttypisch. Zudem werden eine Reihe von Tools vorgestellt, die auf Webtechnologie basieren und die Arbeit bei diversen Veröffentlichungen und Erscheinungsbildanwendungen erleichtern.

Korrespondenz

Korrespondenz ist die Übermittlung einer Nachricht. Die Nachricht wird zusammen mit den relevanten Informationen (Absender, Bezugnahme) verschickt. Der Empfänger liest die Nachricht und kann sie aufbewahren. Die Kommunikation ist eingleisig: Die Informationen gehen vom Sender zum Empfänger. Das Konzept ist leseorientiert. Der Empfänger muss keine Fragen beantworten und zurückschicken wie bei einem Formular.

Primäre Information ist die Nachricht selbst. Sekundärinformationen sind die sonstigen Angaben wie:
– Empfänger (Anschrift, an die die Nachricht gesendet wird, Postanschrift, E-Mail-Adresse);
– Angaben, die sich auf die betreffende Nachricht bzw. das betreffende Dokument beziehen (Datum, Aktenzeichen, Seitenzahl u.ä.);
– Absender (wichtige Informationen über den Absender wie Name der Organisation, Anschrift(en) wie Besucher- und Postanschrift, Web- und E-Mail-Adresse, Telefon und Fax, Bankverbindung und Handelsregisternummer).
All diese Informationen können ausgedruckt werden.

Soll der Inhalt der Nachricht gut lesbar sein, müssen Primär- und Sekundärinformationen voneinander getrennt sein. Für beide Arten von Informationen gelten unterschiedliche Anforderungen. Die Primärinformation kann lange und kurze Texte enthalten, die gut lesbar sein müssen. Bei Schriftart, Zeilenlänge (Anzahl der Zeichen) und Zeilenabstand muss ein ausgewogenes Gleichgewicht gefunden werden. Die Sekundärinformationen bestehen ausschließlich aus kurzen Texten.

Die gewählte Gliederung und das Layout der Informationen gelten nach Möglichkeit für alle Arten von Korrespondenz (Briefe, Protokolle, Berichte usw.).

Die Dokumente können so automatisiert werden, dass der Benutzer nur noch den Inhalt der Nachricht eingeben muss. Es muss nichts mehr getan werden, damit der Text an der richtigen Stelle steht oder richtig formatiert wird.

Die konsistente Anwendung der Gliederung und ein einheitliches Layout sind notwendig, damit die Organisation wiedererkannt wird und eine effiziente Bearbeitung möglich ist.

O = obligatorisch
F = fakultativ

Gliederung der Information für unterschiedliche Dokumente sowie obligatorische oder fakultative Angaben.

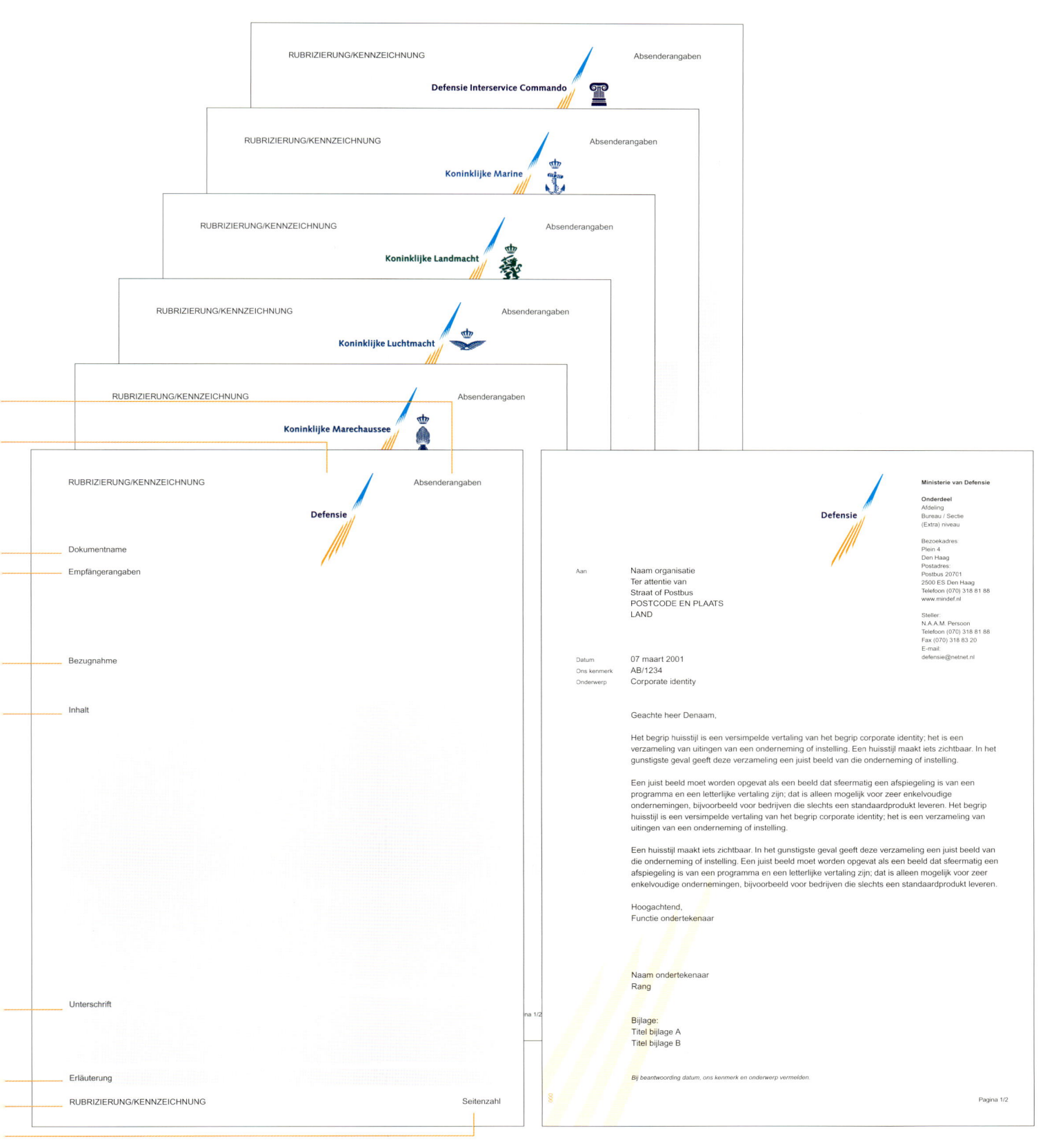

RUBRIZIERUNG/KENNZEICHNUNG — Absenderangaben
Defensie Interservice Commando

RUBRIZIERUNG/KENNZEICHNUNG — Absenderangaben
Koninklijke Marine

RUBRIZIERUNG/KENNZEICHNUNG — Absenderangaben
Koninklijke Landmacht

RUBRIZIERUNG/KENNZEICHNUNG — Absenderangaben
Koninklijke Luchtmacht

RUBRIZIERUNG/KENNZEICHNUNG — Absenderangaben
Koninklijke Marechaussee

RUBRIZIERUNG/KENNZEICHNUNG — Absenderangaben
Defensie

- Dokumentname
- Empfängerangaben
- Bezugnahme
- Inhalt
- Unterschrift
- Erläuterung
- RUBRIZIERUNG/KENNZEICHNUNG — Seitenzahl

Primärinformation

Sekundärinformation

Defensie

Ministerie van Defensie

Onderdeel
Afdeling
Bureau / Sectie
(Extra) niveau

Bezoekadres:
Plein 4
Den Haag
Postadres:
Postbus 20701
2500 ES Den Haag
Telefoon (070) 318 81 88
www.mindef.nl

Steller:
N.A.A.M. Persoon
Telefoon (070) 318 81 88
Fax (070) 318 83 20
E-mail:
defensie@netnet.nl

Aan   Naam organisatie
         Ter attentie van
         Straat of Postbus
         POSTCODE EN PLAATS
         LAND

Datum   07 maart 2001
Ons kenmerk AB/1234
Onderwerp   Corporate identity

Geachte heer Denaam,

Het begrip huisstijl is een versimpelde vertaling van het begrip corporate identity; het is een verzameling van uitingen van een onderneming of instelling. Een huisstijl maakt iets zichtbaar. In het gunstigste geval geeft deze verzameling een juist beeld van die onderneming of instelling.

Een juist beeld moet worden opgevat als een beeld dat sfeermatig een afspiegeling is van een programma en een letterlijke vertaling zijn; dat is alleen mogelijk voor zeer enkelvoudige ondernemingen, bijvoorbeeld voor bedrijven die slechts een standaardproduct leveren. Het begrip huisstijl is een versimpelde vertaling van het begrip corporate identity; het is een verzameling van uitingen van een onderneming of instelling.

Een huisstijl maakt iets zichtbaar. In het gunstigste geval geeft deze verzameling een juist beeld van die onderneming of instelling. Een juist beeld moet worden opgevat als een beeld dat sfeermatig een afspiegeling is van een programma en een letterlijke vertaling zijn; dat is alleen mogelijk voor zeer enkelvoudige ondernemingen, bijvoorbeeld voor bedrijven die slechts een standaardproduct leveren.

Hoogachtend,
Functie ondertekenaar

Naam ondertekenaar
Rang

Bijlage:
Titel bijlage A
Titel bijlage B

Bij beantwoording datum, ons kenmerk en onderwerp vermelden.

Pagina 1/2

Für alle Dokumentarten und für die gesamte Organisation geltende Einteilung und Anordnung der Information.

Gestaltung der Information: Den Textgruppen werden verschiedene Stile zugeordnet, die Eingabemethode wird gewählt (Eingabe von Zusätzen darunter oder seitlich).

Formulare

Bei Korrespondenz geht es darum, Informationen (die Nachricht) zu übermitteln, bei Formularen darum, Informationen einzuholen. Ein Formular enthält Fragen zur gewünschten Information, damit diese anschließend verarbeitet werden kann. Korrespondenz ist eingleisig, bei Formularen verläuft die Kommunikation in zwei oder mehr Richtungen. Daher steht beim Entwurf eines Formulars das Ausfüllen und Verarbeiten bestimmter Informationen im Vordergrund.

Während bei Korrespondenz der Inhalt der Nachricht (kurzer/langer Text) die primäre Information darstellt, besteht die primäre Information des Formulars in den zu beantwortenden Fragen und eventuellen Erläuterungen. Der wesentliche Unterschied zwischen Korrespondenz und Formularen liegt in der primären Information.

Die Gestaltung der Information auf einem Formular setzt sich aus Formelementen mit fester Position (z.B. Markenzeichen, Formularname, Absenderangaben) und Formelementen mit variabler Position (z.B. Frage- und Antwortfelder, Erläuterungen) zusammen.

Ein Formelement ist ein Modul, das mit anderen Formelementen kombiniert werden kann. Durch die Verwendung von Modulen lassen sich Formulare leichter entwerfen, produzieren und eventuell automatisieren.

Formulare können (extern) gestaltet und gedruckt, aber auch unter Verwendung spezieller Software (FormOffice™) im eigenen Büro hergestellt werden.
Dem Internet kommt beim Sammeln von Informationen eine immer größere Bedeutung zu. Natürlich bringt dies für die Verarbeitung der gewonnenen Daten zahlreiche Vorteile mit sich.

Formelemente mit fester Position

Formelemente mit variabler Position

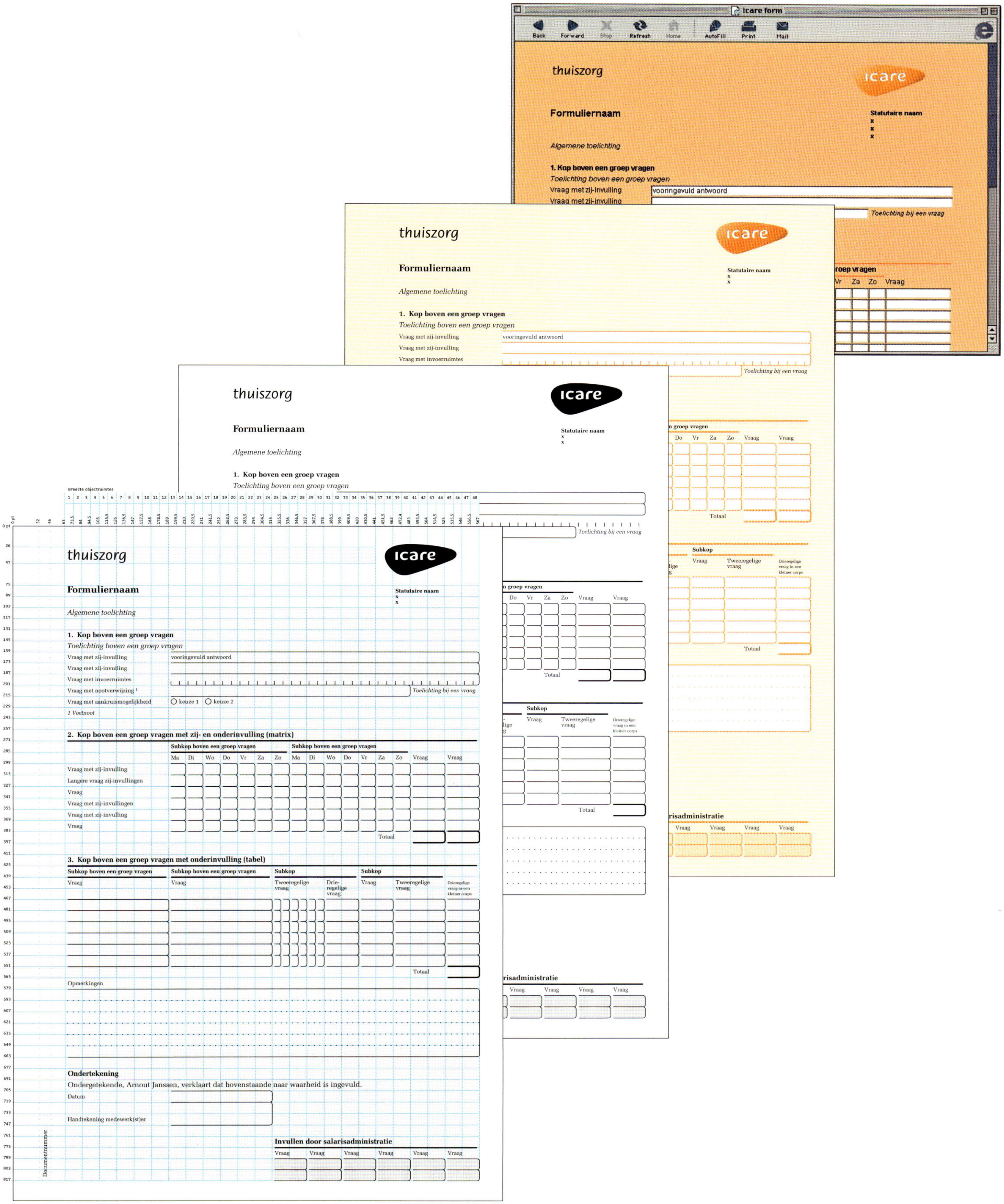
Icare form
Back
Forward
Stop
Refresh
Home
AutoFill
Print
Mail
thuiszorg
icare
Formuliernaam
Statutaire naam
Algemene toelichting
1. Kop boven een groep vragen
Toelichting boven een groep vragen
Vraag met zij-invulling
voooringevuld antwoord
Vraag met invoerruimtes
Vraag met nootverwijzing 1
Toelichting bij een vraag
Vraag met aankruismogelijkheid
keuze 1
keuze 2
1 Voetnoot
2. Kop boven een groep vragen met zij- en onderinvulling (matrix)
Subkop boven een groep vragen
Ma Di Wo Do Vr Za Zo
Vraag
Langere vraag zij-invullingen
Vraag met zij-invullingen
Totaal
3. Kop boven een groep vragen met onderinvulling (tabel)
Subkop
Tweeregelige vraag
Drie-regelige vraag
Drieregelige vraag in een kleiner corps
Opmerkingen
Ondertekening
Ondergetekende, Arnout Janssen, verklaart dat bovenstaande naar waarheid is ingevuld.
Datum
Handtekening medewerk(st)er
Invullen door salarisadministratie
Documentnummer
Breedte objectruimtes
0 pt

Magazine und Dialog

In der Verlegertradition fallen Konzeption und Herstellung von Magazinen nicht in den Aufgabenbereich eines Designbüros – von Ausnahmefällen abgesehen. Der Entwurf (und die Gestaltung) eines Magazins ist nämlich vor allem eine Aufgabe der Redaktion, weil Inhalt und Bild Hand in Hand gehen müssen. Ein Magazin ist in erster Linie ein journalistisches Produkt. Magazine werden im Allgemeinen für bestimmte Zielgruppen konzipiert oder befassen sich mit einem bestimmten Thema. Der Lebenszyklus einer Zeitschrift ist länger als der einer Zeitung, aber kürzer als der eines Buches. Magazine werden selten von vorne bis hinten durchgelesen. „Zappen", „Hoppen" oder „Surfen" sind aktuelle Schlagworte für die heutige Art zu lesen. Der Herausgeber muss sich darüber im Klaren sein, dass seine Zeitschrift mit zahlreichen anderen – auch elektronischen – Medien konkurriert.

Magazine als Kommunikationsmittel des Unternehmens

In den Unternehmen wächst das Bewusstsein, dass es interessant ist, das über Produkte, Dienstleistungen, Entwicklungen etc. vorhandene Wissen mit anderen zu teilen. Dies geschieht mit dem Corporate Publishing. Organisationen haben das Bedürfnis, mit anderen Mitteln als dem herkömmlichen Geschäftsbericht oder der Firmenbroschüre zu Kommunizieren – zeitlich weniger festgelegt, öfter oder auf originellere Art und Weise. Nicht selten wird dazu eine externe Redaktion gebildet, die den Dialog mit dem Leser auf angemessene Weise zu führen und in Gang zu halten versucht. Twyn (Twynstra Gudde), Mezzanine (Bouwfonds) und Single Audit (Ministerium für Arbeit und Soziales) sind dafür gute Beispiele.

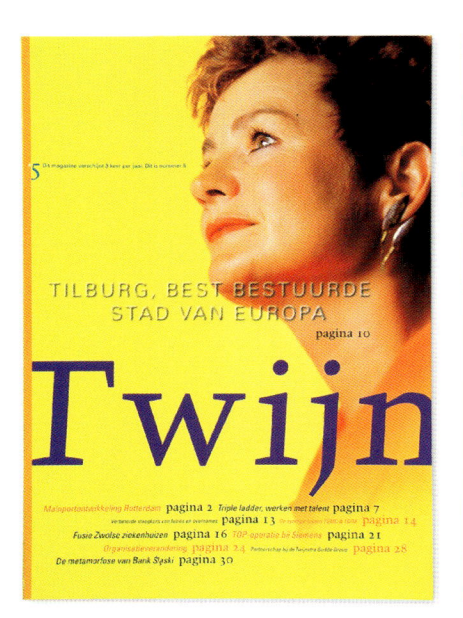

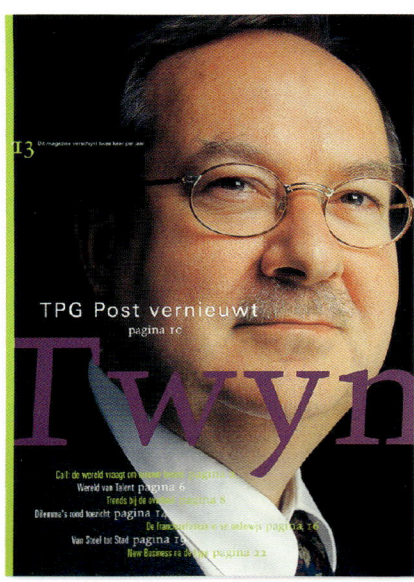

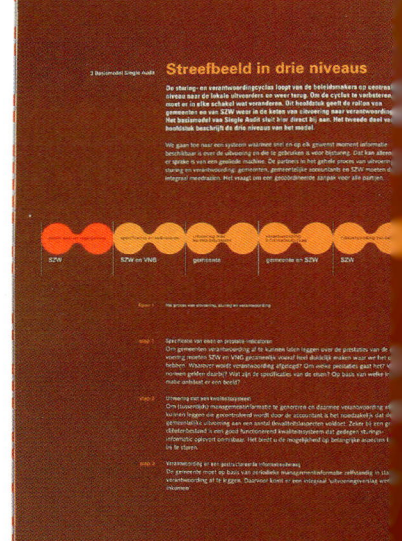

INTERVIEW
ik denk niet in oplossingen
TG#5 3 1998

Knippen in complexiteit
Ten Cate Enbi:
van functionele structuur naar cellen
Procesgericht
Cellen

Essenties van organiseren, managen en veranderen
ICT op de bestuurstafel
Vervreemding, op weg naar een sterker zelfbewustzijn
Op volle zee
TG#12 31 2002

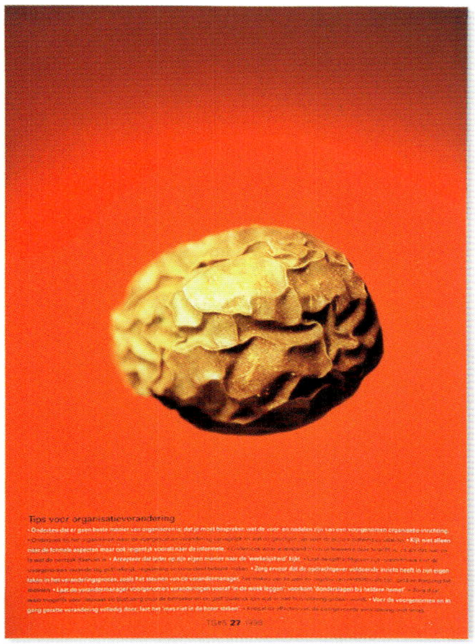
Tips voor organisatieverandering

CHAOS
CHAOSTHEORIE
TG#6 9 1996

Inleiding

„Look & feel": Lesen oder nicht

Lesezeit und Leselust der meisten Leser sind begrenzt. Man will schnell und effektiv durch eine Zeitschrift gelotst werden. Das Design trägt erheblich dazu bei, ob ein Leser ein Magazin durchblättert oder nicht. Denn der Leser wird sich immer zunächst mit dem Stil vertraut machen („look & feel") und sich erst anschließend in den Inhalt vertiefen. Deshalb ist es sinnvoll, ein Magazin als ein Objekt mit mehreren Informationsebenen zu betrachten, bei dem zunächst der Rhythmus in Absprache mit der Redaktion genau festgelegt werden muss. Spannende Seiten entstehen wie von selbst durch: Ausrichtung (horizontal – vertikal), Format (groß – klein) und Menge (viel – wenig).

Verschiedene Leseebenen

Die Informationsübertragung in einer Zeitschrift findet auf verschiedenen Ebenen statt – je nachdem, wie viel Zeit sich der Leser nimmt. Ein Artikel definiert sich dann als Zusammenstellung diverser bedeutungsvoller Elemente. Mit anderen Worten: der Inhalt eines Artikels wird nicht nur vom eigentlichen Text bestimmt, sondern von allen Elementen: Titel, Intro, Fotos, Bildunterschriften, Credits, Balkenüberschriften, Text, Kästen, Grafiken etc. Eine Herausforderung für den Designer beim Erstellen eines Corporate Magazine.

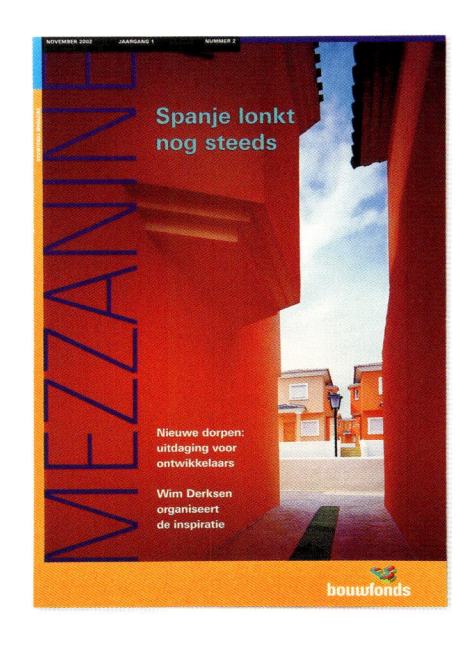

Die Zeitschrift Mezzanine von Bouwfonds erscheint dreimal jährlich.

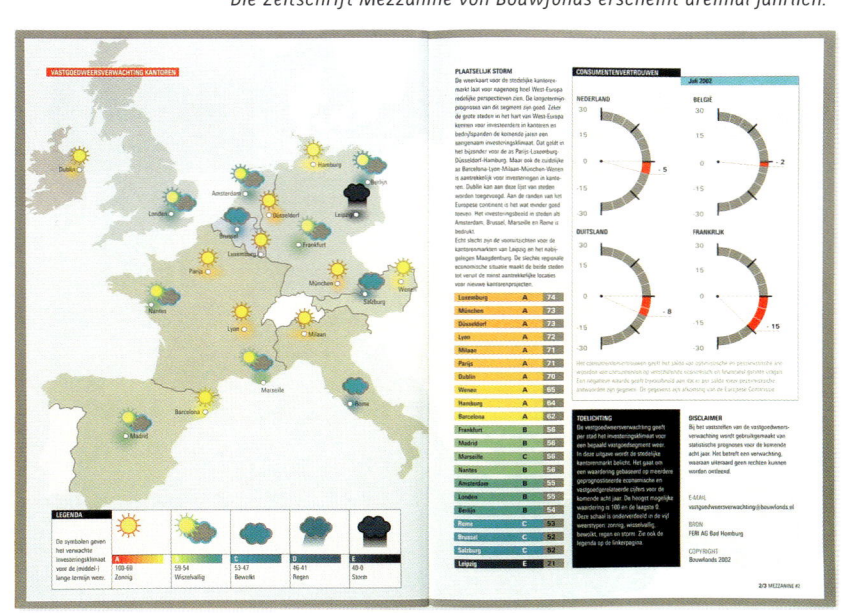

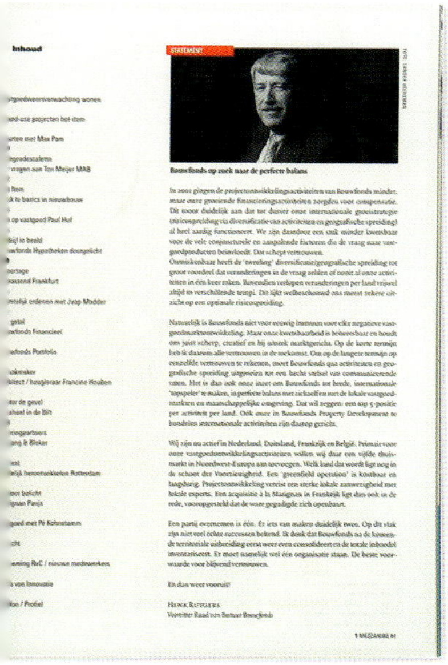

PONTE VECCHIO EEUWENOUDE TRENDSETTER
Meervoudig gebruik van ruimte stelt hoge eisen aan vastgoedontwikkelaars

FOLLY MOLENSTEIN 'NA IEDERE NARIGHEID KOMT EEN BETERE TIJD'

LICHTELIJK ONDERKOELD

Geschäftsberichten

Der Geschäftsbericht unterliegt einem fortschreitenden Wandel. Früher war er kaum mehr als ein Finanzbericht in einem Umschlag. Eine Pflicht, die gegenüber Aktionären und anderen Geldgebern erfüllt werden musste. Mittlerweile hat sich der Geschäftsbericht zu einem richtungsweisenden Dokument gemausert, das noch immer das Ergebnis des vergangenen Jahres enthält, daneben jedoch auch den Blick in die Zukunft richtet. Immer mehr Platz wird dem strategischen Zusammenhang eingeräumt, in dem die neuesten Zahlen anzusiedeln sind. Immer mehr wird der Geschäftsbericht als Medium entdeckt, mit dem die unternehmenseigene Motivation vermittelt werden kann. Denn auf solche zukunftsgerichteten Informationen stützen Anleger, Analysten und andere Anteilseigner ihr Urteil über ein Unternehmen. Die Welt verlangt heute eine andere Art der Kommunikation: schneller, spezieller, interaktiver, offener.

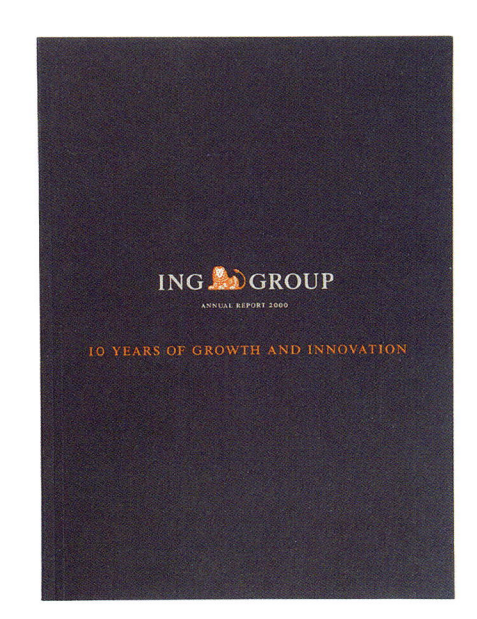

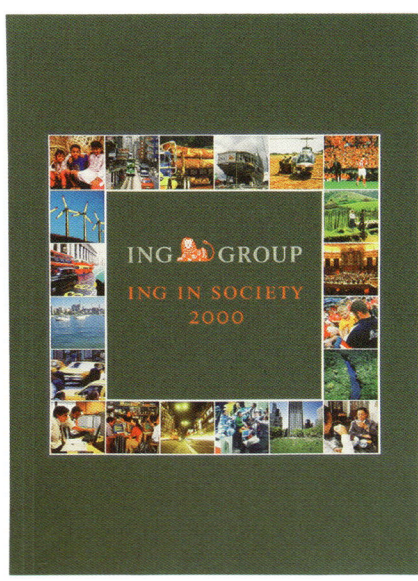

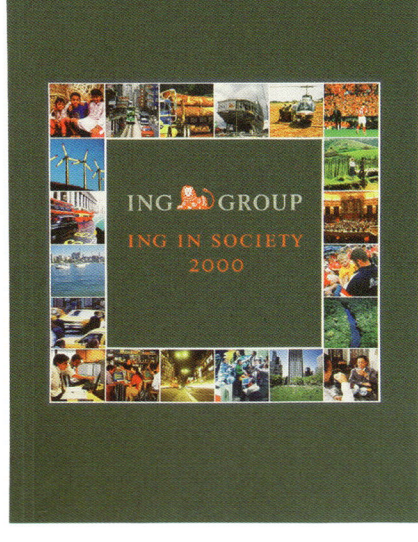

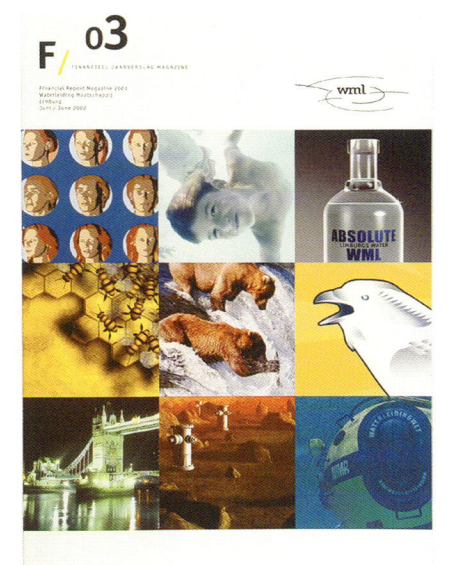

Ein Möglichkeit, die Attraktivität des Geschäftsberichts zu erhöhen, ist die Aufmachung in Form einer Zeitschrift. Diese Form kommt dem heutigen Leseverhalten entgegen. Der Leser kann zappen, blättern, querlesen, aber auch den ganzen Text zur Kenntnis nehmen. Die Geschäftsberichte von Waterleiding Maatschappij Limburg (Wasserwerk) und ING Group sind gute Beispiele für diese Entwicklung.

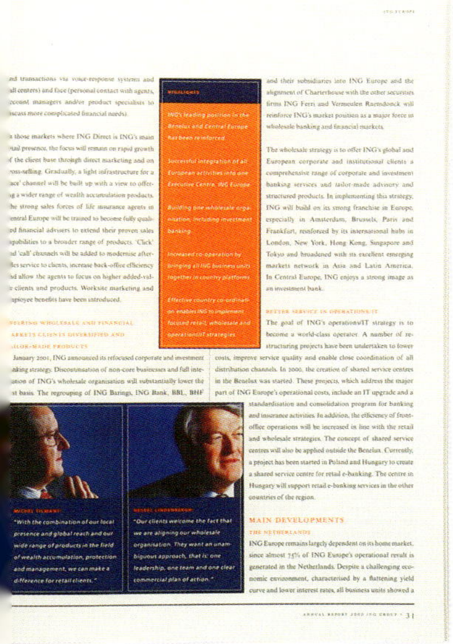

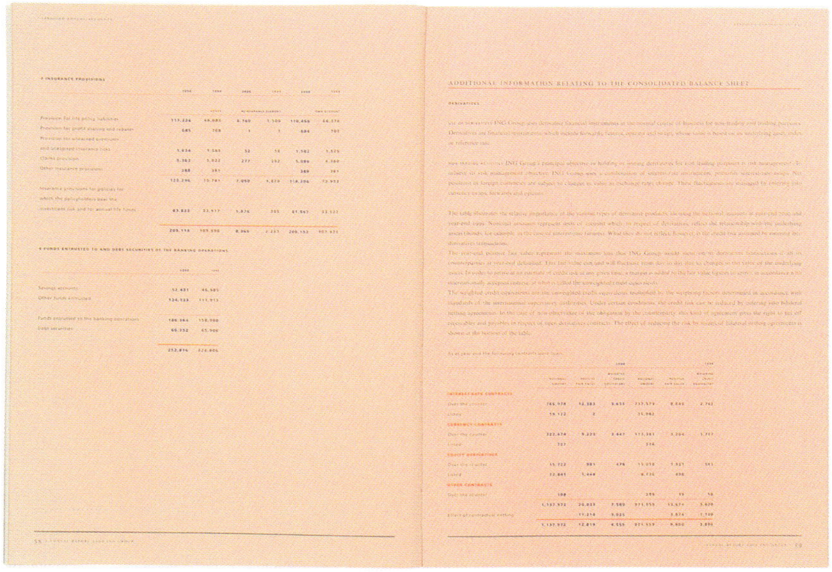

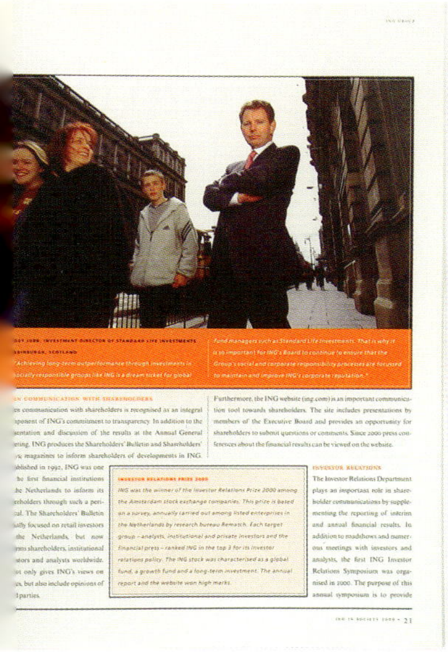

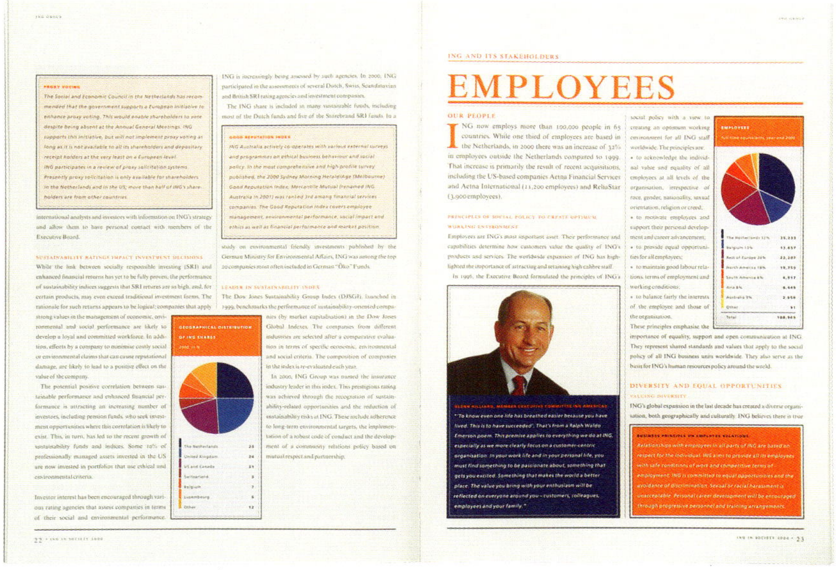

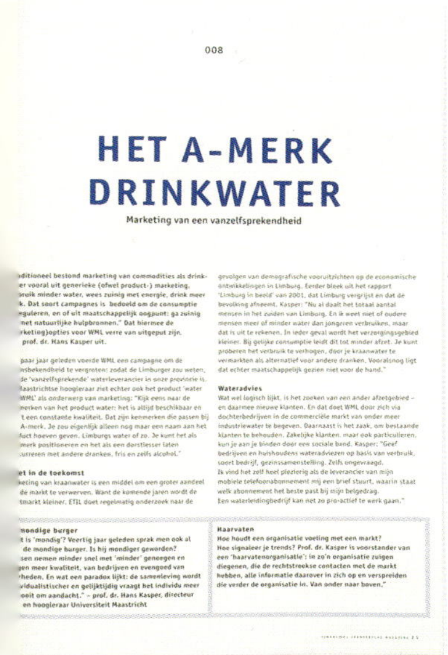

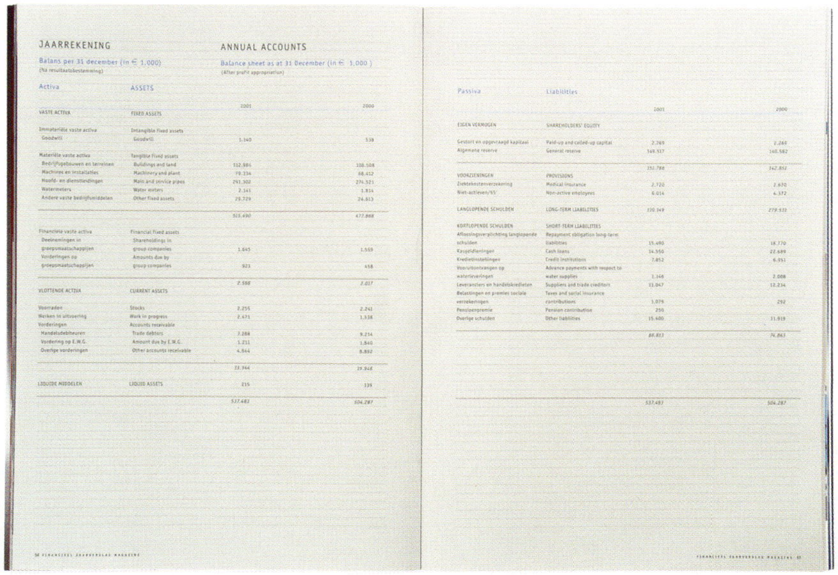

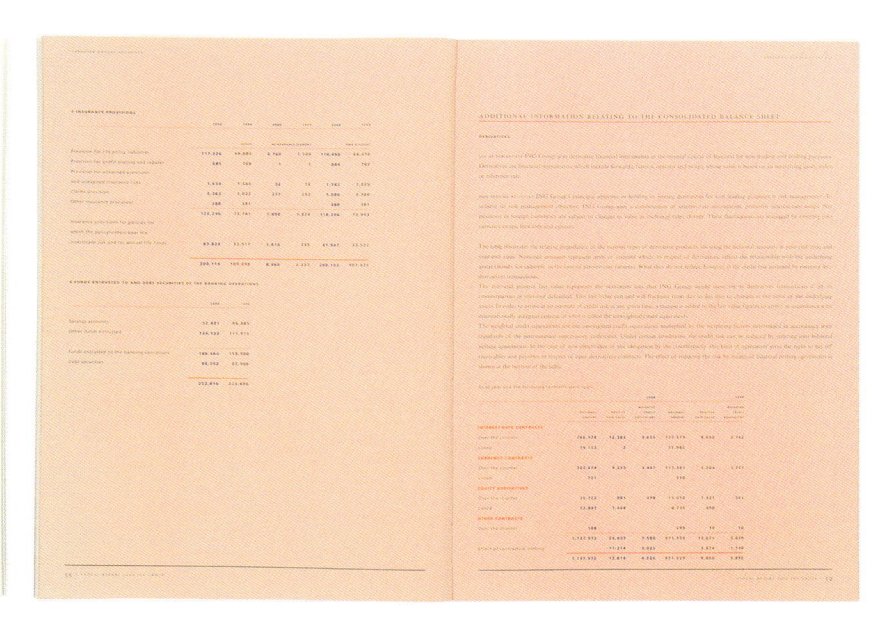

Noord-Brabant
2000 1ste editie

Managers, die die vorgeschriebene Form loszulassen wagen und über den reinen Finanzbericht hinausgehen, eröffnen ihrem Geschäftsbericht eine zusätzliche Dimension. Er wird ein interessanteres Dokument. Aber das ist nicht das Entscheidende. Der Bericht wird Teil eines kontinuierlichen Prozesses, des Corporate Publishing, mit dem die Organisation ihre Corporate Identity ausdrückt.

Eine wichtige Aufgabe besteht darin, die Corporate Identity mit dem Geschäftsbericht in ein kreatives Grundkonzept umzusetzen, das einige Jahre lang die Richtung vorgibt. Das Konzept wird in der Form und im Inhalt des Geschäftsberichts sichtbar. Welche Themen werden behandelt? Aus welchem Blickwinkel werden sie beleuchtet? In welchem Stil? Wie werden Bilder eingesetzt? In welchem Verhältnis stehen Text und Bild? Je nach aktuellen Entwicklungen muss das Grundkonzept ausgearbeitet werden, was auch im Geschäftsbericht zum Ausdruck kommt. So wird im Geschäftsbericht im Laufe der Jahre die Veränderung sichtbar, die das Unternehmen vollzogen hat.

Die Geschäftsberichte der Brabantse Ontwikkelingsmaatschappij (BOM) erfahren eine interessante Entwicklung. Der Bezug zur Region Brabant wird mit einer Landkarte von Noord-Brabant ausgedrückt. Im ersten Bericht lesen wir Geschichten aus dieser Region. Wie machen die Menschen Brabant zu dem, was es ist? Diesen Reisebericht finden wir in der Beilage. Im dritten Bericht stehen die „Meeting Points" im Mittelpunkt, die Orte, an denen wir Brabant begegnen. Region, Menschen, Treffpunkte.

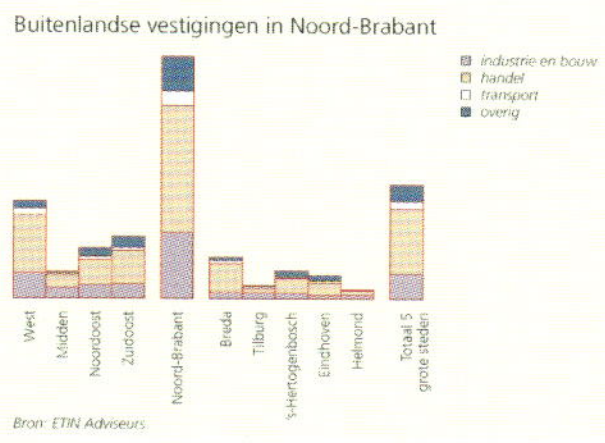

Buitenlandse vestigingen in Noord-Brabant
industrie en bouw
handel
transport
overig
West
Midden
Noordoost
Zuidoost
Noord-Brabant
Breda
Tilburg
's-Hertogenbosch
Eindhoven
Helmond
Totaal 5 grote steden
Bron: ETIN Adviseurs

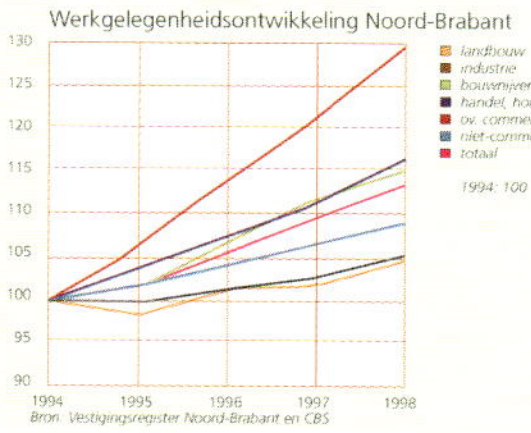

Werkgelegenheidsontwikkeling Noord-Brabant
130
125
120
115
110
105
100
95
90
1994
1995
1996
1997
1998
landbouw
industrie
bouwnijverheid
handel, horeca
ov. commerciële diensten
niet-commerciële diensten
totaal
1994: 100
Bron: Vestigingsregister Noord-Brabant en CBS

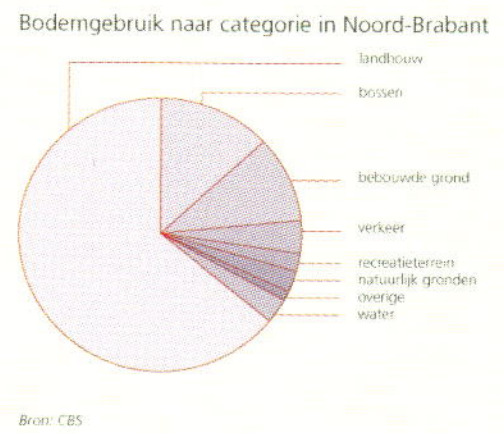

Bodemgebruik naar categorie in Noord-Brabant
landbouw
bossen
bebouwde grond
verkeer
recreatieterrein
natuurlijk gronden
overige
water
Bron: CBS

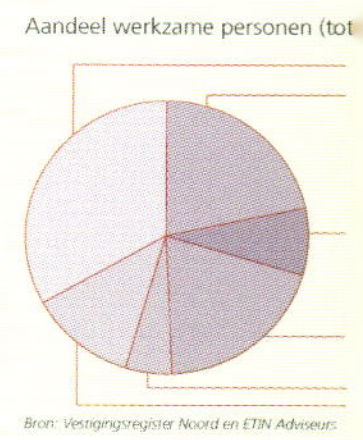

Aandeel werkzame personen (tot
Bron: Vestigingsregister Noord en ETIN Adviseurs

Van den Bergh Nederland
Meat products
Carnaval
Oss
Diosynth BV
Pharmaceutical
NV Organon
Pharmaceutical
Autotron
A50
Heineken Nederland BV
Beverages
'S-HERTOGENBOSCH
AMP Holland BV
Electronics
SAP Nederland BV
Alcoa Nederland BV
Aluminium
Hogeschool 's-Hertogenbosch
Leder- en schoenenmuseum
Vestingstad Heusden
Omron BV
Sint Jans Kathedraal
Bossche Bol
Waalwijk
Land van Ooit
A27
Schaijkse Heide
Uden
Peel
Roosendaal
Pekago Kunststoffen BV
Wilhelminakanaal
Neways BV
Axxicon Moulds Eindhoven BV
A58
The Design Academy
Fontys Hogeschool
TUE
BOM
Twinning Center
HELMOND
Vlisco Helmond BV
Kubuswoningen
Oirschotse Heide
Safaripark Beekse Bergen
Kyocera BV
Philips
UPC
Predrive BV
NedCar PD&E
Automotive
Gamma Holding N.V.
A67
Zuid-Willemsvaart
BOM jaarverslag 2000
5
De rol van een ontwikkelingsmaatschappij
Bevordering economische dynamiek met behoud van uniek leefmilieu
Mission statement BOM
N.V. Bra
BOM
Deze kaart van B
deel uit van het
de N.V. BOM. U
overzicht van Bra
belangrijke verbi
vende kennisinst
industrieën, inte
attracties en afw
bieden. Kortom:
bekijken waard.
geen compleet c
niet de bedoelin
willen we met d
opslag de veelzij
laten zien. Wij w
ontdekkingstoch

Der gedruckte Geschäftsbericht ist eine Momentaufnahme und bietet allen Lesern die gleichen Informationen. Viele Leser benötigen jedoch – je nach Interesse – aktuelle Informationen zu einem ganz speziellen Aspekt. Als Mittel der Kontaktpflege mit Geschäftspartnern und Anteilseignern ist der gedruckte Bericht eigentlich unzulänglich. Neben dem Geschäftsbericht, werden weitere Kommunikationsmomente benötigt, z.B. zusätzliche Halbjahresberichte, eine regelmäßig erscheinende Aktionärszeitschrift oder jederzeit aktuelle Informationen auf der Website. Je spezifischer und aktueller die Information, desto höher ihr Wert für die Zielgruppe.

Mit einem interaktiven Geschäftsbericht kann das Unternehmen allen Beteiligten genau das präsentieren, was sie benötigen. Der Besucher des Geschäftsberichts im Internet stellt sein eigenes Informationsmenü zusammen. Analysten und Anleger finden hier aktuelle Finanzdaten, Prognosen und Marktanalysen. Kunden sehen einen Abriss wichtiger Produktinnovationen und potenzielle Mitarbeiter erhalten einen ersten Eindruck von der Organisation. Das Unternehmen bestimmt das Informationsangebot und führt somit Regie über die Qualität der gebotenen Informationen mit Hilfe der hauseigenen Vorgaben des Corporate Publishing.

Der gedruckte Geschäftsbericht bleibt bestehen, wird jedoch Teil einer anderen, ausgefeilteren, kontinuierlichen Form der Unternehmensinformation. Die Corporate Communication wird schneller und umfassender. So wird das Unternehmen nicht nur bekannter, sonder ein guter Bekannter.

Bouwfonds arbeitet schon seit geraumer Zeit mit einem Geschäftsbericht und verschiedenen Broschüren. Im Geschäftsbericht für das Jahr 2000 führt Bouwfonds ein neues Thema ein. Das Thema wird in den Bericht integriert. Im nächsten Geschäftsbericht wird das Thema raumgreifender und vom eigentlichen Bericht gelöst. Dadurch ändert sich das Verhältnis zu den anderen Veröffentlichungen des Unternehmens.
Schließlich kommt es zu einer grundlegenden Neuausrichtung der Kommunikation mit den Zielgruppen des Unternehmens, einer Mischung unterschiedlicher Veröffentlichungen nämlich: Finanzbericht, Firmenbroschüre und Mezzanine.

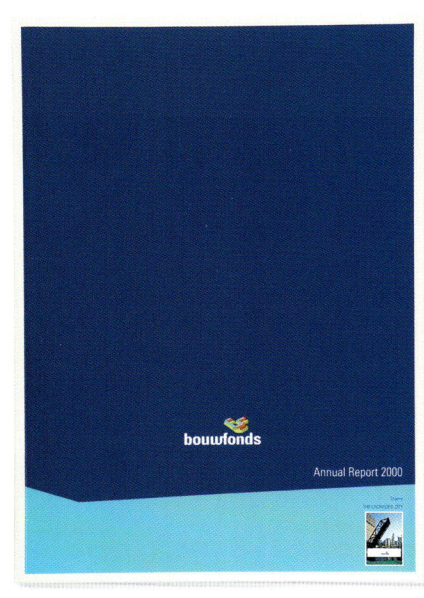

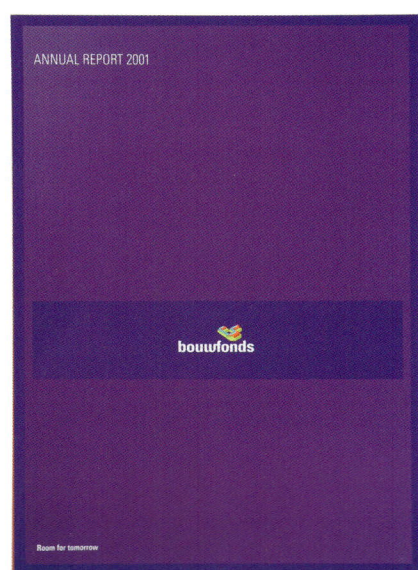

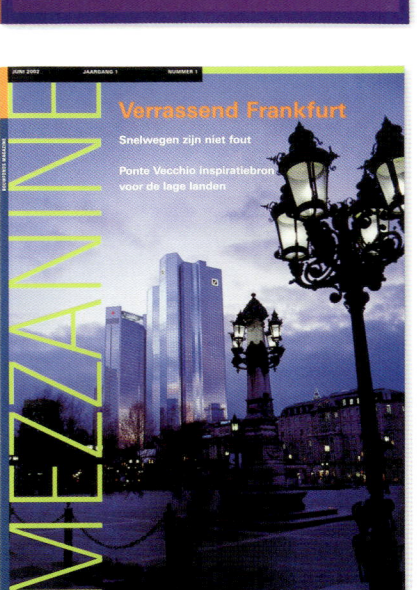

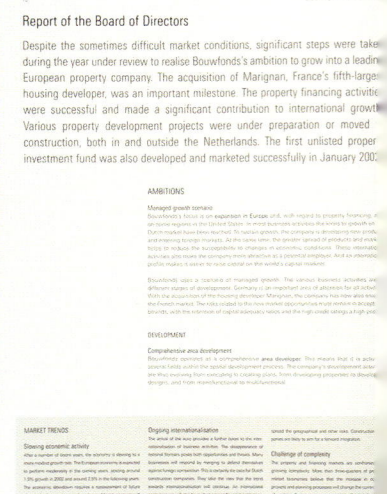

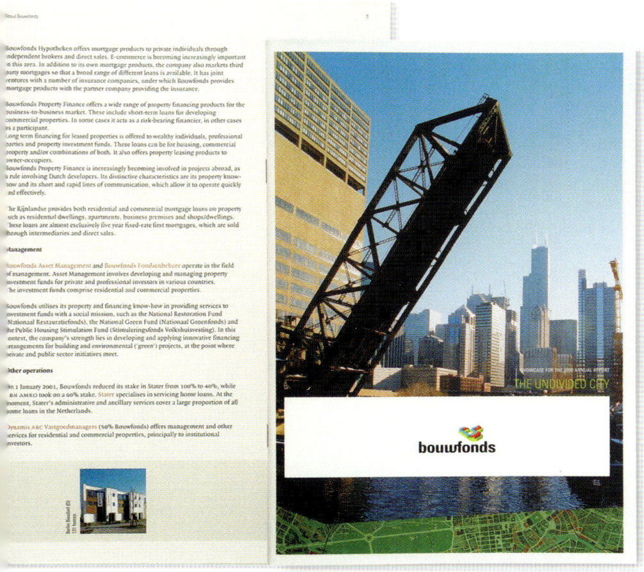
THE UNDIVIDED CITY
bouwfonds

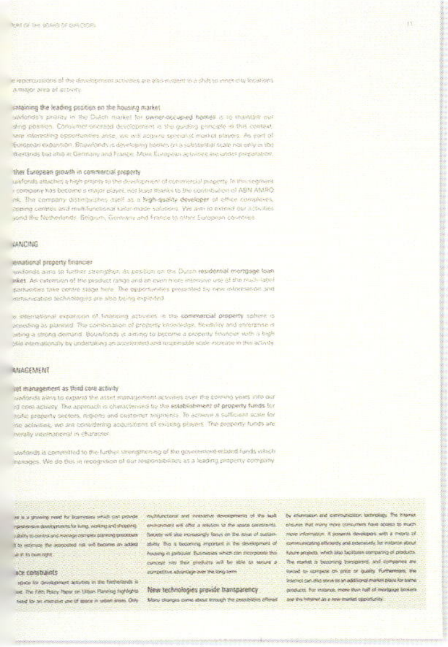

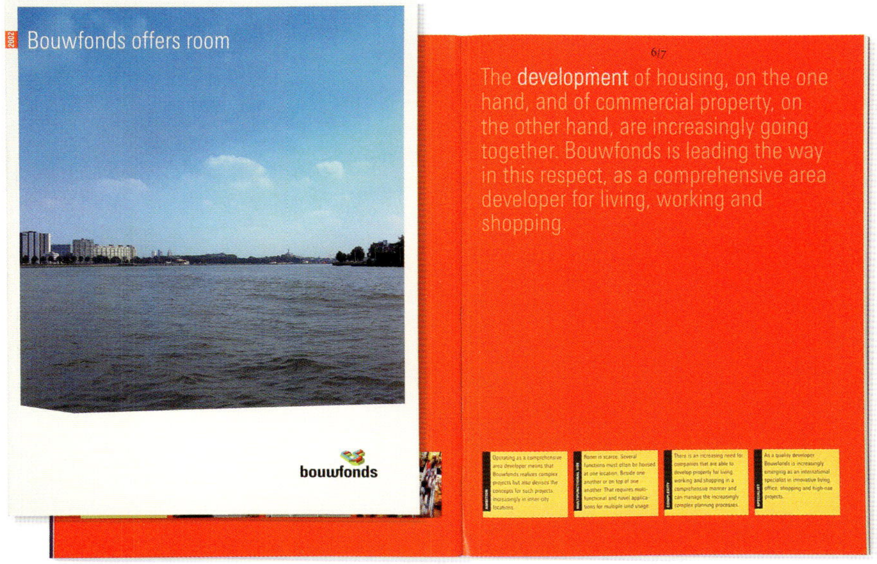
Bouwfonds offers room
bouwfonds
6/7
The development of housing, on the one hand, and of commercial property, on the other hand, are increasingly going together. Bouwfonds is leading the way in this respect, as a comprehensive area developer for living, working and shopping.

Loans far in excess of the sum of € 6 billion. That is the current state of the remarkable growth Bouwfonds is experiencing in its property financing activities. Project loans, investment loans, lease arrangements and risk-bearing participations, those are the products with which we distinguish ourselves.

0123456789

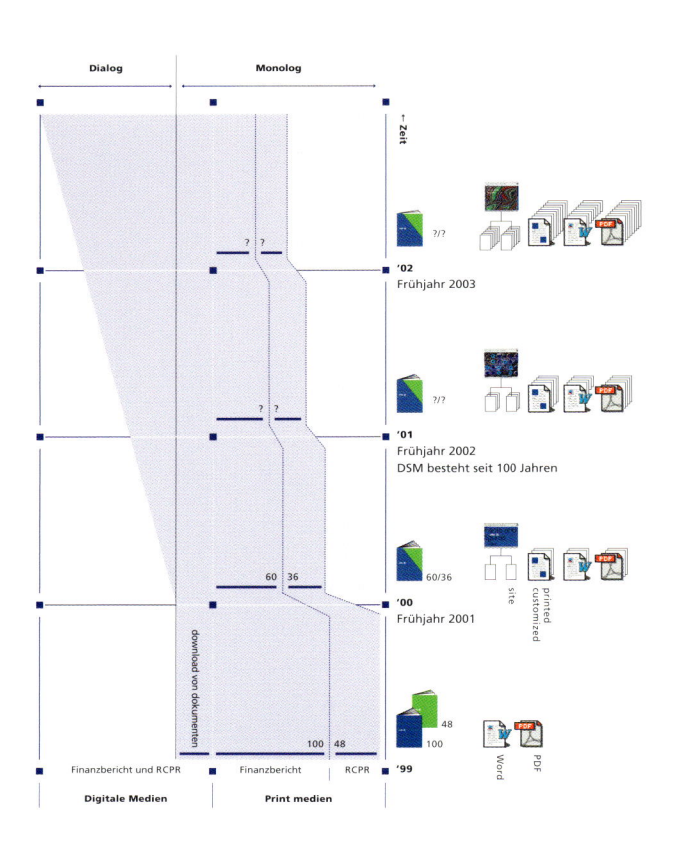

Der Berichte von DSM unter Nutzung diverser Medien während eines bestimmten Zeitraums.

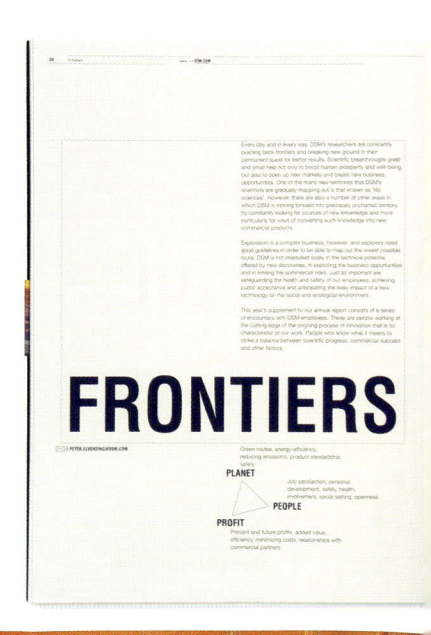

Bei den Geschäftsberichten von DSM kommt es zu einer zweifachen Verlagerung: vom Monolog zum Dialog und von gedruckt zu digital. Im Frühjahr 2001 (Geschäftsjahr 2000) erfolgte die aufwändige Einführung des digitalen Geschäftsberichts.

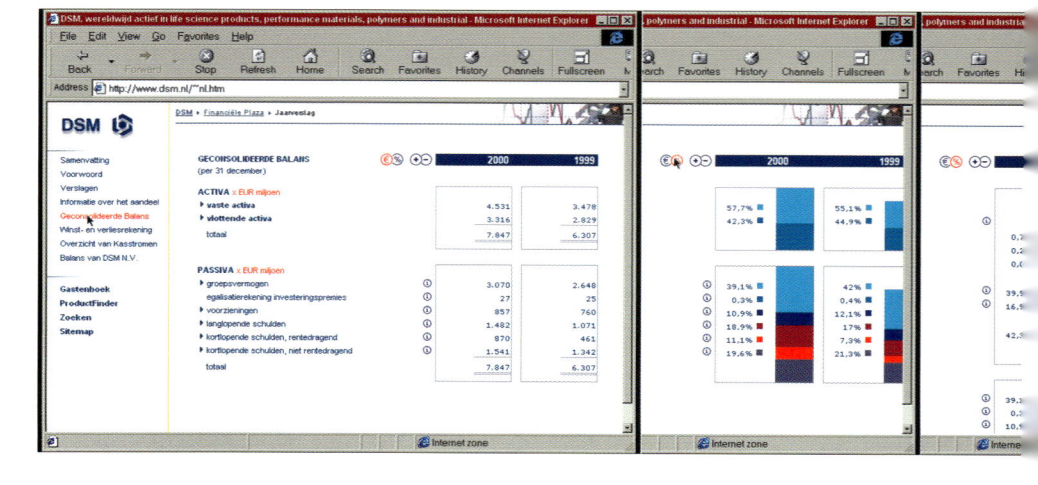

DSM

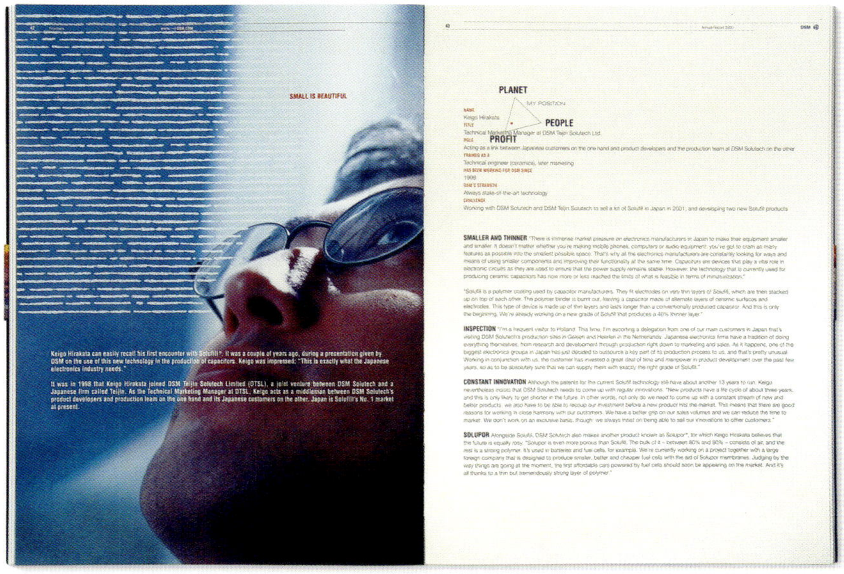
SMALL IS BEAUTIFUL
PLANET
PEOPLE
PROFIT

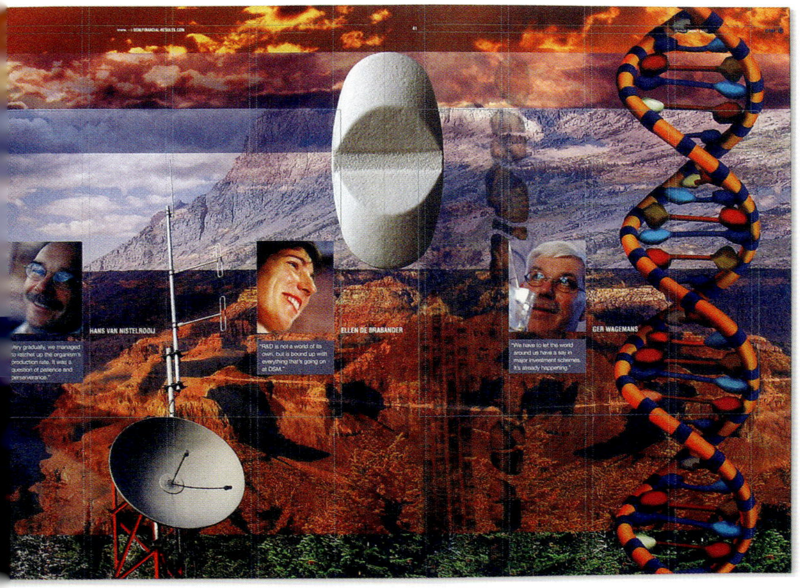
HANS VAN NISTELROOIJ
ELLEN DE BRABANDER
GER WAGEMANS

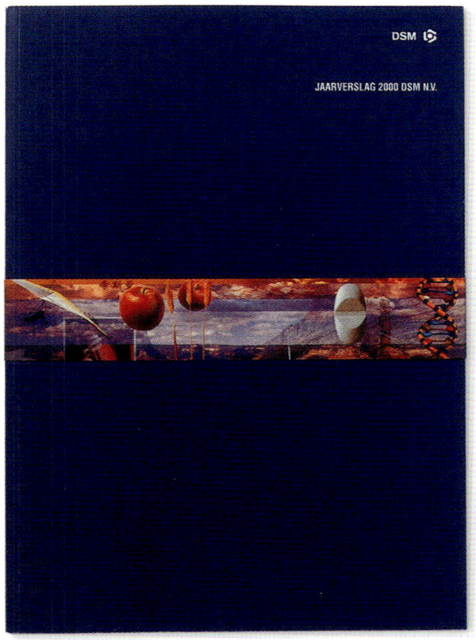
DSM
JAARVERSLAG 2000 DSM N.V.

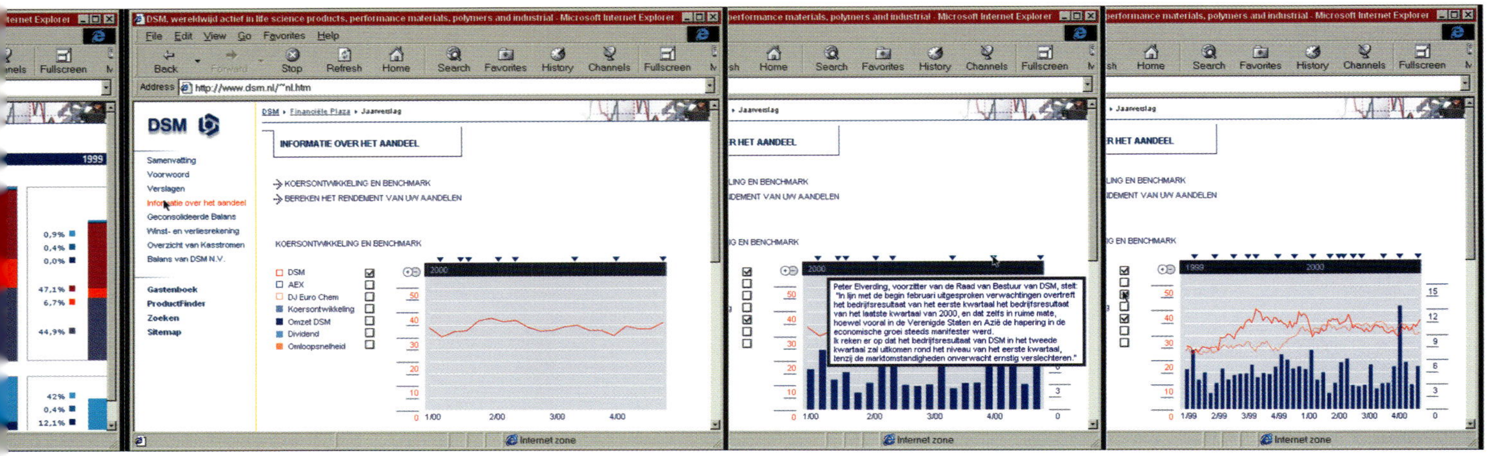
DSM, wereldwijd actief in life science products, performance materials, polymers and industrial - Microsoft Internet Explorer
File Edit View Go Favorites Help
Back Forward Stop Refresh Home Search Favorites History Channels Fullscreen
Address http://www.dsm.nl/~nl.htm
DSM
Samenvatting
Voorwoord
Verslagen
Informatie over het aandeel
Geconsolideerde Balans
Winst- en verliesrekening
Overzicht van Kasstromen
Balans van DSM N.V.
Gastenboek
ProductFinder
Zoeken
Sitemap
DSM › Financiële Plaza › Jaarverslag
INFORMATIE OVER HET AANDEEL
KOERSONTWIKKELING EN BENCHMARK
BEREKEN HET RENDEMENT VAN UW AANDELEN
DSM
AEX
DJ Euro Chem
Koersontwikkeling
Omzet DSM
Dividend
Omloopsnelheid
Internet zone

Firmenbroschüren

Firmenbroschüren sind nicht mehr das, was sie einst waren. Früher kam die Firmenbroschüre der Visitenkarte des Unternehmens gleich und vermittelte stets dieselbe Botschaft: Das sind wir, das wollen wir – wir sind zuverlässig ... Unter dem heutigen Informationsdruck kommt diese Message mit der herkömmlichen Broschürenform nicht mehr an. Selbstverständlich gibt es weiterhin Firmenbroschüren, aber diese tragen kaum mehr zur Wertschätzung eines Unternehmens bei. Studien belegen, dass Firmenbroschüren durchschnittlich sieben Sekunden lang betrachtet werden. Die Kunst besteht also darin, eine Broschüre zu kreieren, die nicht sofort weggelegt wird, sondern zumindest einige wesentliche Botschaften –, inhaltliche und emotional – vermittelt, auch bei oberflächlicher Betrachtung.

So unterschiedlich die Organisationen, so unterschiedlich müssen auch ihre Broschüren sein. Wichtig ist dabei eine stimmige Mischung aus Text und Bild, die so überzeugend wie möglich den Kontext der Organisation erkennen lässt. Visionen, Zahlen und Fakten, Meinungen, Gefühl und Verantwortungsbewusstsein ... mal bildlich dargestellt, mal journalistisch. Daraus entsteht der Kontext der Organisation, der dem Leser vermittelt, welchen Platz die Organisation in der Welt einnimmt, aus welcher gesellschaftlichen Verantwortung heraus sie handelt und welche Bedeutung sie hat. Der Inhalt darf nicht zu viele kaufmännische Botschaften enthalten, dafür bieten Prospekte, Datenblätter oder Websites ausreichend Platz.

Immer mehr Broschüren beschreiben derzeit den umgekehrten Weg: Wir-Botschaften verlieren ihre Existenzberechtigung. Die Perspektive wird umgedreht. Mit den Augen der Organisation blicken wir auf die Welt um uns herum. Solche Geschichten beschäftigen sich weniger mit der Innenwelt eines Unternehmens, sie sagen mehr über seine Relevanz für die Außenwelt, seine Verantwortung und Tragfähigkeit aus. Dadurch erhält die Firmenbroschüre wieder eine klare, zeitgemäße Funktion.

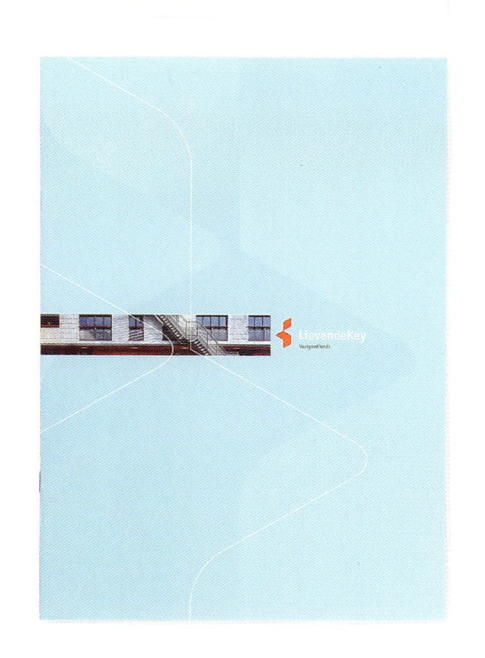

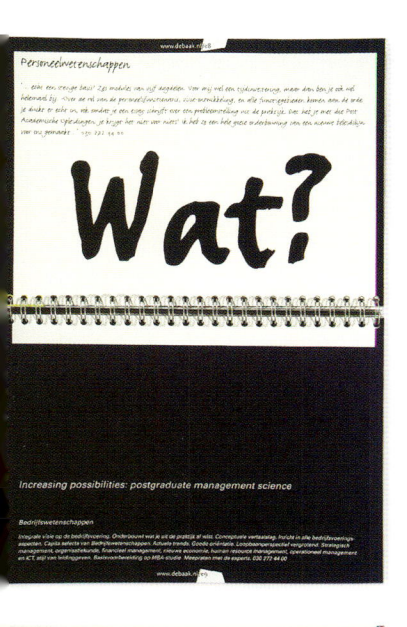

Wat?

Increasing possibilities: postgraduate management science

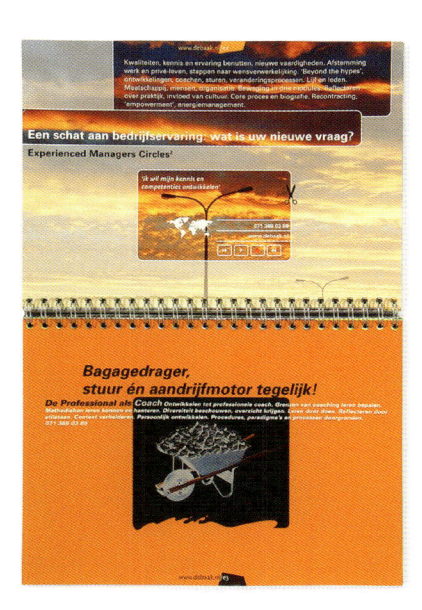

Een schat aan bedrijfservaring: wat is uw nieuwe vraag?
Experienced Managers Circles'

Bagagedrager, stuur én aandrijfmotor tegelijk!
De Professional als Coach

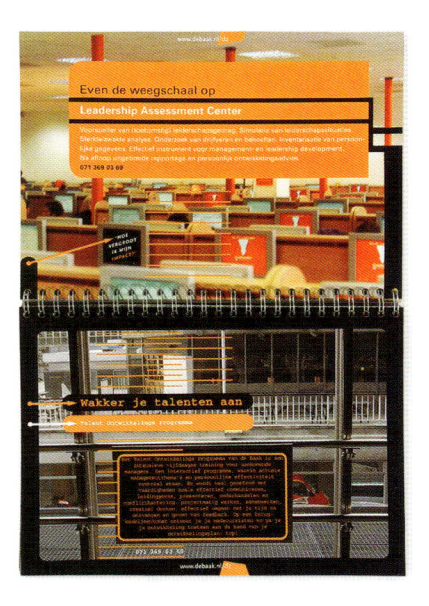

Even de weegschaal op
Leadership Assessment Center

Wakker je talenten aan

---

frank

aat voor timmerman
n doet een **opleiding**

...is druk? Wat de een op zijn slofjes doet, is voor een ander
n marathon. En die kan dan vaak weer iets, waar jij niet zo
...beer nu een andere **richting**. Meer iets met mijn **handen**.
dit **bedrijf** volg ik nu een opleiding metaalbewerking bij
Regionaal Opleiding Centrum (ROC).

Wij brengen **mensen** bij **werk**

door met hen over mogelijkheden te praten
door goed te kijken wat kan en wat niet
door gesprekstechnieken met hen te trainen
door met hen een vakopleiding te selecteren
door hen een spiegel voor te houden
door heel goed naar hen te luisteren
door hun zelfvertrouwen te vergroten
door te kijken wat je van fouten kunt leren
door te denken vanuit kansen en talenten
door hen niet los te laten voor het doel bereikt is
door werkplekken te zoeken

door samen een traject te starten om aan de slag te gaan

Wij brengen **werk** naar **mensen**

door passend werk te creëren
door goede begeleiding op het werk
door continuïteit te garanderen
door werkervaringsplaatsen te bieden
door een enorm netwerk op te bouwen van aanbieders van
   allerlei vormen van werk
door een beschermde werkomgeving te bieden
door te detacheren

door alle vormen van werk en begeleiding in te zetten als onderdeel van dit traject

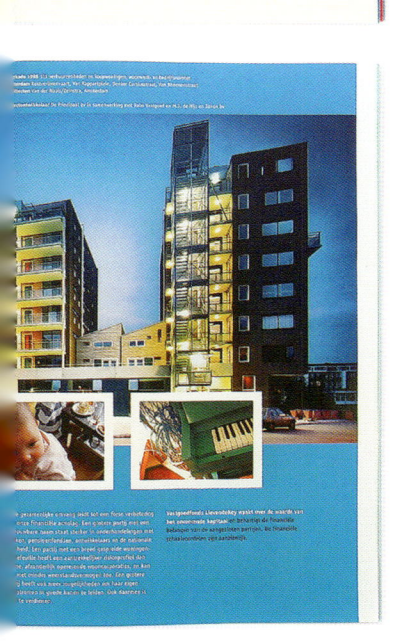

:Henk Draaisma

"Binnen het Vastgoedfonds komt ons eigendom samen. We zitten daarmee in één klap op een schaalniveau dat ertoe doet. Dat merkten we meteen toen het Centraal Fonds voor de Volkshuisvesting oordeelde dat ons weerstandsvermogen fors omlaag kon."

Wij zetten de stap...

Internetsites

In den letzten Jahren entwickelte sich das Internet vom sich selbst genügenden technologischen Hype zu einem neuen Medium. Es ist den Kinderschuhen entwachsen, was auch in der Klassifizierung von Websites zum Ausdruck kommt: 1. Generation, 2. Generation, 3. Generation ... Von einer digitalen Version der Firmenbroschüre zur vollständigen Integration der Unternehmensfunktionen mit besonderem Augenmerk auf E-Commerce. Interessant an diesem Medium ist die Möglichkeit der maßgeschneiderten Information, die Möglichkeit orts- und zeitunabhängiger Dialoge und Transaktionen; diese Aspekte nämlich bestimmt der Besucher selbst. Angesichts der ungeahnten Möglichkeiten dieses Mediums, des schnellen Wachstums von Breitband- und auch Funkanwendungen wird das Internet sicherlich noch an Bedeutung gewinnen, insbesondere, wenn die Generation, die mit Papier groß wurde, dem Nachwuchs aus dem digitalen Zeitalter Platz macht.

Das Medium Internet trägt zur Identität eines Unternehmens bei und regt den Dialog mit dem Benutzer an. Der Benutzer stellt hohe Anforderungen an dieses Medium, was sich unmittelbar in seinem Surfverhalten äußert. Funktionalität (benutzerfreundliche Navigation, Übersichtlichkeit, Suchmöglichkeiten u.ä.) und Service (Aktualität, Links, Antwortzeit u.ä.) sind für die Qualitätsbeurteilung einer Site ebenso wichtig wie ein ansprechendes „Look & Feel". An einer guten Site sind unterschiedliche Disziplinen beteiligt. Schließlich geht es um Kommunikation und Design, um Information, Automatisierung, Marketing, Logistik ... Ein gutes Management dieser Disziplinen ist unabdingbar, wenn etwas Vernünftiges entstehen soll.

Die zentrale Frage bei der Erstellung einer Internetsite lautet: Für wen spielt die Site welche Rolle? Soll die Internetsite ein Serviceinstrument sein, ein Marketingtool oder ein Logistikinstrument? Welche Rolle spielt das Internet in der Unternehmenskommunikation insgesamt? Eine zu starke Vermischung dieser Rollen führt schnell zu frustrierten Benutzern. Parallel zur Entwicklung von Internetsites spielt auch die Frage, wie die Website in der Organisation verankert ist, eine Rolle. Anders als herkömmliche Medien muss eine Website permanent gepflegt werden. Auswertung des Respons, Aktualisierung, technische Wartung ... All das kann man als normale redaktionelle Arbeit betrachten, wobei jedoch ein Online-Produkt ständiger Pflege bedarf.

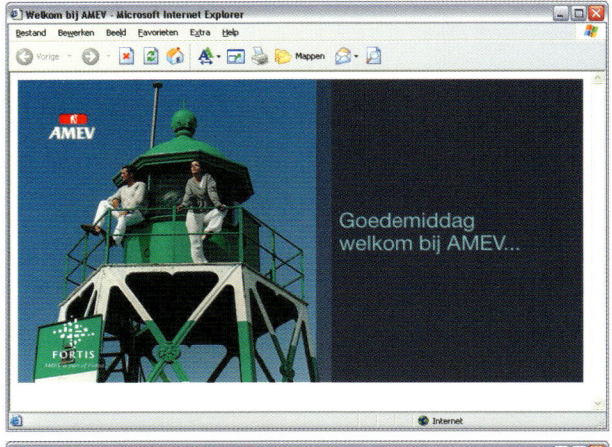

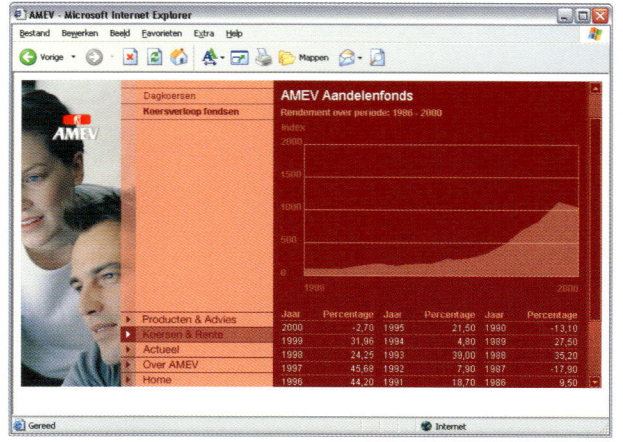

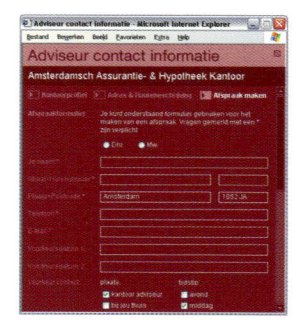

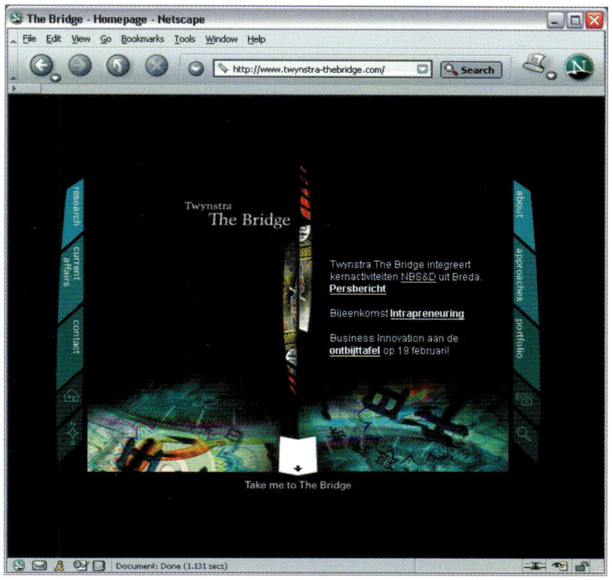
The Bridge - Homepage - Netscape
File Edit View Go Bookmarks Tools Window Help
http://www.twynstra-thebridge.com/
Search
Twynstra
The Bridge
research
current affairs
contact
about
approaches
portfolio
Twynstra The Bridge integreert kernactiviteiten NBS&D uit Breda.
Persbericht
Bijeenkomst Intrapreneuring
Business Innovation aan de ontbijttafel op 19 februari!
Take me to The Bridge
Document: Done (1.131 secs)

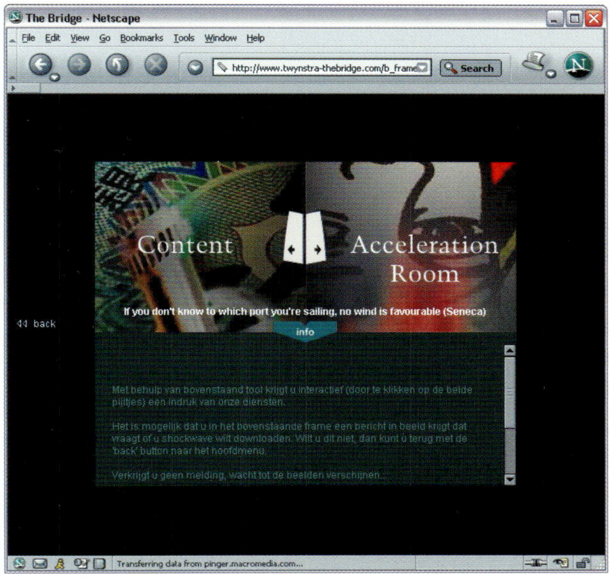
The Bridge - Netscape
File Edit View Go Bookmarks Tools Window Help
http://www.twynstra-thebridge.com/b_frame
Search
Content
Acceleration Room
If you don't know to which port you're sailing, no wind is favourable (Seneca)
info
back
Met behulp van bovenstaand tool krijgt u interactief (door te klikken op de beide pijltjes) een indruk van onze diensten.
Het is mogelijk dat u in het bovenstaande frame een bericht in beeld krijgt dat vraagt of u shockwave wilt downloaden. Wilt u dit niet, dan kunt u terug met de 'back' button naar het hoofdmenu.
Verkrijgt u geen melding, wacht tot de beelden verschijnen.
Transferring data from pinger.macromedia.com...

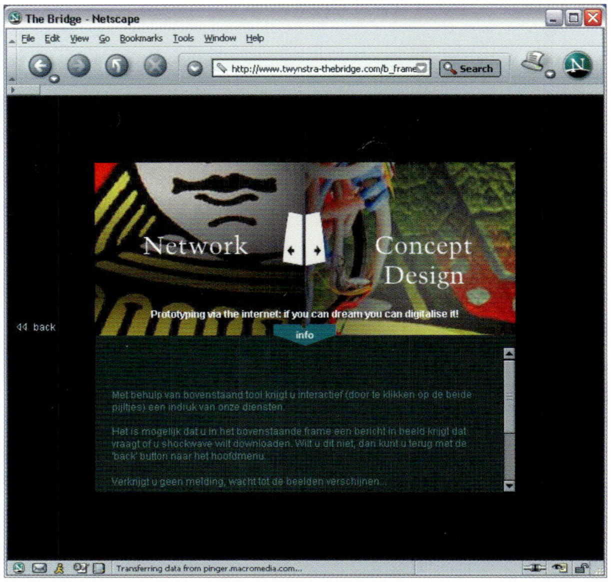
The Bridge - Netscape
File Edit View Go Bookmarks Tools Window Help
http://www.twynstra-thebridge.com/b_frame
Search
Network
Concept Design
Prototyping via the internet: if you can dream you can digitalise it!
info
back
Met behulp van bovenstaand tool krijgt u interactief (door te klikken op de beide pijltjes) een indruk van onze diensten.
Het is mogelijk dat u in het bovenstaande frame een bericht in beeld krijgt dat vraagt of u shockwave wilt downloaden. Wilt u dit niet, dan kunt u terug met de 'back' button naar het hoofdmenu.
Verkrijgt u geen melding, wacht tot de beelden verschijnen.
Transferring data from pinger.macromedia.com...

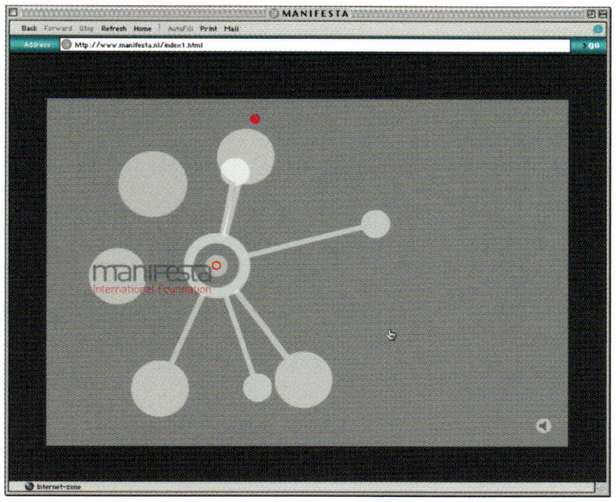
MANIFESTA
Back Forward Stop Refresh Home AutoFill Print Mail
http://www.manifesta.nl/index1.html
manifesta
International Foundation
Internet-zone

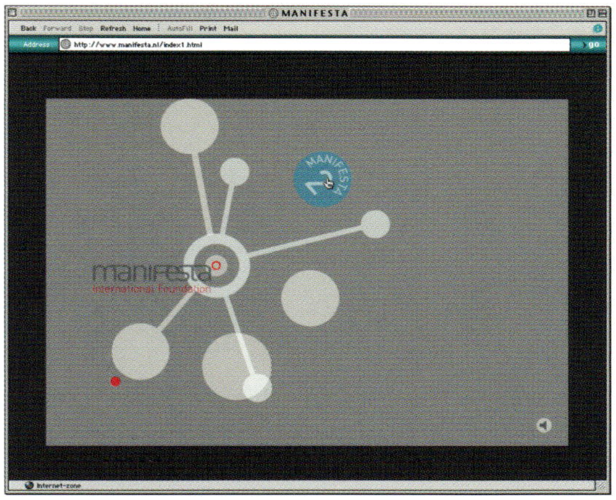
MANIFESTA
Back Forward Stop Refresh Home AutoFill Print Mail
http://www.manifesta.nl/index1.html
MANIFESTA
manifesta
International Foundation
Internet-zone

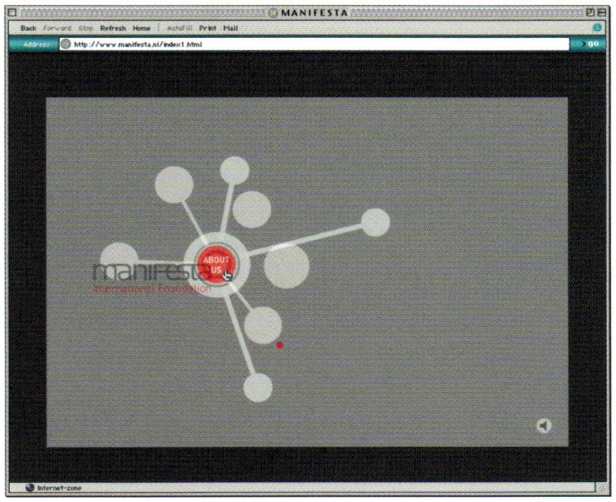
MANIFESTA
Back Forward Stop Refresh Home AutoFill Print Mail
http://www.manifesta.nl/index1.html
ABOUT US
manifesta
International Foundation
Internet-zone

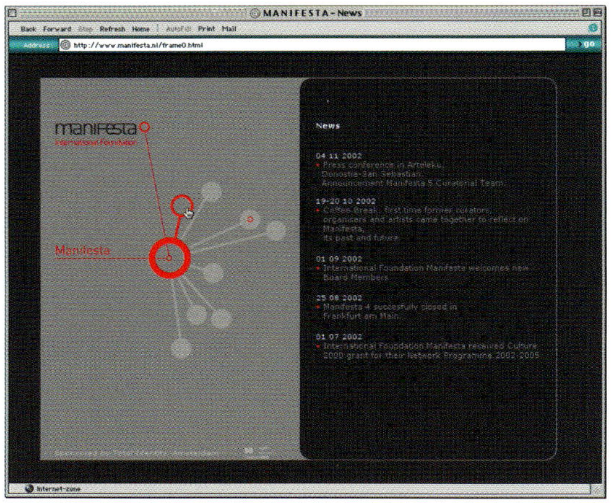
MANIFESTA - News
Back Forward Stop Refresh Home AutoFill Print Mail
http://www.manifesta.nl/frame0.html
manifesta
Manifesta
News
04 11 2002
19-20 10 2002
01 09 2002
25 08 2002
01 07 2002
Internet-zone

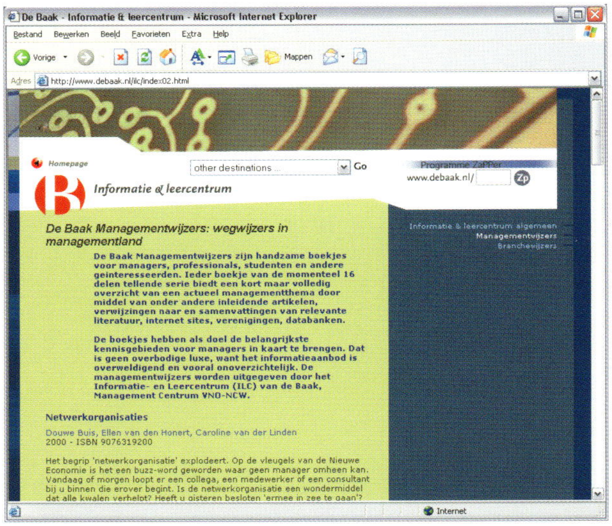
De Baak - Informatie & leercentrum - Microsoft Internet Explorer
http://www.debaak.nl/ilc/index02.html
Homepage
other destinations
Go
Programme ZaPPer
www.debaak.nl/
Informatie & leercentrum
Informatie & leercentrum algemeen
Managementwijzers
Branchewijzers
De Baak Managementwijzers: wegwijzers in managementland
De Baak Managementwijzers zijn handzame boekjes voor managers, professionals, studenten en andere geïnteresseerden. Ieder boekje van de momenteel 16 delen tellende serie biedt een kort maar volledig overzicht van een actueel managementthema door middel van onder andere inleidende artikelen, verwijzingen naar en samenvattingen van relevante literatuur, internet sites, verenigingen, databanken.
De boekjes hebben als doel de belangrijkste kennisgebieden voor managers in kaart te brengen. Dat is geen overbodige luxe, want het informatieaanbod is overweldigend en vooral onoverzichtelijk. De managementwijzers worden uitgegeven door het Informatie- en Leercentrum (ILC) van de Baak, Management Centrum VNO-NCW.
Netwerkorganisaties
Douwe Buis, Ellen van den Honert, Caroline van der Linden
2000 - ISBN 9076319200
Het begrip 'netwerkorganisatie' explodeert. Op de vleugels van de Nieuwe Economie is het een buzz-word geworden waar geen manager omheen kan. Vandaag of morgen loopt er een collega, een medewerker of een consultant bij u binnen die erover begint. Is de netwerkorganisatie een wondermiddel dat alle kwalen verhelpt? Heeft u gisteren besloten 'ermee in zee te gaan'?
Internet

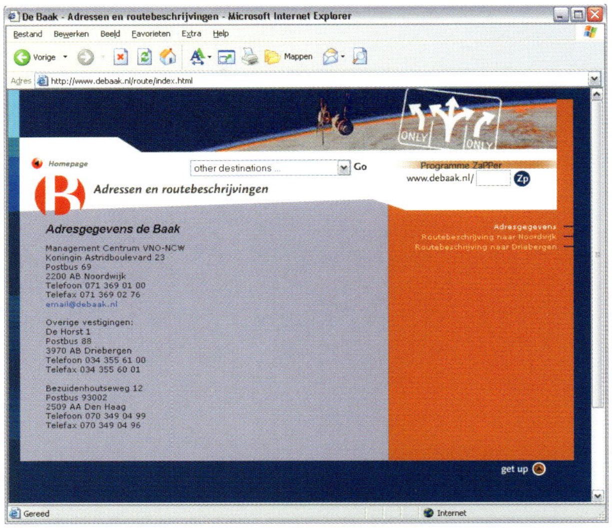
De Baak - Adressen en routebeschrijvingen - Microsoft Internet Explorer
http://www.debaak.nl/route/index.html
Homepage
other destinations
Go
Programme ZaPPer
www.debaak.nl/
Adressen en routebeschrijvingen
Adresgegevens
Routebeschrijving naar Noordwijk
Routebeschrijving naar Driebergen
Adresgegevens de Baak
Management Centrum VNO-NCW
Koningin Astridboulevard 23
Postbus 69
2200 AB Noordwijk
Telefoon 071 369 01 00
Telefax 071 369 02 76
email@debaak.nl
Overige vestigingen:
De Horst 1
Postbus 88
3970 AB Driebergen
Telefoon 034 355 61 00
Telefax 034 355 60 01
Bezuidenhoutseweg 12
Postbus 93002
2509 AA Den Haag
Telefoon 070 349 04 99
Telefax 070 349 04 96
get up
Gereed
Internet

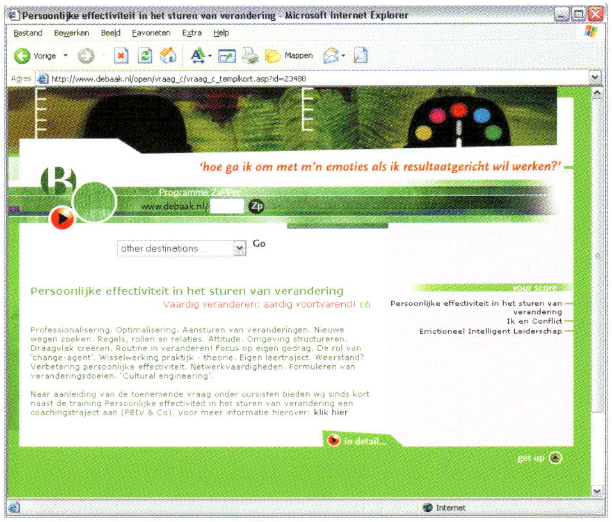
Persoonlijke effectiviteit in het sturen van verandering - Microsoft Internet Explorer
http://www.debaak.nl/open/vraag_c/vraag_c_templkort.asp?id=23488
'hoe ga ik om met m'n emoties als ik resultaatgericht wil werken?'
Programme ZaPPer
www.debaak.nl/
other destinations
Go
Persoonlijke effectiviteit in het sturen van verandering
Vaardig veranderen: aardig voortvarend! c6
your score
Persoonlijke effectiviteit in het sturen van verandering
Ik en Conflict
Emotioneel Intelligent Leiderschap
Professionalisering. Optimalisering. Aansturen van veranderingen. Nieuwe wegen zoeken. Regels, rollen en relaties. Attitude. Omgeving structureren. Draagvlak creëren. Routine in veranderen! Focus op eigen gedrag. De rol van 'change-agent'. Wisselwerking praktijk - theorie. Eigen leertraject. Weerstand? Verbetering persoonlijke effectiviteit. Netwerkvaardigheden. Formuleren van veranderingsdoelen. 'Cultural engineering'.
Naar aanleiding van de toenemende vraag onder cursisten bieden wij sinds kort naast de training Persoonlijke effectiviteit in het sturen van verandering een coachingstraject aan (PEIV & Co). Voor meer informatie hierover: klik hier
in detail...
get up
Internet

Persoonlijke effectiviteit in het sturen van verandering - Microsoft Internet Explorer
http://www.debaak.nl/open/vraag_c/vraag_c_templang.asp?id=23488
'hoe ga ik om met m'n emoties als ik resultaatgericht wil werken?'
Programme ZaPPer
www.debaak.nl/
other destinations
Go
print...
Persoonlijke effectiviteit in het sturen van verandering
Vaardig veranderen: aardig voortvarend! c6
your score
Persoonlijke effectiviteit in het sturen van verandering
Ik en Conflict
Emotioneel Intelligent Leiderschap
Intro
Professionalisering. Optimalisering. Aansturen van veranderingen. Nieuwe wegen zoeken. Regels, rollen en relaties. Attitude. Omgeving structureren. Draagvlak creëren. Routine in veranderen! Focus op eigen gedrag. De rol van 'change-agent'. Wisselwerking praktijk - theorie. Eigen leertraject. Weerstand? Verbetering persoonlijke effectiviteit. Netwerkvaardigheden. Formuleren van veranderingsdoelen. 'Cultural engineering'.
Naar aanleiding van de toenemende vraag onder cursisten bieden wij sinds kort naast de training Persoonlijke effectiviteit in het sturen van verandering een coachingstraject aan (PEIV & Co). Voor meer informatie hierover: klik hier
Inhoud
In uw functie initieert en begeleidt u veranderingsprocessen. Als veranderaar weet u de dynamiek van veranderingsprocessen in te zetten om uw omgeving te structureren en te motiveren. Daarin is het voor u belangrijk om buiten uw eigen organisatie feedback en reflectie op uw eigen rol en gedrag te verwerven.
Gereed
Internet

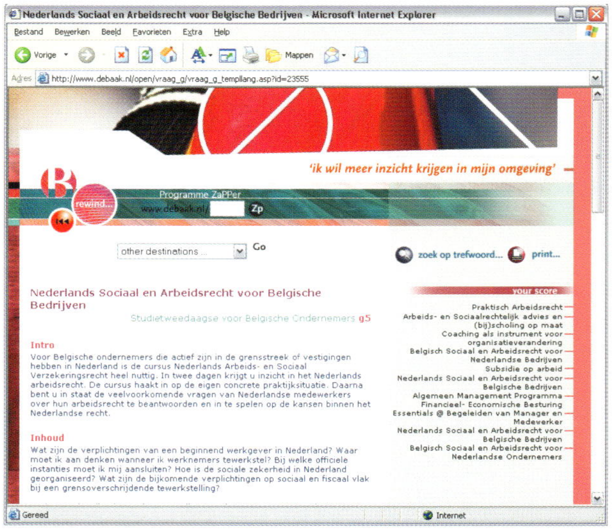
Nederlands Sociaal en Arbeidsrecht voor Belgische Bedrijven - Microsoft Internet Explorer
http://www.debaak.nl/open/vraag_g/vraag_g_templang.asp?id=23555
'ik wil meer inzicht krijgen in mijn omgeving'
rewind...
Programme ZaPPer
www.debaak.nl/
other destinations
Go
zoek op trefwoord...
print...
Nederlands Sociaal en Arbeidsrecht voor Belgische Bedrijven
Studietweedaagse voor Belgische Ondernemers g5
your score
Praktisch Arbeidsrecht
Arbeids- en Sociaalrechtelijk advies en (bij)scholing op maat
Coaching als instrument voor organisatieverandering
Belgisch Sociaal en Arbeidsrecht voor Nederlandse Bedrijven
Subsidie op arbeid
Nederlands Sociaal en Arbeidsrecht voor Belgische Bedrijven
Algemeen Management Programma Financieel- Economische Besturing
Essentials @ Begeleiden van Manager en Medewerker
Nederlands Sociaal en Arbeidsrecht voor Belgische Bedrijven
Belgisch Sociaal en Arbeidsrecht voor Nederlandse Ondernemers
Intro
Voor Belgische ondernemers die actief zijn in de grensstreek of vestigingen hebben in Nederland is de cursus Nederlands Arbeids- en Sociaal Verzekeringsrecht heel nuttig. In twee dagen krijgt u inzicht in het Nederlands arbeidsrecht. De cursus haakt in op de eigen concrete praktijksituatie. Daarna bent u in staat de veelvoorkomende vragen van Nederlandse medewerkers over hun arbeidsrecht te beantwoorden en in te spelen op de kansen binnen het Nederlandse recht.
Inhoud
Wat zijn de verplichtingen van een beginnend werkgever in Nederland? Waar moet ik aan denken wanneer ik werknemers tewerkstel? Bij welke officiële instanties moet ik mij aansluiten? Hoe is de sociale zekerheid in Nederland georganiseerd? Wat zijn de bijkomende verplichtingen op sociaal en fiscaal vlak bij een grensoverschrijdende tewerkstelling?
Gereed
Internet

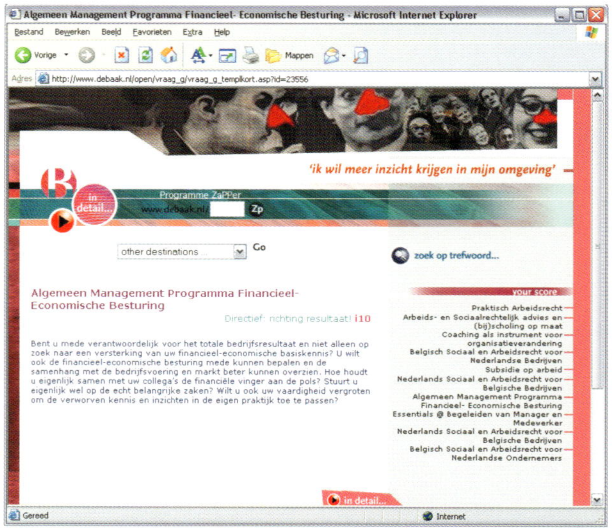
Algemeen Management Programma Financieel- Economische Besturing - Microsoft Internet Explorer
http://www.debaak.nl/open/vraag_g/vraag_g_templkort.asp?id=23556
'ik wil meer inzicht krijgen in mijn omgeving'
in detail...
Programme ZaPPer
www.debaak.nl/
other destinations
Go
zoek op trefwoord...
Algemeen Management Programma Financieel- Economische Besturing
Directief: richting resultaat! i10
your score
Praktisch Arbeidsrecht
Arbeids- en Sociaalrechtelijk advies en (bij)scholing op maat
Coaching als instrument voor organisatieverandering
Belgisch Sociaal en Arbeidsrecht voor Nederlandse Bedrijven
Subsidie op arbeid
Nederlands Sociaal en Arbeidsrecht voor Belgische Bedrijven
Algemeen Management Programma Financieel- Economische Besturing
Essentials @ Begeleiden van Manager en Medewerker
Nederlands Sociaal en Arbeidsrecht voor Belgische Bedrijven
Belgisch Sociaal en Arbeidsrecht voor Nederlandse Ondernemers
Bent u mede verantwoordelijk voor het totale bedrijfsresultaat en niet alleen op zoek naar een versterking van uw financieel-economische basiskennis? U wilt ook de financieel-economische besturing mede kunnen bepalen en de samenhang met de bedrijfsvoering en markt beter kunnen overzien. Hoe houdt u eigenlijk samen met uw collega's de financiële vinger aan de pols? Stuurt u eigenlijk wel op de echt belangrijke zaken? Wilt u ook uw vaardigheid vergroten om de verworven kennis en inzichten in de eigen praktijk toe te passen?
in detail...
Gereed
Internet

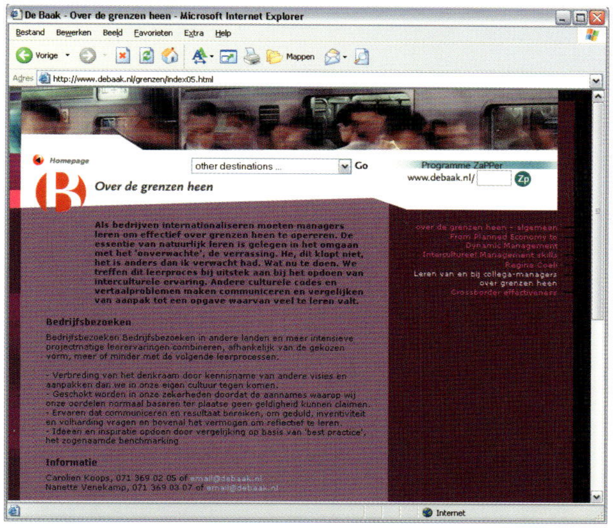
De Baak - Over de grenzen heen - Microsoft Internet Explorer
http://www.debaak.nl/grenzen/index05.html
Homepage
other destinations ...
Go
Programme ZaPPer
www.debaak.nl/
Zp
Over de grenzen heen
Bedrijfsbezoeken
Informatie
Internet

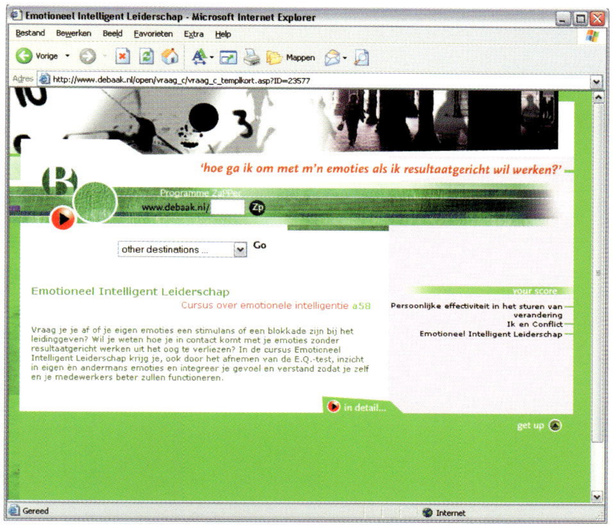
Emotioneel Intelligent Leiderschap - Microsoft Internet Explorer
http://www.debaak.nl/open/vraag_c/vraag_c_templkort.asp?ID=23577
'hoe ga ik om met m'n emoties als ik resultaatgericht wil werken?'
Programme ZaPPer
www.debaak.nl/
Zp
other destinations ...
Go
Emotioneel Intelligent Leiderschap
Cursus over emotionele intelligentie a58
your score
Persoonlijke effectiviteit in het sturen van verandering
Ik en Conflict
Emotioneel Intelligent Leiderschap
in detail...
get up
Gereed
Internet

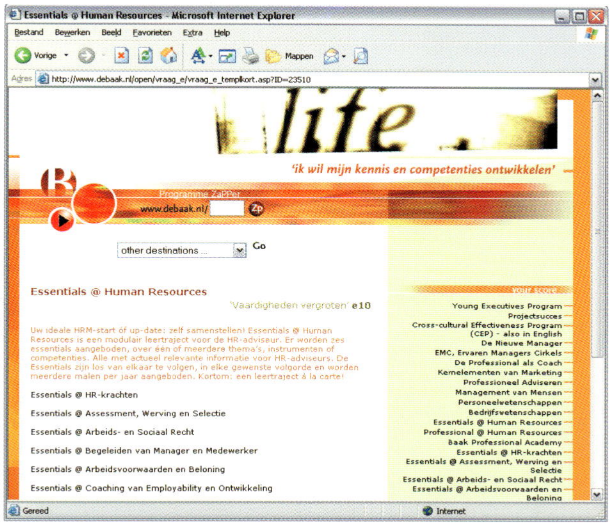
Essentials @ Human Resources - Microsoft Internet Explorer
http://www.debaak.nl/open/vraag_e/vraag_e_templkort.asp?ID=23510
life
'ik wil mijn kennis en competenties ontwikkelen'
Programme ZaPPer
www.debaak.nl/
Zp
other destinations ...
Go
Essentials @ Human Resources
'Vaardigheden vergroten' e10
Essentials @ HR-krachten
Essentials @ Assessment, Werving en Selectie
Essentials @ Arbeids- en Sociaal Recht
Essentials @ Begeleiden van Manager en Medewerker
Essentials @ Arbeidsvoorwaarden en Beloning
Essentials @ Coaching van Employability en Ontwikkeling
your score
Gereed
Internet

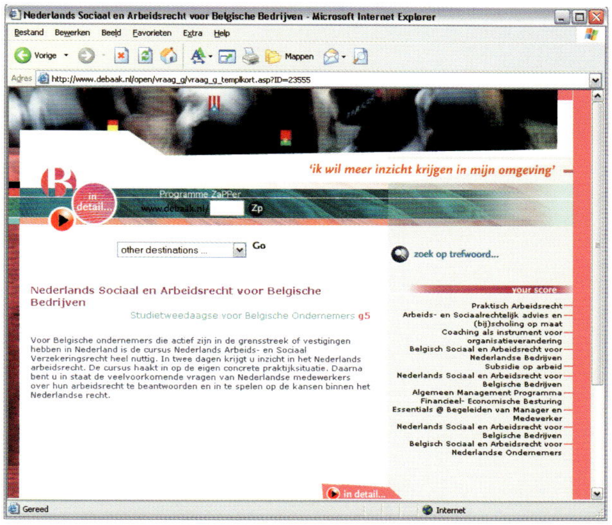
Nederlands Sociaal en Arbeidsrecht voor Belgische Bedrijven - Microsoft Internet Explorer
http://www.debaak.nl/open/vraag_g/vraag_g_templkort.asp?ID=23555
'ik wil meer inzicht krijgen in mijn omgeving'
Programme ZaPPer
www.debaak.nl/
Zp
other destinations ...
Go
zoek op trefwoord...
Nederlands Sociaal en Arbeidsrecht voor Belgische Bedrijven
Studietweedaagse voor Belgische Ondernemers g5
your score
in detail...
Gereed
Internet

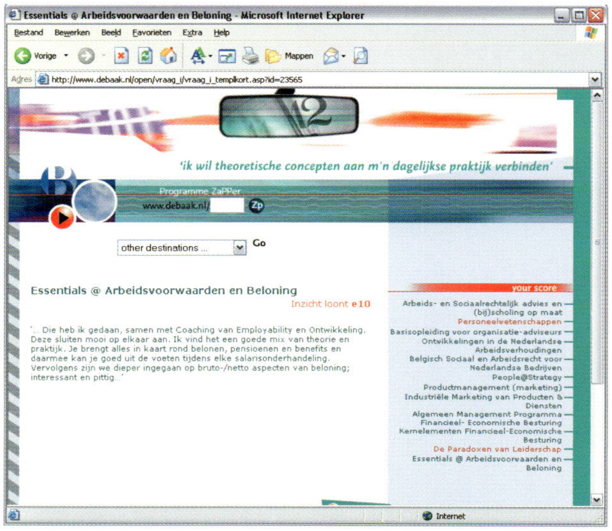
Essentials @ Arbeidsvoorwaarden en Beloning - Microsoft Internet Explorer
http://www.debaak.nl/open/vraag_i/vraag_i_templkort.asp?id=23565
'ik wil theoretische concepten aan m'n dagelijkse praktijk verbinden'
Programme ZaPPer
www.debaak.nl/
Zp
other destinations ...
Go
Essentials @ Arbeidsvoorwaarden en Beloning
Inzicht loont e10
your score
Internet

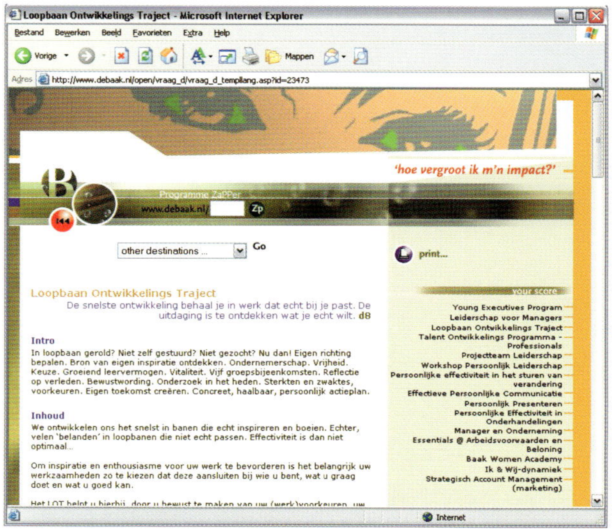
Loopbaan Ontwikkelings Traject - Microsoft Internet Explorer
http://www.debaak.nl/open/vraag_d/vraag_d_templang.asp?id=23473
'hoe vergroot ik m'n impact?'
Programme ZaPPer
www.debaak.nl/
Zp
other destinations ...
Go
print...
Loopbaan Ontwikkelings Traject
De snelste ontwikkeling behaal je in werk dat echt bij je past. De uitdaging is te ontdekken wat je echt wilt. d8
Intro
Inhoud
your score
Internet

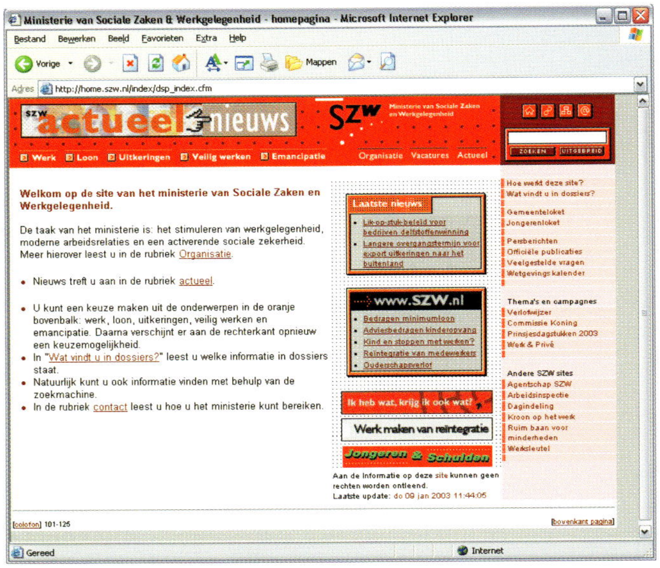
Ministerie van Sociale Zaken & Werkgelegenheid - homepagina - Microsoft Internet Explorer
http://home.szw.nl/index/dsp_index.cfm
SZW actueel nieuws
Werk Loon Uitkeringen Veilig werken Emancipatie
Organisatie Vacatures Actueel
Welkom op de site van het ministerie van Sociale Zaken en Werkgelegenheid.
De taak van het ministerie is: het stimuleren van werkgelegenheid, moderne arbeidsrelaties en een activerende sociale zekerheid. Meer hierover leest u in de rubriek Organisatie.
Nieuws treft u aan in de rubriek actueel.
U kunt een keuze maken uit de onderwerpen in de oranje bovenbalk: werk, loon, uitkeringen, veilig werken en emancipatie. Daarna verschijnt er aan de rechterkant opnieuw een keuzemogelijkheid.
In "Wat vindt u in dossiers?" leest u welke informatie in dossiers staat.
Natuurlijk kunt u ook informatie vinden met behulp van de zoekmachine.
In de rubriek contact leest u hoe u het ministerie kunt bereiken.
Laatste nieuws
Lik-op-stuk-beleid voor bedrijven delfstoffenwinning
Langere overgangstermijn voor export uitkeringen naar het buitenland
www.SZW.nl
Bedragen minimumloon
Adviesbedragen kinderopvang
Kind en stoppen met werken?
Reintegratie van medewerkers
Ouderschapsverlof
Ik heb wat, krijg ik ook wat?
Werk maken van reïntegratie
Jongeren & Schulden
Aan de informatie op deze site kunnen geen rechten worden ontleend.
Laatste update: do 09 jan 2003 11:44:05
[colofon] 101-125

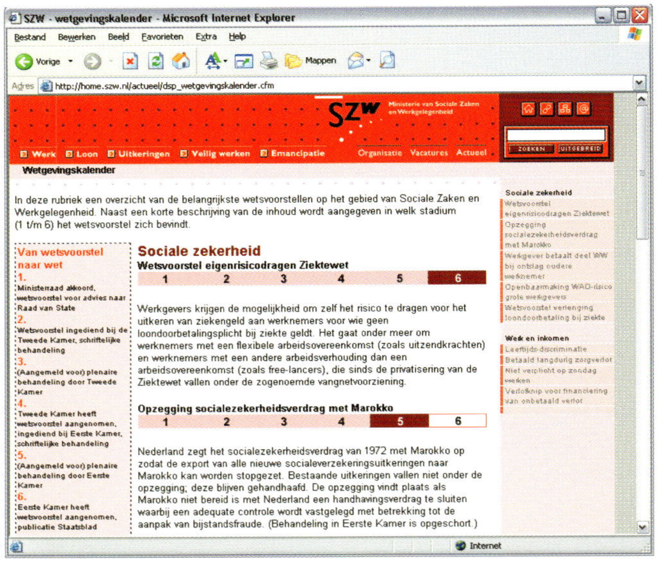
SZW - wetgevingskalender - Microsoft Internet Explorer
http://home.szw.nl/actueel/dsp_wetgevingskalender.cfm
Wetgevingskalender
In deze rubriek een overzicht van de belangrijkste wetsvoorstellen op het gebied van Sociale Zaken en Werkgelegenheid. Naast een korte beschrijving van de inhoud wordt aangegeven in welk stadium (1 t/m 6) het wetsvoorstel zich bevindt.
Van wetsvoorstel naar wet
1. Ministerraad akkoord, wetsvoorstel voor advies naar Raad van State
2. Wetsvoorstel ingediend bij de Tweede Kamer, schriftelijke behandeling
3. (Aangemeld voor) plenaire behandeling door Tweede Kamer
4. Tweede Kamer heeft wetsvoorstel aangenomen, ingediend bij Eerste Kamer, schriftelijke behandeling
5. (Aangemeld voor) plenaire behandeling door Eerste Kamer
6. Eerste Kamer heeft wetsvoorstel aangenomen, publicatie Staatsblad
Sociale zekerheid
Wetsvoorstel eigenrisicodragen Ziektewet
1 2 3 4 5 6
Werkgevers krijgen de mogelijkheid om zelf het risico te dragen voor het uitkeren van ziekengeld aan werknemers voor wie geen loondoorbetalingsplicht bij ziekte geldt. Het gaat onder meer om werknemers met een flexibele arbeidsovereenkomst (zoals uitzendkrachten) en werknemers met een andere arbeidsverhouding dan een arbeidsovereenkomst (zoals free-lancers), die sinds de privatisering van de Ziektewet vallen onder de zogenoemde vangnetvoorziening.
Opzegging socialezekerheidsverdrag met Marokko
1 2 3 4 5 6
Nederland zegt het socialezekerheidsverdrag van 1972 met Marokko op zodat de export van alle nieuwe socialeverzekeringsuitkeringen naar Marokko kan worden stopgezet. Bestaande uitkeringen vallen niet onder de opzegging; deze blijven gehandhaafd. De opzegging vindt plaats als Marokko niet bereid is met Nederland een handhavingsverdrag te sluiten waarbij een adequate controle wordt vastgelegd met betrekking tot de aanpak van bijstandsfraude. (Behandeling in Eerste Kamer is opgeschort.)

SZW - rubriek werk / flexibele banen - Microsoft Internet Explorer
http://home.szw.nl/navigatie/rubriek/dsp_rubriek.cfm?rubriek_id=1&subrubriek_id=105
Werk / Flexibele banen
Tijdelijke contracten
Een tijdelijk arbeidscontract is een contract dat tussen werknemer en werkgever is gesloten. Zo'n contract geldt voor een bepaalde duur en eindigt op een afgesproken tijdstip. In de Wet flexibiliteit en zekerheid zijn regels opgenomen die tot doel hebben werknemers meer zekerheid te bieden op werk en inkomen.
Deze regels zijn ook van toepassing op uitzendcontracten en oproepkrachten.
Over dit onderwerp is beschikbaar:
Tijdelijke contracten: algemene informatie voor werknemers
Dossier:
Tijdelijke contracten
Oproepkrachten
Er is sprake van een oproepkracht, als een werknemer met zijn werkgever heeft afgesproken dat hij pas komt werken als de werkgever hem oproept. Er kan sprake zijn van af en toe een paar uur werk, maar ook van hele dagen. Anders gezegd: met een oproepcontract wordt er niet op een vast aantal uren gewerkt, zijn er geen vaste werktijden en is er geen vast loon.
Volgens de wet gelden voor oproepkrachten dezelfde regels als voor werknemers met een tijdelijk arbeidscontract.
Over dit onderwerp is beschikbaar:
Oproepkrachten: algemene informatie voor werknemers

Ministerie van Sociale Zaken & Werkgelegenheid - actueel - Microsoft Internet Explorer
http://home.szw.nl/actueel/dsp_actueel.cfm
Actueel
Lik-op-stuk-beleid voor bedrijven delfstoffenwinning
Voor olie-, gas- en zoutmaatschappijen die hun arbeidsomstandigheden niet op orde hebben, geldt vanaf dit jaar het lik-op-stuk-beleid. De ondernemingen kunnen van het Staatstoezicht op de Mijnen (SodM) een boete opgelegd krijgen. Bij ernstig gevaar voor de veiligheid van medewerkers kan het werk zelfs stilgelegd worden.
Volledig bericht
Langere overgangstermijn voor export uitkeringen naar het buitenland
Ministerraad benoemt commissie conglomeraatvorming pensioenfondsen
Overgangstermijn verlengd voor export Nederlandse uitkeringen naar het buitenland
Akkoord over omzetten 10.000 ID-banen in reguliere banen
De Geus verleent subsidie voor doorstart Vrouwenvakscholen
Meer berichten
Afschaffing afdrachtvermindering langdurig werklozen
De Eerste Kamer is akkoord gegaan met het wetsvoorstel om de afdrachtvermindering langdurig werklozen af te schaffen.
Voor werknemers die vanaf 1 januari 2003 in dienst worden genomen kan de afdrachtvermindering langdurig werklozen niet meer worden toegepast. Voor werknemers die op 31 december 2002 al in dienst zijn en voor wie u de afdrachtvermindering dan toepast, blijft de regeling doorlopen tot maximaal 48 maanden na de indiensttreding. De afdrachtvermindering kunt u toepassen als u een "Verklaring langdurig werkloze" heeft, of daarvoor tijdig een (schriftelijke) aanvraag heeft gedaan bij het CWI. Voor nieuwe werknemers kunt u tot uiterlijk 31 december 2002 een aanvraag voor de verklaring langdurig werkloze doen. Aanvragen die u heeft ingediend na 31 december 2002 worden dan niet meer behandeld door de CWI.
Adviestabel ouderbijdragen kinderopvang voor het jaar 2003 vastgesteld.
Meer informatie vindt u in het nieuwe dossier kinderopvang.
Demissionair staatssecretaris Rutte heeft maandag 16 dec 2002 het startschot gegeven voor een landelijke campagne waarin jongeren worden gewezen op de risico's van geld lenen. Hij deed dit vanuit Het Holland College in Naaldwijk door middel van het doorknippen van een virtueel lintje op het jongerenloket
Samen met de staatssecretaris berekende leerlinge Sanne Hansler onder de rubriek 'Jouw eigen financiële ramp' haar eigen financiële situatie.
De Geus in beroep tegen minimumloon voor 13- en 14-jarigen
Demissionair minister De Geus van Sociale Zaken en Werkgelegenheid gaat in beroep tegen een gerechtelijke uitspraak om het minimumloon in te stellen voor jongeren van 13 en 14 jaar. Volgens hem is de arbeidsmarkt voor 13- en 14-jarigen in principe gesloten en is daarom geen minimumloon nodig.
De rechtbank in Den Haag bepaalde woensdag dat de Staat binnen anderhalf jaar een wettelijk minimumloon moet vaststellen voor jongeren van 13 en 14 jaar. Dit naar aanleiding van een rechtszaak die door de vakcentrale FNV en de CNV Jongerenorganisatie was aangespannen.
Meer info over jongeren en werk
Akkoord bereikt in najaarsoverleg
Kabinet, werkgevers- en werknemersorganisaties hebben 28 november een akkoord gesloten over loonmatiging in 2003. Het akkoord bevat ook afspraken over lastenverlichting, spaarloon, pensioenen en gesubsidieerde arbeid en voor mensen met de laagste inkomens.
Premier Balkenende sprak na afloop van het overleg van een 'belangrijk moment' en een 'impuls voor de economie en de werkgelegenheid'. Minister De Geus van Sociale Zaken en Werkgelegenheid zei dat er de komende tijd nog het nodige moet gebeuren, onder andere op het gebied van de pensioenen. Het kabinet gaat in januari overleggen met de Pensioen- en Verzekeringskamer. De minister benadrukte dat in de laatste fase van de onderhandelingen de aandacht vooral is uitgegaan naar de onderkant van de arbeidsmarkt en de laagste inkomens. Hiervoor komt extra geld beschikbaar.
Over de gesubsidieerde arbeid wil het kabinet vóór 1 januari a.s. een convenant sluiten met de sociale partners en de gemeenten. Daarbij gaat het er onder meer om de doorstroom van werknemers in gesubsidieerde arbeid naar reguliere arbeidsplaatsen te bevorderen.
Naar tekst van het sociaal akkoord.
Minister De Geus neemt de resultaten van het MKB convenant in ontvangst. Sinds april 2000 zijn 62.000 allochtonen aan de slag gegaan, dankzij een convenant tussen de ministeries van Sociale Zaken en Werkgelegenheid en Justitie (Vreemdelingen- en Integratiebeleid), MKB-Nederland en het Centrum voor Werk en Inkomen (CWI). Dit convenant voor de inschakeling van etnische minderheden in het midden- en kleinbedrijf (MKB) loopt per 1 januari 2003 af. Eind dit jaar zijn in het kader van het convenant ongeveer 78.000 vacatures aangemeld door werkgevers in het MKB bij het CWI. Deze cijfers zijn 9 december tijdens een persbijeenkomst in Den Haag bekendgemaakt.
Volledig Bericht
Veelgestelde vragen
Moeten bedrijven die nu een arbeidsveiligheidsrapport maken per 1 januari 2003 in plaats daarvan een aanvullende risico-inventarisatie en -evaluatie uitvoeren?
Welk inkomen wordt gebruikt voor de adviestabel kinderopvang?
Hoe hoog zijn de boetes als ik -werkgever/werknemer- de arbeidsomstandighedenwetgeving overtreed?
Meer Vragen & Antwoorden
Nieuw op deze site
Kinderopvang
Arbeidsinspectie
Ziekteverzuim
CAO's in Nederland
De bepalingen uit CAO's die door de minister van Sociale Zaken en Werkgelegenheid algemeen verbindend zijn verklaard, zijn te raadplegen via de website Staatscourant online.
Algemeen verbindend verklaarde CAO's gelden voor de gehele bedrijfstak. Naast

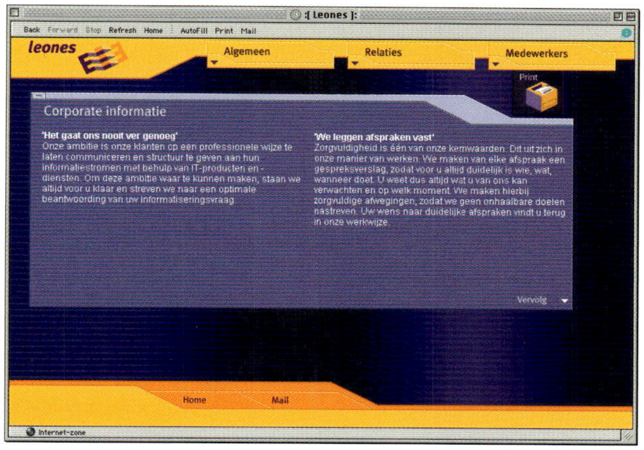
:[Leones]:
Back Forward Stop Refresh Home AutoFill Print Mail
leones
Algemeen
Relaties
Medewerkers
Print
Corporate informatie
'Het gaat ons nooit ver genoeg'
Onze ambitie is onze klanten op een professionele wijze te laten communiceren en structuur te geven aan hun informatiestromen met behulp van IT-producten en -diensten. Om deze ambitie waar te kunnen maken, staan we altijd voor u klaar en streven we naar een optimale beantwoording van uw informatiseringsvraag.
'We leggen afspraken vast'
Zorgvuldigheid is één van onze kernwaarden. Dit uit zich in onze manier van werken. We maken van elke afspraak een gespreksverslag, zodat voor u altijd duidelijk is wie, wat, wanneer doet. U weet dus altijd wat u van ons kan verwachten en op welk moment. We maken hierbij zorgvuldige afwegingen, zodat we geen onhaalbare doelen nastreven. Uw wens naar duidelijke afspraken vindt u terug in onze werkwijze.
Vervolg
Home
Mail
Internet-zone

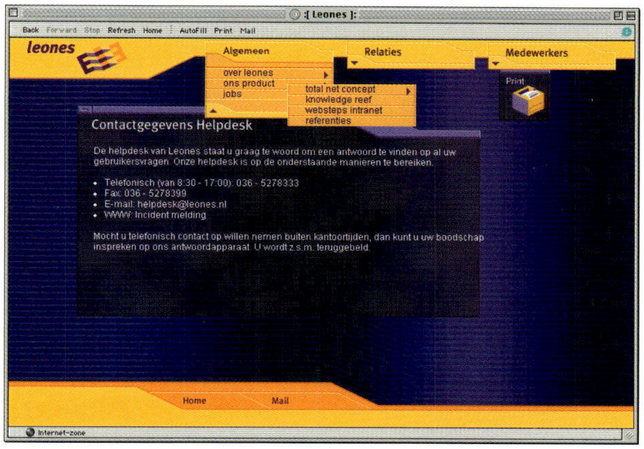
:[Leones]:
Back Forward Stop Refresh Home AutoFill Print Mail
leones
Algemeen
Relaties
Medewerkers
over leones
ons product
jobs
total net concept
knowledge reef
websteps intranet
referenties
Print
Contactgegevens Helpdesk
De helpdesk van Leones staat u graag te woord om een antwoord te vinden op al uw gebruikersvragen. Onze helpdesk is op de onderstaande manieren te bereiken.
• Telefonisch (van 8:30 - 17:00): 036 - 5278333
• Fax: 036 - 5278399
• E-mail: helpdesk@leones.nl
• WWW: Incident melding
Mocht u telefonisch contact op willen nemen buiten kantoortijden, dan kunt u uw boodschap inspreken op ons antwoordapparaat. U wordt z.s.m. teruggebeld.
Home
Mail
Internet-zone

:[Leones]:
Back Forward Stop Refresh Home AutoFill Print Mail
leones
Algemeen
Relaties
Medewerkers
Print
TNC Algemeen
Het Total Net Concept (TNC) van Leones is een bewezen en succesvolle methode voor een snelle realisatie en een optimale beheersing van een PC-netwerk. Het TNC is toepasbaar op een netwerk van Microsoft NT Server in combinatie met Windows PC's.
Vervolg
Home
Mail
Internet-zone

:[Leones]:
Back Forward Stop Refresh Home AutoFill Print Mail
leones
Algemeen
Relaties
Medewerkers
Print
TNC Service
De TNC Service vormt de derde en laatste fase van het netwerk. In deze fase wordt het netwerk beheerd, onderhouden en bewaakt.TNC Service biedt u vervangend systeembeheer, variërend van Helpdesk tot Full Service netwerkbeheer. In overleg met uw organisatie wordt de behoefte aan dienstverlening vastgesteld en op maat aangevuld. De meest voorkomende vormen van dienstverlening worden hieronder kort toegelicht.
Vervolg
Home
Mail
Internet-zone

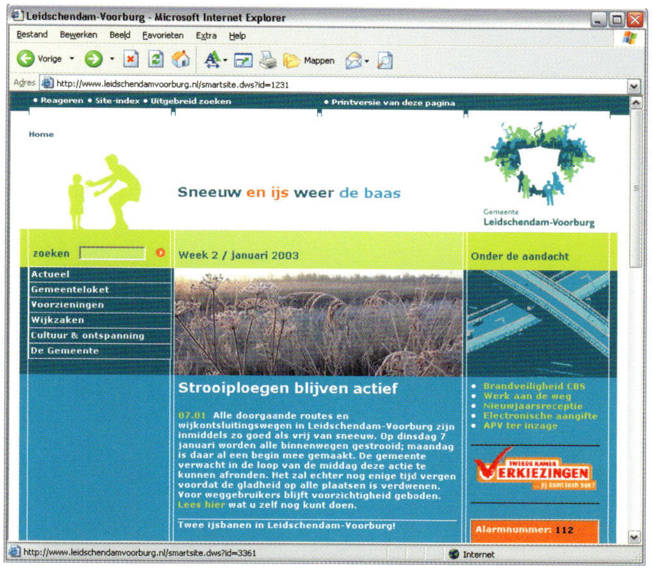
Leidschendam-Voorburg - Microsoft Internet Explorer
Bestand Bewerken Beeld Favorieten Extra Help
Vorige Mappen
Adres http://www.leidschendamvoorburg.nl/smartsite.dws?id=1231
• Reageren • Site-index • Uitgebreid zoeken
• Printversie van deze pagina
Home
Sneeuw en ijs weer de baas
Gemeente
Leidschendam-Voorburg
zoeken
Week 2 / januari 2003
Onder de aandacht
Actueel
Gemeenteloket
Voorzieningen
Wijkzaken
Cultuur & ontspanning
De Gemeente
Strooiploegen blijven actief
07.01 Alle doorgaande routes en wijkontsluitingswegen in Leidschendam-Voorburg zijn inmiddels zo goed als vrij van sneeuw. Op dinsdag 7 januari worden alle binnenwegen gestrooid; maandag is daar al een begin mee gemaakt. De gemeente verwacht in de loop van de middag deze actie te kunnen afronden. Het zal echter nog enige tijd vergen voordat de gladheid op alle plaatsen is verdwenen. Voor weggebruikers blijft voorzichtigheid geboden. Lees hier wat u zelf nog kunt doen.
Twee ijsbanen in Leidschendam-Voorburg!
• Brandveiligheid CBS
• Werk aan de weg
• Nieuwjaarsreceptie
• Electronische aangifte
• APV ter inzage
TWEEDE KAMER
VERKIEZINGEN
Alarmnummer: 112
http://www.leidschendamvoorburg.nl/smartsite.dws?id=3361
Internet

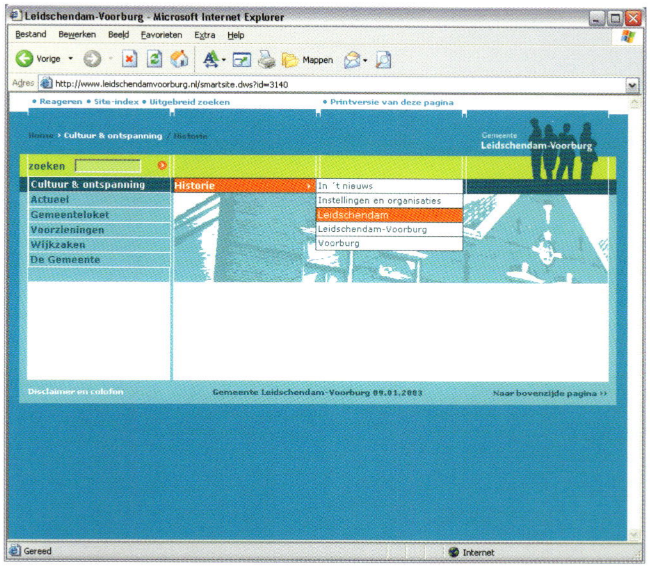
Leidschendam-Voorburg - Microsoft Internet Explorer
Bestand Bewerken Beeld Favorieten Extra Help
Vorige Mappen
Adres http://www.leidschendamvoorburg.nl/smartsite.dws?id=3140
• Reageren • Site-index • Uitgebreid zoeken
• Printversie van deze pagina
Home › Cultuur & ontspanning › Historie
Gemeente
Leidschendam-Voorburg
zoeken
Cultuur & ontspanning
Historie
In 't nieuws
Instellingen en organisaties
Leidschendam
Leidschendam-Voorburg
Voorburg
Actueel
Gemeenteloket
Voorzieningen
Wijkzaken
De Gemeente
Disclaimer en colofon
Gemeente Leidschendam-Voorburg 09.01.2003
Naar bovenzijde pagina ››
Gereed
Internet

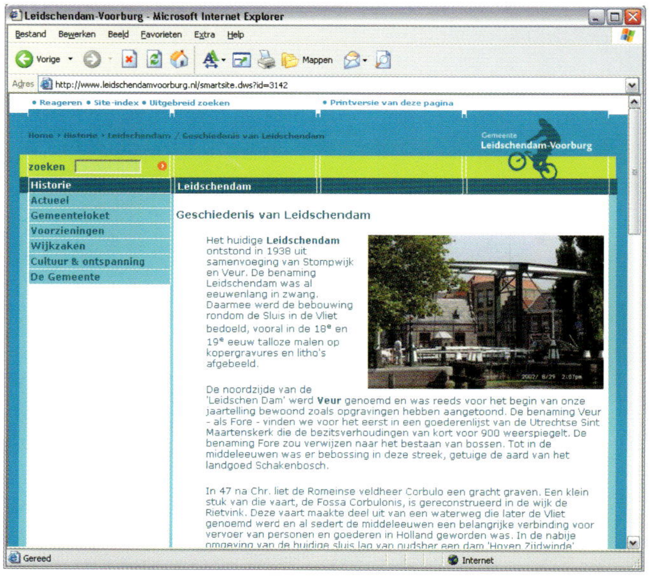
Leidschendam-Voorburg - Microsoft Internet Explorer
Bestand Bewerken Beeld Favorieten Extra Help
Vorige Mappen
Adres http://www.leidschendamvoorburg.nl/smartsite.dws?id=3142
• Reageren • Site-index • Uitgebreid zoeken
• Printversie van deze pagina
Gemeente
Leidschendam-Voorburg
zoeken
Historie
Actueel
Gemeenteloket
Voorzieningen
Wijkzaken
Cultuur & ontspanning
De Gemeente
Leidschendam
Geschiedenis van Leidschendam
Het huidige Leidschendam ontstond in 1938 uit samenvoeging van Stompwijk en Veur. De benaming Leidschendam was al eeuwenlang in zwang. Daarmee werd de bebouwing rondom de Sluis in de Vliet bedoeld, vooral in de 18e en 19e eeuw talloze malen op kopergravures en litho's afgebeeld.
De noordzijde van de 'Leidschen Dam' werd Veur genoemd en was reeds voor het begin van onze jaartelling bewoond zoals opgravingen hebben aangetoond. De benaming Veur - als Fore - vinden we voor het eerst in een goederenlijst van de Utrechtse Sint Maartenskerk die de bezitsverhoudingen van kort voor 900 weerspiegelt. De benaming Fore zou verwijzen naar het bestaan van bossen. Tot in de middeleeuwen was er bebossing in deze streek, getuige de aard van het landgoed Schakenbosch.
In 47 na Chr. liet de Romeinse veldheer Corbulo een gracht graven. Een klein stuk van die vaart, de Fossa Corbulonis, is gereconstrueerd in de wijk de Rietvink. Deze vaart maakte deel uit van een waterweg die later de Vliet genoemd werd en al sedert de middeleeuwen een belangrijke verbinding voor vervoer van personen en goederen in Holland geworden was. In de nabije
Gereed
Internet

Design Management Tool

Der Erfolg eines Corporate Identity-Programms hängt in hohem Maße von der Kohärenz und Konsistenz aller Formen der Kommunikation einer Organisation mit ihren Zielgruppen ab. Früher war das Corporate Design Manual dafür ein nützliches Hilfsmittel. Heute sind an seine Stelle diverse digitale Lösungen getreten, die auf der Internettechnologie basieren. Diese Technologie ermöglicht zudem ungeahnte Anwendungen, die weit über das traditionelle Handbuch hinausgehen: Das gesamte Wissen über Design und Kommunikation erschließt sich dem Benutzer. So entsteht eine Identitätsdatenbank: i-Base. Sie bildet einen kommunikativen Rahmen und erlaubt seine Pflege. Sie macht deutlich, wie sich eine Organisation positioniert, welche strategischen und operationellen Grundsätze für die interne und externe Kommunikation gelten und wie diese in den diversen Kommunikationsmitteln kreativ umgesetzt werden, bei denen die Identität nach außen getragen und wahrgenommen wird.

Eine Anwendung, die sich davon ableitet, ist das Designtool. Mit dieser Online-Anwendung können Kommunikationsmittel gestaltet und hergestellt werden, ohne dass dafür professionelle Kenntnisse im Bereich Design und Produktion erforderlich wären. Der Kern der Anwendung besteht aus einem System von Gestaltungselementen (u.a. Markenzeichen, Typografie, Farben und Formelemente) und Gestaltungsregeln und -mustern, mit denen Broschüren, Anzeigen, Rundbriefe, Produktdatenblätter und andere Mittel problemlos im eigenen Corporate Design erstellt werden können. Dies ist wichtig, da Schnelligkeit häufig über den Erfolg einer Marketing-, Sales- oder PR-Aktion entscheidet.

Dank ihrer Vollständigkeit kommt die i-Base – eventuell kombiniert mit dem Designtool – dem Wunsch und der Notwendigkeit von Einheitlichkeit und Kohärenz bei der Kommunikation von Organisationen entgegen, nicht zuletzt aus Kostengründe. Da digitale Lösungen Widersprüche sowie Unvollständigkeiten und Unstimmigkeiten in allen Äußerungen der Organisation auszuschließen helfen, können sie einen wesentlichen Beitrag zur Qualität eines Corporate Identity-Programms leisten.

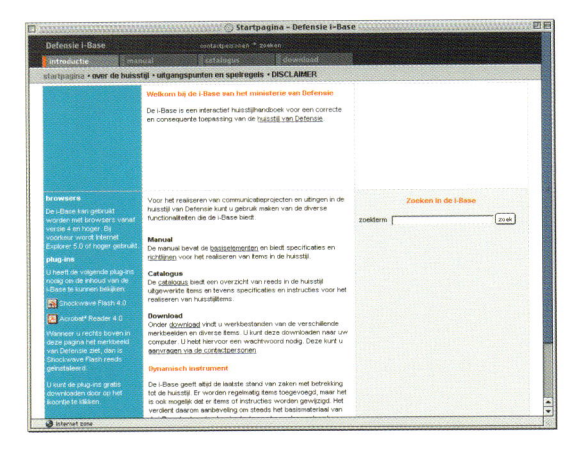

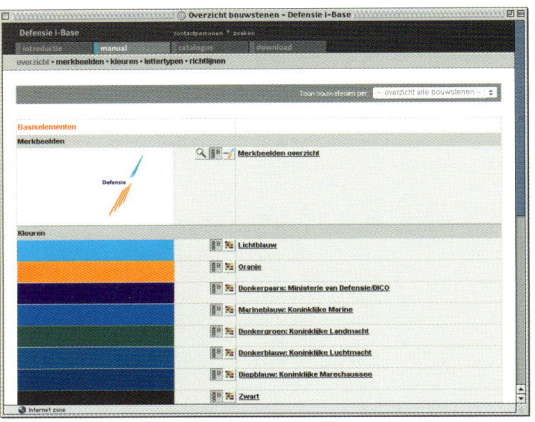

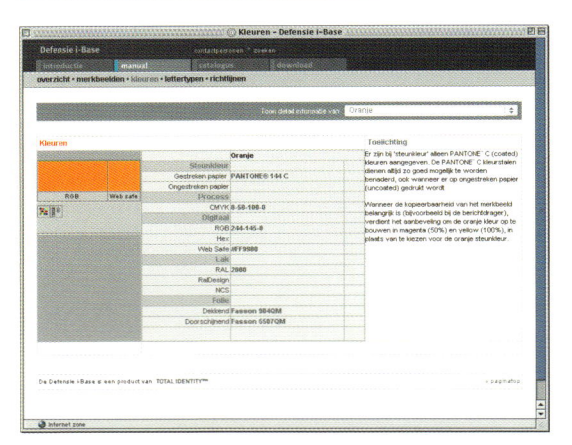

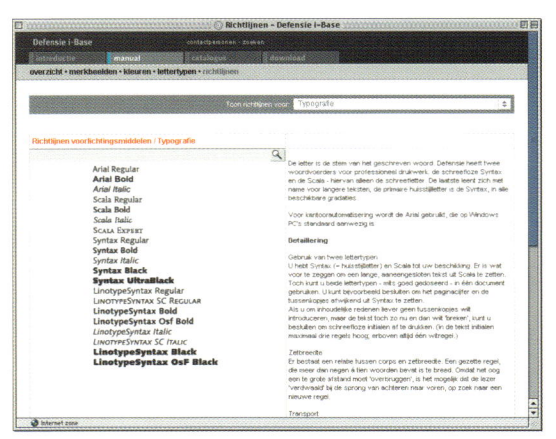

i-Base Startseite und Manual (Bausteine).

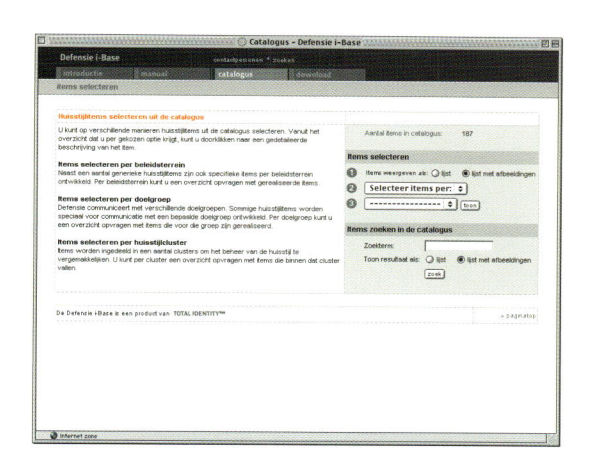

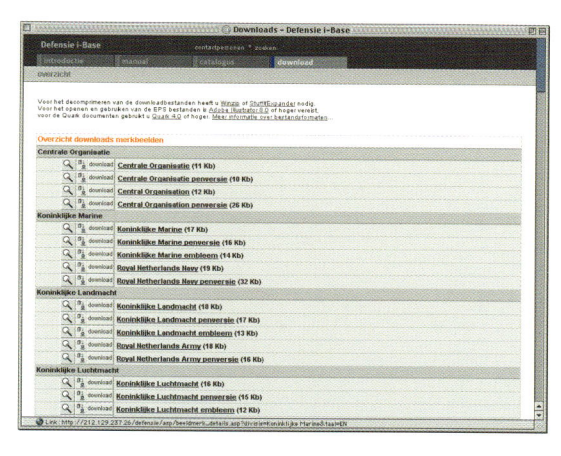

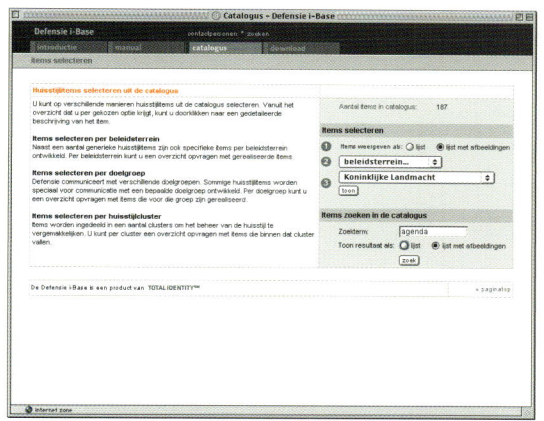

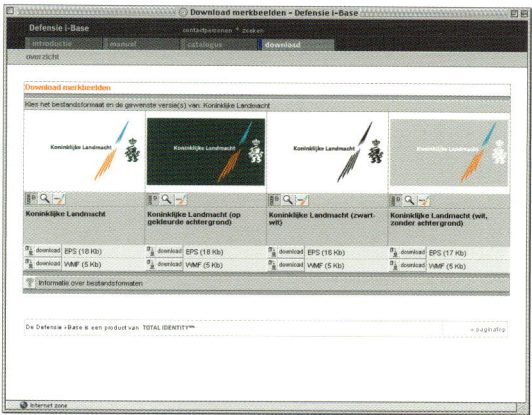

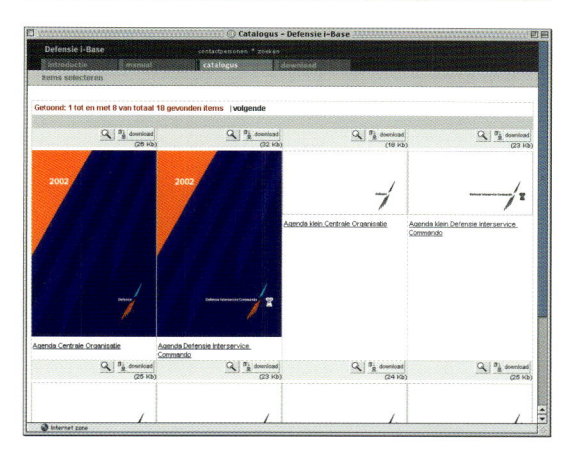

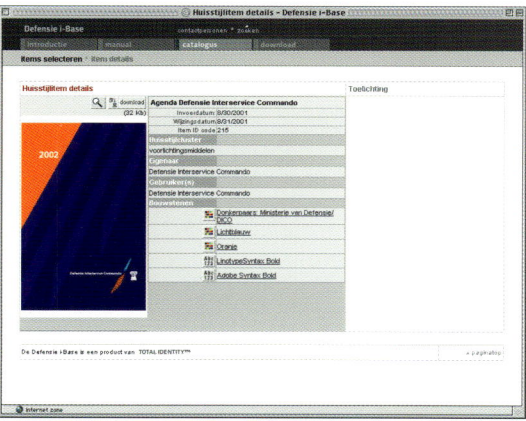

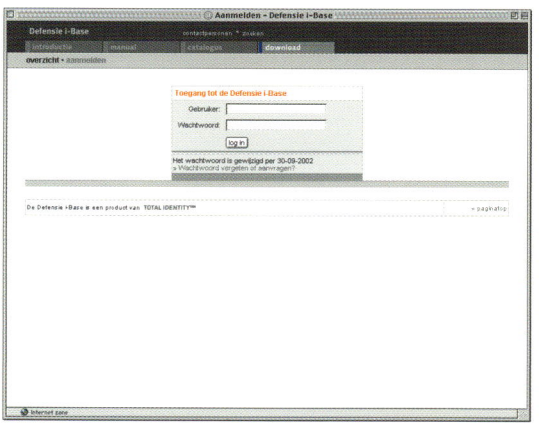

Katalog mit Corporate Design-Produkten.　　　　　*Download von Dateien (gesichert).*

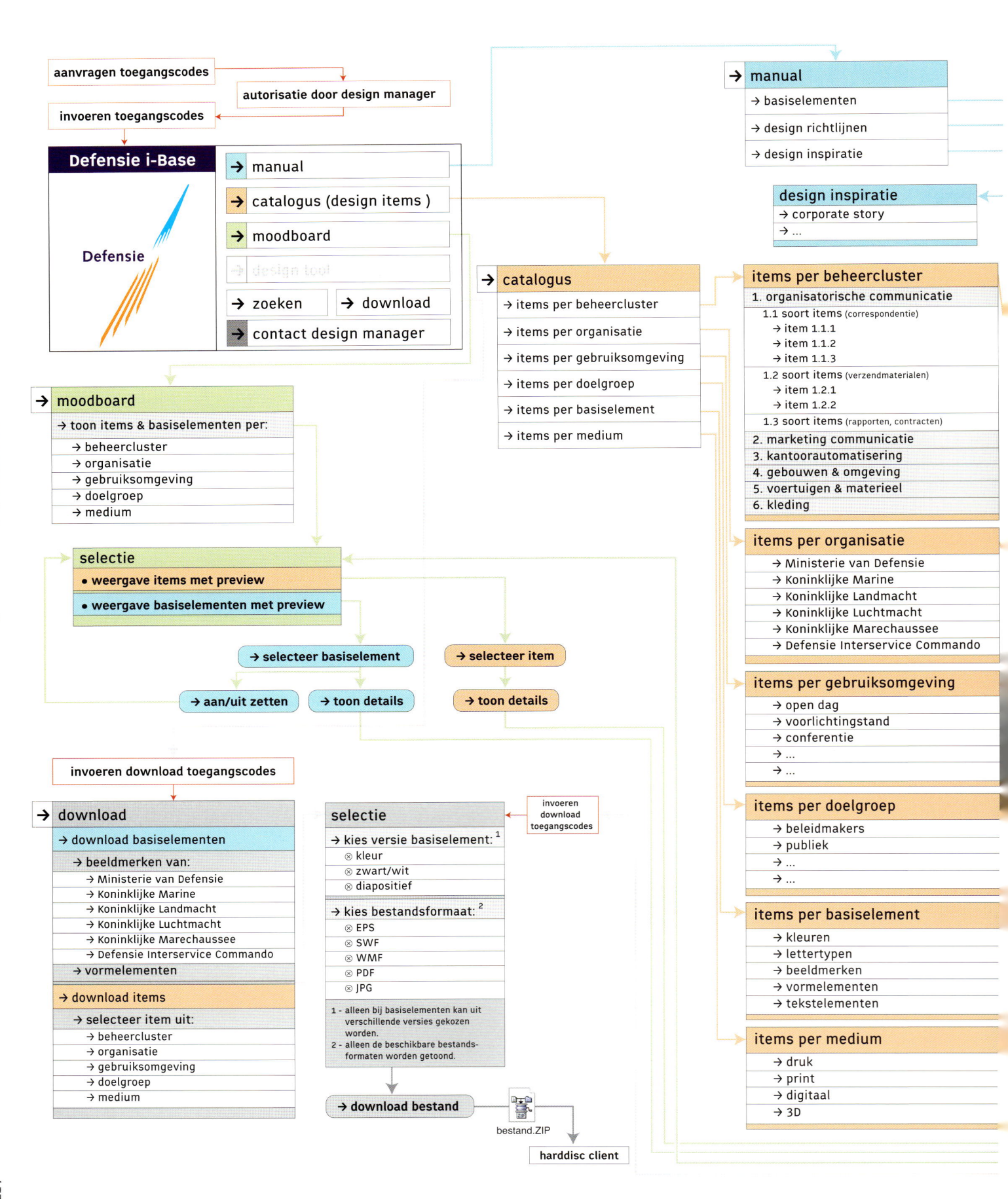

Defensie i-Base

aanvragen toegangscodes → **autorisatie door design manager** → **invoeren toegangscodes** → **Defensie i-Base**

Defensie i-Base (hoofdmenu)
- → manual
- → catalogus (design items)
- → moodboard
- → design tool
- → zoeken
- → download
- → contact design manager

manual
- → basiselementen
- → design richtlijnen
- → design inspiratie

design inspiratie
- → corporate story
- → ...

catalogus
- → items per beheercluster
- → items per organisatie
- → items per gebruiksomgeving
- → items per doelgroep
- → items per basiselement
- → items per medium

items per beheercluster
1. organisatorische communicatie
   - 1.1 soort items (correspondentie)
     - → item 1.1.1
     - → item 1.1.2
     - → item 1.1.3
   - 1.2 soort items (verzendmaterialen)
     - → item 1.2.1
     - → item 1.2.2
   - 1.3 soort items (rapporten, contracten)
2. marketing communicatie
3. kantoorautomatisering
4. gebouwen & omgeving
5. voertuigen & materieel
6. kleding

items per organisatie
- → Ministerie van Defensie
- → Koninklijke Marine
- → Koninklijke Landmacht
- → Koninklijke Luchtmacht
- → Koninklijke Marechaussee
- → Defensie Interservice Commando

items per gebruiksomgeving
- → open dag
- → voorlichtingstand
- → conferentie
- → ...
- → ...

items per doelgroep
- → beleidmakers
- → publiek
- → ...
- → ...

items per basiselement
- → kleuren
- → lettertypen
- → beeldmerken
- → vormelementen
- → tekstelementen

items per medium
- → druk
- → print
- → digitaal
- → 3D

moodboard
→ toon items & basiselementen per:
- → beheercluster
- → organisatie
- → gebruiksomgeving
- → doelgroep
- → medium

selectie
- • weergave items met preview
- • weergave basiselementen met preview

→ selecteer basiselement → aan/uit zetten → toon details

→ selecteer item → toon details

download

invoeren download toegangscodes → **download**

- → download basiselementen
  - → beeldmerken van:
    - → Ministerie van Defensie
    - → Koninklijke Marine
    - → Koninklijke Landmacht
    - → Koninklijke Luchtmacht
    - → Koninklijke Marechaussee
    - → Defensie Interservice Commando
  - → vormelementen
- → download items
  - → selecteer item uit:
    - → beheercluster
    - → organisatie
    - → gebruiksomgeving
    - → doelgroep
    - → medium

selectie (download)
→ kies versie basiselement:[1]
- ⊗ kleur
- ⊗ zwart/wit
- ⊗ diapositief

→ kies bestandsformaat:[2]
- ⊗ EPS
- ⊗ SWF
- ⊗ WMF
- ⊗ PDF
- ⊗ JPG

[1] - alleen bij basiselementen kan uit verschillende versies gekozen worden.
[2] - alleen de beschikbare bestandsformaten worden getoond.

→ download bestand → bestand.ZIP → harddisc client

basiselementen
→ **toon alle basiselementen**

→ **toon basiselementen per type:**
- → identity elementen
- → identity support elementen
- → brand elementen
- → brand support elementen
- → blend elementen

→ **toon basiselementen per soort:**
- → kleuren
- → lettertypen
- → beeldmerken
- → vormelementen
- → tekstelementen

→ **toon basiselementen per organisatie:**
- → Ministerie van Defensie
- → Koninklijke Marine
- → Koninklijke Landmacht
- → Koninklijke Luchtmacht
- → Koninklijke Marechaussee
- → Defensie Interservice Commando

basiselementen selectie
→ **weergave basiselementen met preview**

→ **weergave basiselementen als lijst**

→ **selecteer basiselement**

basiselement
- details basiselement
- → **toon richtlijnen voor basiselement**
- → **toon design items** (gerealiseerd mbv. basiselement)
- → **download basiselement**

design richtlijnen
→ **toon alle design richtlijnen**

→ **toon richtlijnen voor:**
- → type basiselement
- → soort basiselement
- → beheercluster (design items)
- → design item
- → medium

richtlijn
- details richtlijn
- → **toon gerelateerde basiselement(en)**
- → **toon design items** (gerealiseerd mbv. richtlijn)

items selectie
→ **weergave items met preview**

→ **weergave items als lijst**

→ **selecteer design item**

item
- details item
- → **toon basiselement(en)**
- → **toon design richtlijnen**
- → **toon item op moodboard**
- → **download werkbestand (eps)**

Die interaktive i-Base ist nicht nur ein praktisches Hilfsmittel für die Bearbeitung von Inhalt und Form der Unternehmensäußerungen, sondern zugleich Inspirationsquelle für die Schaffung neuer Äußerungen und hilfreicher Begleiter bei der Beantwortung von Fragen zur eigenen Identität. So können unter anderem die Corporate Story und die Kommunikationsmatrix in die i-Base aufgenommen werden. Kommunikationsmitarbeiter können ein Briefingtool nutzen, das mit den Richtlinien zu Inhalt und Gestaltung gekoppelt ist. Designern stehen beim Entwerfen wiedererkennbarer Äußerungen detaillierte Informationen zur Verfügung, die den im Corporate Design-Programm festgelegten Möglichkeiten entsprechen. Zur Beschleunigung des Designprozesses sind neben den in digitaler Form gespeicherten Designelementen auch gebrauchsfertige Designvorlagen und Produktionsdateien beispielsweise für Broschüren, Faltblätter, Rundbriefe sowie Fahrzeug- und Fassadenbeschriftung verfügbar.

Der Benutzer des Designtools muss in vielen Situationen nur noch ein Kommunikationsmittel wählen und den benötigten Inhalt eingeben – der Computer erledigt dann das gesamte Design und Layout. Auf Wunsch kann der Benutzer auch selbst Einfluss auf das Endergebnis nehmen, indem er die Parameter einiger Designeinstellungen ändert, um so die kommunikativste Lösung zu finden. Das Endergebnis kann als Ausdruck verbreitet oder in digitaler Form z.B. per E-Mail verschickt bzw. auf einer Website veröffentlicht werden.

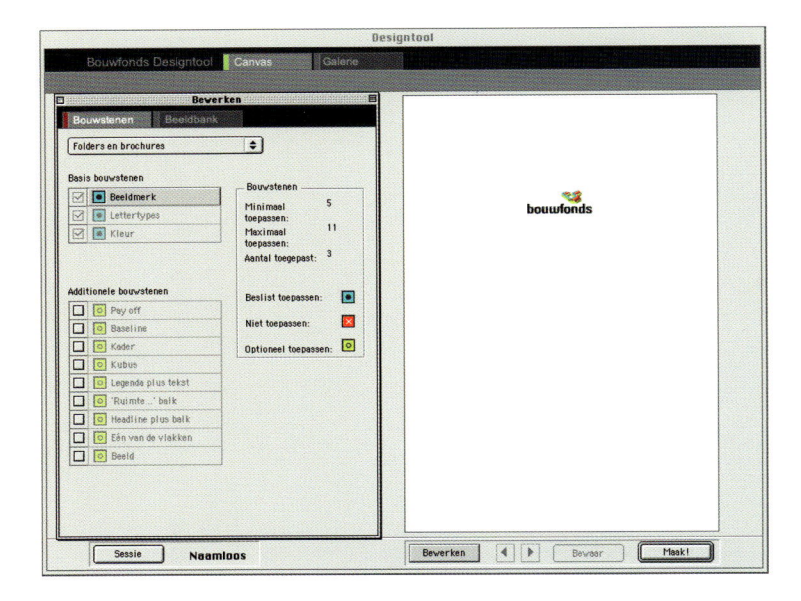

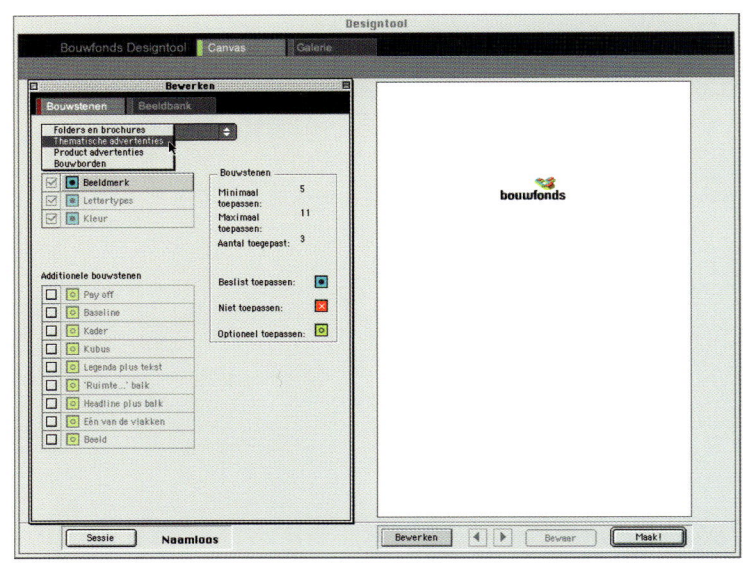

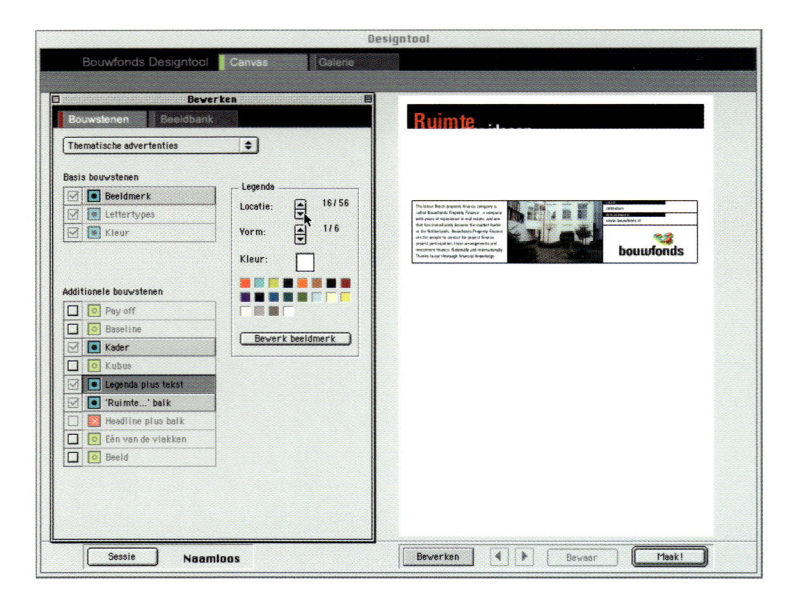

Mit der i-Base können Vorlagen für Drucksachen Schritt für Schritt mit Hilfe eines speziell entwickelten Designtools zusammengestellt werden.

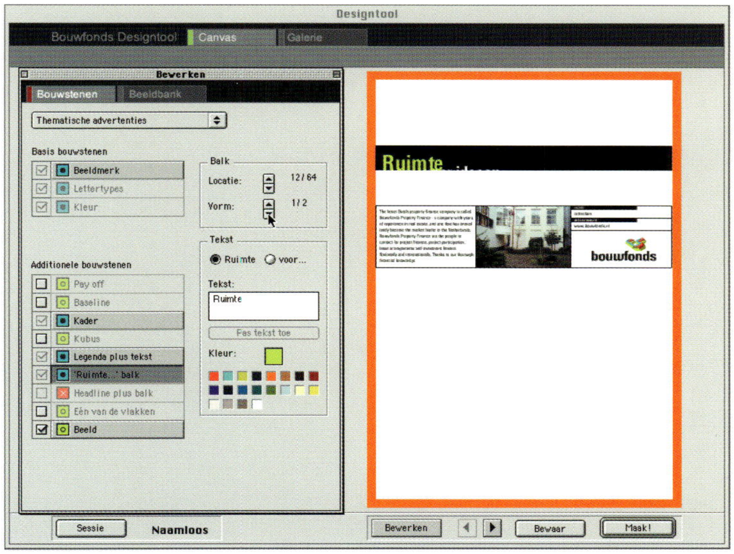
Designtool
Bouwfonds Designtool
Canvas
Galerie
Bewerken
Bouwstenen
Beeldbank
Thematische advertenties
Basis bouwstenen
Beeldmerk
Lettertypes
Kleur
Balk
Locatie:
12/64
Vorm:
1/2
Tekst
Ruimte
voor...
Tekst:
Ruimte
Pas tekst toe
Kleur:
Additionele bouwstenen
Pay off
Baseline
Kader
Kubus
Legenda plus tekst
'Ruimte...' balk
Headline plus balk
Eén van de vlakken
Beeld
Ruimte
bouwfonds
Sessie
Naamloos
Bewerken
Bewaar
Maak!

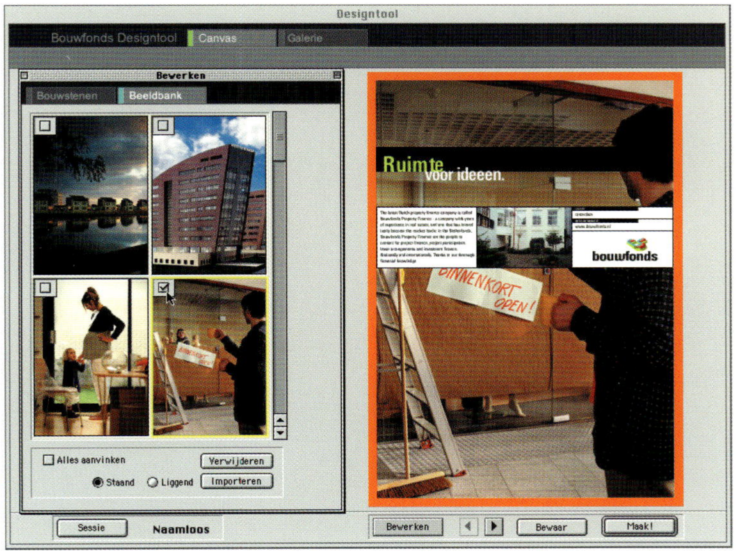
Designtool
Bouwfonds Designtool
Canvas
Galerie
Bewerken
Bouwstenen
Beeldbank
Alles aanvinken
Verwijderen
Staand
Liggend
Importeren
Ruimte
voor ideeen.
bouwfonds
BINNENKORT OPEN!
Sessie
Naamloos
Bewerken
Bewaar
Maak!

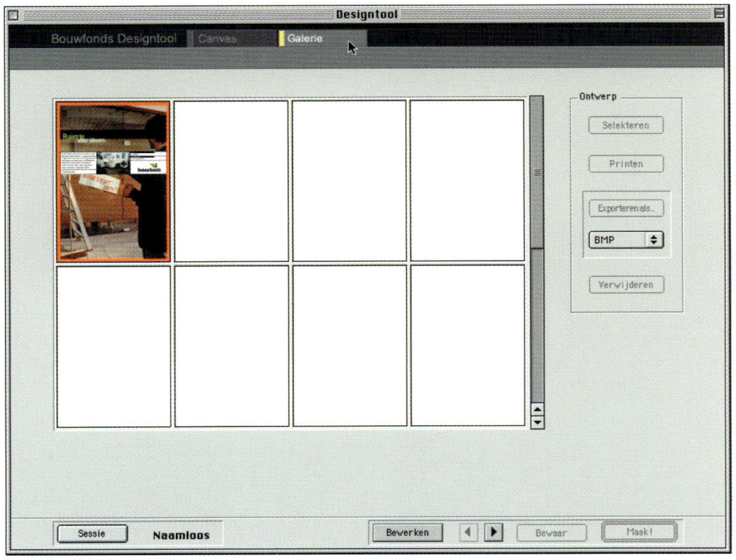
Designtool
Bouwfonds Designtool
Canvas
Galerie
Ontwerp
Selekteren
Printen
Exporteren als..
BMP
Verwijderen
Sessie
Naamloos
Bewerken
Bewaar
Maak!

TOTAL IDENTITY

IV MARKENZEICHEN
Bausteine der Identität

Ein grafisches Markenzeichen ist die kleinste Zusammenfassung von Identität und wird nach seiner Entstehung zum Katalysator von Identität. Das Markenzeichen kann gewünschte Bedeutungen und Assoziationen an sich binden.
In diesem vierten Teil geht es um das Markenzeichen und dessen Bausteine: Name, Form, Farbe und Schrift. Da die Heraldik von jeher einen starken Einfluss auf Markenzeichen hatte, wird auch diese ausführlich behandelt.

Nomen est omen

Ein Name verleiht Bedeutung, charakterisiert und wird verwendet, um eine Organisation anzusprechen. Ein wichtiges Wort also, das als Bestandteil des Markenzeichens eine Organisation am erster Stelle identifiziert. Der Träger des Namens meldet sich mit seinem Namen und wird in den unterschiedlichsten Situationen erkannt: am Telefon, in Zeitungen und Zeitschriften, an der Börse, im Telefonbuch, aber auch in Anzeigen und Broschüren, im Gebäude oder auf der Website. Kurzum: bei allen Äußerungen, aber auch in Gesprächen und Berichten über die Organisation.

Bedeutung
Ein Name hat zwei Seiten: eine Bedeutung an sich und unsere Assoziationen mit denen der Name zusätzlich geladen wird. Im besten Fall schließen die namensinhärente und die geladene Bedeutung nahtlos aneinander an. Ein Name wirkt nicht nur visuell – als geschriebenes Wort – sondern hat auch einen Klang in der gesprochenen Sprache. Neben der Eigenbedeutung, Verweisen und Assoziationen gehören auch Klangfarbe, Schriftbild, Betonung und Rhythmus zu den Eigenschaften eines Namens. Diese verleihen ihm mehrere Bedeutungsebenen. Neue Namen können auch ganz neue Wörter sein. Doch Menschen haben aufgrund ihres Wortschatzes und ihres Vermögens, diese Mischung von Eigenschaften zu beurteilen, bei einem Wort immer bestimmte Assoziationen. Sie geben dem neuen Namen also immer selbst eine Bedeutung, auch wenn sie diesen ohne Kontext antreffen.

Kommunikationsauftrag
Die Spannbreite neuer Namen reicht von völlig abstrakt, einem unbekannten neuen Wort oder einer Zahlenkombination, bis zu ganz alltäglichen Wörtern. In Namen wird mit den Kombinationen der Eigenschaften gespielt, bis ein ausgewogenes Ganzes entstanden ist, das den kommunikativen Zweck erfüllt.

← explizit implizit →

Thema/Charakter	beschreibend	kommunikativ	assoziativ	abstrakt
Organisation	**Belasting**dienst **Concern** voor Werk			
Aktivität, Fachgebiet	**Belasting**dienst Concern **voor Werk**	In	**Concern** voor Werk I**care** *(englisch)* Ten**ne**T	
Haltung/Wesen			I**care** *(englisch)* Ten**ne**T	**Icare**
Vision		In		01-10

+	+	+	+
Der Name ist leicht zu erkennen und zu verstehen, wenig zeit- und kostenintensiv. — *Der Name kann künftigen Aktivitäten im Wege stehen, wird vielleicht schnell langweilig, hat wenig Unterscheidungskraft und ist international nicht gut zu verwenden.*	*Der Name unterstützt die Positionierung bzw. Werte.* — *Der Name kann künftigen Aktivitäten im Wege stehen.*	*Der Name unterstützt die Positionierung bzw. kommuniziert Werte.* — *Der Name kann künftigen Aktivitäten im Wege stehen.*	*Der Name steht künftigen Aktivitäten nicht im Wege und besitzt potentiell Unterscheidungskraft.* — *Zeit- und kostenintensiv ist das Befrachten des Namens mit Inhalt und/oder das Hinzufügen von Werten.*

Concern voor werk ist eindeutig der Name eines Unternehmens, beinahe eine Beschreibung wie Belastingdienst (Finanzbehörde). Mit dieser Bedeutung fügt sich das Unternehmen nicht nur mühelos in die Reihe Elektronikkonzern, Weltkonzern, Lebensmittelkonzern, Verlagskonzern, Baukonzern etc; ein. durch die englische Bedeutung kommt außerdem Sorge/Betroffenheit hinzu. „Voor werk" verweist auf die Kernaktivität des Unternehmens: Menschen mit Schwierigkeiten auf dem Arbeitsmarkt wieder auf die Sprünge helfen.

Der Name TenneT ist die Summe zweier Silben: Ten und neT. Mit Ten wird das englische Wort zehn assoziiert, und das steht im niederländischen Schulnotensystem für null Fehler, sehr gut, Spitze! Net kann ein Fernsehsender sein oder ein Auffangnetz, ein Straßennetz oder ein Elektrizitätsnetz. Bei letzterem findet man das Unternehmen, das sich hinter diesem Namen versteckt: den Betreiber des Hochspannungsnetzes mit der größten Spannung. Zudem ist das Wort ein Palindrom, d.h. man kann es vorwärts und rückwärts lesen. Das Schriftbild weist dadurch eine große Symmetrie auf, sodass TenneT überall, wo das Wort auftaucht, besondere Aufmerksamkeit erregt.

Da es sich um eine niederländische Organisation für häusliche Pflegedienste handelt, wird „Icare" als [ikar'] ausgesprochen. Sieht man den Namen in geschriebener Form, erhält man die zusätzliche Information des englischen „I care" – eine gelungene Aussage für diese Organisation.

Ein Name kann im mündlichen Sprachgebrauch eine sehr funktionale Rolle spielen. „Guten Morgen, In Groningen" ist die freundliche Begrüßung der Telefondame bei der Groninger Wohnungsbaugesellschaft „In". Der Firmenname ist hier die im Niederländischen häufig vorkommende Vorsilbe „in". Durch den Namen ändert sich die normale Satzmelodie. Mit der Verwendung der Vorsilbe „in" als Name wird diese kurze Vorsilbe besonders betont. Ein freundlicher Name mit sehr hoher Unterscheidungskraft, der durch die massive Gestaltung des Buchstabens „n" in der Wortmarke einen Raum mit einer offenen Tür suggeriert, durch die man nach innen gelangt. Die Wohnungsbaugesellschaft sorgt im Wesentlichen dafür, dass Menschen irgendwo hineingehen können und dort Schutz finden. So ist auch diese Kombination von Form, Klang und Inhalt stimmig.

Auch Zahlen können aussagekräftige Namen sein. Sie sind Codes, Signale, die nach bestimmten Konventionen systematische Informationen beinhalten. Zahlen begegnen uns auf Schritt und Tritt: Man wählt eine 0800-Nummer, gewinnt 2:0, nimmt die A1, bekommt eine 2, heute ist der 24. Der Code 01-10 bekommt Sinn, wenn man ihn als (niederländische) Datumsangabe begreift: Es ist der Zeitpunkt der Gründung des Architekturbüros, der 1. Oktober. Nach Auffassung dieses Büros setzt ein sorgfältig gewählter Zeitpunkt eine Bewegung in Gang. Und das tut das Büro mit seiner Architektur. 01-10 initiiert Sternstunden. So kann sich ein Augenblick dank der Inspiration und Energie von 01-10 zu etwas Bleibendem entwickeln, einem greifbaren Bauwerk. Diese Faszination wurde auch im Namen eingefangen. Der Gründungstag lebt in dem symmetrischen, strengen Zahlenbild fort.

Form

Form und Farbe sind untrennbar miteinander verbunden und bilden die Grundlage jedes Markenzeichens. Form besteht durch Farbe, Farbe durch Form. Jede Form hat eine Negativform, die sich visuell durch Farbkontrast unterscheidet, wobei hell und dunkel in diesem Zusammenhang ebenfalls als Farbe zu betrachten sind. Farbe wird bedeutungslos, wenn keine anderen Farben präsent sind. Sobald es eine Begrenzung gibt, und sei sie noch so vage, gibt es auch eine Form. Form und Farbe bilden die Grundlage der visuellen Wahrnehmung.

Kraftvolle Formen
Eine Form kann als Umriss, Skizze oder „Blaupause" beschrieben werden. Zeichnungen setzen sich oft auf diese Weise aus Linien zusammen. Eine dünne Linie kann zwar viel Formqualität und Gefühl in sich bergen, die Wirkung auf das Auge ist jedoch subtil.
Für einen größeren visuellen Impact muss eine solche Form „eingefärbt" werden. Erst dann kann die Qualität der Form wirklich beurteilt werden. Um zu prüfen, ob eine Form aussagekräftig ist, kann man sie mit zusammengekniffenen Augen betrachten. Details fallen dann weg, die vagen Flecken, die übrig bleiben – Form und Farbe, müssen die Essenz der visuellen Information vermitteln. Mit dieser Betrachtungsmethode wird im Prinzip die Wahrnehmung in der Praxis simuliert, die durch Entfernung, Bewegung, schlechtes Licht und Ähnliches beeinträchtigt wird.

Bei der Form kommt es immer auf das Zusammenspiel von positiver Form und negativer Restform an, die ebenso wichtig ist. Dieses Prinzip lässt sich am besten mit Buchstaben illustrieren, die aussagekräftige Formen bilden. Das Weiß zwischen den Buchstaben spielt beim Schreiben kaum eine Rolle, ist jedoch essenziell fürs Lesen. Lange Texte in Outline sind viel mühsamer zu lesen als schwarze Buchstaben. Aus dem Stift in unserer Hand fließt nur schwarze Tinte, aber für den Betrachter ist das Weiß eigentlich bedeutsamer. Auch beim Entwerfen von Markenzeichen oder Plakaten ist dieser Grundsatz zu beherzigen.

Alles dreht sich um Kontraste
Farbkontraste (Farbtöne) und Formkontraste (positiv/negativ) sind also für die Wahrnehmung sehr wichtig. Gestaltung ist Kontrastmanagement. Kontraste setzen Akzente und schaffen Hierarchien. Das Finden eines ausgewogenen Gleichgewichts, des richtigen Maßes an Kontrast in allen vorhandenen Größen. Form schafft immer Bedeutung – alles kann vom Betrachter interpretiert werden und wird es auch.

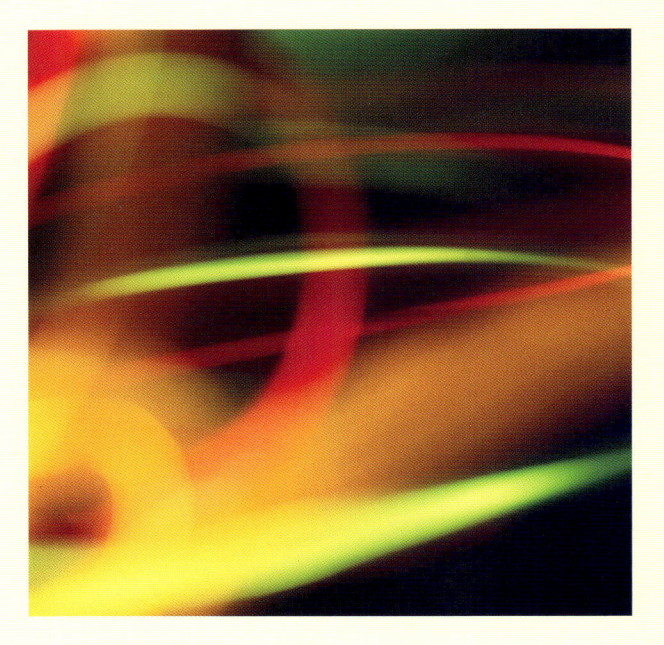

Form besteht durch Farbe, Farbe durch Form.

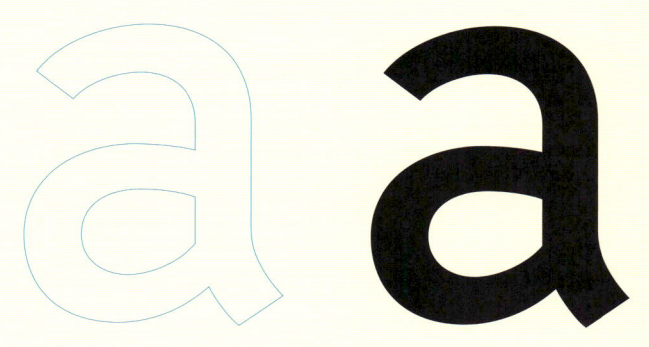

Die Form ist gleich, doch ohne Farbe kein visueller Impact.

Eine Form kann nicht unabhängig von ihrer Negativform gesehen werden.

kontrast

Licht

Quantität*	hell	dunkel
Qualität	gesättigt	graustichig
– simultan	gesättigt	nicht komplementär oder grau
Hue (Farbe)	Farbe	andere Farbe
– komplementär	Farbe	Komplementärfarbe
– Ton in Ton	Farbe	angrenzende Farbe
– kalt/warm	kalt, weit, leicht	warm, nah, schwer
Textur		
– physische Oberfläche	rau	glatt
– visuelle Oberfläche	matt	glänzend

Form

Qualität		
Linie		
– Richtung	vertikal	horizontal
Form		
– Art	organisch	geometrisch
Quantität		
Komposition	komplex	einfach
– Verhältnis	groß	klein
– Gleichgewicht	symmetrisch	asymmetrisch
– Struktur	Ordnung	Chaos

kontrast

Farbe und Unterschied

Menschen können über zehn Millionen Farbnuancen unterscheiden. Im PANTONE® Farbsystem werden über 1.000 Druckfarben spezifiziert. In der Baubranche ist Farbe ein wichtiges Unterscheidungskriterium: Grün und Orange stehen für HBG, Hellgrün und Violett für TBI, Blau und Orange für Volker Wessels Stevin usw., sodass Baustellen bereits von weitem zu erkennen sind. Zwischen dem Grün von TBI und dem von HBG liegen noch viele Farbnuancen, aber keine kommt mehr für ein Bauunternehmen in Frage. Die dazwischen liegenden Farben sind nur schwer zu benennen, zu merken oder bei unterschiedlichen Lichtverhältnissen zu erkennen. In der Praxis gibt es kaum mehr als ungefähr 35 Farben, die man ohne großen Aufwand benennen und sich merken kann. Das ist auch kulturell bedingt. Menschen, die viel mit Farbe arbeiten, können mehr Farben erkennen als andere. Der beschränkte Vorrat an unterscheidbaren Farbtönen macht es schwierig, eine unverwechselbare Farbe, Farbkombination oder Farbreihe für eine Organisation zu finden.

Konsistente Farben

Zurecht wird viel Wert darauf gelegt, dass die Farben immer richtig wiedergegeben werden. Dass alle Farben mit jeder Technik gleich aussehen, ist nicht möglich. Selbst wenn eine Farbe sehr präzise reproduziert wird, kann der Farbeindruck ein anderer sein. So wirkt eine Farben auf einer großen Fläche oft heller als dieselbe Farbe auf einem Blatt Papier. Wird dieselbe Farbe auf ein anderes Material gedruckt, sieht sie anders aus. Farben ändern sich auch unter dem Einfluss von Licht. Farben, die bei Kunstlicht gleich aussehen, können bei Tageslicht unterschiedlich wirken. Schon frühzeitig muss bei der Farbbestimmung die Umsetzung in den wichtigsten Techniken berücksichtigt werden: Offsetdruck (PANTONE® und Vierfarbendruck CMYK), Siebdruck, deckende und transparente Folien, Lacke (RAL und NCS), Bildschirm (RGB) etc. Empfehlenswert ist die Anfertigung von Mustern, die immer als Referenz benutzt werden können. Die konsistente Verwendung der richtigen Farbe erfordert ständige Aufmerksamkeit.

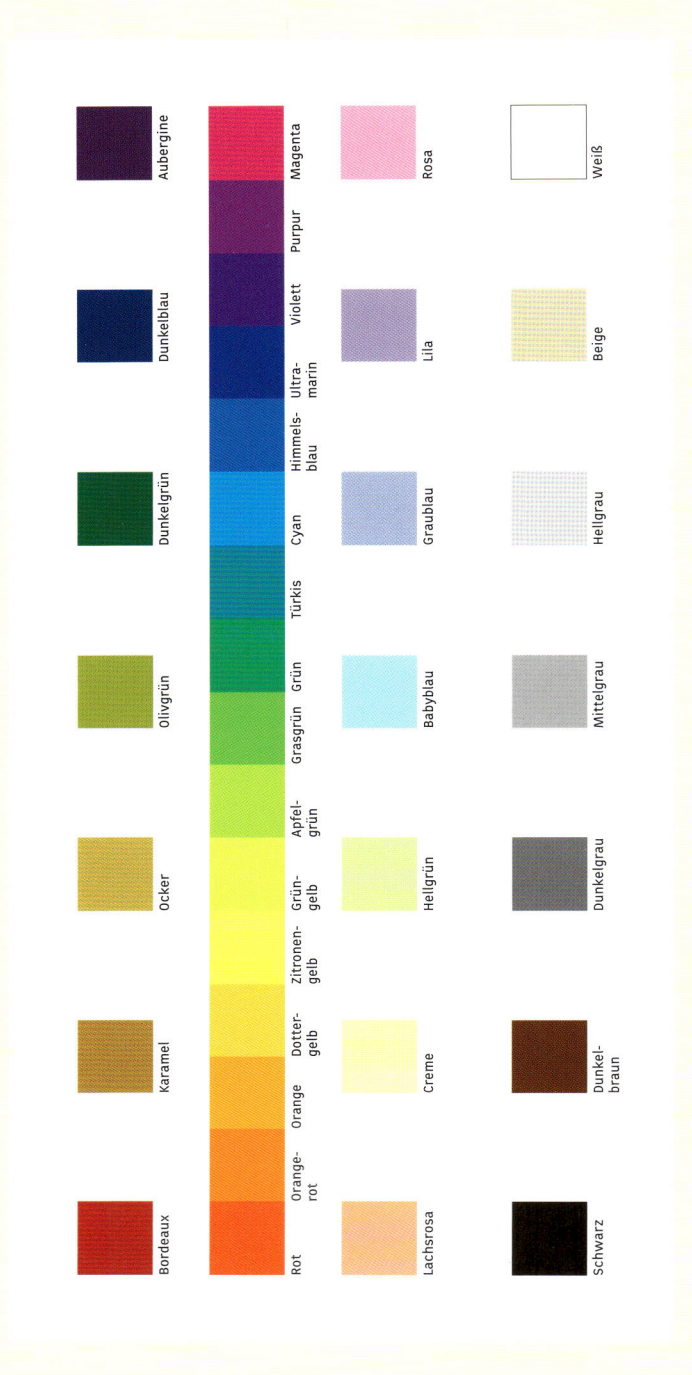

Den Unterschied zwischen zwei angrenzenden Farben können Menschen gut wahrnehmen, schwierig ist jedoch, sich eine Farbe zu merken. Hilfreich ist es dabei, wenn wir die Farbe benennen können. Viel mehr als die hier abgebildeten 37 Farbtöne kann ein normal farbsehender Mensch ohne Referenz nicht unterscheiden.

Spezifizierung der Farbverwendung bei Hein Schilder Bouw

	Gestrichenes Papier		Ungestrichenes Papier		Lack	Opake Folie	Transluzente Folie	Bildschirm	
	Sonderfarbe PANTONE®	Prozessfarbe C M Y K	Sonderfarbe PANTONE®	Prozessfarbe C M Y K	RAL			R G B	Hexadezimal
HSB-blau	274 C	100/100/0/20	2758 U	100/100/0/20	brightblue	Avery 969 SC	Avery 5540 QM	13/9/94	0D095E
HSB-rot	206 C	0/100/50/0	206 U	0/100/50/0	RAL 3027	Avery 981 SC	3M Scotchcal 3630-49	247/0/72	F70048
HSB-schwarz	Black C	0/0/0/100	Black U	0/0/0/100		Avery 901 SC	3M Scotchcal 3630-22	0/0/0	000000

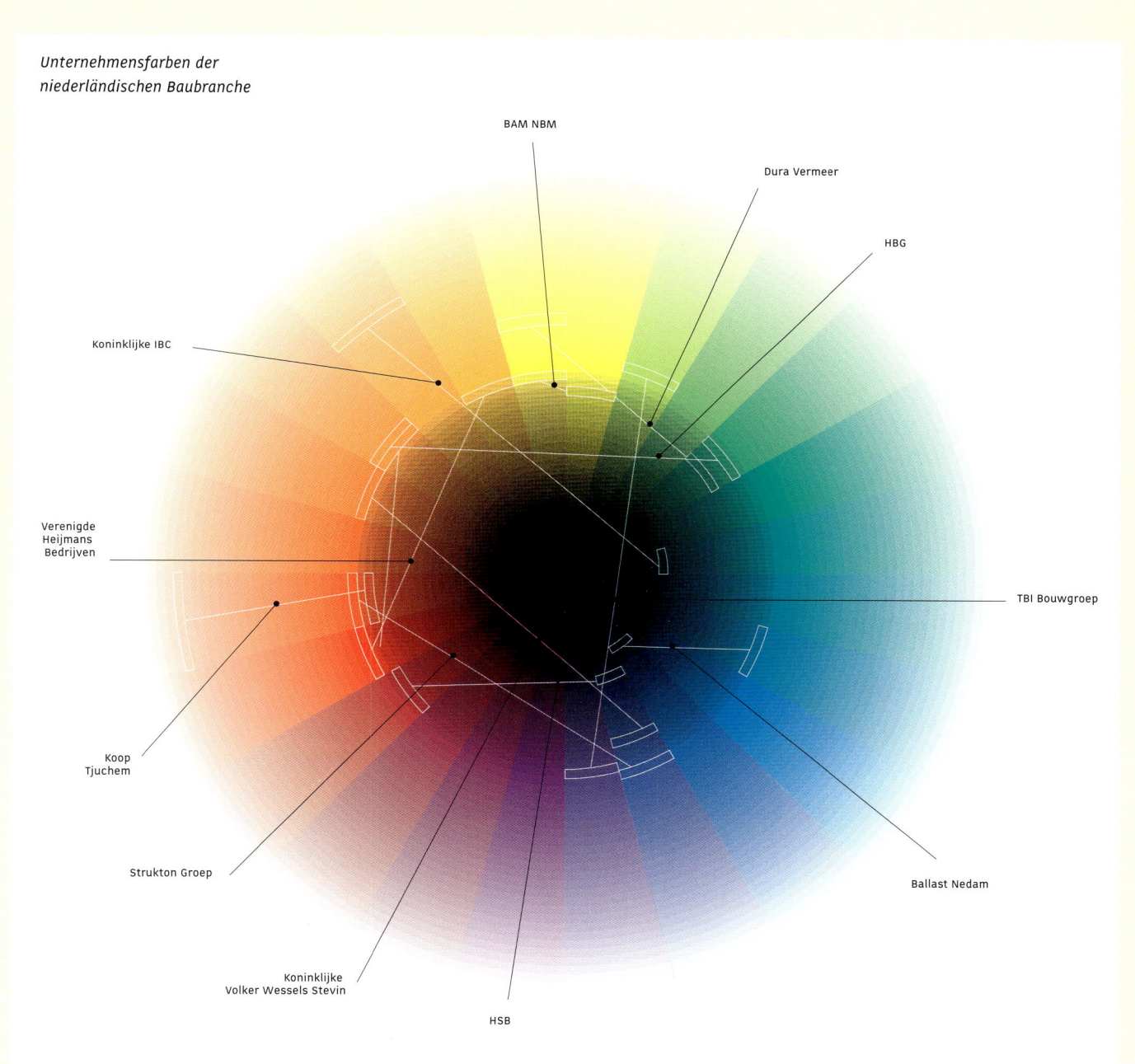

Unternehmensfarben der niederländischen Baubranche

- BAM NBM
- Dura Vermeer
- HBG
- Koninklijke IBC
- Verenigde Heijmans Bedrijven
- TBI Bouwgroep
- Koop Tjuchem
- Strukton Groep
- Ballast Nedam
- Koninklijke Volker Wessels Stevin
- HSB

Die Bedeutung der Schrift

Beatrice Warde (amerikanische Typografin, 1900-1969) bezeichnete die Schrift als Stimme des geschriebenen Worts. Wie eine Stimme zu einer Person passt, so passt eine Schrift zur Identität einer Organisation.

Corporate Design

Schrift gilt schon seit Jahrzehnten als einer der Bausteine eines Corporate Design. Die Versuchung ist groß, die Hausschrift auch in der Bürokommunikation zu verwenden. Jedoch kann ein beliebiger PostScriptFont leider noch immer nicht mit den gängigen Textverarbeitungsprogrammen vernünftig dargestellt werden. Nur die StandardTrueTypeFonts, die vom Hersteller der Programmsoftware mitgeliefert werden, ergeben ein akzeptables Bild. Die Anpassung von Fonts für den Bildschirm ist sehr kostenintensiv.

Das Verhalten jedes Buchstabens muss einzeln in Programmvorschriften festgelegt werden (Hinting). Das ist so zeitraubend und kompliziert, dass es nur wenigen gelingt (Agfa Monotype kann das). So wurden Windows-Schriftarten wie Arial und Times zu den „Schreibmaschinenschriften" unserer Zeit.

Eigene Schrift

Abgesehen von diesen technischen Problemen ist es ratsam, für jede Organisation eine eigene Schrift zu wählen oder entwerfen zu lassen. Letzteres kann sogar günstiger kommen, wenn wir die Kosten mit den Benutzerlizenzen für bestehende Fonts vergleichen. Wird die Schrift des Unternehmens auch für Büroanwendungen genutzt, sind die Kosten für das Hinting zu berücksichtigen.

1234567890
ABCDEFGHIJKLMNOPQRSTUVWXYZ
abcdefghijklmnopqrstuvwxyz
áâàäãåéêèëçíîìïñóôòöõøúûùüÿ
ÁÂÀÄÃÅÉÊÈËÇÍÎÌÏÑÓÔÒÖÕØÚÛÙÜŸ
ÆŒæœ&ßfifl¤£$¢¥ƒ
/.,:;...'',""¡¿•!?-—_—·
¶§#°%‰©®™@†‡*ao""
~=+<≤±≥>−÷≠≈
«[({|})]»

Am Bildschirm lesbar und kostengünstig, jedoch wenig Unterscheidungskraft: Arial.
© The Monotype Corporation

1234567890
ABCDEFGHIJKLMNOPQRSTUVWXYZ
abcdefghijklmnopqrstuvwxyz
! + : ? - = ; , .

١٢٣٤٥٦٧٨٩٠

ء أإ ؤ ئ ة ت ث ج ح خ د ذ ر ز س ش ص ض ط ظ ع غ

ة ك ل م ن ه و ى ي »

! + : ? - = ؛ ، .

Einprägsam: gleiche Schriftart für lateinische und arabische Buchstaben – speziell entwickelt für die Wortmarken der Al-Futtaim Company in Dubai.

Eine maßgeschneiderte Schrift

Ein Beispiel für ein Corporate Design, bei dem die Schrift eine wichtige Rolle spielt, ist Total Identity. Abgesehen von der Farbe ist die Schriftart Oneliner der wichtigste Baustein. Die Schriftart wurde speziell von und für Total Identity entworfen.
Der Name Oneliner verweist auf das Konzept: eine Schrift mit einheitlicher Strichstärke, wie mit einer Redisfeder oder einem Tuschefüller geschrieben. Damit erinnert Oneliner an andere kontrastlose Schriften wie Isonorm und DIN, unprätentiöse, technische Schriftarten. Eine Schrift, die tatsächlich überall gleich dick ist, wirkt jedoch oft plump. Deshalb erhielt Oneliner eine Reihe optischer Korrekturen.

1|
Die Buchstaben werden in einer Linie gezeichnet, also nicht wie üblich in Konturen. Dies wirkt sich auf die Form aus: Zu scharfe Knicke ergeben sofort eine hässliche Außenform.

2|
Die Schriftstärke kann durch Verändern der Linienstärke angepasst werden.

3|
Die horizontalen Teile der Buchstaben sind exakt gleich dick wie die vertikalen, wirken jedoch zu dick. Das ist ein optischer Effekt. Um dies zu kompensieren, wurden die Buchstaben in der Höhe um 15 % gestreckt.

4|
Jetzt werden die Linien in Konturen umgesetzt. Dieses zu hohe Schriftbild ist also überall gleich dick.

5|
Die Buchstaben werden auf die ursprüngliche Höhe gestaucht. Das wirkt sich nicht auf die vertikalen Buchstabenteile aus, wohl jedoch auf die horizontalen. Diese sind nun dünner, wodurch die Schrift harmonischer wirkt.

6|
Die auf diese Weise erhaltene Grundlage muss komplett von Hand überarbeitet werden – die Konturen sind bei weitem noch nicht ideal, und trotz des Knicks an den vertikalen Buchstabenelementen sind die Anschlüsse zu fett. Das „s" wurde in der Mitte auch verschmälert, obwohl es eigentlich mehr Gewicht bräuchte.

Wappen als Grundlage

Alle Städte in den Niederlanden haben ein Wappen. Aber auch andere Verwaltungsbehörden, Unternehmen und Familien können ein Wappen besitzen. Wappen sehen sich – oberflächlich betrachtet – immer sehr ähnlich. In der Heraldik steht nur eine begrenzte Zahl von Farben und Themen zur Verfügung. Löwen kommen beispielsweise in Hunderten von Wappen vor. Wappen werden schnell mit offiziellen Stellen assoziiert, können jedoch den Eindruck von Bürokratie verstärken. Deshalb schmücken sich immer mehr Behörden mit einer modernen Version, mit der andere Werte transportiert werden können.

Das heraldisch korrekte Wappen
In der Heraldik werden Wappen schriftlich festgelegt; die Aufteilung des Schildes, Figuren und Farben. Über die Ausführung entscheidet der Handwerker. Heute würde man dazu tendieren, das Bild genau festzulegen und konsistent zu verwenden. Dabei wird die Vielzahl der Details, die in einem Wappen vorkommen, schnell zum Problem, wenn das Wappen im Kleinformat oder einfarbig abgebildet werden soll. Auch die häufig vorkommenden Metallfarben lassen sich nicht immer so einfach verwenden.

Das vereinfachte Wappen
Aus den oben genannten Gründen kann es notwendig sein, das Wappen durch Weglassen von Details und/oder Farben so zu vereinfachen, dass es in der gewünschten Größe und mit der gewünschten Technik reproduzierbar ist. Die Wappenkunde sieht zwar eine Methode zur Darstellung von Farben in Schwarz-Weiß vor, dabei handelt es sich jedoch eher um eine Codierung als um eine visuelle Lösung.

Das stilisierte Wappen
Obwohl der Stil eines Wappens ursprünglich nicht festgelegt wurde, kann die Stilisierung so weit gehen, dass strittig ist, ob das Wappen heraldisch noch korrekt ist.

Die Verwendung von Wappenelementen
Die Verwendung einzelner Wappenelemente ist nicht heraldisch. In diesem Fall sprechen wir deshalb nicht mehr von einem Wappen, sondern von einer Bildmarke.

Wappenkundlich richtige Ausführung des Wappens der Niederlande. Alle genannten Elemente sind in der richtigen Farbe vorhanden, die Ausführung ist „normal" (Gold und Silber werden hier Gelb bzw. Weiß dargestellt).

Stilistische Anpassung des Wappens der Niederlande an die Bildmarke des Außenministeriums. Durch die Vereinfachung kann es einfarbig und im Kleinformat verwendet werden. Innerhalb dieser Einschränkung bleibt es der Heraldik treu.

Stark stilisierte Ausführung des Wappens von Rotterdam. Die Löwen sind zwar noch zu erkennen, aber das Fehlen der Krone wurde bemängelt.

Das Markenzeichen von Houten basiert eindeutig auf dem Stadtwappen. Es handelt sich jedoch nicht um ein heraldisches Wappen.

Die Hoogheemraadschap (Wasser und Bodenverband) Amstel, Gooi en Vecht hat ein hübsches Wappen. In der Reproduktion ging jedoch viel verloren, und der schwarze, zweiköpfige Adler wirkte zu aggressiv. Rechts ein Entwurf zur besseren Reproduzierbarkeit mit zeitgemäßerer Ausstrahlung.

Der zweiköpfige Adler wurde durch einen Kreis ersetzt. Die Abbildung ist dem heraldischen Ausgangspunkt noch treu.

Die Schildform erhält mehr Spannung, während die Abbildung eine freie Interpretation wird: Der rote Löwe wurde durch einen Punkt ersetzt, das Kreuz halbiert.

Endergebnis: Eine schildartige Form mit einer heraldischen Darstellung. Der vollständige Name der Hoogheemraadschap erscheint im Rand. Schatten und Glanzlichter suggerieren Räumlichkeit. Das Blau in den Krallen und der Zunge des Löwen wurde durch Rot ersetzt.

Katalysator der Identität

Begriffe wie Marke, Logo, Signet, Bildmarke, Wortmarke und Symbol werden wild durcheinander geworfen. Wie so oft bei Fachbegriffen sind sie inhaltlich nicht mehr eindeutig voneinander abgegrenzt. Zur Vermeidung von Missverständnissen sollten die Begriffe in ihrer ursprünglichen Bedeutung verwendet werden.

Der Begriff Markenzeichen ist die beste Bezeichnung für das, was wir meinen: Ein Unterscheidungsmerkmal, das für eine bestimmte Kategorie steht: Kennzeichen und Eigenschaften einer Organisation. Daher wird das Wort Markenzeichen hier ausschließlich im engeren Sinne verwendet und nicht synonym zum englischen Ausdruck „Brand", der den Komplex rund um eine Marke bezeichnet.

Das Markenzeichen kann aus einer Wort, einer Bildmarke oder einer Kombination beider bestehen. Begriffe, die hierfür häufig verwendet werden, sind Signet und Logo. Vor allem Logo wird oft fälschlicherweise anstelle von Markenzeichen benutzt.

Bausteine von Markenzeichen

Mit einem Markenzeichen macht sich eine Organisation sichtbar und erzählt etwas über sich selbst. Das Zusammenspiel von Name, Formen, Farben und Schrift bestimmt die primäre Erscheinung einer Organisation. Dies sind die Bausteine. Gemeinsam bilden sie die kleinste sichtbare Zusammenfassung der Identität. Kernwerte, Geschichte, Markt, Ambitionen und erwünschte Assoziationen schlagen sich im Markenzeichen nieder. Der ahnungslose Empfänger muss sich daraus etwas zusammenreimen. Der mit dem Zeichen vertraute Empfänger projiziert dann seine eigenen Erfahrungen hinein. Das Markenzeichen wird „geladen" und wird so zum Katalysator der „Marke".

Was ist ein gutes Markenzeichen?

Ein gutes Markenzeichen ist in der Lage, seinen Kommunikationsauftrag zu erfüllen: Aufmerksamkeit erregen, Verwirrung stiften ... es gibt viele unterschiedliche Kommunikationszwecke. Aber ein Markenzeichen ist eine langfristige Investition und muss letztendlich die Grundfunktionen erfüllen können. Dazu gehört zunächst, den Träger wiedererkennbar zu machen, sodass er der betreffenden Organisation zugeordnet wird – als Wort und/oder Bild: das Markieren. Und zweitens die implizite Vermittlung von Werten und Botschaften. Das Markenzeichen soll also langfristig wirken. So wird es zum Symbol für die Organisation.

Visuelle Qualität

Ein gutes Markenzeichen besitzt visuelle Qualität. Die Form ist spannungsvoll und kontrastreich. Das Bild „brennt sich ins Gedächtnis". Ein gutes Markenzeichen ist natürlich einzigartig. Es darf anderen Markenzeichen nicht ähneln. Das ist gar nicht so leicht: Weltweit gibt es Millionen von Markenzeichen. Ein Markenanwalt kann nach gleichartigen Markenzeichen suchen.

In Wahrheit haben wir kein direktes Verhältnis zu Objekten, sondern immer nur über den Umweg von Zeichen, die das Objekt – in diesem Fall eine Organisation – repräsentieren. Ein Markenzeichen, das direkt auf einen bekannten Gegenstand verweist, kann nur schwer zum Symbol für eine Organisation und ihre Werte werden. Es verweist immer nur auf diesen Gegenstand. Deshalb sind Verweise auf Formen in Markenzeichen meist implizit und lassen so Interpretationsspielraum. Durch diesen Spielraum kann eine Marke auch „geladen" werden. Die individuellen und kollektiven Erfahrungen mit der Organisation werden mit dem Markenzeichen aufgerufen, das diese Assoziationen vorher nicht hatte. Natürlich muss das Markenzeichen so gewählt werden, dass die gewünschten Assoziationen überhaupt möglich sind.

Identifikationskraft

Der kommunikative Wert eines Markenzeichens liegt in seiner Identifikationskraft. Sowohl intern als auch extern, denn wir dürfen nicht vergessen, der sich vor allem auch die Mitarbeiterinnen und Mitarbeiter im Symbol ihrer Organisation wiederfinden müssen. Wegen dieser Identifikationskraft und deren Wert für unsere Informationsgesellschaft hat das Zeitalter des Markenzeichens gerade erst begonnen.

Das semiotische Dreieck von C.S. Peirce gilt nicht nur für Unternehmen und ihre Markenzeichen, sondern eigentlich universell. Das Wort Tisch ist auch ein Zeichen, das auf ein Objekt (Denotation) verweist und das Bild einer Platte mit vier Beinen (Konnotation) hervorruft.

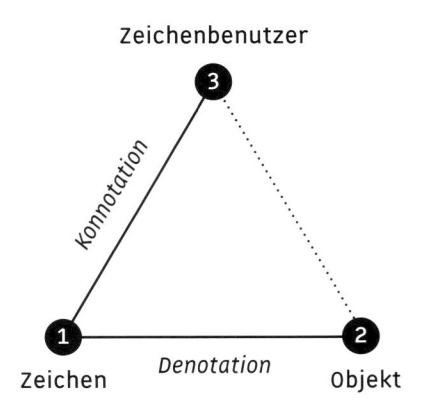

```
                    Zeichenbenutzer
                          ❸
                        ╱   ⋮
               Konnotation  ⋮
                    ╱       ⋮
                  ╱         ⋮
                ❶ ─── Denotation ─── ❷
              Zeichen              Objekt
```

↑ Realismus

Ikon

Index

Symbol

↓ Abstraktion

Identität bzw. Ideologie überlebt ihr Zeichen

drei Arten von Zeichen — Menge visueller Information

Individuelles Empfinden

Archetyp

Kollektive Wertschätzung

Erfahrung →

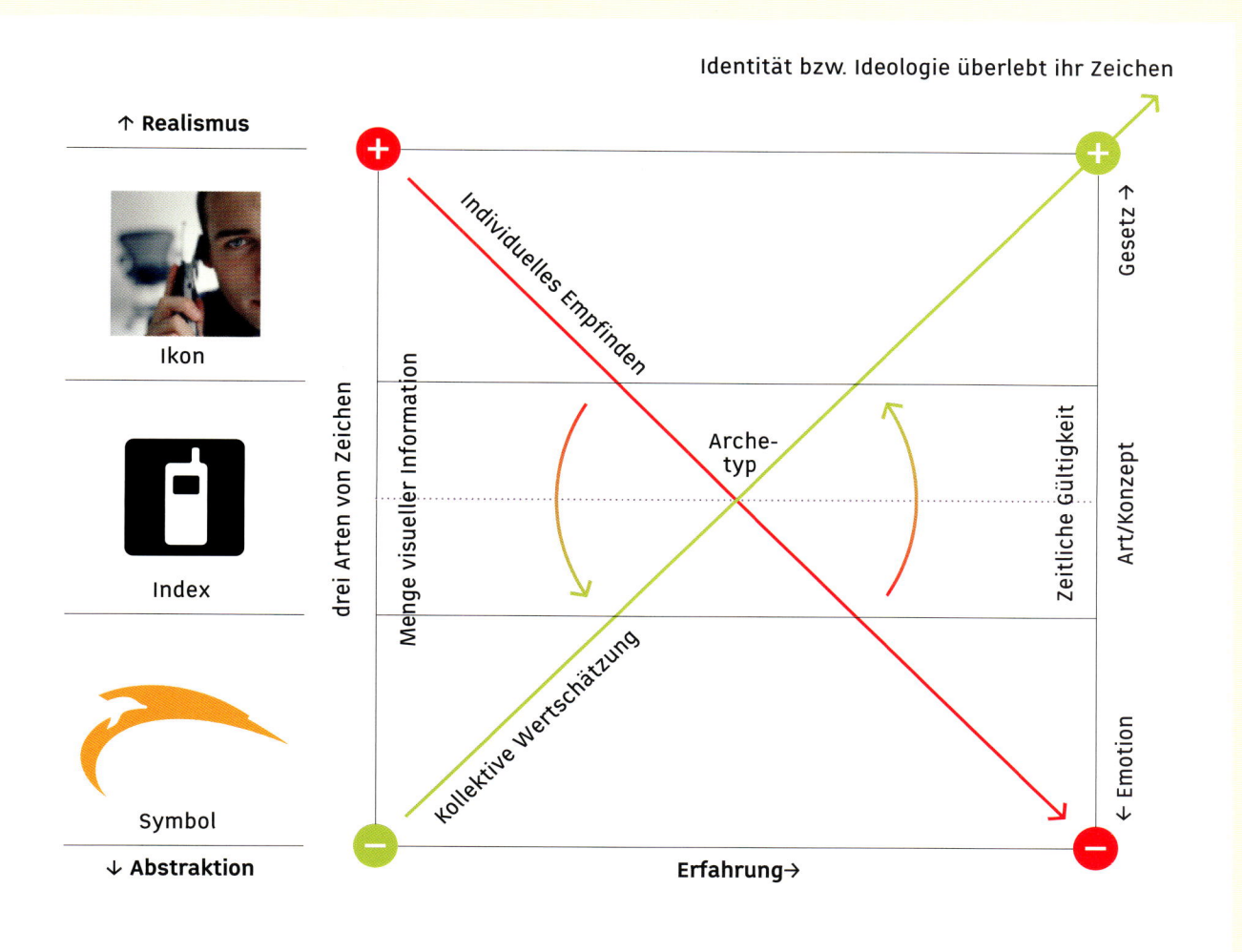

Gesetz →
Art/Konzept
Zeitliche Gültigkeit
← Emotion

Ein Foto eignet sich, um sofort eine bestimmte Stimmung oder ein bestimmtes Gefühl hervorzurufen.
Ein Index verweist eindeutig auf einen bestimmten Begriff, in diesem Fall auf Mobiltelefonie. Es ist allgemein gültig (archetypisch). Das Symbol muss gelernt werden. Es wird erst nach entsprechender Erfahrung mit dem Objekt in Verbindung gebracht. Danach wird es jedoch untrennbar mit dem Objekt verbunden.

Markenzeichen Wortmarken *typografisch*

01-10

Eingriff

Ergänzung

www.kerkinactie.nl

TOTAL IDENTITY

12move

Pon

icare

Markenzeichen Bildmarken *figürlich*

abgeleitet

Sanquin

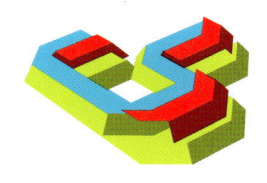

bouwfonds

abstrakt

leones

NedTrain

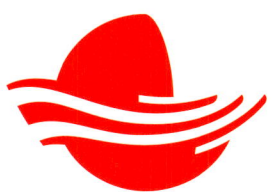

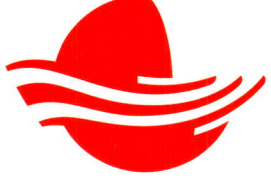

al·Futtaim Trading الفطيم التجارية

bam

vnu

cygnific
customer care

Kolophon

Seite *Credits*

54-63   **Royal Van Zanten** – AM, AvD, EdH, HPB, LS, MY.
         Fotografie Aatjan Renders.
64-67   **Niederländisches Außenministerium** – AM, AvD, HPB, JiK.
         Fotografie Aatjan Renders.
68–71   **Provinz Noord-Brabant** – EL, GVB, JZ, MK, PV, SWS.
         Fotografie Seite 68 (oben) Aatjan Renders.
72-77   **KLM CARGO** – AvD, HPB; truck: FCB/BK&P.
         Fotografie Aatjan Renders.
78-81   **KLM Passage** – Wave: AvD, LS
         3D-Designskizzen (2000): Sinot Design Associates.
         Fotografie Aatjan Renders.
82-87   **Stadt Utrecht** – FN, IM, JZ, LS, MY.
         Foto Seite 82 Aatjan Renders.
         Städtebauliche Entwürfe: Projectorganisatie Stationsgebied.
88-91   **Bouwfonds** – AM, HPB, RL, SWS.
         Designtool: JZ, MiV.
92-97   **SchutGrosheide** – BM, CO, EdH, JV, RL.
         Fotografie Seite 92 Aatjan Renders;
         Fotografie Seite 93 DUO Aldwin Izarin, Hans van der Linden.
98-101 **Niederländisches Verteidigungsministerium** – AvD, AJ, IB, PO.
         Fotografie Hennie Keeris.
102-103 **Niederländische Gewächshausgartenbau** – BB, FN, HPB.
104-111 **Koninklijke BAM-Groep** – AvD, EV, HPB, JC, MGO.
         Fotografie Aatjan Renders.
112-115 **Kerkinactie** – EL, EV, HPB, SWS.
         Fotografie Seite 113 Aatjan Renders.
         Lay-out Hoonte Bosch en Köning.
116-121 **AMEV** – AvD, CY, JZ, RL.
         Fotografie Covers Thirza Schaap; Fotografie Innen Erno Wientjes,
         Hans Tak, Jaap van den Beukel.
122-127 **In** – CM, EL, JiK, MY.
         Fotografie Aatjan Renders.
128-129 **Stichting Toezicht Effectenverkeer** – LS.
         Fotografie Aatjan Renders.
130-135 **Leidschendam-Voorburg** – EdH, KU, LS, NC.
         Fotografie Seite 131 André van den Bos.
         Sonstige fotografie Aatjan Renders.
136-139 **Thalys** – JvdTV, RvH.
         Fotografie Aatjan Renders.
140-143 **Icare** – AvD, MOG.
         Fotografie Seite 140-141 Aatjan Renders.
144-147 **TBI** – AJ, HPB, JC, RvdZ, SWS.
         Fotografie Aatjan Renders.
148-157 **Westland/Utrecht Hypotheekbank N.V.** – BM, HPB, JiK, RL, RvdZ, SWS.
         Fotografie Seite 148-149, 152-153 Joep Kroes.
         Fotografie Seite 156-157 Aatjan Renders.
158-163 **Stadt Zwolle** – HPB, KU, PO.
         Fotografie Marco C. Slot Photography.
164-167 **ROC** – HPB, IB, PO.
         Fotografie Reinier Gerritsen.
168-171 **Niederländische Finanzbehörde** – AH, GvB.
172-175 **Total Identity** – AvD, HPB, JvdTV, LS.
         Fotografie Aatjan Renders.
176-177 **Sanquin** – AvD, AJ, MC.
         Fotografie Aatjan Renders.
178-181 **De Boer** – AM, FN, JZ.
         Fotografie Associated Press, Amsterdam.
182-185 **Concern voor Werk** – EdH, GvB, RdV.

Leider ist es nicht möglich, alle Personen aufzuzählen, die an diesen Cases mitgewirkt haben. Die letztendlichen Ergebnisse sind dem Beitrag aller Mitarbeiterinnen und Mitarbeiter von Total Identity zu verdanken.

Endredaktion: BIS/Total Identity
Copy director: Edsco de Heus
Design: Aad van Dommelen
DPP/graphische Verarbeitung: Rik Hoving
Projektmanagement: Rosemarie Leenders
Itemfotografie: Tom Mittemeijer
Druck: Star Standard Industries, Singapore
Schrift: Oneliner
Lithographie: TenL Premedia & Productions, Amsterdam

Wir haben uns bemüht, die Urheberrechte gemäß den rechtlichen Bestimmungen zu behandeln. We dennoch meint, bestimmte Rechte geltend machen zu können, möge sich bitte melden.

Initialen Amsterdam

AvD	Aad van Dommelen *creative director*
AM	André Mol *senior designer*
AC	Anja Cronenberg *interaction designer*
AK	Anne-Marie Kaandorp *management assistant*
AH	Ariane Hofmeester *project manager*
AJ	Arnout Janssen *senior information designer*
AV	Arthur Visser *system manager*
BB	Barbara Brian *communication advisor*
BM	Bas Masbeck *senior designer*
CM	Claudia Mareis *designer*
CO	Clara Ormeling *copywriter*
CY	Chris Yeo *designer*
CW	Christie de Wit *communication advisor*
CN	Conny Nienhuis *traffic manager*
EV	Edo Visser *designer*
EdH	Edsco de Heus *copy director*
EV	Eli Vlessing *business unit manager*
EL	Ellen Kuipers *advisor*
EC	Esther Cammelot *project manager*
FvdO	Frank van de Oudeweetering *senior designer*
FR	Frans Ruiter *administrator*
FL	Friederike Lambers *senior designer*
FN	Frederik Nysingh *advisor*
GvB	Guido van Breda *senior designer*
HPB	Hans P Brandt *managing director group*
HP	Hans Postel *copywriter*
HJH	Herbert-Jan Hiep *manager digital solutions*
HK	Hub Knuth *administrator*
HT	Huibert Teekens *dpp operator*
IV	Ine de Vries *information manager*
IM	Irene Merten *creative researcher*
IB	Inez Bosch *project manager*
JZ	Jack Zwanenburg *senior interaction designer*
JS	Jan Steinhauser *senior communication advisor*
JV	Jeanett Visser *advisor*
JK	Jeannette Kaptein *senior designer*
JvdTV	Jelle van der Toorn Vrijthoff *creative director group bis 2002*
JM	Joachim Mädlow *information designer*
JvV	Jolanda van Vegchel *dpp operator*
JiK	Joline Korthoven *copywriter*
JK	Joop Kaatee *calculator*
JJ	Jorge Jordan *information designer*
JC	Jos Castricum *project manager*
KvdB	Karel van den Berghe *operations manager*
KG	Karola Grösch *administration manager*
KU	Keiko Uijttenboogaard *advisor*
KD	Kirsten Dekker *traffic manager*
LS	Léon Stolk *senior designer*
MB	Marco Bakker *interaction designer*
MG	Marion Greve *receptionist*
MGO	Mark Goslinga *advisor*
MK	Mark Keus *web engineer*
MvdS	Mark van der Schaaf *corrector*
MY	Martijn Kagenaar *strategy director*
MM	Mohamed Moussaoui *administrator*
MC	Monique Coffeng *advisor*
MiV	Marcel Villerius *designer*
MV	Mylène Vieyra *dpp operator*
NC	Nancy Captijn *project manager*
NI	Niels Illem *system manager*
PM	Paul Monster *dpp operator*
PO	Paul Oram *senior designer*
PW	Paul Wolfs *designer*
PH	Peter Hovius *production manager*
PV	Peter Verburgt *senior consultant*
RB	Regina Beyhl *designer*
RvH	Richard van Herwijnen *senior environmental designer*
RV	Richard Vogel *designer*
RH	Rik Hoving *studio manager*
RvdZ	Rogier van der Zwaan *copywriter*
RdV	Roline de Vos *project manager*
RL	Rosemarie Leenders *stylist*
SaS	Sandrijn Sas *project manager*
SK	Sejal Korenromp *project manager*
ST	Seline Tap *receptionist*
ShK	Shira Koopman *receptionist*
SG	Sonja Greven *executive secretary*
SWS	Stephan Saaltink *type director*
TD	Thijs Dekker *receptionist*
TM	Tom Mittemeijer *documentalist*
TN	Ton Meershoek *financial director*
YS	Youri Stavenuiter *designer*

Initialen Den Haag

EK	Edmond Kerkdijk *designer*
EP	Edwin van Praet *senior designer*
EW	Esther vd Wallen *traffic manager*
FL	Frank Lina *managing director*
JG	Jeffrey Groot *designer*
MM	Mohamed Moussaoui *administrator*
NM	Nancy Moorman *dpp operator*
SK	Simone Hogema-Koek *project coordinator/dpp operator*
SV	Svetlana Veen *traffic manager*

Initialen Maastricht

AGM	Angèle Meisters *project manager*
CA	Carry Timmermans *designer*
DD	Dirk Dehing *dpp operator*
LC	Lodewijk Creyghton *designer*
MP	Margot Partouns-Sondeijker *office manager*
MI	Mike Mols *operations manager*
PA	Paul Gadet *designer*
SU	Suus Graus *communication manager*
TA	Titia Martens *designer*

Initialen Rotterdam

KU	Keiko Uijttenboogaard *advisor*
SWS	Stephan Saaltink *type director*

Initialen Brussel

MS	Marcel Speller *managing director*

Initialen Köln

ES	Erich Sommer *managing director*

Nederland
www.totalidentity.nl
info@totalidentity.nl

Amsterdam
TOTAL IDENTITY
Postbus 12480
1100 AL Amsterdam ZO
Paalbergweg 42
1105 BV Amsterdam ZO
Telefoon (020) 750 95 00
Fax (020) 750 95 01

Den Haag
TOTAL IDENTITY
Postbus 221
2501 CE Den Haag
Mauritskade 5
2514 HC Den Haag
Telefoon (070) 311 05 30
Fax (070) 311 05 31

Maastricht
TOTAL IDENTITY
Postbus 1580
6201 BN Maastricht
Stationsplein 27
6221 BT Maastricht
Telefoon (043) 325 25 44
Fax (043) 325 45 90
info@tdm.totaldesign.nl

Rotterdam
TOTAL IDENTITY
Postbus 1500
3000 BM Rotterdam
Weena-Zuid 132
3012 NC Rotterdam
Telefoon (010) 414 03 11
Fax (010) 213 17 77

Amsterdam
TOTAL ENVIRONMENTAL DESIGN
PO Box 12480
1100 AL Amsterdam ZO
The Netherlands
Paalbergweg 42
1105 BV Amsterdam ZO
Phone +31 20 750 95 00
Fax +31 20 750 94 51
www.totaldesign.nl/ted

Deutschland
www.totalidentity.de
info@totalidentity.de

Köln
TOTAL DESIGN
Moltkestrasse 28
D-50674 Köln
Telefon +49 221 34 89 29 70
Fax +49 221 34 89 29 73

Belgique|België
www.totalidentity.be
info@totalidentity.be

Bruxelles|Brussel
TOTAL IDENTITY
Avenue Louise 149/34
B-1050 Bruxelles
Téléphone +32 2 535 97 50
Fax +32 2 535 74 99

International
www.totalidentity.nl
info@totalidentity.nl

TOTAL IDENTITY INTERNATIONAL
PO Box 12480
1100 AL Amsterdam ZO
The Netherlands
Paalbergweg 42
1105 BV Amsterdam ZO
Phone +31 20 750 95 00
Fax +31 20 750 94 51

Total Identity